教育部高等学校道路运输与工程教学指导分委员会"十三五"规划教材

Qiche Jiance Zhenduan Jishu
汽车检测诊断技术

赵祥模　陈焕江　编　著
蔡凤田　主　审

人民交通出版社股份有限公司
北京

内 容 提 要

本书是教育部高等学校道路运输与工程教学指导分委员会"十三五"规划教材,其主要内容包括:汽车检测诊断系统技术基础、汽车整车技术状况检测、汽车发动机检测与诊断、汽车底盘检测与诊断、车身及附件检测与诊断、电动汽车检测与诊断、汽车检测系统联网技术简介等。

本教材既可作为高等院校交通运输(汽车运用方向)、汽车服务工程、车辆工程、测控技术与仪器、电子信息等本科专业"汽车检测与诊断"课程的教材,也可供汽车制造、检测、维修与销售等相关领域的工程技术人员和管理人员参考。

图书在版编目(CIP)数据

汽车检测诊断技术/赵祥模,陈焕江编著.—北京:人民交通出版社股份有限公司,2022.3
 ISBN 978-7-114-17768-2

Ⅰ.①汽… Ⅱ.①赵… ②陈… Ⅲ.①汽车—故障检测②汽车—故障诊断 Ⅳ.①U472.9

中国版本图书馆 CIP 数据核字(2021)第 259929 号

书　　　名:	汽车检测诊断技术
著 作 者:	赵祥模　陈焕江
责任编辑:	时　旭
责任校对:	孙国靖　宋佳时
责任印制:	刘高彤
出版发行:	人民交通出版社股份有限公司
地　　　址:	(100011)北京市朝阳区安定门外外馆斜街 3 号
网　　　址:	http://www.ccpcl.com.cn
销售电话:	(010)59757973
总 经 销:	人民交通出版社股份有限公司发行部
经　　销:	各地新华书店
印　　刷:	北京市密东印刷有限公司
开　　本:	787×1092　1/16
印　　张:	21.25
字　　数:	491 千
版　　次:	2022 年 3 月　第 1 版
印　　次:	2022 年 3 月　第 1 次印刷
书　　号:	ISBN 978-7-114-17768-2
定　　价:	59.00 元

(有印刷、装订质量问题的图书由本公司负责调换)

前言

为深入贯彻落实《国家中长期教育改革和发展规划纲要(2010—2020年)》及国务院关于《统筹推进世界一流大学和一流学科建设总体方案》,根据教育部《深化教育教学改革的指导意见》及教育部、科技部《关于加强高等学校科技成果转移转化工作的若干意见》,进一步提高(道路)交通运输本科专业核心课程教材的质量,打造高质量、高水平的精品教材,充分发挥教材建设在人才培养过程中的基础性作用,教育部高等学校道路运输与工程教学指导分委员会(简称教指委)启动了"十三五"规划教材的编写申报工作。经过各高校老师申报及材料初审、专家评审和教指委秘书处审定,(道路)交通运输专业第一批有9本教材被列为教指委"十三五"规划教材计划出版发行。

本教材根据现代汽车技术和汽车检测诊断技术快速发展的实际,运用汽车检测诊断领域的最新资料、最新数据和最新研究成果,结合现行汽车检测诊断标准,系统介绍了汽车检测诊断系统和技术的基础理论、基本原理和基本方法,力求反映汽车检测诊断的新技术、新设备、新方法,注重理论联系实际,体现对学生能力的培养。本教材着力追求科学性、先进性和实用性,以适应汽车检测诊断技术的发展和高等院校相关专业"汽车检测与诊断技术"课程教学内容改革的需要。

本教材由长安大学赵祥模教授和陈焕江教授编著。其中,第一章和第六章一、二、三、六节由陈焕江编写;第二章、第三章、第七章、第八章和第六章四、五节由赵祥模、张立诚、郝茹茹编写;第四章和第五章由李良敏编写;研究生杨靖、焦卓彬等对书稿的图表和格式等进行了校核;赵祥模、陈焕江负责统稿。初稿完成后,交通运输部公路科学研究院蔡凤田研究员对本教材进行了认真审阅,提出了许多具有建设性的修改意见,对提高本教材的编著质量起到了重要作用,作者对此表示感谢。在教材编著过程中,参考了很多文献资料,在此对其作者深表谢意。

恳请使用本教材的师生和读者对教材内容、章节安排等提出宝贵意见,并对存在的错误及不当之处提出批评和修改建议,以便再版修订时参考。

编著者

2021年10月

目录

第一章　绪论 … 1
第一节　汽车检测与诊断技术概述 … 1
第二节　汽车检测诊断参数 … 4
第三节　汽车诊断参数标准 … 8
第四节　汽车诊断周期 … 10
第五节　汽车检测站 … 12
第六节　汽车检测诊断技术的发展 … 15
复习思考题 … 18

第二章　汽车检测诊断系统技术基础 … 19
第一节　汽车检测诊断系统 … 19
第二节　传感器技术 … 22
第三节　信号检测基础 … 28
第四节　测量仪表 … 34
第五节　汽车检测诊断系统的控制方式 … 39
第六节　测量误差与测量不确定度 … 44
复习思考题 … 48

第三章　汽车整车技术状况检测 … 49
第一节　汽车动力性检测 … 49
第二节　汽车燃料经济性检测 … 62
第三节　汽车转向轮侧滑量检测 … 72
第四节　汽车制动性能检测 … 79
第五节　汽油车排放污染物检测 … 88
第六节　柴油车排放污染物检测 … 102
复习思考题 … 107

第四章　汽车发动机检测与诊断 … 109
第一节　发动机综合性能检测 … 109
第二节　发动机电控系统检测与诊断 … 111
第三节　发动机功率检测 … 126
第四节　发动机汽缸密封性检测与诊断 … 131
第五节　发动机点火系统检测与诊断 … 138

第六节　汽油机燃油供给系统检测与诊断 ·· 151
　　第七节　柴油机燃油供给系统检测与诊断 ·· 157
　　第八节　发动机润滑系统检测与诊断 ·· 169
　　第九节　发动机冷却系统检测与诊断 ·· 173
　　第十节　发动机异响诊断 ·· 177
　　复习思考题 ·· 182

第五章　汽车底盘检测与诊断 ·· 184
　　第一节　汽车转向系统检测与诊断 ··· 184
　　第二节　汽车传动系统检测与诊断 ··· 194
　　第三节　汽车行驶系统检测与诊断 ··· 216
　　第四节　汽车制动系统检测与诊断 ··· 238
　　第五节　汽车缓速器检测与诊断 ·· 248
　　复习思考题 ·· 254

第六章　车身及附件检测与诊断 ·· 255
　　第一节　车身检测与诊断 ·· 255
　　第二节　安全气囊系统检测与诊断 ··· 261
　　第三节　汽车空调系统检测与诊断 ··· 265
　　第四节　汽车前照灯检测 ·· 271
　　第五节　车速表检测 ·· 276
　　第六节　汽车电子组合仪表检测与诊断 ·· 279
　　复习思考题 ·· 281

第七章　电动汽车检测与诊断 ·· 283
　　第一节　电动汽车基本结构及检测诊断安全防护 ···························· 283
　　第二节　动力蓄电池系统检测与诊断 ··· 285
　　第三节　驱动电机系统检测与诊断 ··· 292
　　第四节　整车控制系统检测与诊断 ··· 300
　　第五节　充电系统故障诊断 ·· 307
　　复习思考题 ·· 310

第八章　汽车检测系统联网技术简介 ·· 311
　　第一节　检测设备与工位机联网技术 ··· 311
　　第二节　汽车检测线联网技术 ··· 317
　　第三节　汽车检测行业监管联网技术 ··· 321
　　复习思考题 ·· 331

参考文献 ·· 332

第一章 绪 论

汽车检测与诊断技术是科学确定汽车技术状况,识别、判断故障部位和原因的综合性技术。汽车检测诊断结果是汽车合理使用、适时维护和正确修理的技术依据。本章主要介绍汽车检测与诊断技术的概念、作用、分类和检测诊断参数、检测诊断周期等基本内容。

第一节 汽车检测与诊断技术概述

一、汽车检测与诊断的概念

汽车检测是指为了确定汽车的技术状况或工作能力所进行的检查和测量;汽车诊断是指在对汽车不解体(或仅拆卸下个别小的零部件)的情况下确定汽车的技术状况、查明故障部位及故障原因。综合起来,汽车检测与诊断就是汽车检测技术和汽车故障诊断技术的统称,是确定汽车技术状况、寻找故障原因的技术手段。汽车检测与诊断依靠汽车检测诊断设备和技术方法等科学地确定汽车技术状况,进而识别、判断和预测汽车故障,其基本内容主要涉及检测诊断设备的技术原理、诊断参数的确定、汽车故障的诊断方法、汽车技术状况的检测和预测等多方面内容。

汽车检测与诊断技术是一门涉及机械、电子控制、数学、可靠性理论、测试和汽车技术等多方向的综合性应用学科,它贯穿于汽车运用、汽车维护(俗称保养)、汽车修理、交通安全和环境保护等各个领域,以检测技术为基础,以诊断技术为手段,通过对汽车性能参数或工作能力的检测,依靠人工智能科学地确定汽车的技术状态,识别、判断故障,甚至预测故障,从而可为汽车继续运行或进厂维修提供可靠依据。

二、汽车检测与诊断的作用

汽车检测与诊断是一种主动的检查行为,包含着检查与测量两层含义。其重要意义体现在以下三个方面。

1. 保障交通安全

随着交通运输行业的发展,交通事故也在日益增加。全世界每年因道路交通事故死亡的人数约 125 万人。其中,由于汽车制动、转向、照明等技术原因造成的事故,约占事故总量的 1/4。利用现代汽车检测与诊断技术,使用先进的汽车检测诊断设备,可以加强机动车安全技术检测,监控汽车的技术状况,及时排除汽车的故障隐患,从而确保汽车的行车安全。

2. 减少环境污染

汽车排放的废气中含有上百种化合物,其中对人体和生物有害的物质主要是 CO、HC、

NO_x、铅化合物以及炭烟等。这些有害气体污染了大气,破坏了人类的生存环境。此外,汽车排放的废气中含有大量的 CO_2,会造成温室效应,使地表温度升高、气候异常等,对人类的可持续发展有不良影响。

除汽车排放之外,汽车的噪声和电磁干扰也是很严重的环境污染源,对城市居民的生产生活也会造成很大的影响。

通过对在用车辆进行定期检测的方法,严格限制排放污染和噪声污染超标的车辆行驶,并对其及时进行调整、维修直至达标,可以降低汽车交通对环境的污染。

3. 监控汽车技术状况的变化

汽车使用过程中,零部件磨损、疲劳、变形、腐蚀等,使得汽车性能或技术状况逐渐变差,不仅汽车的动力性、经济性下降,同时行驶安全性和环保性能也会降低。通过定期对在用汽车进行检测诊断,可以监控汽车技术状况的变化,从而进行及时的维护和修理,可以使汽车维持及恢复良好的技术状况,延长汽车使用寿命。

三、汽车检测诊断技术的分类

对于在用汽车,为了确定其技术状况是否正常或有无故障,根据检测诊断的目的,汽车检测诊断可分为以下类型。

1. 车辆年检与汽车性能检测

车辆年检,又称机动车检验,包括机动车安全技术检验、机动车排放检验、汽车综合性能检验三类。车辆年检主要是对汽车安全性、动力性、燃油经济性、使用可靠性、排放污染物、噪声及整车装备状态与完整性、防雨密封性等多种技术性能的检测,目的是在对汽车不解体情况下,确定运输车辆的工作能力和技术状况,对维修车辆实行质量监督,确保车辆在安全性、可靠性、动力性、经济性、噪声和废气排放状况等方面具有良好的技术状况,提高运输效能及降低消耗,使运输车辆具有良好的社会效益和经济效益。根据机动车使用性质不同,其检验项目与范围也有区别。

2. 汽车故障检测

汽车故障检测的目的是在不解体汽车的情况下查出汽车故障的确切部位和产生的原因,从而科学、准确、高效地排除汽车故障,尽快恢复汽车的技术状况,保障汽车的运用效率,同时及时消除汽车的故障隐患,避免交通事故。

3. 汽车维修检测

汽车维修检测包括汽车维护检测和汽车修理检测两类。

汽车维护检测主要是指汽车二级维护检测,分为二级维护前检测和二级维护竣工检测。

二级维护前检测在汽车维修企业进行,其检测目的是诊断二级维护汽车的故障或实际技术状况,从而确定二级维护附加作业;二级维护竣工检测在承修的汽车维修企业或其委托的汽车检测站进行,根据二级维护竣工检测项目和检测标准进行检测,其目的是监控汽车的二级维护质量,竣工检测合格的车辆方可出厂,否则应返回维修企业重新进行二级维护,直至车辆二级维护竣工检测合格为止。

汽车修理检测主要是指汽车大修检测,分为修理前、修理中及修理后检测。修理前检测的目的是确定汽车技术状况与标准值相差的程度,从而确定汽车是否需要大修或应采取的技术措施,以实现视情修理;修理中检测是指局部检测、过程检测,目的是进行质量监控,有时还可确诊故障的具体部位和原因,从而提高修理质量及修理效率;修理后检测根据汽车大修质量竣工标准在汽车维修企业或其委托的汽车检测站进行,目的是检验汽车的使用性能是否得到恢复,以确保修理质量。

四、汽车检测诊断的基本方法

汽车检测诊断是由检查、分析、判断等一系列活动完成的。为了正确地检测汽车技术状况或诊断故障,必须运用现代检测手段(包括外观、气味、振动、声响、感觉、仪器等)、现代科学技术和丰富的实践经验进行综合分析和判断。

1. 人工经验诊断法

人工经验诊断法是指利用人工观察、经验检查、推理分析、逻辑判断进行诊断的方法。诊断时,诊断人员凭借丰富的实践经验和一定的理论知识,利用简单工具,在汽车不解体或局部解体情况下,根据汽车在工作中表现出来的异常状况,通过眼看、手摸、耳听等手段,边检查、边试验、边分析,从而确定汽车故障部位和原因以及汽车的技术状况。人工经验诊断法不需要专用仪器设备,可随时随地应用。但它对诊断人员的经验依赖性强,要求诊断人员有较高的技术水平,并存在诊断速度慢、准确性差及不能进行定量分析等缺点。

2. 仪器分析诊断法

仪器分析诊断法是指汽车在不解体情况下,利用各种专用仪器和设备获取汽车的各种数据,并根据这些数据来进行诊断的方法。诊断时,利用现代检测设施对汽车、总成或机构进行测试,并通过对诊断参数测试值、变化特性曲线、波形等的分析判断,定量确定汽车技术状况或确诊汽车故障部位和原因。采用微机控制的仪器设备能自动分析、判断、存储并打印诊断结果。仪器分析诊断法的特点是诊断速度快、准确性高,能定量分析,但仪器设备的投资大,检测诊断成本高。

3. 自诊断法

自诊断法是指利用汽车电控单元(ECU)的自诊断功能进行故障诊断的方法。自诊断功能就是利用监测电路来检测传感器、执行器以及微处理器的各种实际参数,并将其与存储器中的标准数据进行比较,从而判定系统是否存在故障。当判定系统存在故障时,ECU将故障信息以故障码的形式存入存储器,并控制警告灯向驾驶人发出警示信号。自诊断法需要通过一定的操作方式,把汽车电控系统中ECU的故障码提取出来,然后通过查阅相应的"故障码表"来确定故障的部位和原因。

在实际检测诊断工作中,上述三种方法并不相互孤立,而是相辅相成的。人工经验诊断法是检测诊断的基础,它在汽车诊断的任何时期均具有十分重要的实用价值,即使是汽车专家诊断系统,也是把人脑的分析、判断通过计算机语言转化成电脑的分析判断。仪器分析诊断法是在人工经验诊断基础上发展起来的诊断方法,使用现代仪器设备诊断是汽车检测诊断技术发展的必然趋势。自诊断法对于汽车电子控制十分有效,而且快捷准确,这是其他方法无可比拟的,随着计算机控制技术的发展和在汽车上的广泛应用,自诊断法将会显示出更多的优势。

第二节　汽车检测诊断参数

一、汽车技术状况

汽车技术状况是指定量测得的表征某一时刻汽车外观和性能参数值的总和。汽车是一个多元件构成的复杂系统，系统内各元件、部件是相互关联的，系统内元件性能变化或产生故障，必然会引起整个系统技术状况的变化。

汽车在使用过程中，其内部零件之间、零件与工作介质之间、汽车与外界环境之间均存在着相互作用，其结果是引起零件磨损、发热、腐蚀等一系列物理的和化学的变化，使零件尺寸、零件相互装配位置、配合间隙、表面质量等发生改变，令汽车总成或零件失去原有性能，引起工作质量下降，从而导致汽车技术状况发生变化。

随着行驶里程的增加，汽车技术状况会逐渐变坏，将导致安全性及动力性下降、经济性变差、可靠性降低。然而，汽车技术状况变化的速度是根据汽车的结构强度、使用条件（道路、载荷、气候、车速）、驾驶技术和汽车维护情况的不同而有所差别的。检测人员可通过检测表征汽车外观和性能的诊断参数值来反映或确定某一时刻汽车的技术状况，例如：可以通过检测汽车加速时间、驱动轮输出功率、燃油消耗量等参数的变化情况来评价汽车的技术状况。要重视汽车技术状况变化的研究，掌握变化症状、探究变化原因，以便适时地实施维修，保持汽车技术状况完好。

二、汽车诊断参数

1. 诊断参数

汽车诊断参数是指供诊断用的，表征汽车、总成、机构及部件技术状况的指标，它是汽车检测诊断技术的重要组成部分。在不解体汽车的条件下直接测量汽车结构参数常常受到限制，因此，在进行汽车诊断时，需要找出一组与汽车结构参数有联系并能足够表达汽车技术状况的直接或间接的诊断参数，并通过对这些诊断参数的测量来确定汽车技术状况的好坏。

通常，诊断参数与诊断对象的工作状况与外界条件有极大关系，而诊断对象的工作状况和外界条件往往受测试规范的制约。因此，测取某诊断参数时，一定要注意测试规范。没有测试规范，诊断参数值就没有意义。诊断参数值都是对一定测试规范而言的，如测量功率是针对一定转速、一定节气门开度和规定的测量条件而言，测量制动距离是针对一定制动初速度、一定载荷和规定的道路条件而言。为了提高诊断的正确性，必须严格掌握与规定要求一致的测试规范，应当把测试规范与诊断参数看成一个整体。

2. 诊断参数的分类

汽车诊断参数按形成的方法可分为工作过程参数、伴随过程参数和几何尺寸参数三大类。

1）工作过程参数

工作过程参数是指汽车工作时输出的一些可供测量的物理量和化学量，或指体现汽或总成功能的参数,例如:发动机功率、油耗、汽车制动距离等。它可反映汽车或总成技术状况的主要信息,能显示诊断对象的功能质量,是对汽车技术状况进行综合评价的主要依据,常用于汽车或总成的初步诊断。

2)伴随过程参数

伴随过程参数是指系统工作时伴随工作过程输出的一些可测量的参数,例如:发热、声响、振动等。它具有很强的通用性,能反映有关诊断对象技术状况的局部信息,常用于复杂系统的深入诊断。

3)几何尺寸参数

几何尺寸参数是指由各机构零部件尺寸间的关系决定的参数,例如:间隙、自由行程、车轮定位参数等。它是诊断对象的实在信息,能反映诊断对象的具体结构要素是否满足要求。几何尺寸参数与其他参数配合使用,无论是在初步诊断,还是深入诊断,均可对汽车技术状况的评价或故障诊断起到重要的作用。

虽然每一类诊断参数都有不同的含义,但它们都是用来描述汽车或总成技术状况的状态参数。这些状态参数与汽车或总成的结构参数变化有一定的函数关系,因此可通过检测状态参数的变化来准确描述结构参数的变化,从而达到不解体诊断汽车的目的。在确定汽车技术状况或判断某些复杂故障时,需采用不同类型的诊断参数进行综合诊断。

三、诊断参数的选择

汽车的诊断参数应满足下列原则或特性。

1)灵敏性

灵敏性通常用诊断参数的灵敏度来表示。灵敏度指诊断参数相对于诊断对象技术状况的变化率:

$$K_t = \frac{dT}{dy} \tag{1-1}$$

式中:K_t——诊断参数灵敏度;

dy——技术状况微小变化量;

dT——诊断参数 T 相对于 dy 的变化量。

K_t 值越大,表明诊断参数的灵敏性越好。优先选择 K_t 值高的诊断参数可以提高汽车诊断结果的可靠性。

2)单值性

单值性是指汽车技术状况参数从初始值变化到终值的过程中,诊断参数 T 与技术状况参数 y 具有单值对应关系,即诊断参数没有极值。也就是说,诊断参数的曲线不应由上升变为下降,或由下降变为上升。否则,同一诊断参数将对应两个不同的技术状况参数,使得汽车的技术状况无法判断。

$$\frac{dT}{dy} \neq 0 \tag{1-2}$$

3)稳定性

稳定性用来衡量诊断参数的稳定程度,是指在相同的测试条件下,诊断参数的多次测量

值具有的一致性程度,其大小可用均方差来衡量:

$$\sigma_T(y) = \sqrt{\frac{\sum_{i=1}^{n}[T_i(y) - \overline{T}(y)]^2}{n-1}} \qquad (1-3)$$

式中:$\sigma_T(y)$——汽车技术状况参数取值为 Y 时诊断参数测量值的均方差;

$T_i(y)$——诊断参数的第 i 次测量值,$i = 1,2\cdots n$;

$\overline{T}(y)$——诊断参数的 n 次测量值的平均值;

n——测量次数。

均方差越小,表明汽车诊断参数的稳定性越高。

4) 信息性

信息性用来衡量诊断参数包含的信息量,也就是通过测量所能获得的信息数量及其诊断的可靠程度。诊断参数的信息性越强,则诊断的结论越可靠。

诊断参数的信息性取决于诊断参数处于完好和故障状态时分布函数的分布情况。设 $f_1(T)$、$f_2(T)$ 分别是无故障诊断参数和有故障诊断参数的分布函数,若 $f_1(T)$ 与 $f_2(T)$ 分布曲线的重叠区域越少,则诊断结论出差错的可能性就越小,诊断参数的信息性就越强。图 1-1 中诊断参数 T 的信息性强,诊断参数 T' 的信息性弱,而诊断参数 T'' 的信息性差。

对于诊断参数的信息性强弱可用下式进行定量描述:

$$I(T) = \frac{|\overline{T}_1 - \overline{T}_2|}{\sigma_1 + \sigma_2} \qquad (1-4)$$

式中:$I(T)$——诊断参数 T 的信息性;

$\overline{T}_1$——无故障时诊断参数 T 的平均值;

$\overline{T}_2$——有故障时诊断参数 T 的平均值;

σ_1——无故障时诊断参数 T 的均方差;

σ_2——有故障时诊断参数 T 的均方差。

$I(T)$ 越大,说明诊断参数的信息性越好,越能表明汽车技术状况的特征,其诊断结果越可靠。

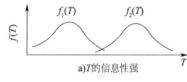
a) T 的信息性强

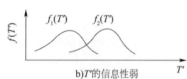
b) T' 的信息性弱

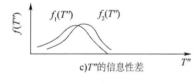
c) T'' 的信息性差

图 1-1 诊断参数信息性比较

5) 经济性

经济性用来衡量诊断费用,是指所确定的诊断参数在用于实际诊断时,其投资费用的多少。诊断费用过高的诊断参数是不可取的。

6) 方便性

方便性用来衡量所确定的诊断参数用于实际诊断时,其操作使用的方便程度。方便性好的诊断参数,其设备应可靠,其工艺应简单,其测量应便捷。若测量费时、费力,则再好的诊断参数,其使用也会受到极大限制。

四、常用在用汽车诊断参数

根据汽车诊断参数选择的原则,常用在用汽车常用诊断参数见表 1-1。

第一章 绪 论

在用汽车常用诊断参数表　　　　　　　　表1-1

诊断对象	诊断参数	诊断对象	诊断参数
整车	最高车速(km/h) 最大爬坡度(%) 0到100km/h的加速时间(s) 驱动轮输出功率(kW) 驱动轮驱动力(N) 汽车燃油消耗量(L/100km)	汽油机燃料供给系统	空燃比 过量空气系数 电喷发动机喷油器的喷油量(mL) 电喷发动机各缸喷油不均匀度(%) 电动汽油泵泵油压力(kPa) 喷射系统压力(kPa) 喷射系统保持压力(kPa) 喷射时间(s)
发动机总体	额定转速(r/min) 额定功率(kW) 最大转矩(N·m) 最大转矩的转速(r/min) 怠速转速(r/min) 燃油消耗量(L/h) 单缸断火(油)时功率下降率(%) 发动机 HC、CO、NO_x 浓度排放量 发动机微粒(PM)排放率(g/m^3、g/km) 柴油机烟度 RB 值和光吸收系数 K(m^{-1})	传动系统	传动系统游动角度(°) 传动系统机械传动效率(%) 传动系统功率损失(kW) 滑行距离(m) 传动系统噪声(dB) 传动系统总成工作温度(℃)
曲柄连杆机构	汽缸压力(MPa) 汽缸间隙(mm) 曲轴箱窜气量(L/min) 汽缸漏气量(kPa) 汽缸漏气率(%) 进气管真空度(kPa) 进气管压力(kPa)	柴油机燃料供给系统	输油泵输油压力(kPa) 喷油泵高压油管最高压力(kPa) 喷油泵高压油管残余压力(kPa) 喷油器针阀开启压力(kPa) 喷油器针阀关闭压力(kPa) 喷油器针阀升程(mm) 各缸供油不均匀度(%) 供油提前角(°) 各缸供油间隔(°) 每一工作循环供油量(mL/工作循环)
配气机构	气门间隙(mm) 凸轮轴转角(°) 配气相位(°)	点火系统	蓄电池电压(V) 初级电路电压(V) 次级电路电压(V) 各缸点火电压(kV) 各缸短路点火电压(kV) 各缸断路点火电压(kV) 电子点火器闭合角(°) 各缸点火波形重叠角(°) 点火提前角(°) 火花塞电极间隙(mm)

续上表

诊断对象	诊断参数	诊断对象	诊断参数
行驶系统	车轮侧滑量(mm/km) 车轮前束(mm) 前束角(°) 推力角(°) 车轮外倾角(°) 主销后倾角(°) 主销内倾角(°) 左右轴距差(mm) 车轮静不平衡量(g) 车轮动不平衡量(g) 车轮轴向圆跳动量(mm) 车轮径向圆跳动量(mm) 悬架吸收率 车轮接地力	制动系统	充分发出的平均减速度(m/s^2) 产生最大制动力时的踏板力(N) 产生最大驻车制动力时的操纵力(N) 制动完全释放时间(s) 汽车制动滑移率(%) 制动距离(m) 地面制动力(N) 左右制动力差值(N) 制动阻滞力(N) 制动系统协调时间(s) 驻车制动力(N)
润滑系统	机油压力(kPa) 机油温度(℃) 理化性能指标变化量 清净性系数变化量 机油污染指数 介电常数变化量 金属微粒的含量,质量分数(%) 机油消耗量(kg)	转向系统	转向盘自由转动量(°) 转向盘操纵力(N) 最小转弯直径(m) 转向轮最大转角(°)
冷却系统	冷却液温度(℃) 散热器冷却液入口与出口温差(℃) 风扇传动带张力(N/mm) 风扇离合器接合、断开时的温度(℃) 电动风扇开启、停转时的温度(℃) 节温器主阀门开始开启和全开时的温度(℃) 节温器主阀门全开时的升程(mm)	其他	前照灯发光强度(cd) 前照灯光轴偏移量(mm) 前照灯基准中心高度(mm) 车速表示值误差 喇叭声级(A) 汽车定置噪声限值(A)

第三节 汽车诊断参数标准

为了定量评价汽车及总成的技术状况,确定维修的范围和深度,预测无故障工作里程,必须制定合理的汽车诊断参数标准。

一、汽车诊断参数标准的含义

汽车诊断参数标准是指对汽车诊断参数限值的统一规定。它是从技术、经济的观点出发,表示汽车处于某种工作能力状态下所测得的诊断参数界限值。

汽车诊断参数标准一般包括:诊断参数初始标准、诊断参数许用标准和诊断参数极限标准。这些诊断参数标准既可以是一个值,也可以是一个范围。其中:初始标准相当于无技术故障新车诊断参数的大小,往往是最佳值,可作为新车和大修车的诊断标准;许用标准是指汽车无须维修可继续使用时,诊断参数的允许界限值;极限标准是指汽车即将失去工作能力或技术性能即将变坏时所对应的诊断参数值。当汽车技术状况低于极限标准后,汽车技术经济性能严重下降,甚至不能继续使用。在汽车使用过程中,经常对汽车进行检测,将检测结果与诊断参数极限标准进行比较,可以预测汽车的使用寿命。

二、汽车诊断参数标准的分类

按来源不同,汽车检测诊断标准可分为国家标准、行业标准、地方标准、团体标准和企业标准五类。

1. 国家标准

国家标准一般由国家市场监督管理总局(或原国家质量监督检验检疫总局)和国家标准化管理委员会发布,是国家制定的冠以中华人民共和国国家标准字样的标准。国家标准又分为强制性标准和推荐性标准,如《机动车运行安全技术条件》(GB 7258—2017)是强制性标准,而《汽车维护、检测、诊断技术规范》(GB/T 18344—2016)是推荐性标准。强制性国家标准在全国范围内执行具有强制性和权威性。推荐性国家标准在全国范围内参照执行。汽车检测诊断的国家标准很多,主要与汽车行车安全、环境保护、能源消耗有关,如制动距离、排放污染物含量、汽车燃油消耗量等限值标准。使用这些参数标准进行检测诊断时,只能从严,不可放宽,以保证国家标准的严肃性和权威性。

2. 行业标准

行业标准是国家主管部、委(局)制定的冠以中华人民共和国某行业标准字样的推荐性标准。行业标准一般在部委系统内或行业内贯彻执行。行业标准及推荐性国家标准一旦被部门规章所引用就具有强制性和权威性。我国交通运输部颁布的《道路运输车辆技术等级划分和评定要求》(JT/T 198—2016)是交通运输系统的行业标准。

3. 地方标准

地方标准是省级、设区的市级人民政府标准化行政主管部门发布的标准,在辖区范围内贯彻执行。地方标准通常是根据本地具体情况制定的,其标准内容可能比上级标准更细化,其标准限值可能比上级标准更严格,以满足本地区的特殊要求。

4. 团体标准

团体标准指由学会、协会、商会、联合会、产业技术联盟等社会团体协调相关市场主体共同制定的满足市场和创新需要的标准,由本团体成员约定采用或者按照本团体的规定供社会自愿采用。

5. 企业标准

企业标准是汽车制造厂商或汽车维修企业根据自己的实际情况制定的标准,以保障企业生产活动满足相关国家及行业标准规定、提升产品和服务质量等。企业标准一般以"Q"作为开头。

汽车制造厂商提供的标准是根据其设计要求和制造水平,为保证汽车的使用性能和技术状况而制定的,主要与汽车的使用性能参数、结构参数、调整数据有关。如发动机功率、汽车爬坡能力、汽缸间隙、曲轴轴承间隙、配气相位等标准。通过技术文件对汽车的某些参数规定其限值,可将其限值作为诊断参数标准。

汽车维修企业提供的诊断标准是根据其技术素质、维修要求等具体情况,为保证维修质量而制定的。其维修诊断标准一般与汽车使用经济性和可靠性密切相关,其诊断标准限值往往比上级标准更严、要求更高。

第四节　汽车诊断周期

诊断周期指汽车诊断的间隔期,以汽车行驶里程或使用时间表示。科学地确定诊断周期,对于经济、可靠地保障汽车良好的技术状况具有重要的作用。

一、最佳诊断周期

最佳诊断周期是在技术与经济相结合的原则下,保证车辆完好率最高而消耗费用最少的诊断周期。

诊断周期如果过短,汽车的技术状况没有什么变化或变化很小,执行诊断操作就会造成浪费;反之,诊断周期如果过长,则有可能在下一次诊断到来之前,汽车故障隐患就会显现,汽车运行不安全、不经济,且错失汽车维修良机,使汽车因故障停驶等损耗费用增加。在最佳诊断周期诊断汽车,则既能使车辆在无故障状态下运行,又能使车辆的检测诊断、维修费用降到最低。

分析表明,实现汽车单位费用最少和技术完好率最高,二者是一致的。设 $M[U(\tau)]$ 为诊断周期 τ 时检测诊断和维修费用的数学期望,$M[V(\tau)]$ 为诊断周期 τ 时汽车或机构工作时间的数学期望,则最佳诊断周期应满足:

$$\frac{\mathrm{d}}{\mathrm{d}t}\left\{\frac{M[U(\tau)]}{M[V(\tau)]}\right\}=0 \tag{1-5}$$

整理上式,可以得到最佳诊断周期的一般公式:

$$\frac{F'(\tau)}{[1-F(\tau)]^2}\int_0^\tau[1-F(L)]\mathrm{d}L+\ln[1-F(\tau)]-\frac{C_Z}{C_X}=0 \tag{1-6}$$

式中:$F(\tau)$ ——诊断周期 τ 内不发生故障的概率;

$F'(\tau)$ ——诊断周期 τ 内发生故障的概率;

$F(L)$ ——诊断参数达到极限标准值时的概率分布密度;

C_Z ——完成计划检测诊断和维护的费用;

C_X ——完成计划外小修的费用;

τ ——所求的最佳诊断周期。

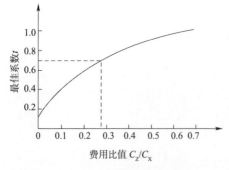

图1-2　指数分布规律时最佳系数与费用比值的关系曲线

最佳诊断周期的计算较为烦琐,为方便起见,可用图解法确定最佳诊断周期。图解时,需引入一个最佳系数 $t=\tau/\bar{L}$,即最佳诊断周期 τ 与故障间平均行程 $\bar{L}$ 的比值。

在正常使用期内,汽车的失效形式服从指数分布规律,此时其最佳系数 t 与费用比 C_Z/C_X 的关系曲线如图1-2所示。从图中可以看出,随 C_Z/C_X 增加,t 逐渐增加,使得 τ 向故障间平均行程 $\bar{L}$ 靠近,这说明检测诊断和维护费用增加时,能有效地抑制故障发生,因此可以延长检测诊断周期。

利用大量的统计资料,根据图1-2所示曲线可图解出最佳诊断周期。首先从统计资料中得到费用比值C_Z/C_X,然后从图中得到对应的最佳系数t值,再由$\tau = t/\lambda$确定最佳诊断周期,其中λ为单位里程(时间)内发生故障的比例。例如:已知$C_Z/C_X = 0.40$,$\lambda = 10^{-4} \text{km}^{-1}$,从图中可查到$t = 0.80$,则最佳诊断周期为:$\tau = t/\lambda = 0.80/10^{-4} = 8000 \text{km}$。

二、确定汽车诊断周期应考虑的因素

实际检测诊断工作中,在确定汽车最佳诊断周期时,只依赖简单计算是远远不够的,还应重点考虑下列因素。

1. 不同构件的故障率

汽车是一个强度不等的复杂系统,各个机构的故障率及故障间的平均行程一般并不相同,即使是同总成、机构内的不同零件,其故障率和故障间平均行程通常也不会相同。从可靠性的角度出发,通常取总成内故障概率最大的零部件故障间平均行程,作为制定诊断周期的依据。另外,由于汽车是由许多总成、机构组成,不可能对每一个总成或机构都规定一个诊断周期,一般把需要诊断的总成或机构,按诊断周期相近的原则组合在同一级诊断中,对汽车执行与现行维护制度类似的分级诊断。

2. 不同系统的重要性

有关汽车行车安全的系统,如转向系统和制动系统等,在确定诊断周期时,其可靠性始终是首要的,而经济性的考虑则占据次要地位。因此对于与汽车行车安全有关的系统或机构,不能以计算结果为依据建立最佳诊断周期,而应从安全角度出发,以保证足够高的可靠性为条件来确定诊断周期,因此其诊断周期常较其他系统或机构的诊断周期短得多,甚至每日或隔日诊断。现代快速检测诊断技术的发展为此提供了条件。

3. 不同的技术状况

汽车的新旧程度、行驶里程及技术状况等级不同,其最佳诊断周期显然也不会一样。凡是新车或大修车、行驶里程较少的车、技术状况等级为一级的车,其最佳诊断周期长,反之则短。对于大规模的汽车运输企业,由于车辆数量较大,汽车的使用年限不一,技术状况等级不同,因此汽车的无故障行驶里程在很宽的范围内变化。故在确定最佳诊断周期时,应按车种、使用年限、技术状况等级分成若干类别,使每一类车的无故障行驶里程相差不大,并据此分别建立每一类车的诊断周期。

4. 不同的使用条件

汽车的使用条件如气候条件、道路条件、装载条件、燃润料的质量、驾驶技术等条件不同,其最佳诊断周期显然也不会一样。凡是处于气候恶劣、道路状况极差、经常超载、拖挂行驶、燃润料质量得不到保障、驾驶技术不佳等使用条件下的汽车,其最佳诊断周期短,反之则长。由于我国地域辽阔,汽车使用条件复杂,因此各种车型的诊断周期不应有统一的规定,而应根据具体的使用条件,结合其他因素,确定最佳诊断周期。

三、推荐的汽车诊断周期

根据《道路运输车辆技术管理规定》(交通运输部令2016年第1号),道路运输经营者负责对道路运输车辆实行择优选配、正确使用、周期维护、视情修理、定期检测和适时更新。而国家标准《汽车维护、检测、诊断技术规范》(GB/T 18344—2016),则要求车辆二级维护前都应进行进厂检测,依据进厂检测结果进行故障诊断并确定附加作业项目。既然规定在二级维护前进行检测诊断,则二级维护周期(间隔里程)就可作为推荐的汽车最佳诊断周期。

由于我国地域辽阔,汽车使用条件复杂,车辆结构性能、制造水平不同,因此,我国对各种车型的二级维护周期没有统一的规定。目前,汽车二级维护周期基本上是依据生产厂家汽车使用说明书的规定、车况、具体使用条件来确定。通常,小型客车(含乘用车)的二级维护周期为40000km或120日,中型及以上客车、挂车的二级维护周期为50000km或120日,轻型货车的二级维护周期为40000km或120日,轻型以上货车的二级维护周期为50000km或120日。

汽车诊断周期可根据车型、二级维护周期的行驶里程和各地的具体使用条件而定。

第五节　汽车检测站

一、汽车检测站的类型

汽车检测站采用现代检测设备和方法,检测汽车各种参数、诊断汽车可能出现的故障,为全面、准确评价汽车的使用性能和技术状况提供可靠的依据。

按照服务功能,汽车检测站可分为安全技术检测站、综合性能检测站和维修检测站。

1. 安全技术检测站

汽车安全技术检测站是指在中华人民共和国境内,依法接受委托,从事机动车安全技术检验,并向社会出具公正数据的机构。

汽车安全技术检测站对在道路上行驶的机动车辆进行安全和环保技术检测工作,承担下列任务:

(1) 机动车申请注册登记时的初次检验。

(2) 机动车定期检验。

(3) 机动车临时检验。

(4) 机动车特殊检验,包括肇事车辆、改装车辆和报废车辆等技术检验。

根据国家的有关法规,汽车安全技术检测站定期对车辆进行安全和环保项目的检测时,一般进行总体检测,并与国家有关标准比较,给出"合格"或"不合格"的结果,而不进行具体的故障诊断和分析。其检测诊断工作通常在检测项目固定的检测线上进行。

2. 综合性能检测站

汽车综合性能检测站指按照规定的程序、方法,通过一系列技术操作行为,对在用汽车综合性能进行检测(验)评价工作并提供检测数据、报告的社会化服务机构。综合性能检测站的主要任务有:

(1) 依法对在用运输车辆的技术状况进行检测诊断。

(2) 依法对车辆维修竣工质量进行检测。

(3) 接受委托,对车辆改装、改造、延长报废期及其有关新工艺、新技术、新产品和科研成果鉴定等项目进行检测,提供检测结果。

综合性能检测站既能进行车辆安全、环保方面的性能检测,又能承担汽车维修中的技术检测与诊断,还可承担科研、制造和教学等单位或部门有关汽车性能的试验和参数测定工作。

3. 维修检测站

维修检测站通常由汽车运输企业或维修企业建立,其作用是为车辆维修提供技术服务,以汽车性能检测和故障诊断为主要内容。在汽车维修前,检测站通过对汽车技术状况的检测和故障诊断,可以确定汽车维护的附加作业、小修项目以及车辆是否需要大修;在汽车维修后,检测站通过对汽车的技术性能检测,可以监控汽车的维修质量。

二、汽车检测站的组成及基本要求

汽车检测站由检测车间、业务大厅、停车场、试车道路及辅助设施等组成。

1) 检测车间

检测车间是检测站的核心,检测线设置其内。根据检测站的功能定位、所承担的检测项目及执行的技术标准,检测车间一般设有单条、双条或多条检测线。检测线的规划设置应充分考虑与业务厅、待检车辆停车场、已检车辆停车场、试车道路、车辆出入、行人及行车安全以及其他配套设施的位置和功能相匹配。在检测线上各检测工位的空间、各工位间的安全距离应根据所检测车型的最大长度确定,保证既能形成流水作业,又使各工位间不相互干涉;在检测线出入口处应有足够长的引车道和醒目的交通标志,以保证车辆进出安全。检测车间应设有非工作人员行走区域,并有安全防护装置,以保证检测工作的安全进行。

检测站根据需要可设置多个检测车间,如安全线检测车间、综合检测车间、外检车间、测功车间等,对汽车进行分门别类的检测。

2) 业务大厅

业务大厅是检测站的办公场地,车辆的报检、打印报表、办证等都在业务大厅内完成。大厅内通常将车辆检测程序、检测收费标准等信息明示。

3) 停车场

停车场是被检车辆停车的场地,一般分为待检车辆停车区和已检车辆停车区,二者有明显的标识加以区分或分开设置。待检车辆和已检车辆的行驶路线不能有相互交叉和碰头现象,以保证检测车辆的有序、安全行驶。

4) 试车道路

试车道路用于汽车的道路试验,主要承担委托检测或争议仲裁检测。试车道路的长度和宽度、坡度、路面材质等应符合相应技术标准的规定。从安全角度考虑,试验车的行驶方向应与检测车辆行驶方向一致,避免交叉和会车,且试验道路区域应有明显警示标志。

5) 辅助设施

检测站的辅助设施是为车辆检测提供服务和保障的各种设施的总称,一般包括检测所需的能源供给设施、办公设施、职工休息生活设施以及车辆调修设施等。

三、汽车检测流程和工位布置

以下主要以汽车综合性能检测站为例介绍汽车的检测流程和工位布置。

1. 综合性能检测站的检测内容

综合性能检测站的检测内容分为五类,即:综合性能检测、安全环保性能检测、修理质量检测、二级维护竣工检测、委托检测。各检测类别的检测项目见表1-2。

汽车综合性能检测站的检测项目　　　　　　　　　表1-2

检测类别	检测项目
综合性能检测	发动机性能、汽车动力性能、行车制动性能、驻车制动性能、前照灯特性、车速表、车轮定位、车轮动平衡、转向性能、侧滑量、排放污染物含量、噪声、轴荷、客车防雨密封性、悬架特性、可靠性、外观等
安全环保性能检测	制动性能、前照灯特性、车速表、侧滑量、排放污染物含量、噪声、轴荷、可靠性、外观等
修理质量检测	发动机性能、制动性能、前照灯特性、车速表、车轮定位、转向性能、侧滑量、排放污染物含量、轴荷、客车防雨密封性、可靠性、外观等
二级维护竣工检测	发动机性能、制动性能、车轮定位、转向性能、车轮动平衡、侧滑量、排放污染物含量、轴荷、外观等
委托检测	委托检测项目由用户指定，可以是检测线上的任何检测项目，也可以是路试检测项目

2. 综合性能检测线的工位布置

汽车综合性能检测站的检测线按一定顺序布置检测流程，将检测项目设置成多工位，形成综合检测线。汽车综合性能检测站典型的工位设置及布局方案如图1-3所示，该布局方案十个检测工位可以覆盖汽车综合性能检测，并较好地兼顾了汽车综合性能检测和汽车安全环保检测。右侧五个工位构成汽车安全环保检测线，进行安全环保检测的车辆在完成检测后驶离检测线；而进行综合性能检测的车辆在完成右侧五个工位上的检测项目后再进入左侧第六至第十个工位构成的综合性能检测线，以完成汽车综合性能全部项目的检测。各工位主要检测内容、项目、设备见表1-3。

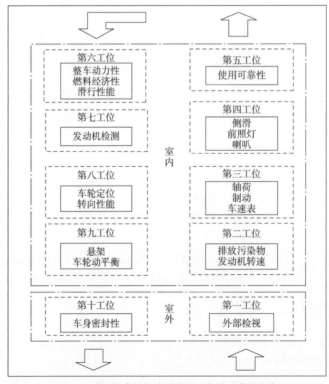

图1-3　汽车综合性能检测线的工位设置布局方案

各检测工位的检测内容和设备　　　　　　　　表1-3

工位	检测内容	主要检测项目或参数	主要检测设备
第一工位	外部检视	车辆唯一性确认、整车装备完整有效性检查	钢卷尺、钢直尺、轮胎压力表、轮胎花纹深度尺
第二工位	排放污染物	点燃式发动机:HC、CO、NO_x	排气分析仪、发动机转速监测仪器
		压燃式发动机:烟度、光吸收系数	滤纸式烟度计、不透光烟度计
第三工位	制动	轴荷、制动力、制动力平衡、车轮阻滞力、制动协调时间、驻车制动力	滚筒反力式制动试验台或平板式制动试验台
	车速表	车速表示值误差	汽车车速表试验台
第四工位	侧滑	转向轮侧滑量	侧滑检验台
	前照灯	基准中心高度、远光光强、远近光光束中心偏移量	前照灯检测仪
	喇叭	喇叭噪声	声级计
第五工位	使用可靠性	发动机异响、底盘异响、总成紧固螺栓及铆钉紧固、主要部件间隙、重要部位缺陷	底盘间隙检测仪、地沟、扭力扳手、专用手锤和专用设备
第六工位	整车动力性	驱动轮输出功率、加速性能	底盘测功机、油耗仪、大气压力表、温度计、湿度计
	燃料经济性	百公里燃料消耗量	
	滑行性能	滑行距离、滑行时间	
第七工位	发动机检测	发动机技术性能、发动机性能参数、电子控制系统、汽喷系统、汽缸压力、机油污染指数	发动机综合性能检测仪、润滑油质分析仪、汽缸压力表
第八工位	车轮定位	车轮前束值/张角、车轮外倾角、主销内倾角、主销后倾角、推力角、转向20°时的张角、车轮轮距	前轮定位仪或四轮定位仪
	转向性能	转向盘自由转动量、转向盘操纵力、转向轮最大转角	转向盘转向力/角仪、转向轮转角仪
第九工位	悬架	吸收率、左右轮吸收率差、悬架特性曲线、悬架效率、左右轮悬架效率差	悬架装置检测台
	车轮动平衡	车轮动平衡	就车式车轮动平衡仪
第十工位	车身密封性	车身淋雨试验	淋雨试验台或专用装置

第六节　汽车检测诊断技术的发展

汽车检测诊断技术是随着汽车技术和现代科学技术,特别是电子技术的发展逐渐发展起来的应用技术。随着汽车技术的发展,汽车的结构越来越复杂,电子化、自动化和智能化程度越来越高,因而对汽车故障的诊断、排除的难度就越来越大,从而对汽车检测诊断不断提出新的要求,推动着汽车检测诊断技术不断向前发展。而现代科学技术的发展为汽车检测技术的发展提供了技术支撑。汽车检测诊断技术的发展远景是故障诊断和技术状况监控的自动化、智能化,以提高汽车检测诊断的效率和准确度。

一、国外汽车检测诊断技术的发展概况

汽车诊断技术在工业发达的国家早已受到重视,在 20 世纪中叶,就形成了以故障诊断和性能调试为主的单项检测技术。进入 20 世纪 60 年代后,检测诊断技术获得了较大发展,出现了简易的汽车检测站。20 世纪 70 年代开发出了车外诊断专用设备,能对特定车辆进行多项目的检测,其汽车诊断技术已发展成为检测控制自动化、数据采集自动化、数据处理自动化、检测结果打印自动化的综合检测技术。

自发动机电子控制装置普遍使用后,汽车电控系统的故障诊断已逐渐向随车诊断转移。1977 年,在美国通用公司的一种轿车上采用了发动机点火控制的随车诊断装置,它具有自动诊断功能,能检测发动机冷却液温度、电路回路故障和电压下降情况。以此为开端,福特、日产、丰田等公司陆续开发了具有自行诊断功能的随车诊断装置。

20 世纪 80 年代,发达国家中随车诊断已成为汽车电器故障诊断的主流,不少轿车具有故障自诊断功能,有的随车诊断设备还可根据其显示器的指令进行操作,来获取故障信息。而此时的车外诊断专用设备更具有诊断复杂故障的能力,具有汽车专家诊断系统。

20 世纪 90 年代,汽车自诊断技术飞速发展。车载诊断(On Board Diagnostic,OBD)系统自问世以来得到了不断的改进和完善,相继出现了 OBD-Ⅰ 和 OBD-Ⅱ。早期的 OBD 是世界各个汽车制造厂商独立自行设计的,各个车型之间无法共用,必须采用不同的诊断系统;随后,OBD-Ⅰ 采用了标准相同的 16 孔诊断插座,但仍保留与 OBD 相同的故障码,各车型之间仍然无法互换,所以必须采用不同的诊断系统;而 OBD-Ⅱ 采用了标准相同的 16 孔诊断插座、相同的故障码及通用的资料传输标准 SAE 或 ISO 格式,可采用相同的诊断系统。1994 年全球约有 20% 的汽车制造厂商已采用 OBD-Ⅱ 标准,到 1995 年时约有 40% 的汽车制造厂商采用 OBD-Ⅱ 标准,从 1996 年起,全球所有的汽车制造厂商全面采用 OBD-Ⅱ 标准。从 1996 年开始,所有在美国销售的新型汽车都采用 OBD-Ⅱ 标准诊断系统。

2000 年后至今,国外汽车诊断设备发展的重要特征是直接采用各种自动化的综合诊断技术,增加难度较大的诊断项目,扩大诊断范围,提高对非常复杂故障的诊断与预测能力,使汽车检测与故障诊断技术向新的高度发展。

总体上讲,工业发达国家的汽车检测诊断技术,在管理上实现了"制度化";在检测基础技术方面实现了"标准化";在检测方式上向"智能化、自动化"方向发展。

二、我国汽车检测诊断技术的发展概况

我国汽车检测诊断技术起步较晚,20 世纪 60 年代中后期,由原交通部公路科学研究所和天津市公共汽车三厂合作,研制了汽车综合试验台,为我国汽车检测与诊断技术的发展迈出了第一步。

1977 年国家为了改变汽车运输和维修落后的局面,下达了"汽车不解体检验技术"的研

究课题,标志着我国汽车诊断技术开始了新的起点。

20世纪80年代初开始,我国汽车保有量急剧增加,为保证车辆安全运行,减少交通事故,在全国中等以上城市,建成了许多安全性能检测站,促进了汽车检测诊断技术的发展。在20世纪80年代,由于国产汽车没有应用微机控制,汽车检测与诊断技术发展较慢,随车诊断几乎是空白,车外诊断是当时我国诊断技术的主流。

进入20世纪90年代后,随着计算机技术在我国的迅猛发展及电子控制系统在汽车上的广泛应用,使得汽车检测与诊断技术在我国产生了革命性的变化。此时,汽车维修检测市场上,不仅出现了大量的诊断硬件设施,同时应用计算机的汽车故障诊断专家系统软件也有了长足的发展。我国自行研制生产的诊断设备已由单机发展为配套,由单功能发展为多功能,由手工操纵发展为自动控制,并逐步开发出了实用的汽车诊断专家系统。

我国汽车随车诊断技术也有快速的发展。《轻型汽车污染物排放限值及测量方法(中国Ⅲ、Ⅳ阶段)》(GB 18352.3—2005)及此后的有关标准据均规定:轻型汽车必须装备车载诊断(OBD)系统。

目前,我国已研制出并投入使用的汽车诊断设备中,用于发动机诊断的主要有:发动机无负荷测功仪、发动机综合测试仪、专用解码器、电子示波器、点火正时仪、废气分析仪、发动机异响诊断仪、机油快速分析仪、铁谱分析仪、油耗计、汽缸漏气量检测仪等;用于底盘诊断的主要有:底盘测功机、制动试验台、侧滑试验台、四轮定位仪、车速表试验台、灯光检验仪、车轮动平衡机等。

三、我国汽车检测诊断技术发展展望

为使我国的汽车检测诊断技术赶超世界先进水平和适应汽车技术高速发展的需要,应从汽车检测技术基础、检测设备智能化、检测诊断网络化及汽车故障预测等方面进行研究和发展。

1. 实现汽车检测技术基础的规范化

我国汽车检测诊断技术在发展过程中,普遍重视硬件技术,而忽视或是轻视了对难度大、投入多、社会效益明显的检测方法和限值标准等基础性技术的研究。随着汽车诊断技术的发展,应加强基础研究,完善与硬件配套的软件建设,制定定量化的检测标准,统一规范全国各地的检测要求及操作技术。

2. 提高汽车检测诊断设备的性能和智能化水平

随着汽车诊断技术的发展,汽车诊断设备将向多功能综合式和自动化方向发展,同时,测试仪器也将趋向小型化、轻量化、测量放大一体化、非接触化、智能化,还会不断地提高检测诊断设备的性能,进一步提高诊断系统的智能化水平,增加诊断项目,扩大检测范围,提高产品的可靠性。目前的诊断设备主要是针对汽车电器和电控系统的故障,只能诊断汽车的部分性能和故障,而对汽车发动机及底盘机械故障的诊断,还缺乏方便、实用的仪器设备,仍然以人工经验法为主。但随着新技术的出现和新产品的开发,利用汽车诊断设备诊断汽车故障将会成为汽车维修领域的主流。

3. 实现汽车检测诊断网络化

随着计算机网络技术的普及,汽车检测诊断将实现网络化。网络化可为汽车检测诊断提供源源不断的信息,人们通过互联网可很方便地与世界上很多汽车公司、厂家联络,获得汽车故障诊断信息,而且随时可以得到具有高水平的"故障诊断专家系统"的指导,随着可视网络技术的投入使用,远在千里之外的专家能像在现场一样,逐步地指导检修人员诊断和排除故障。另外,利用信息高速公路,可将全国的汽车检测站联成一个广域网,使政府相关管理部门随时掌握车辆的状况。

4. 逐步实现汽车故障的预测

实现汽车故障的预测是汽车诊断技术发展的一个重要课题,其重要性在于通过预测可以预知诊断对象——汽车或其总成的未来技术状况,并确定其剩余工作寿命和运行潜力,预报无故障期限,做到事先预防和减少危险性故障。发动机可采用分析机油的金属(Fe、Cu、Pb 等)含量、黏度、不溶解成分、总碱值、燃油混入量及水分,对照发动机故障的数据资料,根据机油的各种成分和性能变化与发动机故障的相互关系,来诊断发动机的技术状况。但到目前为止,整车故障的预测实际上还没有真正解决。这首先是因为诊断设备还不完善,其次是缺少必要的结构参数和输出过程参数的变化规律资料。根据这些情况,应逐步加强对汽车的实验与理论的研究,掌握汽车技术状况的变化与其组成的零部件发生磨损、变形、疲劳、腐蚀等引起配合特性变化的规律。确定诊断参数和诊断标准,开发包括检测技术、分析技术和预测技术在内的诊断软件;利用科学技术的新成果和先进技术,尽可能在车辆的关键部位装入车载式监测传感器来获取诊断信息,通过随车计算机和指示仪表,对汽车转轴、轴承、齿轮、润滑油、排放、油耗和振动进行有效的监测,对汽车的渐发性故障进行有效预报。

复习思考题

1. 简述汽车检测与诊断的作用。
2. 根据检测诊断的目的,汽车检测诊断可分为哪些类型?
3. 汽车维修检测包括哪两类?其主要检测内容包括什么?
4. 从完成检测诊断活动的方式来看,现代汽车诊断的基本方法包括哪些?
5. 汽车诊断参数可分为哪几大类?
6. 能够表征汽车技术状况的参数很多,选择诊断参数是应满足哪些原则?
7. 什么是汽车诊断参数的初始标准、许用标准、极限标准?
8. 按来源不同,检测诊断标准可分为哪些类型?
9. 什么是汽车最佳诊断周期?在确定汽车最佳诊断周期时,应考虑哪些因素?
10. 汽车检测站有哪些类型?各有什么功能?
11. 汽车检测诊断技术发展趋势有哪些方面?

第二章 汽车检测诊断系统技术基础

汽车检测诊断方法已由人工经验检测诊断发展到现代仪器设备检测诊断的阶段。要准确获得汽车检测诊断参数的测量值,必须采用由测量仪表、仪器或设备(这三者往往统称为检测设备)组成的检测诊断系统,在规定测试条件和测试方法下对汽车进行检测和诊断。

第一节 汽车检测诊断系统

汽车检测诊断系统是指:为了获取汽车相关技术参数而综合运用现代检测技术、电子技术、计算机技术,将检测诊断仪器或设备集成在一起,在一定的测量条件、测量方法下,对汽车及其各总成进行检测、分析和判断的系统。

一、汽车检测诊断系统的基本构成

汽车检测仪器或设备一般由传感器、测量装置、显示装置、数据记录及处理装置等组成,可以看成一个独立的检测诊断系统,其基本构成如图2-1所示。

图2-1 检测诊断仪器/设备基本组成

1)传感器

传感器是能够把非电量(物理量、化学量、生物量等)的信息转换成与之有确定对应关系的电信号并输出的器件或装置。传感器处于检测系统的输入端,是获取信息的手段,其性能直接影响到检测诊断系统的工作可靠性和测量准确度,在检测诊断系统中占有重要地位。

2)变换及测量装置

变换及测量装置是将传感器输出的电信号变换成易于测量的电压或电流信号的装置,通常包括电桥电路、调制电路、解调电路、阻抗匹配电路、放大电路、运算电路等。其功能是对检测诊断系统的传感器信号进行放大,对电路进行阻抗匹配、微分、积分、线性化补偿等处理工作。

3)记录与显示装置

记录与显示装置是将变换及测量装置输出的电信号进行记录和显示,使检测人员了解测量值的大小和变化过程的装置。记录与显示装置的显示方式一般有模拟显示、数字显示和图像显示三种。

模拟显示一般是利用指针式仪表指示被测量的大小,应用广泛。其优点是结构简单、价格低廉、读数方便和直观,缺点是易造成读数误差。

数字显示是直接以十进制数字形式指示被测量的大小,应用越来越广泛。这种显示方式有利于消除读数误差,并且能与微机联机,使数据处理更加方便。

图像显示是用记录仪显示并记录被测量处于动态中的变化过程,以描绘出被测量随时间变化的曲线或图像,作为检测结果供分析和使用。常用的自动记录仪有光线示波器、电子示波器、笔式记录仪和磁带记录仪等。其中,光线示波器具有记录和显示两种功能,电子示波器只具有显示功能,磁带记录仪只具有记录功能。

4）数据处理装置

数据处理装置是一种用来对检测结果(数据或曲线)进行分析运算、处理的装置。例如,对大量测量数据进行数理统计分析,对曲线进行拟合,对动态测试结果进行频谱分析、幅值谱分析和能量谱分析等。

单机汽车检测诊断系统一般是各个检测诊断设备根据需求独立布置,完成对应功能检测诊断任务后,通过检测设备的显示装置记录数据,或者单机打印对应数据,待所有检测项目都独立检测完成后形成整体检测报告。

二、联网汽车检测诊断系统的构成

联网汽车检测诊断系统一般通过串行通信技术将检测设备与工位机联网,然后通过以太网将所有工位机连接到主控计算机,由主控计算机统一安排调度不同检测设备,完成对应检测功能,实现自动化联网检测,以提高检测效率,降低检测线工作人员劳动强度。联网汽车检测诊断系统是由多个检测设备和检测工位构成的多层次系统,其基本结构如图 2-2 所示。

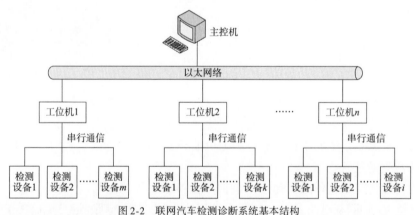

图 2-2　联网汽车检测诊断系统基本结构

三、现代检测诊断系统简介

现代检测诊断系统指以微机[单板机、单片机或个人电脑(PC)]为基础而构成的新型检测诊断系统。由于以微机作为控制单元控制整个检测诊断系统,能把系统中各个测量环节有机地结合起来,并赋予微机所特有的诸如编程、自动控制、数据处理、分析判断和存储打印等功能,因而使检测系统的结构和功能发生了根本性的变化。

现代检测诊断系统一般由传感器、放大器、模拟/数字(A/D)转换器、微机系统、显示器、打印机和电源等组成。其特点如下。

1. 自动零位校准和自动精度校准

自动零位校准功能是为了消除由于环境条件(如温度)的变化使放大器的增益发生变化所造成的仪器零点漂移。采用程序控制的方法,在输入搭铁的情况下,将漂移电压存入随机存储器(RAM)中,经过运算即可从测量值中消除零位偏差。

自动精度校准是采用软件的自校准功能,通过运算分别测出零位偏差、增益偏差,即可从测量值中消除零位偏差。

2. 自动量程切换

现代检测诊断系统中的量程切换是通过软件采用逐级比较的方法,从大到小(从高量程到低量程)自动进行。软件一旦判定被测参数所属量程,程序即自动完成量程切换。

3. 功能自动选择

现代检测诊断系统中的功能选择是在数字仪表上附加时序电路,用 A/D 转换器采集多通道的信号,在程序控制下,通过电子开关来实现的。只要对检测诊断系统中的各功能键(如温度、流量等)进行统一编码,然后由中央处理器(CPU)发送各种控制字符,通过接口芯片就可以控制各个电子开关的启闭。在测量过程中,检测系统可以通过用户事先设定自动选择或改变测量功能。

4. 自动数据处理和误差修正

现代检测诊断系统有很强的自动数据处理功能。例如,能按线性关系、对数关系及乘方关系,求取测量值相对于基准值的各种比值,并能进行各种随机量的统计分析和处理,求取测量值的平均值、方差值、标准差值和均方根值等。现代检测系统还可以自动修正系统误差,还能对非线性参数进行线性补偿,使仪器的读数线性化。

5. 自动定时控制

自动定时控制是某些测量过程所需要的。现代检测诊断系统实现自动定时控制有两种方法:一种是用硬件完成,如某些微处理器中就有硬件定时器,可以向 CPU 发出定时信号,CPU 会立即响应并进行处理;另一种是用软件达到延时的目的,即编制固定的延时程序,按 0.1s、1.0s……甚至 1.0h 延时设计,并作为子程序存放在只读存储器(ROM)中,用户在使用中只要给定各种时间常数,通过反复调用这些子程序,就可实现自动定时控制。

6. 自动故障诊断

现代检测诊断系统可以在系统内设置故障自检系统,一般采用查询的方式进行,能在遇到故障时自动显示故障部位,大大缩短诊断故障的时间,实现检测诊断系统自身的快速诊断。

7. 综合功能强

一些综合性现代检测诊断系统,如发动机综合参数测试仪、故障解码器和新型示波器等,能对国产车系、日韩车系、欧洲车系和美洲车系等几乎所有批量车进行检测诊断。不仅能检测诊断发动机的电控系统,而且能检测诊断自动变速器、防抱死制动装置、安全气囊、电子悬架、巡航系统和空调等电控系统。不仅能读出故障码、清除故障码,而且还能读出数据流,进行系统测试、OBD-Ⅱ诊断等多项功能。

8. 使用方便性好

如发动机综合参数测试仪、故障解码器、新型示波器和四轮定位仪等检测诊断设备,均设有上、下级菜单。使用中只要单击菜单,就可选择要测试的内容,操作变得非常方便。

第二节　传感器技术

一、传感器基础知识

1. 传感器的概念

《传感器通用术语》(GB/T 7665—2005)定义传感器为"能感受被测量并按照一定的规律转换成可用输出信号的器件或装置,通常由敏感元件和转换元件组成"。其含义如下:

(1)传感器是测量装置,能完成检测任务。

(2)它的输入量是某一被测量,可能是物理量,也可能是化学量、生物量等。

(3)输出量是某种物理量,这种量要便于传输、转换、处理、显示等,这种量可以是气、光、电量,但主要是电量。

传感器在工业测量中常称为"转换器",从能量转换角度称为"换能器"等。

狭义上来讲,《传感器通用术语》(GB/T 7665—2005)定义的"可用输出信号"就是我们平时所指的电流、电压、电容、电感、电阻和频率(电脉冲)等这些电信号。目前,传感器转换后的信号大多为电信号。因而从狭义上讲,传感器是把外界输入的非电信号转换成电信号的装置。传感器的作用如图2-3所示。

图2-3　传感器作用示意图

2. 传感器的结构

传感器由敏感元件与转换元件组成,如图2-4所示。

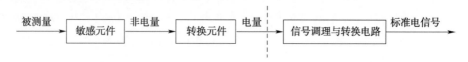

图2-4　传感器基本组成

敏感元件是指在传感器中直接感受被测量的元件,其作用是感受被测物理量,并对信号进行转换输出。转换元件则对敏感元件输出的物理量进行转换、阻抗匹配,以便于后续仪表接入,其作用是将转换元件输出的电参量转换成易于处理的电压、电流或频率量。

需要说明的是,有些传感器将敏感元件与转换元件合二为一,而有些传感器没有敏感元件。

在检测过程中,被测量通过传感器的敏感元件把被测量转换成与之有确定关系、更易于转换的非电量,而后非电量通过转换元件再被转换成电参量。如电阻应变式压力传感器的敏感元件是电阻应变片,其作用是将被测量(压力)转换为应变片电阻的变化,该应变片又作为一个桥臂接入一个电桥电路。电桥作为转换元件,其输出的电压量与应变片的电阻变化呈线性关系,而应变片的电阻变化与所受的压力呈线性关系,故电阻应变式压力传感器的输出信号与所受的压力呈线性关系,实际使用的时候,其刻度方程可用一次函数表示。由于电桥的输出信号非常微弱且可能有干扰,故电阻应变式压力传感器的输出在送入 A/D 转换器之前,需要接入信号调理与转换电路,进而形成标准的电信号。

3. 传感器的分类

传感器有多种类型,了解传感器的种类和使用特点,对于传感器的正确使用非常重要。

1) 按被测物理量分类

常见的被测物理量可以分为机械量、声、磁、温度、光等,见表 2-1。

常见的被测物理量　　　　　表 2-1

机械量	长度、厚度、应变、位移、旋转角、偏转角、速度、振动、流量、动量、转速、角振动、加速度、质量、重量、应力、压力、力矩、真空度、风速、流速
声	声压、噪声
磁	磁通、磁场
温度	温度、热量、比热
光	亮度、色彩、光通量

传感器可以按输入物理量分类,如位移传感器、力传感器、加速度传感器、温度传感器等。这种分类方法阐明了传感器的用途,方便对传感器的选用,但同类传感器的测量工作原理可能不同。

2) 按工作原理分类

传感器可以按对信号转换的作用原理命名,如应变式传感器、电容式传感器、压电式传感器、热电式传感器、光电式传感器等。这种分类方法反映了传感器的工作原理,有利于对传感器进行深入研究分析。

3) 按敏感元件与被测对象之间的能量关系分类

传感器的设计和使用过程中遵循的两大物理定律是场的定律和物质定律。

利用场的定律构成的传感器称为结构型传感器。场的定律是描述电场、磁场、物质场、重力场等在空间和时间上的变化规律。这些变化规律由物理方程给出,可作为传感器工作的数学模型。如电容式传感器就是利用静电场定律研制的结构型传感器,其输出灵敏度由极板的尺寸、极板间距离和极板间的介质决定,与构成传感器的具体物质,也就是极板材料无关。

基于物质定律构成的传感器称为物性型传感器。物质定律是表示各种物质本身内在客观性质的定律,如胡克定律 $F = kx$ 等。这些客观性质常用表示物质固有性质的物理常数加以描述,常数的大小决定着传感器的主要性能,如胡克定律中的弹性系数 k。还有一些是利用半导体的物质法则,如压阻、热阻、光阻、湿阻等效应,可分别做成压敏、热敏、光敏、湿敏等传感器件。以利用半导体的压阻效应研制的压敏传感器为例,其电阻为 $R = pL/S$,对半导体材料施加压力时,材料除产生变形外,其电阻率 p 也发生变化,其变化量不仅与施加外力的大小有关,还与半导体的材料有关。

4) 按输出信号的性质分类

根据输出信号为模拟信号或数字信号,传感器可分为模拟式传感器和数字式传感器。

模拟式传感器的输出信号为电压、电流、电阻、电容、电感等模拟量。数字式传感器的输出信号为数字量或频率量。

5) 按能量关系分类

根据能量关系可将传感器分为能量转换型和能量控制型。能量转换型又包括自源型和带激励源型。自源型传感器输出量直接由被测输入量的能量转换而得,又称为有源传感器。能量控制型传感器又称为无源传感器或外源型传感器,其输出量能量必须由外加电源供给,只是受被测输入量的调节和控制。

自源型传感器的特点是不需要外能源,直接由被测对象输入能量使其工作,如热电偶传感器、压电式传感器等。图 2-5 为热电偶传感器的原理示意图。

图 2-5 热电偶传感器的原理示意图

热电偶是利用热电效应构成的传感器,A 和 B 是两种不同性质的导体,A 和 B 组成回路,若连个结点处的温度不同,即 $T_0 \neq T$,A、B 间将产生热电势,电流测量装置将发生偏转,偏转程度也就是电流的大小与两个结点的温度差有关,导体 A、B 的组合称为热电偶,被测量是结点温度,热电偶传感器将被测温度场的能量(热能)直接转换成电流或电势(电能)并不需要其他外能源,因此,热电偶是一种自源型传感器,属于能量转换型传感器。

带激励源型传感器由转换元件和辅助能源两部分组成。辅助能源起到激励的作用,可以是电源或磁源。该传感器的特点是不需要变换电路,即可有较大的电量输出。

汽车检测系统中常用的霍尔传感器是基于霍尔效应原理制成的,属于带激励源型传感器。常用的磁电式传感器是根据电磁感应定律制成的,也是一种带激励源型传感器。

6) 按构成传感器的功能材料分类

按构成传感器的功能材料不同,可将传感器分为半导体传感器、陶瓷传感器、光纤传感器、高分子薄膜传感器等。

7) 按某种高新技术命名的传感器分类

有些传感器是根据某种高新技术命名的,如集成传感器、智能传感器、机器人传感器、仿生传感器等。

二、汽车检测诊断常用传感器

汽车检测诊断系统中常用的传感器有光电开关、光电编码器、霍尔传感器、磁电式传感器、应变式力传感器及差动变压器式位移传感器等。

1. 光电开关

光电开关是一种把发射端和接收端之间光的强弱变化转化为电流强度的变化,以达到检测目的的传感器。在汽车检测诊断系统中,常用于判断车辆是否到达指定位置和机械设备台架是否到达指定位置等,是触发检测诊断的重要依据。如车速表校验时,以驱动轮是否遮挡光电开关发射端与接收端之间的光线,判断待检车辆驱动轮是否驶入速度台。此时,检测软件实时读取光电开关的输出状态,进而判定检测能否继续进行。又如,根据我国汽车检测相关标准规定,加载制动检测时制动台台体需要举升,从而增大被加载轴的附着力,制动台台体举升过程中,光电开关用于检测举升是否达到指定位置。

光电开关按检测方式可分为反射式、对射式和镜面反射式三种类型。在检测线上主要使用反射式、对射式两种类型的光电开关。

对射式光电开关的发射端和接收端分别位于直线两端,根据接收端是否能够接收到发射端的光信号,输出相应的电信号。在检测系统中通常用于判断车辆是否行驶到指定位置,如车速表校验时驱动轮是否驶入车速表检验台、称重时被测车轮是否驶入称重台、前照灯检验时车辆是否位于前照灯检测仪光接收面规定距离等。为了方便使用,发送端上用电源指示灯指示电源是否接通,在接收端上用接收指示灯指示是否收到了光信号。

反射式光电开关的发射端与接收端集成在一起,接收端根据是否能够接收到发射端被物体反射回来的光信号,输出相应的电信号。在检测系统中,常用于转向轮转向角检测仪中的车轮定位传感器和加载制动试验台中的举升到位传感器。部分反射式光电开关具有探测距离可调的功能,使用时可根据需要通过光电开关上的电子按钮调整有效探测距离。

在汽车检测线中,所用光电开关的供电电源分为交流和直流两类。其中,交流供电电压一般为交流220V,直流供电电压通常在直流 10~30V 之间,以 12V 或 24V 直流供电电压居多。

光电开关的输出方式有继电器触点或三极管驱动两种类型。对于三极管驱动的输出类型,在使用时要注意区分是 NPN 型三极管还是 PNP 型三极管。

光电开关并不输出恒定的光信号,而是由振荡回路产生的调制脉冲,经发光管辐射出光脉冲。在接收电路中将光脉冲解调为电脉冲信号,再经放大器放大和同步选通整形,然后用数字积分或 RC 积分方式排除干扰,最后经触发驱动器输出光电开关控制信号。因此,光电开关一般在环境照度较高时仍能稳定工作。需要注意的是,在使用光电开关时,应当避免将传感器的受光器正对太阳光、白炽灯等强光源。如果不能增大传感器的受光器与强光源的角度,可在传感器四周加装遮光板或套上长遮光筒。

2. 光电编码器

光电编码器是一种通过光电转换将转动轴上的机械几何位移量转换成脉冲或数字量的传感器。

光电编码器由光栅盘(也称光电编码盘)和光电检测装置组成。光栅盘在一定直径的圆盘上等分地开通有若干个孔,光电检测装置是由光源和光接收器组成的光电开关。光源一般发出红外光,光接收器多由光敏三极管和放大电路组成,可将收到的光信号变为电信号。光源和光接收器分别置于光栅盘的两侧,并彼此对准。若将光栅盘的中轴与转动轴相连,转动轴旋转时,光栅盘与转动轴同速旋转。当光栅盘转动时,光源发出的光线被周期性地遮住,光接收器收到断续的光信号,并转换成电脉冲(脉冲信号)。脉冲频率与转动轴转速成正比,通过计算每秒光电编码器输出脉冲的个数就能计算出当前转动轴的转速。此外,为判断旋转方向,光电编码盘还可提供相位相差90°的两路脉冲信号。图2-6 为光电式速度传感器原理图。

由于光电编码器检测精度高、稳定性好,所以是目前应用最多的转速传感器。在汽车检测诊断系统中常用于汽车速度的检测,如车速表校验、底盘输出功率检测、等速油耗检测等。另外,光电编码器也经常用于角度的测量,如转向轮转向角中的转角传感器。

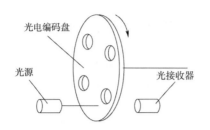 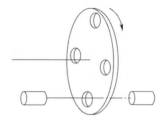

a) 光线被遮住,接收器无信号　　　b) 光线未被遮住,接收器有信号

图 2-6　光电式速度传感器原理图

3. 霍尔传感器

霍尔传感器是基于霍尔效应的原理制作的一种磁场传感器。霍尔效应是电磁效应的一种,其原理如图 2-7 所示。

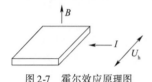

图 2-7　霍尔效应原理图

当电流 I 垂直于外磁场 B 通过导体时,载流子发生偏转,垂直于电流和磁场的方向会产生一附加电场,从而在导体的两端产生电势差 U_h,这一现象就是霍尔效应,这个电势差也被称为霍尔电势差。

霍尔传感器是人们用半导体材料根据霍尔效应制作的一种磁场传感器。在半导体薄片两端通以控制电流 I,并在薄片的垂直方向施加磁感应强度为 B 的匀强磁场,则在垂直于电流和磁场的方向上,将产生一个大小与控制电流 I 和磁感应强度 B 的乘积成比例的霍尔电动势 U_h。由此可见,对于霍尔电磁式传感器,假设被测量为外加磁场 B,则转换元件(霍尔传感器)需在辅助能源(激励电流 I)的作用下,将磁场 B 的变化转化为电量(霍尔电势 U_h)的输出。因此,霍尔传感器是一种带激励源型传感器,属于能量转换型传感器。

由于霍尔传感器响应频率极高,在汽车检测中经常被用于底盘测功机滚筒转速的测量,其工作原理如图 2-8 所示。将带齿的圆盘固定在滚筒一端,随滚筒一起转动。当圆盘的齿未经过磁导板时,有磁场经过霍尔元件,感应产生霍尔电动势;当圆盘的齿经过磁导板时,磁场被短路,霍尔电动势消失。所以霍尔传感器可以产生与速度成正比的脉冲信号,根据输出脉冲数和输出脉冲时间即可推算出滚筒的转速。

 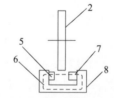 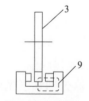

a) 带齿圆盘形状　　　b) 圆盘的齿未经过磁导板　　　c) 圆盘的齿经过磁导板

图 2-8　霍尔元件式速度传感器原理图

1、2、3-圆盘;4-齿;5-霍尔元件;6-磁力线;7-永久磁铁;8-磁导板;9-磁力线

霍尔传感器具有对磁场敏感、结构简单、体积小、频率响应宽、输出电压变化大和使用寿命长等优点,在测量、自动化、计算机和信息技术等领域得到广泛的应用。

4. 磁电式传感器

磁电式传感器也是一种带激励源型传感器,它是根据电磁感应定律制成的。电磁感应是指因磁通量变化产生感应电动势的现象,感应电动势分为动生电动势和感生电动势。根据电磁感应定律:感应电动势的方向可用楞次定律判定,感应电动势的大小 $e(t) = -n(\mathrm{d}\phi)/(\mathrm{d}t)$。图 2-9 为磁电式传感器原理图。

磁电式传感器由永久磁铁(定铁芯)、线圈和衔铁(动铁芯)组成。永久磁铁和线圈固定不动,当动铁芯上下移动时,永久磁铁和动铁芯之间的气隙发生变化,导致磁路总磁阻发生变化,从而线圈内的磁通发生变化,磁通变化率为 $(\mathrm{d}\phi)/(\mathrm{d}t)$,这样在线圈内将产生感应电动势 $e(t)$。这里,被测量是动铁芯上下移动的距离,辅助能源是永久磁铁与动铁芯构成的磁源,磁电式传感器在辅助能源(磁源)的激励下,将被测量(气隙)的变化转换为线圈中的感应电动势输出。

磁电式测速传感器由信号盘齿轮和磁头(感应线圈及永久磁铁)等组成,如图 2-10 所示。信号盘齿轮是带齿的薄圆盘,固装在滚筒轴上;磁头由感应线圈及永久磁铁组成,固定在机架上。当信号盘齿轮随滚筒旋转时,其上的齿依次越过固定磁头,引起磁阻变化,感应线圈中的磁通量随之变化,使磁电传感器输出交变的感应电动势,即信号电压。将信号电压放大及整形后,转化为脉冲信号输入处理装置,通过测量脉冲频率或周期即可得到车速的测量值。

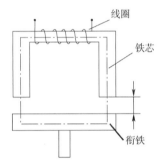
图 2-9 磁电式传感器原理图

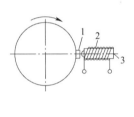
图 2-10 磁电式测速传感器原理图
1-齿轮;2-感应线圈;3-永久磁铁

5. 应变式力传感器

应变式力传感器如图 2-11 所示。受到外力作用时,弹性体发生机械形变,粘贴在弹性体上的应变片相应变形引起应变片的电阻变化,其变化量便可度量外力的大小。因应变片在受力时产生的阻值变化通常较小,一般用这种应变片组成应变电桥以增加输出灵敏度。由于温度对电阻值的影响较大,一般要采用线路补偿或自身补偿的办法进行温度补偿。应变式力传感器具有精度高、可靠性强等优点,常用于汽车检测诊断系统中轴重测量仪的称重传感器、制动检验台的制动力传感器、底盘测功机的扭力传感器。

a) 轮辐式称重传感器

b) S型力传感器

图 2-11 应变式力传感器

6. 差动变压器式位移传感器

差动变压器式位移传感器是感应式位移传感器中应用最广的一种。其结构由同心分布在线圈骨架上的一个初级线圈和二个次级线圈组成,如图2-12a)所示;其工作原理如图2-12b)所示。线圈组件内有一个可自由移动的杆状铁芯,当铁芯在线圈内移动时,改变了空间的磁场分布,从而改变了初次级线圈之间的互感量。当初级线圈两端具有一定频率的交变电压 U_1 时,次级线圈就产生了相应的感应电动势 U_2。随着铁芯的位置不同,次级线圈产生的感应电动势 U_2 不同。因此,就将铁芯的位移量转换成了电压信号。汽车检测诊断系统中,位移传感器常用于测量汽车转向轮的横向侧滑量。

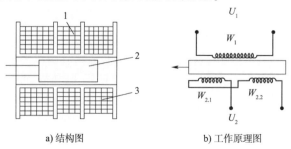

a) 结构图　　　　　　　　b) 工作原理图

图2-12　差动变压器式位移传感器结构及工作原理

1-初级线圈;2-铁芯;3-次级线圈

第三节　信号检测基础

一、信号基础知识

1. 信号、信息的概念

信息是人和外界作用过程中相互交换内容的名称,是事物运动的状态和方式。信号描述了物理量的变化过程,在数学上可以表示为一个或几个独立变量的函数,也可以表示为随时间或空间变化的图形。信息的传输依赖于物质和能量。一般来说,传输信息的载体称为信号,信息蕴含在信号之中。

2. 信号的分类

信号分为静态信号和动态信号两类。静态信号不随时间变化,而动态信号是指随时间变化的信号。动态信号又可分为连续信号和离散信号。若在所讨论的时间间隔内,对于任意时刻都可以给出确定的函数值,这种信号称为连续信号,如图2-13a)所示。连续信号的幅度可以是连续的,也可以是离散的(只取某些规定值)。对于时间和幅度值都是连续的信号又称为模拟信号。离散信号在时间上是离散的,只在某些不连续的一定瞬时给出函数值,如图2-13b)所示。

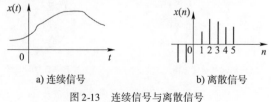

a) 连续信号　　　　　　　　b) 离散信号

图2-13　连续信号与离散信号

根据动态信号随时间变化规律的不同,又可分为确定性信号和非确定性信号(即随机信号)两类。可以用明确数学关系式描述的信号称为确定性信号,而不能用数学关系式描述的信号称为非确定性信号。动态信号依据随时间变化的规律有不同类型,如图 2-14 所示。

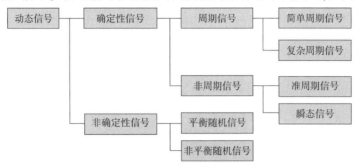

图 2-14　动态信号依据随时间变化的规律分类

确定性信号分为周期信号和非周期信号。周期信号分为简单周期信号(也称简谐信号)和复杂周期信号,非周期信号分为准周期信号和瞬态信号,如图 2-15 所示。

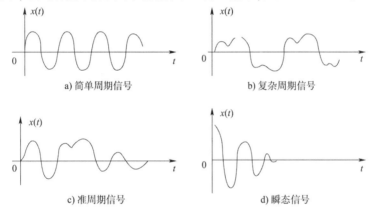

图 2-15　确定性信号

周期信号可视为在一个固定参考点上的振荡运动,经过一定时间(周期 T)后可自行重复出现的信号。简单周期信号(正弦或余弦)可用下式来描述:

$$x(t) = A\sin(2\pi ft + \varphi)$$
$$或:x(t) = A\cos(2\pi ft + \varphi) \tag{2-1}$$

式中:A——振幅,描述信号变化的范围;
　　　f——频率,描述信号变化的快慢;
　　　φ——初相位,描述信号的起始位置;
　　　t——时间。

复杂周期信号由两个或两个以上的简单周期信号叠加而成。它具有一个最长的基本重复周期,与该基本周期频率一致的谐波称为基波,而其他频率为基波整数倍的谐波称为高次谐波。可表示为:

$$x(t) = x(t + nT)\ (n = 1,2,3,\cdots) \tag{2-2}$$

非周期信号是指在时间上永不重复的信号,它又分为准周期信号和瞬态信号两种。准周期信号又称为近似周期信号,它由一些不同频率的简单周期信号合成。瞬态信号是指冲击信号或持续很短一段时间的衰减信号。

随机信号是不能用精确的数学关系式描述的信号,但是随机信号值的变动服从统计规律,可以用概率统计的方法来描述。对随机信号按时间历程所做的各次长时间观测记录称为样本函数或样本曲线,记作 $x_i(t)$, $t \geq 0$, i 为观测记录的序号。在同样的条件下,不同时间段的各样本函数的集合称为总体,记作:

$$\{X(t)\} = \{x_1(t), x_2(t), x_3(t), x_4(t), x_5(t), \cdots, x_n(t), \cdots\} \quad (2\text{-}3)$$

$\{X(t), t \geq 0\}$ 表示为一个随机过程。如果随机信号的统计参数(如均值、方差等)不随时间 t 变化,则称该信号为平稳随机信号,反之则称为非平稳随机信号,如图2-16所示。

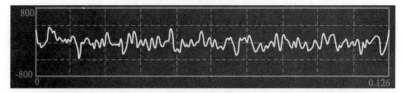

a) 平稳随机噪声信号

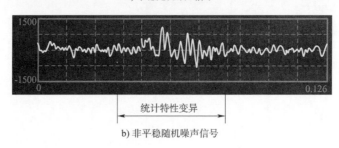

b) 非平稳随机噪声信号

图2-16 非确定性信号

二、汽车检测常用信号及处理

汽车检测常用的信号主要包括以下三种:
(1) 模拟量信号,包括模拟转数字、数字转模拟。
(2) 开关量信号,包括开关量输入、开关量输出。
(3) 数字传输,包括串口通信、网络通信。

1. 模拟信号输入

电子电路可分模拟电路和数字电路两大类。数字电路是以开和关两种状态或以高和低电平来对应1和0二进制数字量,并进行数字运算、存储、传输及转换。数字信号是断续变化的,模拟信号是连续变化的。在时间上或数值上都是连续的物理量称为模拟量,把表示模拟量的信号称为模拟信号,模拟集成电路用来处理连续变化的信号。在检测系统中的称重、制动、侧滑等传感器输出信号就是模拟信号。例如,侧滑试验台的滑板连续移动时,位移传感器输出电压信号在连续变化过程中的任何一个取值都有具体物理意义,即表示相应位移量。

因为计算机无法识别模拟信号,因此需要通过模拟/数字转换电路,把电压转换为计算机能够识别的数字信号,这就是在检测系统中使用A/D卡的作用。A/D的意思就是把模拟信号转换成数字信号,其中"A"代表模拟,"D"代表数字。D/A 则正好相反,是计算机把数字信号转换成模拟信号后输出。如在测功机上需要用计算机控制涡流机的电流大小,所以需要把数字信号转换成模拟信号后再经由可控硅等器件控制涡流机。

检测系统使用的 A/D 卡的转换位数有 12 位和 16 位两种。位数越高则转换的精度越高。12 位的 A/D 卡最大分割等级为 $2^{12}=4096$,16 位的 A/D 卡最大分割等级为 $2^{16}=65536$。

下面以制动信号为例,说明用 12 位 A/D 卡时制动信号数据采集转换过程。

1) 电压分辨率

若所用的 A/D 卡允许输入电压范围为 DC0 ~ 10V,则 12 位 A/D 卡的最小电压转换分辨率为 10V/4096 = 2.44mV,16 位 A/D 卡的最小电压转换分辨率为 10V/65536 = 0.1mV。

2) 制动力分辨率

制动试验台一般采用压力应变传感器,供电电源为 DC 12V,应变片受压产生电压信号,信号范围为 DC0 ~ 12mV。信号电压大小与压力成正比,且呈线性关系。满量程测试时,放大后的信号为 DC10V,10t 制动台的满量程为 35000N,而计算机能识别的分辨率为 2.44mV,当 10V 对应 35000N 时,则 1mV 约对应 3.5N,2.44mV 约对应 8.54N,所以分辨率接近 1daN,即 10N。

3) 信号转换

放大信号经由主机调理板输入,经硬件滤波后,送入计算机内的 A/D 卡,由 A/D 卡转换成数字信号(即 0 ~ 4095),由软件再转换为电压信号便于直观显示:$V = 10/4096 \times D$(其中 D 为数字信号值)。图 2-17 表示了一般模拟量的采集和处理过程。

图 2-17 模拟量的数据采集和处理

图 2-17 中,前置放大指通过仪表放大器和运算放大器组成的具有增益可调的多级放大器,将传感器输出的微弱信号进行放大,经滤波后交由数据采集器的 A/D 转换电路变换为计算机可以直接处理的数值。图 2-18 为简化的放大器电路原理图。

4) 建立与物理量的关系

通过标定,可建立起所测量的物理量与电压之间的数学关系式。实际检测时,依据检测到的电压信号便可计算得到相应的被测物理量。

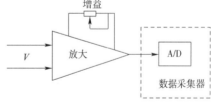

图 2-18 模拟量信号放大电路

如标准加载力为 5000N 时,相对空载时的电压为 1.1V,则软件计算得到 4545N/V 即为标定系数;如计算机测量到的相对空载时电压为 2.0V 时,便可计算得到实际制动力值为 2 × 4545N = 9090N。

2. 模拟信号输出

模拟信号的输出是通过 D/A 转换卡实现的,D/A 转换是 A/D 转换的逆变换,它将计算机写入的数字值(如为 12 位精度,数值为 0 ~ 4095)转换为输出电压值(如 0 ~ 10V)。在汽车检测系统中,D/A 转换常用于底盘测功机的扭力加载控制、流量计的风量控制等控制过程。

3. 开关量输入

开关量信号是一种"1""0"二值变化的数字信号,特点是它们仅有高电平"1"、低电平"0"两种状态,对应数字电路的高电位与低电位,如图2-19所示。由于其变化是跳跃的,故又称为脉冲信号。开关量输入信号是指I/O板卡输入一个高电平"1"和低电平"0"。

汽车检测诊断系统中的开关量输入信号主要包括两类:一是车辆到位信号,如光电开关传感器输出的信号;二是采样开关,如车速表检验台的无线遥控信号。另外,还有一类特殊的开关信号——脉冲信号,信号性质与开关信号相近,如速度传感器发出的脉冲信号。以车速表检验台为例,在车辆驱动轮驶入车速表检验台后,计算机需识别其到位状态,以便进行控制、数据采集。速度检验台两边装有一组红外光电开关,其发射端如图2-20a)所示,接收端包括一组常闭接点和常开接点,如图2-20b)所示。发射端的BN表示棕色(Brown)、BU表示蓝色(Blue),是一组电源线,通电后发送端的电源指示灯亮,同时会发射红色的可见光。接收端的BN表示棕色(Brown)、BU表示蓝色(Blue)、WH表示白色(White)、GR表示绿色(Green)、BK表示黑色(Black)。接收端的BN和BU也是一组电源线,接收端的(WH,BK)和(WH,GR)分别构成一组常闭接点和一组常开接点。WH端一般又称为公共端,常闭接点(BK)表示默认情况下,公共端与其导通;常开接点(GR)表示默认情况下,公共端与其断开。当车辆未到位情况下(可见光未被遮挡),公共端与常闭端接通,与常开端断开;车辆到位后(可见光被遮挡),公共端与常闭端断开,与常开端接通。

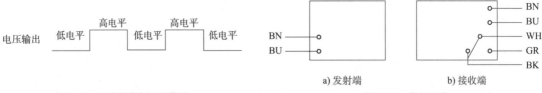

图2-19 开关量高低电平信号   图2-20 光电开关

图2-21所示为常用的数字量输入信号调理电路。信号经过光电耦合器隔离后,经过施密特电路整形后,将信号输入开关量输入数据采集器。图2-20中的(WH,BK)和(WH,GR)中的任意一组接入该调理电路。以(WH,GR)常开接法为例,无物体阻挡(车辆未到位)时,它将光电耦合器左侧的三极管集电极+5V信号截止,光电耦合器内部的发光二极管工作在截止状态——不发光,光电耦合器内部的光敏三极管处于截止状态,右侧的数据采集器将得到近+5V信号;有物体阻挡(车辆到位)时,光电耦合器左侧的三极管的基级电流不为零,集电极的+5V信号经发射极流入光电耦合器内部的发光二极管,使其工作在导通状态——发光,光电耦合器内部的光敏三极管处于导通状态,右侧的数据采集器将得到0V信号。I/O卡将5V转换成高电平数字信号1,0V转换为低电平数字信号0,从而使软件得以识别车轮是否停放在车速表检验台上。

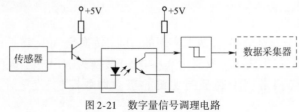

图2-21 数字量信号调理电路

4．开关量输出

开关量输出信号指 I/O 板卡输出一个高电平("1")和低电平("0")。以反力式滚筒制动检验台为例,当车轮在制动台上停稳,软件识别出其到位状态后,要控制举升器下降、电机启停。I/O 卡具有多个开关量输出通道,每个通道功能与手动开关等同,其差异只是手动开关由人工接通或断开,开出通道是由软件控制通断;另一差异是开出通道负载能力较小,允许通过电压一般为直流 0~30V,电流为 100mA 左右,因而一般无法用它直接驱动外部设备。继电器作为驱动电路的中间环节,相当于一个具有几组常闭与常开接点的电开关,在它的线圈两端不加电时,输入端与常闭接点导通,在加电后输入端则与常开接点导通。

选用线圈为 24V 的大功率继电器,将电源 24V 正极引至开出指定通道输入端,输出端引至继电器线圈正端;再将电源 24V 负极送至继电器线圈负端。220V 交流电的火线引至继电器节点输入端,由其常开接点再引至电磁阀线圈的一端,将 220V 零线直接引至电磁阀线圈另一端,则在软件控制指定开出通道导通后,将在继电器线圈两端加上 24V 电源。继电器导通节点输入端和常开节点,使电磁阀线圈两端加压 220V,控制电磁阀动作,导通气路使举升器动作。

对电机的控制是将继电器常开节点接至接触器线圈一端,220V 零线接至线圈另一端,接触器线圈两端加电时使输入端与输出端节点导通。三个输入节点引入 380V 三相电,三个输出节点引至电机,便可控制电机启停。轴重制动工位开关量输出信号的传输和处理过程如图 2-22 所示。

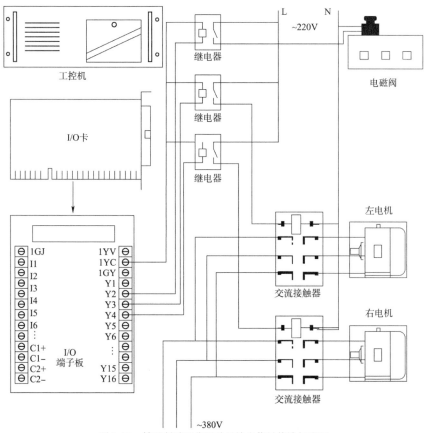

图 2-22 轴重制动工位开关量输出信号传输与处理

5. 串行通信/以太网通信

由于采用模拟量传输与数据处理无法解决检测设备单机仪表与计算机显示不一致的问题，所以检测设备的生产厂家开发了带有数字通信接口的检测设备。

对具有数字通信接口的检测设备联网比较简单，只需要知道所联网检测设备的数据通信协议即可，其数据通信协议一般应包括：

(1)串口通信参数：波特率、起始位、数据位、停止位和校验方式。

(2)设备与计算机的通信连接方式。

(3)传输数据格式及命令。

计算机一般配有两个 RS-232C 串行通信口，表示为"COM1""COM2"，它的接口为 9 针或 25 针 D 型插座，如图 2-23 所示。

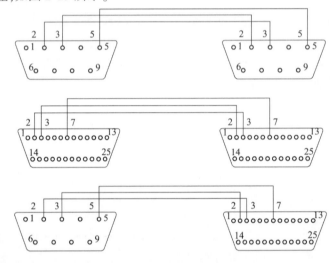

图 2-23 RS-232C 接线定义

接口针脚的定义如下。

9 针定义：2 脚-(RX)接收数据；3 脚-(TX)发送数据；5 脚-信号地。

25 针定义：3 脚-(RX)接收数据；2 脚-(TX)发送数据；7 脚-信号地。

因为计算机标准串口只有两个，如果检测线上需要数字量传输的设备比较多，计算机本身的串口可能不够用，这时就需要在计算机内插入一块增加串口的卡（如 MOXA168P 八串口卡或增加串口服务器）来增加串口，满足检测线联网的需要。

第四节 测 量 仪 表

一、测量仪表基础知识

1. 测量仪表的概念

测量仪表包括敏感元件、传感器、变换器、运算器、显示器、数据处理装置等。简单测量工作只需要一台测量仪表；比较复杂、要求高的测量工作，往往需要多台测量仪表，并且按照一定的规则将它们组合起来，构成一个有机整体——测量系统。测量仪表和测量系统具有信号变换、传输和显示等功能。信号变换指通过敏感元件、传感器将非电量(如温度、压力、流量、转速、力、位移等)被测量依据一定的物理定律转换成电量(电压或电流),然后再对变换得到的电量进行测量和处理。传输指仪表在测量过程中需要将信号进行一定距离的不失真传输,传输方式有线传输和无线传输两种。仪表的显示可以分为模拟式和数字式两类,模拟式显示有指针指示和记录曲线;数字式显示有数码显示、数字式显示和打印记录等。

2. 一次仪表与二次仪表

测量仪表可以根据换能次数来定性区别。能量转换一次的仪表称为一次仪表,能量转换两次的仪表称为二次仪表。换能的次数超过两次的往往都按两次称呼。以热电偶测量温度为例,热电偶本身将热能转换成电能,故称一次仪表,若再将电能用电位计(或毫伏计)转换成指针移动的机械能,进行的第二次能量转换就称为二次仪表。

一次仪表具有信号采集转换作用,在生产工艺中都是无法取代的基础环节,其装配质量直接关系工艺参数采集的准确度、灵敏度和稳定度,从而影响整个自动化控制系统的检测、计量和控制。

二、测量仪表的基本特性

测量仪表的特性,一般分为静态特性和动态特性两种。

若测量参数不随时间而变化或随时间变化缓慢,则可不考虑仪表输入量和输出量之间的动态关系,只需要考虑静态关系。此时,联系输入量与输出量的关系式是代数方程,不含时间变量,这就是所谓的静态特性。

而当被测量随时间变化很快时,必须考虑测量仪表输入量与输出量之间的动态关系。联系输入量与输出量之间的关系是微分方程,含有时间变量,这就是所谓的动态特性。

1. 静态特性

1) 刻度特性

刻度特性是表示测量仪表的输入量与输出量之间的数量关系,即被测量与测量仪表指示值之间的函数关系。这种函数关系可以表示为数据表格形式、坐标曲线形式,也可表示为指示值 y 与被测量 x 的数学方程式 $y=f(x)$,称为刻度方程。

刻度特性分为线性特性和非线性特性。前者可用一次代数方程表示,其几何表示是直线;而后者须用高次代数方程或超越方程表示,其几何表示是曲线。

从测量效果看,希望测量仪表具有线性刻度特性,但是工程中经常会遇到非线性特性。这时,需要在传感器测量电路中引入"线性化器",用以补偿静态特性的非线性,实现整台仪表的线性刻度特性。

2) 灵敏度

灵敏度表示测量仪表的输入量增量 $\triangle x$ 与由它引起的输出量 $\triangle y$ 之间的函数关系。更确切地说,灵敏度 S 等于测量仪表的指示值增量与被测值增量之比。可用下式表示:

$$S = \frac{\mathrm{d}f(x)}{\mathrm{d}x} = \frac{\mathrm{d}y}{\mathrm{d}x} = f'(x) \tag{2-4}$$

式(2-4)表示单位被测量的变化引起仪表输出指示值的变化量,很显然,灵敏度 S 越高表示仪表越灵敏。但在设计系统时需要综合考虑,并非前端测量仪表越灵敏越好。

测量仪表的灵敏度可分为三种情况,如图2-24所示。

(1)在整个测量范围内,灵敏度保持为常数,即灵敏度S不随被测量变化而变化。

(2)灵敏度S随被测量(输入值)增加而增大。

(3)灵敏度S随被测量(输入值)增加而减小。线性仪表的灵敏度为常数,非线性仪表的灵敏度随输入量变化而变化。

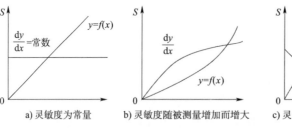

a)灵敏度为常量　　b)灵敏度随被测量增加而增大　　c)灵敏度随被测量增加而减小

图2-24　测量仪表的灵敏度

3)线性度

仪表的理论特性曲线为直线时,线性度用来表示实际特性曲线和理论特性曲线之间的符合程度,也称为非线性误差。用L_N表示为:

$$L_N = \frac{\Delta L_{max}}{Y_{max}} \times 100\% \tag{2-5}$$

式中:ΔL_{max}——全量程范围内实际特性曲线与理论特性曲线间的最大偏差值;

Y_{max}——理论满量程输出值。

4)分辨力

分辨力是指测量仪表能够检测出被测信号最小变化量的能力,通常是以最小单位输出量对应的输入量表示。分辨力与灵敏度有密切的关系,即为灵敏度的倒数。分辨力往往受噪声的限制,所以一般用相当于噪声电平若干倍的被测量表示,即

$$M = C \times N/k \tag{2-6}$$

式中:M——最小检测量;

C——放大倍数,C取$1 \sim 5$;

N——噪声电平;

k——常数。

在实际测量中,分辨力可用测量仪表的输出值表示,对于数字测试系统,其输出显示系统的最后一位所代表的输入量即为该系统的分辨力;对于模拟测试系统,是用其输出指示标尺最小分度值的一半所代表的输入量来表示其分辨力。

5)量程

仪表能检测的最大输入量与最小输入量之间的范围称为仪表的量程或测量范围。

6)迟滞性

仪表的输入从起始量程稳增至最大量程的测量过程称为正行程;输入量由最大量程减至起始量程称为反行程。在同一输入量时,正反两个行程造成输出值间的差异称为测量仪表的迟滞性,如图2-25所示。

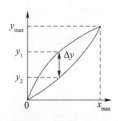

图2-25　迟滞性示意图

全量程中最大的迟滞差值 Δy_{max} 与满量程输出值 y_{max} 之比叫作迟滞误差(E),即:

$$E = \frac{\Delta y_{max}}{y_{max}} \times 100\% \tag{2-7}$$

系统的增载测试与减载测试(称重台的标定)的迟滞性表现实例:①刚体形变的恢复过程;②电容的充放电过程(模拟量输入过程中加入电容就会影响系统的迟滞性)。

7) 重复性

重复性表示在同一测量条件下(相同测量程序、相同操作者、相同测量系统、相同操作条件和相同地点),短时间内对同一数值的被测量进行多次测量时,测量结果之间的一致程度。一致则重复性好,反之重复性就差。重复性可用测量结果的分散性定量表示,如标准偏差、方差或变差系数等。

8) 零漂、温漂和漂移

传感器无输入(或输入值不变)时,每隔一段时间,其输出值偏离原示值的最大偏差,即为零漂。

温度每升高1℃,传感器输出值的最大偏差,称为温漂。

漂移是指在规定的时间之内,当输入不变时输出的变化量。漂移可由零漂和温漂引起。

9) 输入阻抗和输出阻抗

输入阻抗是指仪表在输出端接有负载时,输入端所表现出来的阻抗。输入阻抗的大小决定了信号源的衰减程度,输入阻抗越大,则衰减越小,故一般希望输入阻抗大一些。

输出阻抗是指仪表在输入端接有信号源的情况下,输出端所表现的阻抗。输出阻抗大意味着把仪表或传感器看成信号源时,信号源具有很大的内阻。这样,在仪表输出端接上负载后(如二次仪表或其他),其信号衰减较大,产生较大的负载误差。因此,一般希望仪表的输出阻抗要小。这样一方面可以减小负载误差,另一方面还可以降低对二次仪表的输入阻抗的要求。

因此,我们希望输入阻抗越大越好(对前端影响小),输出阻抗越小越好(带负载能力强)。

10) 测量仪表的标定与仪表常数

标定指对测量仪表输入标准量,测得相应指示值,然后求得该仪表的"常数"。

测量仪表常数是指测量仪表的输入标准量与对应指示值之比:

$$C = X_N / Y \tag{2-8}$$

式中:X_N——仪表输入标准量;

Y——仪表输出指示值。

通过标定确定仪表常数以后,将仪表读数或指示值与仪表常数相乘,就可以得到被测值,即 $X = CY$。可见,当测量仪表的特性是线性时,仪表常数是灵敏度的倒数,即 $S = 1/C$。

如果测量仪表的特性是曲线时,标定时就不能只标定一点,而是标定很多点,并作出曲线特性。

2. 动态特性

测量仪表的动态特性指当被测对象参数随时间变化很迅速时,测量仪表的输出指示值与输入被测物理量之间的关系,也称为测量仪表的动态响应。列出仪表的动态方程,求出传递函数,可以对动态特性进行分析。

1) 一阶系统的动态特性

一阶系统的传递函数可表示为:

$$G(s) = \frac{Y(s)}{X(s)} = \frac{K}{1+Ts} \quad (2\text{-}9)$$

式中:K——放大系数;
　　　T——时间常数。

如果令 $K=1$,则:

$$G(s) = \frac{1}{1+Ts} \quad (2\text{-}10)$$

(1) 单位脉冲响应。

若输入信号 $X(s)$ 为单位脉冲信号 $\delta(s)$,则:

$$Y(s) = G(s) \times 1 = \frac{1}{1+Ts} \quad (2\text{-}11)$$

进行反变换,得到时域响应为:

$$y(t) = \frac{1}{T}\lambda^{-\frac{1}{T}t} \quad (2\text{-}12)$$

其响应过程如图 2-26 所示。

一阶系统单位脉冲响应的特性:衰减速度与 T 的大小有关,一般经过 $4T$ 后,其响应就衰减为零。而在 $t \leqslant 4T$ 以前,则反映了系统以 T 为表征的惯性。所以,一阶系统又称惯性系统。

(2) 单位阶跃响应。

若输入为单位阶跃信号,即 $X(s)=1/s$,则其响应为:

$$y(t) = 1 - \lambda^{-\frac{1}{T}t} \quad (2\text{-}13)$$

一阶系统的单位阶跃响应曲线如图 2-27 所示。

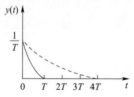

图 2-26　一阶单位脉冲响应　　图 2-27　一阶系统的单位阶跃响应曲线

一阶系统单位阶跃响应的特性:当 $t>4T$ 后,仪表输出与输入基本相同,可以认为稳态误差为零。所以,T 越小,一阶系统到达稳态的时间就越短。T 是决定响应快慢的重要因素,所以称 T 为时间常数。

2) 二阶系统的动态特性

二阶系统的传递函数可表示为:

$$G(s) = \frac{Y(s)}{X(s)} = \frac{1}{s^2 + 2\xi Ts + 1} \quad (2\text{-}14)$$

式中:ξ——阻尼系数;
　　　T——时间常数。

当输入为单位阶跃信号 $X(s)=1/s$ 时,其响应为:

$$y(t) = 1 - \frac{1}{\sqrt{1-\xi^2}} \lambda^{-\xi\omega_n t} \sin\left(\sqrt{1-\xi^2}\omega_n t + \arctan\frac{\sqrt{1-\xi^2}}{\xi}\right) \quad (2\text{-}15)$$

式中，$\omega_n = 1/T$。

单位阶跃响应过程如图 2-28 所示。

二阶系统的单位阶跃响应特性：

(1) ξ 的值决定了阶跃响应趋向于稳态值的时间长短，ξ 的值过大或过小，趋向稳态的时间都过长，$\xi = 0.707$ 时称为最佳阻尼。

(2) 当 ξ 不变时，固有频率 ω_n 越大，响应速度越快；ω_n 越小，响应速度就越慢。

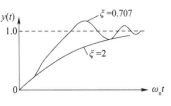

图 2-28 二阶系统的单位阶跃响应

第五节 汽车检测诊断系统的控制方式

检测系统的控制方式按照有无反馈分为顺序控制和反馈控制，其中反馈控制又包括 PID 控制、自适应控制、智能控制等；按照信号的连接与传送方式分为集中式、接力式、分级分布式等控制方式。本节重点介绍汽车检测诊断系统中常用的顺序控制、反馈控制、PID 控制以及分级分布式控制。

一、顺序控制

顺序控制主要用于控制开关量系统，是按照一定的逻辑顺序或时间顺序来完成的一种控制，如试验台电动机的启动与停止等。顺序控制方式在汽车检测与诊断系统中应用得非常多，如车速表校验、静态轮荷测量、制动力检测等。以制动性能检验为例，根据《机动车安全技术检验项目和方法》(GB 38900—2020)的规定，初次进行制动性能检验的程序流程如图 2-29 所示。

车辆报检后，软件根据报检的信息(车辆类型、轴数 n 等)给出检测提示，提示信息通过串口通信方式发给 LED 条屏，引车员按照条屏的操作提示进行操作。总体来看，制动性能检测流程分为轮重检测、常规制动检测、加载制动检测三个步骤，每一个步骤都是按照一定的逻辑顺序或时间顺序来完成的。

1) 轮重检测

根据待检车辆的轴数信息，提示第 $i(1 \leq i \leq n)$ 轴驶上轮重台，轮重台左右两侧安装光电开关，用于判断车辆是否驶入轮重台，车辆驶入轮重台后，车轮若挡住光电开关，则系统判断车辆到位，否则判定未到位，继续等待引车员操作。车辆到位后，软件采集传感器数据并计算得到轮重。该轴轮重检测完毕后，提示下一轴驶上轮重台，重复该流程，直到所有轴的轮重值检测完毕。

2) 制动检测

制动检测包括常规制动检测及加载制动检测两部分。

(1) 常规制动检测。轮重检测完毕后，提示第 $i(1 \leq i \leq n)$ 轴驶入制动台。制动台中间安装有接近开关，用于判断车辆是否驶入制动台，到位信号属于开关量输入信号。若未到位，继续等待车辆到位,否则认定到位。到位后,软件输出开关量控制电磁阀吸合,主副滚筒间的举升器降落,待车轮完全落入制动台后,软件输出开关量控制继电器吸合,继电器控制交流接触器吸合,从而控制制动台三相电机启动。电机启动后,软件通过LED条屏提示引车员完成制动及松开制动踏板等操作。

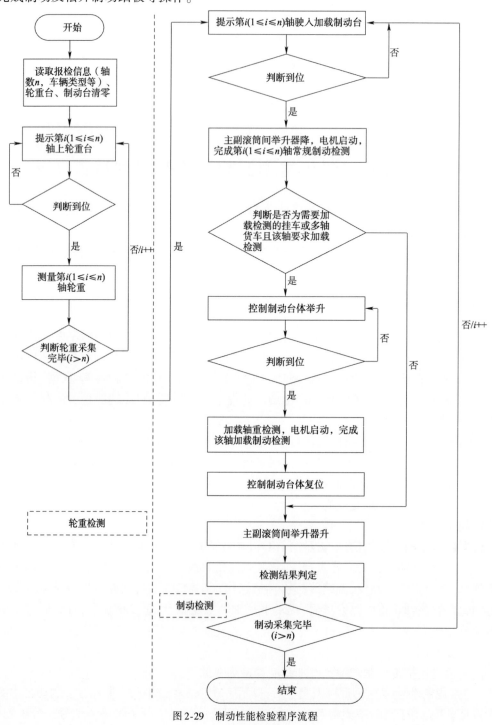

图2-29 制动性能检验程序流程

(2)加载制动检测。常规制动检测完成后,软件根据报检信息中的车辆类型信息,判断是否需要对该轴进行加载。如果不需要加载,软件输出开关量控制主副滚筒间的举升器升起,便于车辆离开;如果需要加载,软件输出开关量控制继电器吸合,进而控制台体两侧的举升液压装置,使加载制动台台体上升。上升过程中,软件实时监测是否到位,到位后停止控制台体上升,采集该轴的轴重。然后类似常规制动,启动电机,提示引车员完成制动、松开制动踏板等系列动作。加载制动检测完毕后,软件输出开关量控制制动台台体复位,台体复位完成后,软件输出开关量控制主副滚筒间的举升器升起,该轴制动检测完毕,提示下一轴驶上制动台,重复该流程,直到所有轴的制动检测完毕。

二、反馈控制

反馈控制也称为闭环控制,它是利用实际值和给定值(预定值)进行比较得到偏差而形成控制信号,再利用该信号消除或减小误差,即用偏差来消除误差,反馈控制原理如图 2-30 所示。反馈控制方式在汽车检测与诊断系统中的应用包括扭力控制、速度控制等。以扭力控制为例,根据我国交通运输行业标准《汽车底盘测功机》(JT/T 445—2008)的要求,在计算底盘测功机基本惯量的时候,需要给测功机加载 1200N 的恒力,此时给定值(预定值)即为 1200N,实际值由测量装置测取,反馈给测控系统,测控系统根据两者的偏差送入控制器形成控制信号(励磁电压),测控系统将该控制信号(励磁电压)再次作用在执行部件(功率吸收装置)后,加载力将发生变化,测量装置重新测量的加载力将逐渐逼近给定值(预定值)。

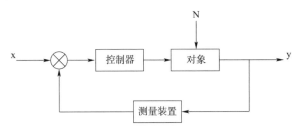

图 2-30 反馈控制基本原理

反馈控制的不足之处是在误差形成后,才产生纠正误差的控制作用,在这段滞后的时间内,误差总要存在。因此,为了补偿由于扰动引起的误差常采用前馈控制,如图 2-31 所示。

图 2-31 前馈控制基本原理

利用输入或扰动信号的直接控制作用构成的开环控制系统称为前馈控制。从动作的反应速度来讲,对于干扰信号的补偿,前馈比反馈要迅速得多。但前馈控制要做到对干扰的完全补偿,必须对控制对象的特性有精确的了解。前馈控制的不足之处是它只能对一种干扰进行补偿,而反馈控制则对任何扰动引起的误差都能进行补偿。

三、PID 控制

反馈控制是按照偏差进行控制。为了提高控制性能可以按照偏差的比例(proportional)、积分(integral)、微分(derivative)进行控制,简称 PID 控制,如图 2-32 所示。在工程上,PID 控制大都是单元组合式,即 P 控制、PD 控制、PI 控制和 PID 控制。PID 控制可以用硬件来实现,也可以用软件来实现。PID 控制方式在汽车检测与诊断系统中的应用也比较广泛,除前面提到的恒力控制外,在恒速控制和恒功率控制方面,在汽车动力性、燃油经济性以及污染物排放检测与诊断系统中,都有广泛应用。虽然控制的对象(力、速度、功率)不一样,但是都是计算给定值(预定值)与测量装置得到的实际值的偏差,然后进行 PID 计算,形成控制信号,该控制信号加载到执行部件上,测量装置采集新的实际值,再反馈给测控系统形成新的控制信号,使得实际值不断逼近给定值(预定值)。

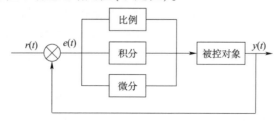

图 2-32　PID 控制基本原理

四、分级分布式控制

在分级分布式控制方式出现之前,汽车检测诊断系统以集中式和接力式控制方式为主。集中式控制方式的结构如图 2-33 所示,该控制方式是将现场所有信号,如模拟量输入信号、开关量输入信号及脉冲量输入信号经过调理后送入同一台主控机,主控机直接负责整个测控系统的数据采集、设备控制(模拟量输出控制转矩控制器、开关量输出控制台架升降等)、检测数据分析处理、检测结果评价等。这种控制方式的特点是结构简单、成本低,但检测效率低。一旦主控机发生故障,整个检测系统就会停止工作;同时弱信号传输距离较远,传输质量较难保证;而且测控软件编写复杂,调试、维护困难。

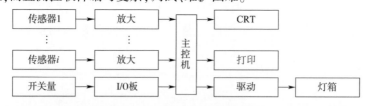

图 2-33　集中式控制方式基本原理

接力式是一种分级控制方式,其结构如图 2-34 所示。这种控制方式采用工位机负责本工位项目的检测,并将检测数据传送到下一级,全部检测数据由末级控制机打印。接力式控制方式在数据传输时出现误码率的概率高,工位间耦合度高,在整个系统中如果一个环节出现故障就会导致整个检测系统瘫痪。

针对集中式和接力式控制方式存在的问题,现代汽车检测诊断系统广泛采用分级分布式控制方式。它是由多台计算机分别控制生产过程中多个控制回路,同时又可集中获取数据、集中管理和集中控制的自动控制系统。分级分布式检测诊断系统可分为三级,如图2-35所示。

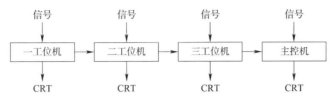

图2-34 接力式控制方式基本原理

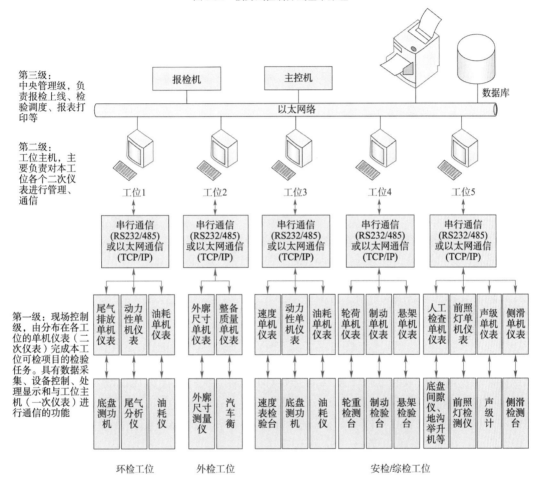

图2-35 分级分布式控制方式

第一级为现场控制级,由分布在各工位的单机仪表(二次仪表)完成本工位可检项目的检验任务。具有数据采集、设备控制、处理显示和与工位主机(一次仪表)进行通信的功能。

第二级为工位主机,主要负责对本工位各个二次仪表进行管理、通信。这两级之间一般采用串行通信(RS232/485)或以太网通信(TCP/IP)进行数据交换,交换的数据一般是数字量。

第三级属于中央管理级,负责报检上线、检验调度、报表打印等功能。第二级和第三级之间一般采用以太网通信(TCP/IP)进行数据交换。

分级分布式控制系统的控制方式能改善控制的可靠性,降低了各个工位之间的耦合度,不会由于某个计算机的故障而使整个系统失去控制:当管理级发生故障时,过程控制级(控制回路)仍具有独立控制能力;个别控制回路发生故障时也不致影响全局,可以将发生故障的工位机进行屏蔽,不影响整个检测诊断系统的正常工作,有效防止了由于主控机或某工位机发生故障而引起的检测诊断系统停止运行事故。每台单机仪表靠近检测设备,能尽可能避免干扰信号的串入。一次仪表与二次仪表之间采用数字通信,能尽可能地避免干扰信号串入。各个工位任务单一,设备标定、调试比较方便,检测效率较集中式和接力式都要高。

在分级分布式控制系统中,按地区把微处理机安装在测量装置与控制执行机构附近,将控制功能尽可能分散,管理功能相对集中,具有"物理上分散,逻辑上统一"的特征。图2-36为典型的分布式汽车性能检测系统布局图。

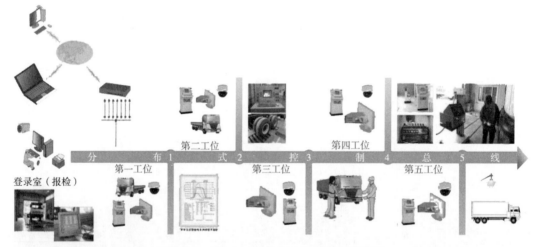

图2-36 基于LAN的分布式汽车性能检测系统

目前国内外检测系统中还有一种简化的分级分布式控制方式,如将图2-34中的现场控制级中的某些二次仪表和工位主机功能合并,即由工位主机直接完成现场传感器的数据采集及设备的控制;或通过串行总线或CAN现场总线方式将工位主机(工位仪表)与主控报检机进行联网。分级分布式控制方式是目前国内外整车不解体检测系统中的主流控制方式。

第六节 测量误差与测量不确定度

一、测量误差的概念

测量的目的是希望通过测量求取被测量的真实值。由于种种原因,例如测量仪表本身不是绝对准确、测量方法也不十分完善且存在外界干扰的影响等,都会造成被测参数的测量值与真实值不一致。因此,为研究测量值与真实值的不一致程度并给予恰当的表示,就产生了测量误差的概念。测量误差就是测量值与真实值之间的差值。它反映了测量质量的好坏。

二、测量误差的表示方法

按表示方法不同,测量误差分为绝对误差、相对误差和引用误差;如果按测量误差出现的规律不同,测量误差可以分为系统误差、随机误差和疏失误差三类。

1. 绝对误差

绝对误差指测量值与被测量真值间的差值,可用式(2-16)表示。

$$\Delta = X - L \tag{2-16}$$

式中:Δ——绝对误差;
L——真实值;
X——测量值。

采用绝对误差表示测量误差,不能很好地说明测量质量的好坏。例如:温度测量的绝对误差为 $\Delta = 1℃$,若对体温测量来说它已到了荒谬的程度,而对钢水温度测量来说它则是目前尚达不到的最好测量结果。

2. 相对误差

相对误差指测量值的绝对误差与被测量真值的比值,用百分数表示,见式(2-17)。

$$\delta = \frac{\Delta}{L} \times 100\% \tag{2-17}$$

式中:Δ——绝对误差;
δ——相对误差,一般用百分数表示;
L——真实值。

用相对误差表示法能够很好地说明测量质量的好坏。在实际测量中,由于被测量的真实值 L 是不知道的,这使得按式(2-17)定义计算出相对误差很不方便。因此实际测量时,常用测量值 X 近似代替真实值 L 进行计算,即:

$$\delta = \Delta/L \times 100\% \approx \Delta/X \times 100\% \tag{2-18}$$

由于测量值与真实值很相近,因此用上式计算的近似程度很高。

3. 引用误差

引用误差指测量的绝对误差与仪表的满量程之比,是直读式指针仪表中通用的误差表示方法,一般用百分数表示,即:

$$\gamma = \Delta/A \times 100\% \tag{2-19}$$

式中:γ——引用误差;
Δ——绝对误差;
A——仪表的满量程。

引用误差从形式上看像相对误差,但是对某一具体仪表来说,由于其分母(满量程)A 是一个常数,与被测量大小无关,因此它实质上代表一个绝对误差的最大值。例如,量程为 1V 的毫伏数,精度为 5.0 级,即 $\gamma = \Delta/A \times 100\% = 5.0\%$,可得 $\Delta = 1 \times 5.0\% = 50\text{mV}$。

这说明无论是在哪一时刻,其最大绝对误差不超过 50mV。但各点的相对误差是不同的。

4. 系统误差、随机误差与疏失误差

1)系统误差

对同一物理量在同一测量条件下进行多次重复测量时,按照一定的规律出现的误差称为系统误差,包括仪器误差、环境误差、读数误差,以及由于调整不良、违反操作规程所引起的误差等。例如,温度变化会使刻度尺伸缩而产生误差。系统误差又称为规律误差。系统误差虽有确定的规律性,但这一规律性并不一定确知。按照对其掌握的程度可将系统误差分为已知的系统误差(确定性的系统误差)和未知的系统误差(不确定的系统误差)。

显然,数值已知的系统误差可通过"修正"的方法从测量结果中消除。

2)随机误差

对同一物理量在同一测量条件下进行多次重复测量时,就会出现随机误差。随机误差的出现带有偶然性,即它的数值大小和符号都不固定,但是服从统计规律,通常呈正态分布。

随机误差是测量中一些微小的、偶然的因素所引起的综合结果,且无法控制。对于随机误差,不能用简单的修正值来校正,只能用概率和数理统计的方法来研究。

随机误差又称为偶然误差,具有以下特性:

(1)绝对值相等、符号相反的误差在多次重复测量中出现的可能性相等,即有可能误差相互抵消掉了。

(2)在一定测量条件下,误差的绝对值不会超出某一限度。

(3)绝对值小的误差要比绝对值大的误差在多次重复测量中出现的机会多,即误差值越小出现的机会越多。

3)疏失误差

疏失误差是由于测量者在测量时的疏忽大意而造成的。例如,仪表指示值被读错、记错,仪表操作错误,计算机错误等。疏失错误的数值一般都比较大,没有规律性。

在测量中,系统误差、随机误差、疏失误差三者同时存在,但是它们对测量的影响不同。

(1)在测量中,若系统误差很小,称测量的准确度高;若随机误差很小,称测量的精密度很高;若二者都很小,称测量的精确度很高。

(2)在工程测量中,有疏失误差的测量结果是不可取的。

(3)在测量中,系统误差与随机误差的数量级必须相适应。即随机误差很小(表现为多次重复测量结果的重复性好),但系统误差很大是不好的;反之,系统误差很小,随机误差很大,同样是不好的。只有随机误差与系统误差两者数值相当才是可取的。

三、测量不确定度

1. 测量不确定度的概念

误差是被测量的测量值与真实值的差值,被测量的真实值通常是未知的,使误差表示法产生了定量的困难。

不确定度是以误差理论为基础建立起来的一个新概念,表示由于测量误差的存在而对被测量值不能确定的程度,它以参数的形式包含在测量结果中,用以表征合理赋予被测量的值的分散性,表示被测量真值所处量值范围的评定结果。不确定度的大小,体现着测量质量的高低。不确定度小,表示测量数据集中,测量结果的可信程度高;不确定度大,表示测量数据分散,测量结果的可信程度低。一个完整的测量结果,不仅要给出测量值的大小,而且要给出测量不确定度,以表明测量结果的可信程度。

测量不确定度和测量误差是两个性质完全不同的概念,不确定度是表征误差对测量结果影响程度的参数,是误差的数字指标。测量误差有大有小,有正有负,取值具有一定的分散性,即不确定性,不能用某一个误差值来准确描述。测量误差的不确定性使得在多次重复测量中,测量结果在某一范围内变化。误差值大,测量结果可能的取值范围就大,说明测量误差对测量结果的影响强,测量结果的可信程度就低;误差值小,测量结果可能的取值范围就小,说明测量误差对测量结果的影响弱,测量结果可信程度就高。不确定度对某一确定的测量方法具有确定的值,只是在实际估计时,所得不确定度的估计量具有一定的不确定性,用标准偏差表示,必要时也可用标准偏差的倍数或置信区间的半宽度表征。

不确定度的评定中不包括异常数值和已经确定的修正数值,经判别断定为异常数值的数据应剔除,不应该包括在测量值之内,最终测量结果是修正后的结果。

2. 测量不确定度的分类

测量结果的不确定度一般包含多个分量,根据其数值评定方法的不同,把这些分量分成 A 类和 B 类。

A 类:用统计方法计算的分量,用标准偏差表征。

B 类:用其他方法计算的分量,根据经验或资料及假设的概率分布估计的标准偏差表征。

不确定度的分类是按评定方法进行的,两类评定都基于概率分布,并把 A 类、B 类分量均以"标准差"的形式表示。用 A 类评定方法得到的标准不确定度称为 A 类标准不确定度分量,符号为 S_i;用 B 类评定方法得到的标准不确定度称为 B 类标准不确定度分量,符号为 U_j。A 类标准不确定度分量的全部集合称为 A 类不确定度,B 类标准不确定度分量的全部集合称为 B 类不确定度。

实际使用时,根据表示方式的不同,不确定度通常用到三种不同的术语:标准不确定度、合成不确定度和扩展不确定度。

标准不确定度是指测量结果的不确定度,用标准偏差表示。

若测量结果是由若干个其他量计算得来的,则测量结果的标准不确定度受几个不确定度分量的影响,它由各分量的方差、协方差相加导出,得到合成"标准差",即测量结果的标准不确定度由各不确定度分量运算得到,称为合成不确定度。

扩展不确定度也叫总不确定度,是将合成不确定度乘以一个因子所得的不确定度,所乘的因子称为包含因子或范围因子,符号为 k,通常取值在 2~3 之间。这是为了提高置信水平,增大包含概率,满足特殊用途,将合成不确定度扩大了 k 倍,得到测量结果附近的一个置信区间,被测量的值以较高的概率落在该区间内。用扩展不确定度时,必须注明所乘的因子和概率。

A 类、B 类不确定度与随机误差、系统误差之间不存在简单的对应关系。A 类和 B 类是表示两种不同的评定方法,不能简单地把 A 类不确定度对应为随机误差,把 B 类不确定度对应为系统误差。A 类和 B 类不确定度都可能是随机误差,也都可能是系统误差。用不确定度表示的测量结果质量指标往往是既包含了随机影响,又包含了系统影响。特别是在不同的情况下,随机误差和系统误差可能相互转化,难以严格区分。不确定度用评定方法划分不同性质因素产生的影响,这样就避免了不必要的混淆,从而建立了评定测量结果、进行计量对比、质量控制、校准检定、测试检验、物质鉴定等的统一标准。

3. 测量不确定度与误差的区别

测量不确定度和误差既有联系又有区别,误差理论是测量不确定度的基础,测量不确定度是经典的误差理论发展和完善的产物。二者的区别主要表现在以下几个方面:

(1)不确定度是一个无正负符号的参数值,用标准偏差或标准偏差的倍数表示;误差是一个有正号或负号的量值,其值为测量结果与被测量真值之差。

(2)不确定度表明被测量值的分散性,误差表明测量结果偏离真值的大小。

(3)不确定度与人们对被测量和影响量及测量过程的认识有关;误差是客观存在的,依人的认识程度而改变。

(4)不确定度可以由人们根据实验、资料、经验等信息进行评定,从而可以定量确定不确定度的值;而由于真值往往未知,通常不能明确得到误差的值,当用约定真值代替真值时,可以得到误差的估计值。

(5)不确定度分量评定时,一般不必区分其性质,若需要区分时,应表述为"由随机影响引入的不确定度分量"和"由系统影响引入的不确定度分量";误差按性质可分为随机误差和系统误差两类。按定义,随机误差和系统误差都是无穷多次测量时的理想概念。

(6)不能用不确定度对测量结果进行修正,已修正的测量结果的不确定度中应考虑修正不完善引入的测量不确定度分量;已知系统误差的估计值时,可以对测量结果进行修正,得到已修正的测量结果。

复习思考题

1. 汽车检测仪器或设备有哪些基本组成?简述各基本组成的作用。
2. 简述传感器的定义、作用与构成。
3. 举例说明汽车检测诊断有哪些常用的传感器,分别简述其工作原理。
4. 信号与信息有何区别?信号有哪些类型?
5. 汽车检测诊断系统常见信号有哪些?分别简述其处理方法。
6. 什么是测量仪表?测量仪表有什么功能?怎样区分一次仪表与二次仪表?仪表有何基本特性?
7. 测量仪表的静态特性包括哪些?结合检测系统中的称重系统,谈谈对静态特性的理解。
8. 汽车检测诊断系统常用控制方式有哪几种?各有什么特点?
9. 简述分级分布式控制方式的优点。如何理解"物理上分散、逻辑上统一"?
10. 什么是引用误差,简述其与相对误差和绝对误差的区别和联系。
11. 什么是系统误差、随机误差与疏失误差?各有什么特点?各自对测量有何影响?
12. 什么是测量不确定度?其与测量误差有什么区别和联系?

第三章　汽车整车技术状况检测

汽车整车的技术状况关系到汽车行驶的动力性、经济性、安全性、操纵稳定性、排放性等汽车使用性能，因此是汽车检测诊断的重要内容。当确定汽车技术状况的变化情况后，再据此进行汽车各系统的深入检测和诊断。

汽车整车性能检测的主要项目包括：底盘输出功率检测、燃油经济性检测、转向操纵性能检测、制动性能检测、排放性能检测等。

汽车整车技术状况的检测既可以通过道路试验进行，也可以在室内试验台架上进行。以下主要介绍汽车技术状况的台架检测方法。

第一节　汽车动力性检测

汽车动力性指在良好路面上直线行驶时由汽车受到的纵向外力决定的、所能达到的平均行驶速度。汽车动力性是汽车各种性能中最基本、最重要的性能之一。汽车使用过程中，其动力性随着运行过程中零部件的磨损、老化等逐渐衰退，直至丧失工作能力。因此，动力性衰退是汽车技术状况变差的重要征兆。

汽车动力性检测既可以在道路试验中进行也可以在室内试验台架上进行，本书介绍在室内试验台架——汽车底盘测功机上进行动力性检测的方法。

一、汽车动力性检测指标和检测工况

1. 动力性检测指标

《汽车动力性台架试验方法和评价指标》（GB/T 18276—2017）规定，汽车动力性评价指标如下：

(1) 汽车在发动机最大转矩工况或额定功率工况时的驱动轮输出功率。

(2) 汽车在发动机额定功率工况或最大转矩工况时的驱动轮轮边稳定车速。

驱动轮轮边稳定车速是指在额定功率（或额定转矩）工况和规定的负荷下，驱动轮轮边的稳定线速度。以下以驱动轮轮边稳定车速 V_w (km/h) 为评价指标介绍汽车动力性的检测方法。

2. 检测工况

采用驱动轮轮边稳定车速作为评价指标时，压燃式发动机车辆采用额定功率工况，点燃式发动机采用额定转矩工况。

1) 额定功率工况

额定功率工况指发动机全负荷与额定功率转速所对应的直接挡（无直接挡时指传动比最接近于 1 的挡位，下同）车速构成的工况。

2）额定转矩工况

额定转矩工况指发动机全负荷与额定转矩转速所对应的直接挡车速构成的工况。

需要说明的是，电喷汽油车的额定转矩转速通常在 2500～5000r/min 范围内，额定功率转速更高。如果汽油车在额定功率转速下检测动力性，额定功率车速会非常大，尤其是前轮驱动汽车的检测安全性较差，考虑到检测的安全性，汽油车选择额定转矩检测工况。

二、汽车底盘测功机的构造和工作原理

汽车底盘测功机（以下简称底盘测功机）是利用室内台架模拟道路行驶工况检测汽车动力性的设备，也是测量多工况汽车尾气排放和油耗的道路阻力模拟加载装置。《汽车动力性台架试验方法和评价指标》（GB/T 18276—2017）要求，底盘测功机的结构应满足《汽车底盘测功机》（JT/T 445—2021）的要求，底盘测功机主要由道路模拟系统、数据采集与控制系统、辅助装置等组成。典型底盘测功机的结构如图 3-1 所示。

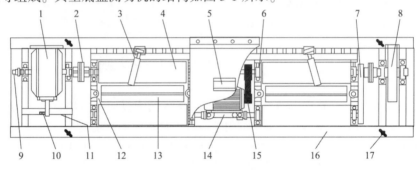

图 3-1　典型底盘测功机的结构

1-功率吸收装置（电涡流测功机）；2-联轴器；3-手动挡轮；4-滚筒；5-产品铭牌及中间盖板；6-滚筒轴承；7-同步带及同步轮；8-飞轮；9-速度传感器；10-扭力传感器；11-力臂；12-轮胎挡轮；13-气囊举升器；14-万向联轴器；15-反拖电机及传动带；16-框架；17-起重吊环

1．道路模拟系统

道路模拟系统由滚筒装置、测功装置和惯性模拟装置等构成。

1）滚筒装置

汽车动力性试验时，驱动轮置于滚筒装置上滚动，驱动滚筒旋转。滚筒装置的作用相当于能够连续移动的路面，用于支撑车轮并传递功率、转矩、速度。滚筒装置有单滚筒和双滚筒两种类型，如图 3-2 所示。滚筒直径、表面状况和两滚筒（双滚筒）的中心距是影响底盘测功机性能的重要参数。

驱动轮由一个滚筒支撑的底盘测功机称为单滚筒底盘测功机，其滚筒直径较大，多在 1500～2500mm 之间，有的可达 4000mm，如图 3-2a）所示。滚筒直径越大，轮胎与滚筒表面的接触面积越大，滑转率小，行驶阻力小，因而测试精度高。但大滚筒试验台制造成本大，占地面积大，车轮在滚筒上的安放定位比较困难，使用不太方便。

驱动轮由两个滚筒支撑的底盘测功机称为双滚筒底盘测功机，其滚筒直径应满足《汽车底盘测功机》（JT/T 445—2021）的要求。底盘测功机吨位越大，所测车型驱动轮直径和轴荷越大，则滚筒直径越大，一般在 200～500mm 之间，如图 3-2b）所示。由于滚筒半径较小，表面曲率大，因而轮胎与滚筒表面的接触面积与在平路上行驶时相比小得多。接触面间比压

和变形较大,滑转率大,从而使滚动阻力增大,测试精度低。但双滚筒底盘测功机具有车轮在滚筒上安放定位方便等优点。

双滚筒底盘测功机的滚筒中心距应根据《汽车底盘测功机》(JT/T 445—2021)的要求,依据滚筒直径合理选取,以保证汽车测功试验时不会发生向前(或向后)越出滚筒的现象。当滚筒中心距一定时,若汽车车轮直径过大,则相应安置角过小,试验时很不安全;车轮直径过小时,则无法进行测试。

前后双驱动轴汽车须使用双轴双滚筒底盘测功机检测,如图3-2c)所示。对于双后桥驱动的重型汽车而言,其动力性检测必须在图3-3所示的三轴六滚筒重型底盘测功机上进行。

滚筒表面状况越接近路面状况越好。在底盘测功机上,目前应用最多的滚筒类型是光滚筒,但光滚筒附着系数较低。

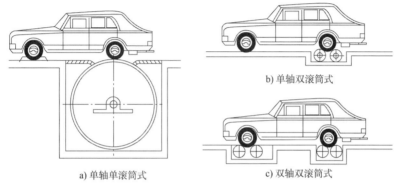

图3-2 滚筒装置的结构简图

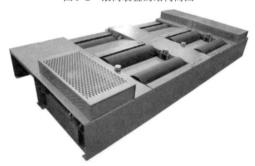

图3-3 三轴六滚筒式重型底盘测功机

2)测功装置

测功装置也称为加载装置,用于吸收和测量驱动轮输出功率。动力性试验时,汽车驱动轮驱动滚筒旋转,其车身静止不动,外部阻力为驱动轮的滚动阻力及滚筒机构旋转过程中产生的摩擦力等,这些阻力之和比汽车在道路上行驶时受到的车轮阻力要小得多。因此,必须用加载装置模拟汽车在道路上行驶时受到的各种阻力。

根据动力传递介质的不同,常用测功装置有水力测功器、电力测功器和电涡流测功器三类。测功器主要由定子和转子构成,其中测功器转子与底盘测功机滚筒相连,而测功器定子可绕其主轴线摆动。

汽车检测使用的底盘测功机多采用水冷电涡流测功器,如图3-4所示。电涡流测功器定子内部沿圆周布置有励磁线圈和涡流环,转子外圆上加工有均匀分布的齿槽,齿顶与涡流

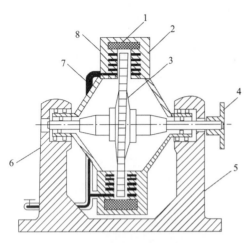

图 3-4 水冷电涡流测功器结构示意图
1-励磁线圈;2-定子;3-转子;4-联轴器;5-底座;
6-轴承;7-冷却水管;8-冷却室水沟

环间留有空气隙。当励磁线圈接通直流电时,在其周围形成磁场,因而磁力线通过定子、气隙、涡流环和转子形成闭合磁路。由于通过转子齿顶的磁通量比通过齿槽的磁通量大,因此转子旋转时,通过定子内圈涡流环上某点的磁通呈周期性变化,而磁通的变化可以在定子涡流环内感应出感生电流(涡电流)以阻止磁通的变化。涡电流和励磁线圈形成的磁场相互作用,使转子受到一个制动力矩(与滚筒旋转方向相反),起到加载作用。

3)惯性模拟装置

汽车在底盘测功机上试验时,车轮带动滚筒旋转,而车身静止不动。为了模拟汽车的行驶动能,底盘测功机必须配备惯性模拟装置,如图 3-5 所示。底盘测功机基本惯量是其所有旋转部件的转动惯量,汽车试验时基本惯量所具有的动能远低于汽车的行驶动能。因此必须配备当量惯量模拟装置,使汽车试验时底盘测功机所具有的动能等于汽车的行驶动能。通常,惯性模拟是在底盘测功机上配备机械飞轮组来实现的。

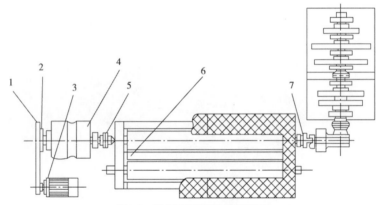

图 3-5 底盘测功机惯性模拟装置
1-传动链;2-超越离合器;3-拖动电动机;4-功率吸收装置;5-双排键联轴器;6-举升板;7-牙嵌式离合器

动力性检测底盘测功机无基本惯量要求,不需要匹配机械飞轮。但在进行滑行性能、加速性能试验时,必须配备相应转动惯量的机械飞轮系统。

4)反拖装置

反拖装置提供原动力驱动汽车驱动轮和传动系统运转,以检测测功机滚筒系统机械损失、汽车传动系统机械损失及车轮在滚筒上的滚动阻力。

反拖装置由反拖电动机、离合器及测力装置组成,如图 3-6 所示。反拖电动机通过离合器与滚筒轴连接,其转速可通过变频调速装置调节,使反拖速度在 0~100 km/h 的范围内变化,以模拟汽车的实际运行车速。

测力装置有电功率表和测力传感器两种形式,用于测定被检汽车和底盘测功机传动系统的阻力。电功率表测定反拖电动机消耗的电功率,再测定反拖车速,经过换算求出反拖阻力。测力传感器可直接测定反拖阻力,其原理与电涡流测功机测力装置的原理相同。反拖电动机外壳浮动支承在轴承座上,外壳(定子)受反力矩作用便可转动,从而对固装定位的测力传感器施加压力或拉力。

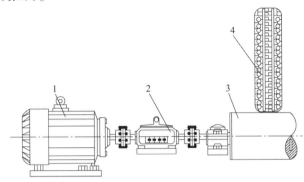

图 3-6 反拖装置原理
1-反拖电动机;2-转矩计;3-滚筒;4-轮胎

此外,反拖驱动电动机在底盘测功机空载时使用,还有如下作用:

(1)内部损耗功率(寄生功率)测量。电动机驱动测功机滚筒到规定的速度后开始滑行,通过滑行时间计算测功机内部各速度点下的阻力及消耗功率。

(2)测试前的预热。按厂商说明书给出的要求,驱动测功机所有旋转部件旋转,进行测试前的预热。

(3)动态参数测试。在测量与标定各种动态参数时,需要把底盘测功机滚筒线速度提升到规定速度后才能进行,如基本惯量测试、加载准确性测试等。

2. 数据采集与控制系统

1)测力装置

测力装置用于测量驱动轮作用在测功机滚筒上的转矩和驱动轮的驱动力,由测功器外壳、测力臂、测力传感器及信号处理电路等组成,如图 3-7 所示。测功器外壳(定子)用轴承安装在轴承座上,可在轴承座上绕转子轴转动。测力臂一端装在外壳上,另一端作用于测力传感器。

电涡流测功器(加载装置)工作时,电涡流与其磁场的相互作用对转子形成制动力矩 M_b,同时,外壳(定子)也受到一个与 M_b 大小相等、方向相反的力矩 M,使固定在外壳上的测力臂转动,对测力传感器产生压力或拉力。传感器将压(拉)力信号转变成电信号,由显示装置显示出来,经过标定即可表示作用于滚筒上的驱动力矩或驱动力的大小。

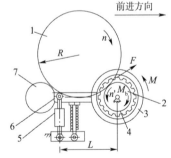

图 3-7 测力传感器工作原理
1-车轮;2-前滚筒;3-涡流机定子(外壳);4-涡流机转子;5-测力传感器;6-力臂;7-后滚筒

在标定时,假设标定力作用点到主滚筒中心的水平距离为 $L(m)$,滚动半径为 $r(m)$,则换算到滚筒表面力 $F(N)$ 为:

$$F = (L/r) \times F_b \quad (3-1)$$

式中:F_b——在标定力作用点加载的标准力值,N。

2)测速装置

测速装置由测速传感器、中间处理装置和指示装置构成。常用测速传感器有光电式测速装置、磁电式测速装置、霍尔传感器和测速发电机等类型。

光电式测速装置由光电传感器、计数器和控制电路构成。光电传感器包括光源、光电盘、光电池,如图3-8所示。光电盘圆周上均匀分布有若干小孔,安装在从动滚筒一端由滚筒带动旋转,光源和光电池固定在光电盘两侧,光源发出的光线可通过光电盘上的孔照在光电池上转化为电能。试验时,滚筒带动光电盘旋转,把持续发出的光线切割成光脉冲,从而在光电池的两极间产生电脉冲。在控制电路的控制下,计数器记录试验过程中产生的电脉冲数。脉冲信号输入处理装置,通过测量脉冲频率或周期即可得到滚筒转速 $n(\text{r/min})$ 和车速 $V(\text{km/h})$ 的测量值。即:

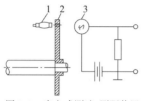

图 3-8　光电式测速、测距装置
1-光源;2-圆盘;3-光电池

$$V = 0.377 \times n \times r = 0.377 \times 60 \times \frac{f_s}{Z} \times r \qquad (3-2)$$

式中:f_s——脉冲频率,次/s;

　　　Z——光电盘孔数或信号盘齿轮齿数,个;

　　　r——滚筒半径,m。

驱动轮输出功率 $P_k(\text{kW})$ 与驱动轮轮边线速度即车速 $V_w(\text{km/h})$、驱动轮驱动力 $F_k(\text{N})$ 的关系如下:

$$P_k = \frac{F_k \times V_w}{3600} \qquad (3-3)$$

3)测距装置

在图 3-8 所示的测速装置中,光电盘的孔数是定值,当计数器接收到与光电盘的孔数相等的电脉冲数时,表明滚筒旋转一圈。因此,根据测试过程中计数器接收到的电脉冲数和滚筒圆周长,可折算得到汽车驶过的距离。

4)控制系统

控制系统一般由控制柜、计算机及控制软件等组成,其原理如图 3-9 所示。由测力、测速传感器产生的信号和其他开关信号输入控制系统,经计算机通过控制软件可实现数据采集与处理,在指示或显示装置上输出测试结果,同时通过控制软件可实现测功器的载荷控制和其他附件的控制等。

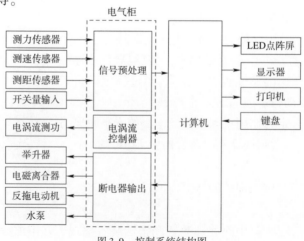

图 3-9　控制系统结构图

3. 辅助装置

1）举升和滚筒锁止装置

举升和滚筒锁止装置用于使被测汽车驶上和驶出滚筒，如图3-10所示。

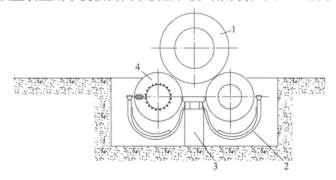

图3-10　气压式举升、滚筒锁止装置
1-车轮；2-滚筒制动器；3-举升器；4-滚筒

举升装置由举升器或气囊、气动控制阀和电磁阀等组成。举升装置工作时，压缩空气通过控制阀进入举升器气缸，气缸活塞杆向上举起托板至滚筒顶面，由托板支撑车轮，便于车轮驶进驶出。

滚筒锁定装置的主要部件是制动衬带和制动蹄，制动衬带的一端铰接于底盘测功机台架上，另一端铰接在举升器气缸的托板上。当举升器升起时，制动衬带箍紧滚筒使之不能转动。

2）冷却风机

冷却风机的作用是防止汽车在动力性检测时发动机和轮胎过热。

汽车在底盘测功机上试验时，驱动车辆在滚筒上滚动，但汽车并未发生位移，因而缺少迎面风，致使发动机冷却系统的散热强度相对不足，发动机易过热，因此要在汽车正面对汽车散热器设置冷却风机，加强冷却；另外，长时间试验会使轮胎工作温度升高，因此在驱动轮侧面也应设置冷却风机。

3）安全保障系统

安全保障装置包括引导装置、左右挡轮、纵向约束装置等。

引导装置又称为司机助，用于引导驾驶人按提示进行操作。左右挡轮可防止汽车车轮旋转时在侧向力作用下驶出滚筒。纵向约束装置用于防止汽车试验时汽车车体前后移动。

三、驱动轮轮边稳定车速检测原理

根据《汽车动力性台架试验方法和评价指标》（GB/T 18276—2017），汽车的动力性是以发动机额定功率工况或额定转矩工况时的驱动轮轮边稳定车速评价的，柴油机适用于额定功率工况，汽油机适用于额定转矩工况。因此，汽车动力性检测时，首先要确定汽车的额定功率车速和额定转矩车速。

1. 额定功率车速和额定转矩车速的确定

1）额定功率车速的确定

汽车额定功率车速 V_e（km/h）与发动机额定功率转速 n_e（r/min）的关系表示为：

$$V_e = 0.377 \times \frac{n_e \times r}{i_g \times i_0} \tag{3-4}$$

式中：r——车轮半径，m；

i_0、i_g——汽车传动系统主传动比和变速器传动比。

底盘测功机不加载的条件下，起动被检车辆，逐步加速，选择直接挡测取节气门全开时的最高稳定车速 V_a（km/h）并计算额定功率车速 V_e（km/h）：

$$V_e = 0.86 V_a \tag{3-5}$$

当最高稳定车速大于95km/h（对于危险货物运输车辆，其最高稳定车速大于80km/h）时，应降低一个挡位，并重新测取最高稳定车速。

2）额定转矩车速的确定

汽车额定转矩车速 V_m（km/h）与发动机额定转矩转速 n_m（r/min）的关系表示为：

$$V_m = 0.377 \times \frac{n_m \times r}{i_g \times i_0} \tag{3-6}$$

底盘测功机不加载的条件下，起动被检车辆，逐步加速，选择变速器第3挡位，采用加速踏板控制车速，当外接转速表（外接转速表无法稳定测取转速时，可观察发动机转速表）的转速稳定指向发动机额定转矩转速 n_m（r/min）时，测取当前驱动轮轮边线速度，记作额定转矩车速 V_m（km/h）。当额定转矩车速 V_m 大于80km/h 时，应降低1个挡位，重新测取额定转矩车速 V_m（当额定转矩转速为 $n_{m1} \sim n_{m2}$ 时，n_m 取其均值；当 n_m 大于4000r/min 时，按 $n_m = 4000$r/min 测取 V_m）。

2. 功率吸收装置加载力分析与计算

驱动轮轮边稳定车速是在额定功率工况或额定转矩工况和规定的阻力负荷下测得的。柴油发动机汽车适用额定功率工况，汽油发动机汽车适用额定转矩工况。检测驱动轮轮边稳定车速时，需要确定相应工况下底盘测功机的功率吸收装置在滚筒表面上的加载力，并对汽车底盘测功机进行恒力加载。

1）额定功率工况加载力分析与计算

汽车在底盘测功机上试验时，不加载情况下，发动机需要克服的阻力包括车轮滚动阻力 F_c、测功机台架内阻 F_{tc}、传动系统允许阻力 F_t、发动机附件阻力 F_f 这四种阻力，发动机仅需要做很少一部分功即可克服这四种阻力。

若要使待检车辆的发动机工作在额定功率工况，需要通过底盘测功机功率吸收装置给车辆驱动轮表面进行加载。此时，发动机达标功率（额定功率工况）换算在驱动轮表面的当量驱动力 F_e（N）克服车轮滚动阻力 F_c（N）、测功机台架内阻 F_{tc}（N）、发动机附件阻力 F_f（N）、传动系统允许阻力 F_t（N）、功率吸收装置的加载力 F_E（N）五种阻力，驱动底盘测功机滚筒以额定功率转速 n_e（r/min）稳定旋转。

（1）发动机达标功率换算在驱动轮表面的当量驱动力。

在额定功率车速时，发动机达标功率换算在驱动轮表面的当量驱动力 F_e（N），按下式计算：

$$F_e = \frac{3600 \times \eta \times P_e}{\alpha_d \times V_e} \tag{3-7}$$

式中：P_e——发动机额定功率，kW；

η——功率比值系数,动力性达标检验时,$\eta=0.75$;

α_d——压燃式发动机功率校正系数;

V_e——额定功率车速,km/h。

根据《机动车运行安全技术条件》(GB 7258—2017),发动机功率应大于等于标牌(或产品使用说明书)标明的发动机功率的75%。因此,功率比值系数 $\eta=0.75$ 与发动机额定功率 P_e 的乘积即为满足标准要求的达标功率,据式(3-7)求出的驱动轮的当量驱动力 F_e 即为在额定功率车速 V_e 发动机输出功率达到标准要求时,汽车驱动轮作用在底盘测功机滚筒上的当量驱动力。显然,当底盘测功机滚筒稳定运转时,该驱动力与底盘测功机加载装置在底盘测功机滚筒上的加载力等值。

发动机达标功率是标准环境状态下的功率,要把其换算成检测环境状态下的驱动力,使发动机当量驱动力在检测环境状态下与系统各阻力平衡,故需除以功率校正系数 α_d。α_d 的确定方法应满足《汽车动力性台架试验方法和评价指标》(GB/T 18276—2017)的规定。由于发动机转速和车辆车速与环境状态无关,只是发动机输出转矩受环境状态影响,所以用功率校正系数修正功率、转矩、驱动力是等效的。

(2) 车轮滚动阻力。

台架检测时,被测车辆驱动轮与测功机滚筒间存在滚动阻力。高速行驶时,滚动阻力近似与车速成平方关系;低速行驶时,滚动阻力系数近似与车速成正比线性关系,且斜率不大,随车速增加而增加。由于动力性检测时,其最高稳定车速不大于95km/h,属于低速范围。每一个车速下车轮滚动阻力与驱动轴轴重成正比,驱动轮滚动阻力 F_c(N),按下式计算:

$$F_c = f_c \times G_R \times g \tag{3-8}$$

式中:f_c——台架滚动阻力系数;

G_R——驱动轴空载质量,kg;

g——重力加速度,取 9.81 m/s²。

试验表明:f_c 与驱动车轮类型和车速有关,子午线轮胎滚动速度在50km/h时,$f_c=1.5\times 0.006$,在80km/h时,$f_c=2\times 0.006$;斜交轮胎滚动速度在50km/h时,$f_c=1.5\times 0.01$,在80km/h时,$f_c=2\times 0.01$。为简化起见,当车速小于等于70km/h时,按50km/h点计算 f_c;当车速大于70km/h时,按80km/h点计算 f_c。

(3) 测功机台架内阻。

底盘测功机台架内阻主要由风冷式电涡流机风阻、轴承阻力以及加工制造和装配误差产生的阻力构成,作用在驱动轮表面上。由于三轴六滚筒式测功机的轴承数和电涡流机装备数量多于二轴四滚筒式测功机,故三轴六滚筒式测功机台架内阻相对较大。测功机台架内阻 F_{tc}(N)按表3-1取值,也可采用反拖法定期测量测功机在车速为80km/h时的内阻,作为 F_{tc}(N)的值。

台架内阻 F_{tc} 推荐值(单位:N)　　　　　　　　　　　　　　表3-1

检验类别	二轴四滚筒式台架内阻	三轴六滚筒式台架内阻
压燃式发动机车辆的动力性检测	130	160
点燃式发动机车辆的动力性检测	110	140

由于台架内阻与车速成正比,压燃式发动机车辆的额定功率车速略大于点燃式发动机车辆的额定转矩车速。故检测压燃式发动机车辆时,台架内阻取值略大一点。制造质量优良且维护良好的测功机台架,在长期使用中其内阻相差不大,而且测功机台架内阻所占系统总阻力的比例较小,所以可近似设定为定值。

(4) 发动机附件阻力。

发动机净功率是发动机带全套附件时所输出的校正有效功率;发动机总功率是发动机仅带维持运转所必需的附件时所输出的校正有效功率;发动机额定功率是制造厂根据发动机的具体用途,在规定的额定转速下所输出的总功率。

整车动力性台架检测时,发动机的附件阻力不仅包含了其自身附件阻力,也包含了排气制动阀、制动用的压气泵、空调用的冷水泵、动力转向用的液压泵等车辆附件阻力,并作用在发动机上。据此,在额定功率车速 V_e(km/h)下,发动机附件阻力换算在驱动轮上的当量阻力 F_f(N),按下式计算:

$$F_f = \frac{3600 \times f_p \times P_e}{V_e} \quad (3\text{-}9)$$

式中:f_p——发动机附件消耗功率系数。

当发动机铭牌(或说明书)功率参数以额定功率表征时,f_p 取 0.1;以净功率表征时,f_p 取 0.06;以车辆铭牌最大净功率表征时,f_p 取 0。

发动机和车辆附件总共消耗发动机额定功率约为 10%,其中发动机净功率试验比总功率试验多带的附件多消耗发动机额定功率约为 4%,车辆附件所消耗的发动机额定功率约为 6%。

(5) 传动系统允许阻力。

在汽车底盘测功机上检测汽车动力性时,影响检测结果的因素除发动机动力性外,还包括传动系统的技术状况。试验表明:少挡变速器直接挡、双级主减速器(约等于多挡变速器直接挡、单级主减速器)车辆传动系统效率 η_t 约为 0.8746,传动系统阻力系数 $(1-\eta_t) = 1 - 0.8746 = 0.125 \approx 0.13$。考虑到允许在用车传动系统技术状况略有下降,故设定 $(1-\eta_t) = 0.18$。因此,换算在驱动轮表面上的传动系统的允许阻力 F_t(N),可按下式计算:

$$F_t = 0.18 \times (F_e - F_f) \quad (3\text{-}10)$$

(6) 功率吸收装置加载力的确定。

汽车在底盘测功机上检测时,汽车驱动轮作用在滚筒表面的驱动力与系统阻力达到平衡,即:

$$F_e = F_c + F_{tc} + F_f + F_t + F_E \quad (3\text{-}11)$$

功率吸收装置的加载力 F_E(N)按下式计算:

$$F_E = F_e - F_c - F_{tc} - F_f - F_t \quad (3\text{-}12)$$

功率吸收装置的加载力通过汽车检测与诊断系统控制励磁电压获得,一般通过 PID 控制算法进行调节。

2) 额定转矩工况加载力分析与计算

若要使待检车辆的发动机工作在额定转矩工况,需要通过底盘测功机功率吸收装置给车辆驱动轮表面进行加载。此时,发动机达标转矩换算在驱动轮表面的当量驱动力(F_m)克服车轮滚动阻力 F_c(N)、测功机台架内阻 F_{tc}(N)、发动机附件阻力 F_f(N)、传动系统允许阻

力 F_t(N)、功率吸收装置的加载力(F_M)五种阻力,驱动底盘测功机滚筒以额定转矩转速 n_m(r/min)稳定旋转。

(1)发动机达标转矩换算在驱动轮表面的当量驱动力。

在额定转矩车速 V_m(km/h)时,发动机达标转矩换算在检测环境状态下驱动轮上的当量驱动力 F_m(N)按下式计算:

$$F_m = \frac{0.377 \times \eta \times M_m \times n_m}{\alpha_a \times V_m} \tag{3-13}$$

式中:M_m——发动机额定转矩,N·m;
　　　η——功率比值系数,动力性达标检验时,$\eta = 0.75$;
　　　n_m——发动机额定转矩转速,r/min;
　　　α_a——点燃式发动机功率校正系数;
　　　V_m——驱动轮轮边线速度,km/h。

(2)车轮滚动阻力 F_c。

车轮滚动阻力 F_c(N)的计算方法同额定功率工况加载力分析与计算。

(3)测功机台架内阻 F_{tc}。

按表3-1取值,或采用反拖法定期测定测功机在50km/h时的内阻。

(4)发动机附件当量阻力 F_f。

在额定转矩车速 V_m(km/h)时,发动机附件换算在驱动轮上的当量阻力按下式计算:

$$F_f = \frac{0.377 \times f_m \times M_m \times n_m}{V_m} \tag{3-14}$$

式中:f_m——V_m车速点,发动机附件消耗转矩系数,f_m取0.06。

发动机附件消耗转矩随转速的增大而增大。在额定功率转速下,发动机附件的消耗转矩约为发动机额定功率对应转矩的10%,而额定转矩转速小于额定功率转速,故额定转矩转速时(V_m车速点)的发动机附件消耗转矩系数小于10%。又由于发动机的转矩储备系数,额定转矩比发动机额定功率对应转矩增大约15%,故发动机附件消耗转矩系数 f_m 取中位偏大值为0.06,约等于额定功率对应转矩的 $0.06 \times 1.15 = 0.069$。

(5)传动系统允许阻力。

在额定转矩工况下,传动系统阻力系数($1 - \eta_t$)的取值与额定转矩工况相同。传动系统允许阻力 F_t(N)按下式计算:

$$F_t = 0.18 \times (F_m - F_f) \tag{3-15}$$

(6)功率吸收装置加载力的确定。

同理,在额定转矩工况下和检测环境状态下,作用于底盘测功机滚筒表面上的驱动力与系统阻力达到力平衡。即:

$$F_m = F_c + F_{tc} + F_f + F_t + F_M \tag{3-16}$$

可计算得出功率吸收装置的加载力 F_M(N):

$$F_M = F_m - F_c - F_{tc} - F_f - F_t \tag{3-17}$$

3)汽车动力性的评价方法

汽车动力性以驱动轮轮边稳定车速 V_w(km/h)进行评价,《汽车动力性台架试验方法和评价指标》(GB/T 18276—2017)规定：

(1) 额定功率工况和规定的阻力负荷下，驱动轮轮边稳定车速 V_w(km/h) 应不小于额定功率车速 V_e(km/h)，即：$V_w \geq V_e$，适用于装用压燃式发动机车辆。

(2) 额定转矩工况和规定的阻力负荷下，驱动轮轮边稳定车速 V_w(km/h) 应不小于额定转矩车速 V_m(km/h)，即：$V_w \geq V_m$，适用于装用点燃式发动机车辆。

这样，当 $V_w \geq V_e$ 或 $V_w \geq V_m$ 时，动力性合格；反之，当 $V_w < V_e$ 或 $V_w < V_m$ 时，动力性不合格。

压燃式发动机汽车在 $0.9P_e$、$0.75P_e$ 和 $0.7P_e$ 时的"速度—当量驱动力"曲线如图 3-11 所示，以下进一步分析利用驱动轮轮边稳定车速进行汽车动力性评价的基本原理(点燃式发动机与之大体相同)。

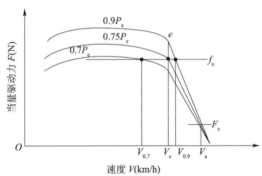

图 3-11　速度—当量驱动力曲线

在图 3-11 中，同一台车辆的发动机，在 $0.9P_e$、$0.75P_e$ 和 $0.7P_e$ 时的"速度—当量驱动力"曲线上，额定功率车速 V_e 相等但当量驱动力 F_e 不同。e 点为额定功率点，P_e 为额定功率，f_e 为与达标功率当量驱动力 F_e(V_e 车速点，发动机达标功率换算在驱动轮上的驱动力)等值的系统负荷阻力。V_e 为相应挡位发动机额定转速对应的额定功率车速，F_s 为车辆在测功机台架上的空转系统阻力，包括传动系统允许阻力、测功机台架内阻、轮胎滚动阻力以及发动机附件阻力，F_s 与"速度—当量驱动力"曲线的交点车速 V_a 为功率吸收装置未加载时，车辆挂合适挡位(直接挡)的节气门全开时最高稳定车速。也就是说，V_a 为底盘测功机不加载的条件下，起动被检车辆，逐步加速，选择直接挡测取节气门全开时的最高稳定车速，此时车辆受到的阻力没有功率吸收装置施加的阻力，仅包括上述 F_s 定义的阻力。《汽车动力性台架试验方法和评价指标》(GB/T 18276—2017)规定额定功率车速 V_e 与 V_a 的关系为：$V_e = 0.86V_a$。记 η_p 为发动机实际功率与额定功率之比的限值，国家标准《机动车运行安全技术条件》(GB 7258—2017)要求发动机功率应大于等于标牌(或产品使用说明书)标明发动机功率的 75%，故这里的限值 η_p 取 0.75。

① 当实际功率等于 $0.75P_e$ 时，f_e 线与 $0.75P_e$ 的当量驱动力曲线相交于 e 点，相交点的车速为 V_e。实测功率等于 $F_e \times V_e / 3600 = 0.75P_e$。

② 当实际功率为 $0.9P_e$ 大于 $0.75P_e$ 时，f_e 线与 $0.9P_e$ 的当量驱动力曲线相交点的车速为 $V_{0.9}$，大于 V_e，F_e 不变，车速增大，实测功率大于 $0.75P_e$，动力性合格。

③ 当实际功率为 $0.7P_e$ 小于 $0.75P_e$ 时，f_e 线与 $0.7P_e$ 的当量驱动力曲线相交点的车速为 $V_{0.7}$，小于 V_e，F_e 不变，车速减小，实测功率小于 $0.75P_e$，动力性不合格。

④ 当实际功率再小一些，f_e 线与当量驱动力曲线没有交点，即柴油机最大当量驱动力小

于 f_e,车速无法保持稳定状态,动力性不合格。

四、驱动轮轮边稳定车速检测步骤和方法

《汽车动力性台架试验方法和评价指标》(GB/T 18276—2017)规定,车辆动力性以驱动轮轮边稳定车速进行评价,分额定功率和额定转矩两种工况。

1. 准备工作

(1) 底盘测功机的准备。

①汽车动力性检测所用底盘测功机应满足《汽车底盘测功机》(JT/T 445—2021)的要求,并装双驱动轴车辆的检测采用三轴六滚筒式底盘测功机。

②底盘测功机电气系统应预热。

③采用反拖电动机或车辆驱动预热台架转动部件,直至底盘测功机滑行时间趋于稳定。

(2) 车辆准备。

①预热发动机、传动系统达到正常工作的温度状况。

②被检车辆空载,轮胎表面干燥、清洁无油污,驱动轴轮胎的花纹深度不小于1.6mm,轮胎花纹内和并装轮胎间无异物嵌入,轮胎气压符合规定。

③关闭空调系统等汽车运行非必需的耗能装置。

④对于并装双驱动轴车辆,应使桥间差速器不起作用。

(3) 登录车辆信息。

登录被检车辆的以下参考信息,对于检验机构数据库或车辆行驶证无法提供的参数,应从车辆登记证、产品说明书、发动机铭牌等处查取:

①压燃式发动机额定功率P_e(kW),当发动机功率参数仅以最大净功率表征时,额定功率取1.11倍的净功率。

②点燃式发动机额定转矩M_m(N·m),额定转矩转速n_m(r/min)。

③驱动轴空载质量G_R(kg)。

2. 额定功率工况检测步骤

装用压燃式发动机车辆的动力性检测采用额定功率工况,在底盘测功机上进行,检验步骤和评价如下:

(1) 被检车辆驱动轮置于底盘测功机滚筒上,根据车型调整侧移限位和系留装置,在非驱动轮加装停车楔。

(2) 底盘测功机设置为恒力控制方式,力、速度等参数示值调零。

(3) 底盘测功机不加载的条件下,起动被检车辆,逐步加速,选择直接挡测取节气门全开时的最高稳定车速,计算额定功率车速:

$$V_e = 0.86 V_a \tag{3-18}$$

式中:V_e——额定功率车速,km/h;

V_a——节气门全开时所挂挡位的最高稳定车速,km/h。

当最高稳定车速大于95km/h(对于危险货物运输车辆,其最高稳定车速大于80km/h)时,应降低一个挡位,并重新测取最高稳定车速。

(4) 底盘测功机逐步进行恒力加载至$F_E \pm 20$(N)(F_E为计算的加载力)范围内并稳定

3s 后，开始测取车速，当 3s 内的车速波动不超过 ±0.5km/h 时，该车速即为驱动轮轮边稳定车速 V_w，检测结束。

(5) 当 V_w 大于等于 V_e 时，动力性检测达标，即合格；否则动力性检测不达标，即不合格。

液化天然气发动机车辆按压燃式发动机动力性检测方法。因为液化天然气（LNG）发动机车辆，其发动机虽然是点燃式，但机体结构是柴油机，外特性和调速特性与柴油机类似，调速特性的稳定调速率也不大于 10%，故对于液化天然气发动机车辆，其动力性检测方法与压燃式发动机车辆相同。

3. 额定转矩工况检测步骤

装用点燃式发动机车辆的动力性检测采用额定转矩工况，在底盘测功机上进行，检验步骤和评价如下：

(1) 被检车辆驱动轮置于底盘测功机滚筒上，根据车型调整侧移限位和系留装置，在非驱动轮加装停车楔。

(2) 底盘测功机设置为恒力控制方式，力、速度等参数示值调零。

(3) 底盘测功机不加载的条件下，起动被检车辆，逐步加速，选择变速器第 3 挡位，采用加速踏板控制车速，当外接转速表（外接转速表无法稳定测取转速时，可观察发动机转速表）的转速稳定指向发动机额定转矩转速 n_m 时，测取当前驱动轮轮边线速度，记作额定转矩车速 V_m。当额定转矩车速 V_m 大于 80km/h 时，应降低 1 个挡位，重新测取额定转矩车速 V_m（当额定转矩转速为 $n_{m1} \sim n_{m2}$ 时，n_m 取其均值；当 n_m 大于 4000r/min 时，按 n_m = 4000r/min 测取 V_m）。

(4) 踩下加速踏板使车速超过 V_m，底盘测功机逐步进行恒力加载至 $F_E \pm 20(N)$（F_E 为计算的加载力）范围内并稳定 3s 后，开始测取车速，当 3s 内的车速波动不超过 ±0.5km/h 时，该车速即为驱动轮轮边稳定车速 V_w，检测结束。

(5) 当 V_w 大于等于 V_m 时，动力性检测达标，即合格；否则动力性检测不达标，即不合格。

压缩天然气（CNG）发动机车辆按点燃式发动机动力性检测方法。原因是压缩天然气发动机车辆，其基本结构是汽油机，属于高速小转矩的汽油机类型，外特性与汽油机类似，故按点燃式发动机车辆的方法检测。

第二节　汽车燃料经济性检测

汽车燃料经济性指以最小的燃料消耗量完成单位运输工作量的能力。汽车的燃料消耗量除了与汽车发动机燃料供给系统的技术状况有关外，还与发动机其他系统和汽车底盘各系统的技术状况有关。因此，汽车的燃料经济性检测不仅可以评价发动机燃料供给系统的技术状况，而且可以评价汽车发动机及整车的技术状况。

一、汽车燃料经济性检测指标和检测工况

1. 检测指标

根据《道路运输车辆燃料消耗量检测评价方法》（GB/T 18566—2011）：燃用柴油或汽油、总质量大于 3500kg 的在用车辆，其燃料经济性以车辆在水平硬路面上，额定总质量、变

速器最高挡、等速行驶条件下的百公里燃料消耗量作为检测评价参数。

采用底盘测功机和碳平衡油耗仪组成的燃料消耗量检测系统,按《道路运输车辆燃料消耗量检测评价方法》(GB/T 18566—2011)规定,在底盘测功机上模拟受检汽车道路行驶工况进行检测和评价。

2. 检测工况

《道路运输车辆燃料消耗量检测评价方法》(GB/T 18566—2011)规定:道路运输车辆燃料消耗量检测工况由速度工况和载荷工况构成。

在底盘测功机上模拟受检汽车道路行驶工况。高级营运客车检测速度工况为等速60km/h,中级、普通级营运客车以及营运货车检测速度工况为等速50km/h;载荷工况等同于汽车在水平硬路面上以额定总质量、变速器最高挡、等速行驶的道路行驶阻力。

二、汽车燃料消耗量检测原理

燃料消耗量检测仪按照检测原理可分为容积法、质(重)量法和碳平衡法。容积法、质(重)量法需要拆卸发动机供油管路并串接传感器,实时检测燃料消耗量,称之为直接检测法,是传统的燃料消耗量检测方法。碳平衡法不需要拆卸供油管路,通过检测汽车排放物中碳的含量,计算得出燃料消耗量,称之为间接检测法。

1. 直接检测法

采用直接检测法检测汽车的燃油经济性时,需要将油耗测量设备直接串入汽车发动机的燃油供给系统,然后通过底盘测功机加载模拟车辆在道路上等速行驶工况,测量得出车辆的等速百公里油耗。但在实际操作中存在以下问题。

(1)油耗测量设备安装连接不便,不同车型油路油管的孔径和长度不同,需使用与之匹配的管接头,有回油管路的或管路比较隐蔽的更增加了安装的难度。

(2)在汽车综合性能检测站,采用线上流水方式检测汽车的燃油经济性时,需要与底盘测功机配合使用。底盘测功机一般设计在检测线第一工位,安装、连接油耗测量设备需要较长的时间,容易造成待检车辆队列堵塞,降低整体检测效率。

(3)汽油挥发性强,有易燃危险。直接检测过程存在安全隐患,且挥发的汽油会造成环境污染。

(4)油耗测量设备串入汽车油路中,会影响发动机的燃油供给,接头处容易产生渗漏,影响测试精度,同时给汽车油管路造成一定损伤。

2. 碳平衡法

根据《道路运输车辆燃料消耗量检测评价方法》(GB/T 18566—2011),对道路运输车辆的燃料消耗量进行检测时,所采用的测试系统是由底盘测功机和碳平衡油耗仪组成的燃料消耗量检测系统,所采用的检测方法是碳质量平衡法。

碳质量平衡法是根据燃油在发动机中燃烧后碳质量总和与燃油燃烧前的碳质量总和相等的质量守恒定律测算汽车燃料消耗量的方法,简称碳平衡法。

汽车燃油是以 C、H 化合物为主要成分的混合物,燃烧生成 CO、CO_2、HC、H_2O 等物质,其燃烧产物中的 C 元素均来自汽油,只要测出单位时间内汽车尾气中 CO、CO_2、HC 的碳含量,再与单位体积燃油中的碳含量相比较,即可得到汽车的燃油消耗量。在碳平衡法检测系统中,采用高精度的 CO、CO_2、HC 三种组分测量分析单元,对稀释排气中的这三种成分浓度进行测量,同时采用高精度的流量计,对稀释排气流量(流速)进行测量,从而完成对稀释排气中含碳质量流量(流速)的测量,再运用碳平衡原理,可以计算得到汽车的燃料消耗量。

科学地建立碳质量平衡法的数学计算模型是保证燃料消耗量检测准确性的关键。根据《道路运输车辆燃料消耗量检测评价方法》(GB/T 18566—2011),燃料消耗量计算模型为:

$$Q = \frac{100}{S} \times \sum Q_S \tag{3-19}$$

式中:Q——汽车百公里燃料消耗量,L/100km;

S——采样时间内汽车的行驶距离,m;

$\sum Q_S$——采样时间内汽车每秒燃料消耗量的累加值,mL。

汽油机车辆:

$$Q_S = \frac{0.1154}{D} \times [(0.8664 \times M_{HC}) + (0.429 \times M_{CO}) + (0.273 \times M_{CO_2})] \tag{3-20}$$

柴油机车辆:

$$Q_S = \frac{0.1155}{D} \times [(0.8658 \times M_{HC}) + (0.429 \times M_{CO}) + (0.273 \times M_{CO_2})] \tag{3-21}$$

式中:Q_S——汽车每秒燃料消耗量,mL/s;

M_{HC}——测得的汽车每秒排放的 HC 气体排放质量,g/s;

M_{CO}——测得的汽车每秒排放的 CO 气体排放质量,g/s;

M_{CO_2}——测得的汽车每秒排放的 CO_2 气体排放质量,g/s;

D——288K(15℃)下燃料的密度,取固定值,柴油 0.838,汽油 0.740,kg/L。

碳平衡法燃料消耗量检测具有以下特点:

(1)无须拆解受检车辆的供油系统,只需将取样探头插入排气管,操作简便、快捷,取样系统与机动车排气管间不需要密封连接,可缩短检测时间,并减小对车辆的损伤,适应汽车不解体检测的发展方向。

(2)当排气与空气的稀释比例足够时(一般稀释排气中 CO_2 浓度要低于 3%),可确保稀释排气在测试管路和仪器中不出现水冷凝现象。

(3)排气脉动引起的稀释排气气压波动和排气成分浓度波动大大降低。

(4)稀释后的排气温度比较低,一般可保证在 100℃ 以下,可实现稀释排气流量及其含碳成分浓度较为精确的测量。

(5)进入含碳气体浓度测量装置的稀释气样无须特殊处理(如直接采样须冷凝去水和过滤等)。

三、碳平衡油耗检测系统

碳平衡油耗检测系统包括底盘测功机、碳平衡油耗仪和测控系统。底盘测功机主要用于模拟汽车行驶实际道路情况和工况。汽车在平直道路上等速行驶时,所需克服的阻力包括轮胎与地面间的滚动阻力、空气阻力等。底盘测功机的功率吸收装置,通过滚筒对汽车驱动轮进行加载可以模拟汽车的行驶阻力。主控计算机根据录入的受检车辆技术参数及信息,计算并控制底盘测功机恒定加载阻力。碳平衡油耗仪的基本功能是测取汽车排放废气有关气体的体积和浓度,其核心构成是排气浓度测量系统和排气体积测量系统。检测时,碳平衡油耗仪通过含碳气体浓度测量装置、流量计及温度传感器、压力传感器、密度计进行取样测量,测取汽车排放废气中 CO、CO_2、HC 气体的浓度、稀释排气流量以及温度、压力和燃油密度等参数,并计算燃油消耗量。再根据汽车在底盘测功机上测试时间内所运行的距离,计算得出百公里油耗值。碳平衡油耗检测系统组成如图 3-12 所示。

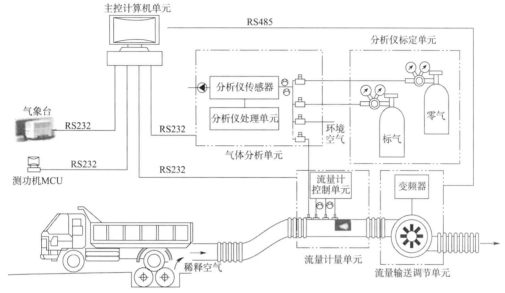

图 3-12 碳平衡油耗检测系统组成示意图

1. 底盘测功机

1)底盘测功机选择及结构

单桥驱动车辆的检测采用两轴四滚筒式底盘测功机,双后桥驱动车辆的检测采用三轴六滚筒式底盘测功机。底盘测功机应符合《道路运输车辆燃料消耗量检测评价方法》(GB/T 18566—2011)和《汽车底盘测功机》(JT/T 445—2021)的技术要求,其结构和工作原理详见本章第一节。

2)台架加载阻力计算

《道路运输车辆燃料消耗量检测评价方法》(GB/T 18566—2011)附录 B 规定了台架加载阻力的计算方法。

台架加载阻力等于汽车道路行驶阻力 F_R(N)减去汽车台架运转阻力 F_C(N)。计算公式为:

$$F_{TC} = F_R - F_C \tag{3-22}$$

式中:F_{TC}——台架加载阻力,N;

F_R——汽车道路行驶阻力,N;

F_C——汽车台架运转阻力,N。

(1)汽车道路行驶阻力。

汽车燃料消耗量检测工况下的道路行驶阻力由滚动阻力和空气阻力构成,计算公式如下:

$$F_R = F_f + F_W \tag{3-23}$$

式中：F_R——汽车燃料消耗量检测工况下的道路行驶阻力,N；

F_f——汽车道路行驶的滚动阻力,N；

F_W——汽车道路行驶的空气阻力,N。

①汽车道路行驶的滚动阻力。

计算公式为：

$$F_f = G \times g \times f \tag{3-24}$$

式中：G——受检汽车额定总质量(或牵引车单车满载总质量),kg；

g——重力加速度,$g = 9.81 \text{m/s}^2$；

f——滚动阻力系数,汽车以50km/h、60km/h速度在水平硬路面行驶的滚动阻力系数f值参见表3-2。

滚动阻力系数f值　　　　表3-2

轮胎		f
子午线轮胎	轮胎断面宽度<8.25in(1in=25.4mm)	0.007
子午线轮胎	轮胎断面宽度≥8.25in(1in=25.4mm)	0.006
斜交轮胎	—	0.010

②汽车道路行驶的空气阻力。

计算公式为：

$$F_W = \frac{1}{2} \times C_D \times A \times \rho \times v_0^2 \tag{3-25}$$

式中：C_D——空气阻力系数,汽车以50km/h和60km/h速度在水平硬路面行驶的空气阻力系数C_D值参见表3-3；

A——受检汽车迎风面积,即汽车行驶方向的投影面积,m^2；

ρ——空气密度,$\rho = 1.189 \text{N} \times s^2 \times m^{-4} \times N$(温度293.15 k,大气压力101.33kPa)；

v_0——汽车行驶速度,m/s。

营运客车与营运货车的空气阻力系数C_D　　　　表3-3

营运客车C_D			营运货车C_D		
车长L(mm)	等速60km/h	等速50km/h	车身形式	额定总质量G(t)	等速50km/h
$L \leq 7000$	0.60	0.65	栏板车、自卸车、牵引车	$G < 10000$	0.9
$L \leq 7000$	0.60	0.65	栏板车、自卸车、牵引车	$G \geq 10000$	1.1
$7000 < L \leq 9000$	0.70	0.75	仓栅车	—	1.4
$L > 9000$	0.80	0.85	厢式车、罐车	$G < 10000$	0.8
$L > 9000$	0.80	0.85	厢式车、罐车	$10000 \leq G < 15000$	0.9
$L > 9000$	0.80	0.85	厢式车、罐车	$G \geq 15000$	1.0

汽车迎风面积A用下式估算：

$$A = B \times H \times 10^{-6} \tag{3-26}$$

式中：B——汽车前轮距,mm；

H——汽车高度,mm。

(2)台架运转阻力。

汽车台架运转阻力等于汽车台架滚动阻力和台架内阻之和,可用下式计算:

$$F_C = F_{fc} + F_{tc} \tag{3-27}$$

式中:F_C——汽车台架运转阻力,N;

F_{fc}——汽车台架滚动阻力,N;

F_{tc}——台架内阻,N。

①汽车台架滚动阻力。

计算公式为:

$$F_{fc} = G_R \times g \times f_c$$

式中:G_R——受检汽车驱动轴空载质量,kg;

f_c——台架滚动阻力系数,$f_c = 1.5f$。

②台架内阻。

台架内阻F_{tc}(N)值应由台架生产厂提供,或按《道路运输车辆燃料消耗量检测评价方法》(GB/T 18566—2011)附录 D 规定的滑行法或反拖法测定台架内阻,也可采用表3-4 的推荐值。

台架内阻F_{tc}推荐值　　　　　　　　　　　　　　　　　　　表3-4

速度(km/h)	二轴四滚筒式台架内阻(N)	三轴六滚筒式台架内阻(N)
50	100	130
60	110	140

2. 碳平衡油耗仪

碳平衡油耗仪主要由排气稀释装置、稀释排气温度/压力/流量测量装置、含碳气体浓度测量装置组成,其基本构成如图3-13 所示。

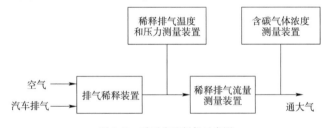

图 3-13　碳平衡油耗仪示意图

1)排气稀释装置

排气稀释装置的主要部件包括:集气椎管、排气稀释管、风机和稀释排气流量控制器。

集气椎管应能满足不同形状和不同数量排气管的要求,以保证被测汽车的排气能全部进入排气稀释管。排气稀释管的直径不小于120mm,前端排气稀释管不短于3m。对独立工作的汽车双排气管应采用 Y 形排气稀释管。两根排气稀释管的结构、内径和长度应完全一致,以保证两分排气稀释管内的样气能够同时到达总排气稀释管内。直接接触排气的排气稀释管材料应是无气孔、耐腐蚀、耐高温、软管易弯曲、不易打结和压裂的。排气稀释管外表面具有耐磨性涂层,管内表面应光滑,不吸收和吸附稀释排气,不与稀释排气发生化学反应,或改变稀释排气成分。排气稀释管与风机、流量计之间的连接应可靠,无泄漏,拆卸方便,便于更换。稀释排气流量控制器通过风机控制进入集气椎管的环境空气量,进而控制汽车排气与环境空气混合比,防止稀释排气产生冷凝水。

排气稀释装置应保证:

(1)汽车排气与空气在其内部充分、均匀混合。

(2)对汽车排气进行连续稀释过程中不产生冷凝水。

2)稀释排气流量测量装置

稀释排气流量测量装置(以下简称流量测量装置)的主要组成部件包括:流量传感器、稀释排气压力传感器、稀释排气温度传感器等。

常用的流量传感器有涡街流量计、涡轮流量计、临界文丘里管流量计、内锥式流量计。流量测量装置能实时测量稀释排气的体积流量 $Q_g(L/s)$;稀释排气压力传感器和温度传感器与体积流量同步测量稀释排气的压力 $P_g(kPa)$ 和稀释排气的温度 $T_g(K)$。

流量测量装置中的流量计准确度应在 ±1% 之内。

温度测量的准确度应不超过 ±1.5K,压力测量的准确度应不超过 ±0.4kPa。

流量测量装置可实时同步采集流量传感器、稀释排气压力传感器和温度传感器的测量数据,计算并实时存储气体标况流量。流量测量装置最大量程应不小于 $30.0 m^3/min$,以满足大排量车辆的检测。

3)含碳气体浓度测量装置

含碳气体浓度测量装置(以下简称浓度测量装置)采用非分光红外线吸收原理(NDIR)测量稀释排气的 CO_2、CO、HC 浓度。CO_2 是燃料燃烧的主要生成物,提高浓度测量装置的测量精度是保证碳平衡法燃料消耗量检测仪准确度的重要途径。气体浓度传感器的技术要求见表3-5。

气体浓度传感器的主要技术参数　　　　　　表3-5

测试项目	量程	分辨力	相对误差
CO_2	0~5% Vol	0.01% Vol	±2%
CO	0~2% Vol	0.01% Vol	±2%
HC	0~100 ×10^{-6} Vol	1×10^{-6} Vol	±3%

浓度测量装置的主要组成部件包括:取样管、颗粒物过滤器、气体(CO_2、CO、HC)浓度传感器、吹扫装置、校准端口等。

浓度测量装置用于检测环境空气中 CO_2 的浓度 Q_{dCO_2} 及所测每秒稀释排气中 CO_2、CO、HC 的气体的浓度 Q_{CO_2}、Q_{CO}、Q_{HC}。CO_2、CO 的浓度单位为体积分数(%),HC 的浓度单位为正己烷10^{-6}体积分数。

浓度测量装置在通电预热后达到稳定,并有预热指示。浓度测量装置应具有低流量和密封性检测功能,当流量过低或密封性能不良时,检测不能通过,浓度测量装置自动锁止,终止检测,同时给出提示。浓度测量装置的零点校正间隔应是可控的。在每次新的检测开始前,应使用规定的标准令其自动调零,零点调好之前,不得进行检测,在检测过程中,应能锁止调零操作。当浓度测量装置的零点漂移量超出自动调整范围时,浓度测量装置应自动锁止,并应发出警示。浓度测量装置具有吹扫功能和自清洗功能,在进行校准/检查之前及之后,都能对浓度测量装置进行清洗。颗粒物过滤器可对样气中直径为 5μm 以上的颗粒物进行有效过滤,过滤元件不吸附或吸收 HC。浓度测量装置宜有多个校准通道接口,包括低量程气体校准接口、零气和环境空气校准接口等。若浓度测量装置只提供一个校准接口,装置应指示操作员正确的操作注意事项。在未通过气体校准时,浓度测量装置应锁止,不能使用,同时给出提示。取样探头应与取样管连接牢固,不产生泄漏,并保证样气能够顺利进入取样管。

3. 测控系统

测控系统示意图如图 3-14 所示。测控系统应可实时记录、存储、处理同步所测得的各种参数,包括:稀释排气流量数据 Q_g,环境空气中 CO_2 的浓度值 Q_{dCO_2},每秒稀释排气中 CO_2、CO、HC 的气体浓度 Q_{CO_2}、Q_{CO}、Q_{HC},稀释排气的压力 P_g(kPa)和稀释排气的温度 T_g(K)等。

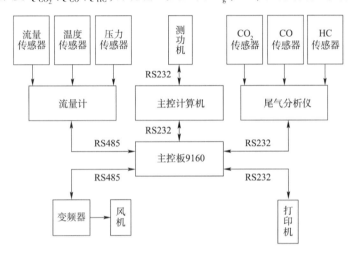

图 3-14 碳平衡油耗仪测控系统示意图

首先,在测试环境下测得的 Q_g 应当换算为标准状态下的大气压力 P_n(101.3kPa)和标准状态下的温度 T_n(273.15K)的体积流量 Q_n(L/s):

$$Q_n = Q_g \times \frac{P_g}{T_g} \times \frac{T_n}{P_n} \tag{3-28}$$

用环境空气中 CO_2 的浓度 Q_{dCO_2} 对稀释排气中 CO_2 的浓度值 Q_{CO_2} 进行校正,得到:

$$Q_{cCO_2} = Q_{CO_2} - Q_{dCO_2}\left(1 - \frac{1}{D_f}\right) \tag{3-29}$$

$$D_f = \frac{13.4}{Q_{CO_2} + Q_{CO} + Q_{HC} \times 10^{-4}} \tag{3-30}$$

式中:Q_{cCO_2}——经环境空气 CO_2 气体浓度校正后的稀释排气中 CO_2 的浓度值,%;

Q_{dCO_2}——环境空气中 CO_2 的浓度值,%;

Q_{CO_2}——所测每秒稀释排气中 CO_2 的浓度,%;

Q_{CO}——所测每秒稀释排气中 CO 的浓度,%;

Q_{HC}——所测每秒稀释排气中 HC 的浓度,×10^{-6};

D_f——每秒稀释系数。

汽车每秒排放的 CO_2、CO、HC 气体质量 M_{CO_2}、M_{CO}、M_{HC} 采用下式计算：

$$\begin{cases} M_{CO_2} = Q_n \times d_{CO_2} \times Q_{cCO_2} \times 10^{-2} \\ M_{CO} = Q_n \times d_{CO} \times Q_{CO} \times 10^{-2} \\ M_{HC} = Q_n \times d_{HC} \times Q_{HC} \times 10^{-6} \end{cases} \quad (3\text{-}31)$$

式中：M_{CO_2}、M_{CO}、M_{HC}——分别为汽车每秒排放的 CO_2、CO、HC 气体质量，g/s；

d_{CO_2}、d_{CO}、d_{HC}——分别为标准状态下 CO_2、CO、HC 气体密度，g/L。

根据 M_{CO_2}、M_{CO}、M_{HC} 的值，测控系统可以确定被测汽车每秒的燃料消耗量 Q_s(mL/s)，显示、输出受检汽车在采样时间内的燃料消耗量 ΣQ_s(mL)。同时，测控系统能够实时检测并显示碳平衡检测仪的检测时间 T(s) 和采样时间内汽车的行驶距离 S(m)。利用汽车燃料消耗量计算模型，可以计算输出所测车辆的百公里燃料消耗量 Q(L/100km)。

此外，测控系统还应能够实时显示浓度测量装置预热、调零、抽取空气、抽取样气等工作状态，并能监控系统中各接口的通信是否正常以及碳平衡检测仪的工作状态。

四、车辆燃料消耗量检测步骤和评价

1. 车辆燃料消耗量检测步骤

1) 检测准备

(1) 底盘测功机、碳平衡油耗仪预热，至设备到达正常的工作状态，示值调零。

(2) 受检车辆空载，检查车辆排气系统，不得有泄漏，检查驱动轴轮胎的花纹深度和气压，花纹深度不得小于 1.6mm，花纹中不得夹有杂物，轮胎气压应按规定进行调整。汽车预热至使发动机、传动系统达到正常工作的温度状况。发动机冷却液温度在 80~90℃。

(3) 关闭非汽车正常行驶所必需的附属装备，例如空调装置等。

(4) 记录受检车辆的以下参数信息，对于检测站数据库或车辆行驶证无法提供的参数，应进行实车测量。

①燃油类别(分为汽油、柴油)。
②驱动轮轮胎规格型号。
③额定总质量，kg。
④车高，mm。
⑤前轮距，mm。
⑥客车车长，mm。
⑦客车等级(分为高级、中级、普通级)。
⑧货车车身形式(分为栏板车、自卸车、牵引车、仓栅车、厢式车和罐车)。
⑨驱动轴数。
⑩驱动轴空载质量，kg。
⑪牵引车满载总质量，kg。

(5) 根据车型确定检测速度工况，高级营运客车检测速度工况为等速 60km/h，中级、普通级营运客车以及营运货车检测速度工况为等速 50km/h；计算机控制系统根据受检车辆的参数信息和检测速度，计算台架加载阻力。

2)检测方法

(1)引车员将汽车平稳驶上底盘测功机,置汽车驱动轮于滚筒上,驱动轮轴线应与滚筒轴线平行,固定汽车非驱动轮。

(2)每次检测前油耗仪应调零,并测量环境空气中 CO_2 气体浓度。

(3)起动汽车,逐步加速,变速器接入最高挡(自动变速器应置于"D"挡),底盘测功机按照控制系统确定的台架加载阻力对受检车辆进行加载,至车速稳定在确定的检测工况车速。

(4)油耗仪采样管应靠近并对准汽车排气管口,其间距不大于100mm,使采样管与排气尾末端同轴,用支架固定,使汽车排气和环境空气顺利进入采样管。

(5)引车员按驾驶员帮助提示控制汽车加速踏板,使检测车速的变化幅度稳定在±0.5km/h 的范围内,稳定至少15s后,油耗仪开始60s连续采样,同时测功机开始测量60s连续采样时间内的汽车行驶距离 $S(m)$。

(6)采样过程中,如连续3s内检测车速的变化幅度超过±0.5km/h 或加载阻力变化幅度超过±20N,则停止本次采样,返回到步骤(5)重新开始。

(7)连续60s采样完成后,测得采样时间内汽车每秒燃料消耗量的累加值 $\sum Q_S(mL)$ 和采样时间内汽车的行驶距离 $S(m)$,根据燃料消耗量计算模型计算汽车百公里燃料消耗量,并四舍五入至小数点后一位。

(8)每次检测结束后油耗仪应进行反吹。

2. 燃料消耗量限值

(1)已列入交通运输主管部门公布的《道路运输车辆燃料消耗量达标车型表》的车辆,其燃料消耗量限值为车辆《燃料消耗量参数表》中 50km/h 或 60km/h 的满载等速燃油消耗量的114%。

截至2020年10月20日,交通运输部公布了25批道路运输车辆达标车型。

(2)未列入交通运输主管部门公布的《道路运输车辆燃料消耗量达标车型表》的车辆,如果车辆为在用柴油客车、货车(单车)及半挂汽车列车,其燃料消耗量限值的参比值见表3-6、表3-7和表3-8。如果车辆为在用汽油车,其燃料消耗量限值的参比值为相应车长、等级的柴油客车及相应总质量的柴油货车(单车)及半挂汽车列车限值参比值的1.15倍。

在用柴油客车燃料消耗量限值的参比值 表3-6

车长 L (mm)	参比值(L/100km)	
	高级客车等速60km/h	中级和普通级客车等速50km/h
$L \leq 6000$	11.3	9.5
$6000 < L \leq 7000$	13.1	11.5
$7000 < L \leq 8000$	15.3	14.1
$8000 < L \leq 9000$	16.4	15.5
$9000 < L \leq 10000$	17.8	16.7
$10000 < L \leq 11000$	19.4	17.6
$11000 < L \leq 12000$	20.1	18.3
$L > 12000$	22.3	20.3

在用柴油货车(单车)燃料消耗量限值的参比值　　　　表3-7

额定总质量 G (kg)	参比值(L/100km)	额定总质量 G (kg)	参比值(L/100km)
3500 < G ≤ 4000	10.6	17000 < G ≤ 18000	24.4
4000 < G ≤ 5000	11.3	18000 < G ≤ 19000	25.4
5000 < G ≤ 6000	12.6	19000 < G ≤ 20000	26.1
6000 < G ≤ 7000	13.5	20000 < G ≤ 21000	27.0
7000 < G ≤ 8000	14.9	21000 < G ≤ 22000	27.7
8000 < G ≤ 9000	16.1	22000 < G ≤ 23000	28.2
9000 < G ≤ 10000	16.9	23000 < G ≤ 24000	28.8
10000 < G ≤ 11000	18.0	24000 < G ≤ 25000	29.5
11000 < G ≤ 12000	19.1	25000 < G ≤ 26000	30.1
12000 < G ≤ 13000	20.0	26000 < G ≤ 27000	30.8
13000 < G ≤ 14000	20.9	27000 < G ≤ 28000	31.7
14000 < G ≤ 15000	21.6	28000 < G ≤ 29000	32.6
15000 < G ≤ 16000	22.7	29000 < G ≤ 30000	33.7
16000 < G ≤ 17000	23.6	30000 < G ≤ 31000	34.6

在用柴油半挂汽车列车燃料消耗量限值的参比值　　　　表3-8

额定总质量 G (kg)	参比值(L/100km)	额定总质量 G (kg)	参比值(L/100km)
G < 27000	42.9	35000 < G ≤ 43000	46.2
27000 < G ≤ 35000	43.9	43000 < G ≤ 49000	47.3

(3)当牵引车(单车)满载总质量进行检测时,燃料消耗量限值的参比值按牵引车(单车)满载总质量对应取表3-8中的数值。

3．汽车燃油经济性评价方法

(1)当检测结果小于或等于限值,判定该车燃油消耗量为合格。

(2)当检测结果大于限值,允许复检两次。任一次复检合格,则判定该车燃油消耗量为合格。

(3)当检测结果和复检结果均大于限值,则判定该车燃油消耗量为不合格。

造成汽车燃油经济性变差的因素有很多,但都不是孤立的,大部分使汽车动力性检测不合格的因素都会造成燃油经济性变差。发动机的技术状况不佳,如发动机汽缸密封性不佳、燃料供给系统调整状况不佳、点火系统不佳、冷却系统、润滑系统状况不佳、电控系统故障等因素就会造成燃油经济性性能下降。此外,被检测车辆底盘系统调整、维护不良,如离合器打滑、制动拖滞等因素,也会造成燃油经济性变差。

第三节　汽车转向轮侧滑量检测

汽车转向轮定位参数是影响汽车操纵稳定性的重要因素。转向轮定位参数不正确,特别是车轮外倾角与车轮前束配合不当,汽车在行驶中会产生横向侧滑现象,导致转向沉重、操纵困难,不仅不能保持稳定的直线行驶状态,存在较高的安全隐患,而且会导致轮胎胎面的不正常磨损。因此,定期对车轮定位参数进行检测和调整,能够保证汽车有良好的操纵稳定性,减小轮胎异常磨损和悬架装置及转向机构零部件磨损,并降低燃油消耗。

转向轮的横向侧滑量检测是汽车转向轮定位参数检测的方法之一,也是《机动车安全技术条件》(GB 7258—2017)规定的机动车年检、年审的重要项目。

一、转向轮定位和侧滑的产生

为了保证汽车具有良好的操纵稳定性,前轮即转向轮所在平面以及主销轴线与汽车纵向或横向铅垂面成一定角度。这些角度参数包括主销内倾角、主销后倾角、前轮外倾和前轮前束,称为前轮定位参数。现代部分汽车也设计有后轮前束和车轮外倾角参数,通常进行四轮定位检测和调整时使用。

转向节主销轴线或假想的主销轴线(某些独立悬架的汽车无实际主销)在纵向平面内向后倾斜,与铅垂线所形成的夹角称为主销后倾角,如图 3-15a)所示。主销后倾角的作用在于当转向轮受外力影响偏离直线行驶方向时,形成稳定力矩而自动回正。

转向节主销轴线或假想的主销轴线在横向平面内向内倾斜,与铅垂线所形成的夹角称为主销内倾角,如图 3-15b)所示。主销内倾角亦有使车轮自动回正的作用,同时可使转向轻便。

转向轮安装时向外倾斜一个角度,其车轮中心平面与铅垂线的夹角称为外倾角,如图 3-15c)所示。同时转向轴上两转向轮并非平行安装的,其两转向轮前边缘距离 B 小于后边缘距离 A,其差值即为前束,如图 3-15d)所示。

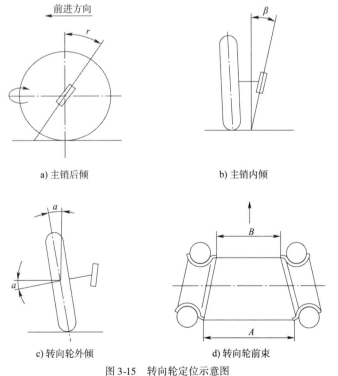

a) 主销后倾　　　　b) 主销内倾

c) 转向轮外倾　　　　d) 转向轮前束

图 3-15　转向轮定位示意图

转向轮外倾具有使转向轻便的作用,同时可使转向轮适应路面拱形,防止轮胎表面内外磨损不匀,此外,还能减小轴端小轴承及轮毂紧固螺母的负荷,以延长其使用寿命。

若转向轮仅有外倾,则在纯滚动时,车轮将向外运动,如果转向轮在转向轴约束下做直线运动,车轮与地面间必然会产生边滚边滑现象;另外,如果转向轮仅有前束,则车轮纯滚动时,将向内运动,若在车轴约束下做直线运动,车轮与地面间也会产生边滚边滑现象。因此,转向轮侧滑是转向轮外倾与前束匹配不当形成的。只有使具有外倾的转向轮同时具有适当的前束值,才能使二者在运动学上产生的不良效应相互平衡,使汽车直线行驶时,转向轮做纯滚动而不产生边滚边滑现象。

二、侧滑试验台的结构

横向侧滑量的大小与方向可用汽车侧滑检验台来检测。侧滑检验台是使汽车在滑动板上驶过时,用测量滑动板左右移动量的方法来测量前轮横向侧滑量的大小和方向,并判断侧滑量是否合格的一种检测设备。目前,在国内常用的侧滑检验台有双板联动侧滑检验台和单板侧滑检验台两种。

双板联动侧滑检验台主要由机械和电气两部分组成,如图 3-16 所示。机械部分主要包括两块滑板、联动机构、回零机构、滚轮及导向机构、限位装置及锁止机构;电气部分包括位移传感器和电气仪表。

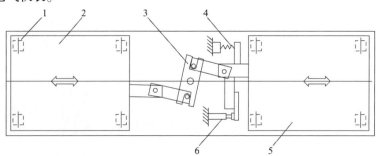

图 3-16　侧滑试验台结构示意图
1-滚轮;2-左滑板;3-连杆机构;4-复位弹簧;5-右滑板;6-位移传感器

1. 机械部分

左右两块滑板分别支承在各自的四个滚轮上,每块滑板与其连接的导向轴承在轨道内滚动,保证了滑板只能沿左右方向滑动而限制了其纵向的运动。两块滑板通过中间的联动机构连接起来,从而保证了两块滑板做同时向内或同时向外运动,由此产生的相应位移量通过位移传感器转变成电信号送入仪表;回零机构保证汽车前轮通过滑板后能够自动回零;限位装置的作用是限制滑板左右移动过多,在超过传感器允许范围时,起保护传感器的作用;锁止机构能在设备空闲或设备运输时保护传感器;润滑机构能够保证滑板轻便自如地移动。

《机动车安全技术检验项目与方法》(GB 38900—2020)要求:转向轮横向侧滑量的检验应在侧滑检验台(双转向轴的应在双板联动侧滑检验台)上进行,侧滑检验台应具有轮胎侧向力释放功能。车轮在驶入侧滑台前,由于车轮侧滑量的作用,车轮与地面间接触产生的横向应力迫使车轮产生变形,在驶上侧滑板的瞬间应力将迅速释放,并引起滑板移动量大于实际侧滑量引起的位移;在驶出滑板的瞬间已接触地面部分的轮胎将积聚应力阻碍滑板移动,从而使滑板位移量小于实际值。因此,近年来开发了前后带应力放松板的侧滑试验台。由于应力放松板可以左右自由滑动,可以使转向轮在驶入、驶出侧滑试验台时能释放侧向应力,以保证车轮通过中间滑板(带侧滑量检测传感器)时能得以准确测量。因车辆驶入时的应力释放对侧滑测量造成的影响比驶出时大得多,考虑到成本因素,目前在驶入侧设有放松板的侧滑台较多。

2. 测量装置

侧滑量测量装置采用位移传感器将车轮侧滑引起的侧滑板位移量变成电信号送给侧滑量指示装置。目前常用的位移传感器主要有电位计式和差动变压器式两种。

1)电位计式位移传感器

电位计式位移传感器的工作原理如图3-17所示。将一个可调电阻安装在侧滑检验台底座上,其活动触点通过传动机构与滑板相连。这样,当可调电阻的滑动触点随侧滑板移动时,可将侧滑板移动量变为电位计触点的位移,导致电位计阻值的变化。若在电位计两端加上固定电压(如5V),中间触点随着滑板的内外移动发生变化时,触点的输出电压与位移量成正比,其输出电压也随之在0~5V之间变化,并传递给侧滑量指示装置。把2.5V左右的位置作为侧滑台的零点,如果滑板向外移动,输出电压大于2.5V,达到外侧极限位置输出电压为5V。滑板向内移动时,输出电压小于2.5V,达到内侧极限时的输出电压为0V。通过A/D转换将侧滑传感器输出电压转换成数字量,并送入单片机处理得出侧滑量的大小。

2)差动变压器式位移传感器

差动变压器式位移传感器由初级线圈、次级线圈和衔铁等组成,可将被测信号的变化转换成线圈互感系数变化。在初级线圈接入交流激励电压 U_1,衔铁处于中间位置时,次级线圈输出电压 U_2 为零。当侧滑板带动位移传感器的拨杆位移时,引起衔铁位移,导致线圈互感系数变化,进而引起输出电压 U_2 变化。该电压变化反映车轮侧滑量。该电压输入仪表后,通过A/D转换将侧滑传感器电压转换成数字量,并送入单片机处理,得出侧滑量的大小。

3. 侧滑量指示装置

指示仪表可分为数字式和指针式两种,目前检测站普遍使用的是数字式仪表。数字式仪表多为智能仪表,实际就是一个单片机系统。从传感器传来的反映侧滑板位移量的电信号,经放大处理后传送给指示装置。指示装置标定时,按汽车直线行驶1km每侧滑1m为1格刻度。若侧滑板长度为1000mm,则侧滑板侧向位移1mm时,显示1格刻度;侧滑板长度为500mm时,侧滑板每侧向位移0.5mm,则对应1格刻度。检测人员从指示装置上就可获知转向轮侧滑量的定量数值和侧滑方向。图3-18所示为电气式指示装置。

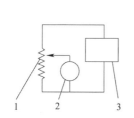

图3-17 电位计式位移传感器工作原理
1-电位计;2-指示计;3-稳压电源

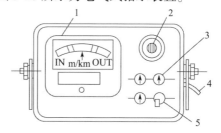

图3-18 电气式指示装置
1-指示仪表;2-报警用蜂鸣器或信号灯;3-电源指示灯;4-导线;5-电源开关

4. 报警装置

为快速表示检测结果是否合格,当侧滑量超过规定值时(多于5格刻度),报警装置能根据侧滑板限位开关发出的信号,用蜂鸣器或信号灯报警,因而无须再读取仪表数值,以节省检测时间。

三、转向轮侧滑量检测原理

1. 双板联动侧滑检验台检测原理

汽车转向轮侧滑就是汽车转向轮的前束与外倾角匹配不当造成的。以下分别介绍前束和前轮外倾对侧滑的影响,再看二者共同作用的综合效果。

1)转向轮外倾角所产生的侧滑量

以右转向轮为例讨论只有车轮外倾角(前束角为零)时产生侧滑的情况。具有外倾角的车轮,其中心线的延长线与地面在一定距离处有一个交点 O,此时的车轮相当于一圆锥体的一部分,如图3-19所示。在车轮向前或向后运动时,其运动形式均类似于滚锥。

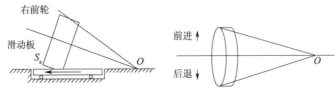

图3-19 具有外倾角的车轮在滑板上滚动的情况(右轮)

可以看出,具有外倾角的车轮在滑动板上滚动时,车轮有向外侧滚动的趋势,由于受到车桥的约束,车轮不可能向外移动,从而通过车轮与滑动板间的附着作用带动滑动板向内运动,运动方向如图3-19所示。此时滑动板向内移动的位移量记为 S_a,该位移量即由外倾角所引起的侧滑分量。按照约定,具有外倾角的车轮,由于其类似于滚锥的运动情况,因而无论其前进还是后退时所引起的侧滑分量均为负。反之,若车轮具有内倾角,则由内倾车轮引起的侧滑分量均为正。

2)转向轮前束角所产生的侧滑量

前束是为了消除具有外倾角的车轮类似于滚锥运动所带来的不良后果而设置的。以下以右转向轮为例讨论只有车轮前束角(外倾角为零)时产生侧滑的情况。

具有前束的车轮在前进时,车轮有向内滚动的趋势。但因受到车桥的约束作用,在实际前进驶过侧滑台时,车轮不可能向内侧滚动,从而会通过车轮与滑动板间的附着作用带动滑动板向外侧运动。此时,车轮在滑动板上做纯滚动,滑动板相对于地面有侧向移动,其运动方向如图3-20所示,此时测得的滑动板的横向位移量记为 S_t(即由前束所引起的侧滑分量)。遵照约定,前进时,由车轮前束引起的侧滑分量 S_t 大于或等于零。反之,仅具有前张角的车轮在前进时,由车轮前张(负前束)引起的侧滑分量 S_t 小于或等于零。

当具有前束的车轮后退时,若在无任何约束的情况下,车轮必定向外侧滚动,但因受到车桥的约束作用,虽然其存在着向外滚动的趋势,但不可能向外侧滚动,从而会通过其与滑动板间的附着作用带动滑动板向内侧移动。此时测得滑动板向内的位移记为 S_t,遵照约定,仅具有前束角的车轮在后退时,通过侧滑台所引起的侧滑分量 S_t 小于或等于零。反之,仅具有前张角的车轮在后退时,通过侧滑台所引起的侧滑分量 S_t 大于或等于零。

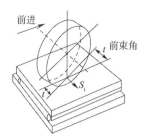 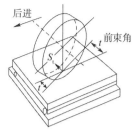

图 3-20 具有前束的车轮在滑板上滚动的情况(右前轮)

综上可知,仅具有前束的车轮,在前进时驶过侧滑台时所引起的侧滑量为正值,在后退时驶过侧滑台所引起侧滑量分量为负值。反之,仅具有前张的车轮,在前进时驶过侧滑台时所引起的侧滑分量为负值,在后退时驶过侧滑台所引起的侧滑分量为正值。

3)滑动板受到车轮外倾角和前束角的同时作用

汽车转向轮同时具有外倾角和前束角,在前进时由外倾所引起的侧滑分量S_a与由前束所引起的侧滑分量S_t的方向相反,侧滑量大小为$||S_a|-|S_t||$。在后退时两者方向相同,两分量相互叠加,侧滑量大小为$||S_a|+|S_t||$。

2. 单滑板侧滑检验台的检测原理

单滑板侧滑检验台仅用一块滑板,如图 3-21 所示。汽车左前轮从单滑动板上通过,右前轮从地面上行驶。若右前轮直线行驶无侧滑即侧滑角β为零,而左前轮具有侧滑角α向内侧滑时,通过车轮与滑动板间的附着作用带动滑动板向左移动距离b,如图 3-21a)所示。若右前轮也具有侧滑角β,同样右前轮相对左前轮也会向内侧滑,此时,滑动板向左移动距离c,并由于左前轮同时向内侧滑的量为b,则滑动板的移动距离为两前轮向内侧滑量之和,即$b+c$,如图 3-21b)所示。上述$b+c$距离可反映出汽车左右车轮总的侧滑量及侧滑方向。也就是说,采用单滑板侧滑检验台测量汽车的侧滑量时,虽然是一侧车轮从滑动板上通过,但测量的结果并非是单轮的侧滑量,而是左右轮侧滑量的综合反映。根据这一侧滑量可以计算出每一边车轮的侧滑量,即单轮的侧滑量为$\frac{1}{2}(b+c)$。

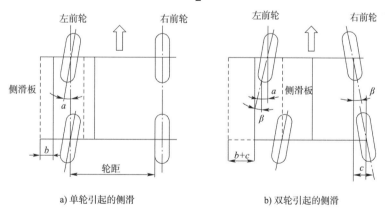

a)单轮引起的侧滑　　b)双轮引起的侧滑

图 3-21 单滑板侧滑量检测原理

四、转向轮侧滑量的检测方法和注意事项

根据《机动车安全技术检验项目和方法》(GB 38900—2020),在侧滑试验台上检测汽车

转向轮横向侧滑量时,其检测方法如下。

1. 准备工作

(1)轮胎气压符合规定。

(2)清理轮胎,轮胎表面应无油污、泥土、水,花纹凹槽内无石子嵌入。

(3)检查试验台导线连接情况,打开电源开关,仪表复零。

(4)打开试验台锁止装置,检查侧滑板是否滑动自如,能否回位。滑板回位后,检查指示装置是否指示零点。

(5)侧滑试验台电气系统应预热。

2. 转向轮侧滑量检测方法

(1)将车辆正直居中驶近侧滑试验台,并使转向轮处于正中位置。

(2)汽车在驱动状态以不大于 5km/h 的速度垂直平稳、直线驶过侧滑试验台。

(3)转向轮完全通过侧滑板后,读取仪表最大显示值或打印侧滑量读数。

(4)检测结束后,锁止侧滑板并切断电源。

3. 转向轮侧滑量检测注意事项

(1)应保持侧滑试验台滑板下部的清洁,防止锈蚀或阻滞。

(2)车辆通过侧滑试验台时,不得转动转向盘;不得在侧滑试验台上制动或停车。

(3)对于双转向轴车辆应一次性通过侧滑试验台,分别测量得到两个转向轴的侧滑量。

(4)每个转向轴通过侧滑试验台前,仪表都应处于零位。

(5)保持侧滑试验台内、外及周围环境的清洁。

五、侧滑量检测标准和检测结果分析

1. 侧滑量检测标准

《机动车运行安全技术条件》(GB 7258—2017)要求:汽车(三轮汽车除外)的车轮定位应与该车型的技术要求一致。对前轴采用非独立悬架的汽车(前轴采用双转向轴时除外),其转向轮的横向侧滑量,用侧滑台检验时侧滑量值应小于或等于 5m/km。《机动车安全技术检验项目和方法》(GB 38900—2020)要求:前轴采用非独立悬架的汽车(包括采用双转向轴的汽车,但不包括静态轴荷大于或等于 11500kg、不适用于仪器设备检验的汽车),转向轮横向侧滑量值应小于或等于 5m/km。

根据以上规定,对车辆进行侧滑量检测时,首先要区分待检车辆的悬架形式,例如一辆雅阁轿车,测得侧滑量为 5.2m/km,此值超过国家标准规定的限值,但由于该轿车前轴采用独立悬架,依据国家标准的规定,此值仅做参考,不能直接判定该车转向轮定位不合适,可通过对其进行四轮定位检测与厂家技术参数进行比较后,再做结论。如果是一辆采用非独立悬架的车辆,此值说明该车前束与外倾的匹配不合适,需进行调试。

其次,如果待检车辆的静态轴荷大于或等于 11500kg 或属于不适用于仪器设备检验的汽车,即使前轴采用的是非独立悬架,该车也不需要检测转向轮的横向侧滑量。

2. 侧滑量检测结果分析

影响汽车转向轮侧滑量检测结果的因素很多。轮毂轴承间隙,转向节主销和衬套磨损,横、直拉杆球头松旷,左右悬架性能差异,前、后轴不平行,车身、车架、前后轴变形等,以及轮

胎气压不符合规定、花纹不一致等,都会影响轮胎与滑板间的作用力,影响侧滑量检测结果。此外,汽车通过侧滑板的速度、方向也会影响汽车转向轮侧滑量的检测结果。因此,汽车转向轮侧滑量实际上是一个综合性评价指标。侧滑量检测结果不合格要分析排除以上因素对转向轮侧滑量检测结果的影响。

侧滑是由汽车前轮的外倾角和前束共同作用产生的。侧滑量不合格分为侧滑板向外移动超过5m/km和侧滑板向内移动超过5m/km两种情况。

(1)汽车前进时,侧滑板向外移动造成不合格。可能的原因有:前束值过大,如图3-22a)所示;前轮外倾角与该车外倾角基准值相比偏小,如图3-22b)所示。

(2)汽车前进时,侧滑板向内移动造成不合格。可能的原因有:两前轮前束值偏小或为负值,如图3-22c)所示;前轮外倾角过大,如图3-22d)所示。

(3)汽车前进和后退时,侧滑板移动方向相同或侧滑板移动方向虽相反,但绝对值之差较大,属前轮外倾角异常或转向系统拉杆球头磨损后松旷所致。

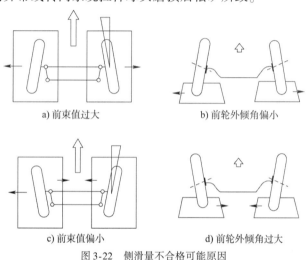

图3-22 侧滑量不合格可能原因

第四节 汽车制动性能检测

制动包括行车制动和驻车制动。行车制动主要用于强制正在行驶的车辆减速甚至停车;驻车制动主要用于使静止的汽车保持不动,防止停在坡路上的汽车自行下滑。汽车制动性能直接影响汽车行驶、停车的安全性,是保证汽车安全行车的重要因素,因此是汽车检测诊断的重点。

汽车制动性能检测的基本方法分为道路试验和台架试验两种,本节主要介绍汽车制动性能台架试验的基本原理和方法。

一、汽车制动性能检测指标

《机动车运行安全技术条件》(GB 7258—2017)规定了汽车制动系统所应满足的基本要求和行车制动系统、应急制动系统、气压制动系统、液压制动系统,储气筒、制动管路和制动报警装置等所应满足的要求。

目前，测力式制动试验台在汽车制动性能台架试验中得以广泛应用。通过台架试验可以分别对汽车的行车制动性能和驻车制动性能进行检测。根据《机动车运行安全技术条件》(GB 7258—2017)和《机动车安全技术检验项目和方法》(GB 38900—2020)，汽车制动性能台架试验所采用的评价指标如下。

1）行车制动性能检测评价指标

（1）制动率。

制动率又分为整车制动率和轴制动率。前者定义为测得的各轮最大制动力之和与整车重量的百分比；后者为测得的该轴左、右车轮最大制动力之和与该轴轴荷的百分比。

轴荷一般采用轮重仪获得，即轴荷为左右车轮轮荷之和。因此轮重测量是进行制动检验的辅助项，一般检验检测机构在外检车间及制动台前安装有轮重仪，用于轮荷测量，轮荷数据作为后续其他检测项目的辅助数据。

用滚筒反力式制动试验台检验时，轴制动率为测得的该轴左、右车轮最大制动力之和与该轴静态轴荷之百分比。对于三轴及三轴以上的货车、总质量大于3500kg的并装双轴及并装三轴的挂车，静态轴荷取滚筒反力式制动试验台检测得到的空载轴荷。计算加载轴制动率时，静态轴荷取滚筒反力式制动试验台检测得到的加载轴荷。

使用平板式制动试验台检验时，轴制动率为测得的该轴左、右车轮最大制动力之和与该轴轴荷之百分比，对小（微）型载客汽车、总质量≤3500kg的其他汽车（三轮汽车除外），轴荷取左、右轮制动力最大时刻所分别对应的左、右轮动态轮荷之和，对其他机动车轴荷取该轴静态轴荷。

（2）轴制动不平衡率。

轴制动不平衡率用于评价左、右轮制动力是否满足制动力平衡要求，可以反映汽车在制动过程中的方向稳定性。

轴制动不平衡率指：在制动力增长全过程中同时测得的左、右轮制动力差的最大值，与全过程中测得的该轴左、右轮最大制动力中大者（当后轴制动力小于该轴轴荷的60%时为与该轴轴荷）之比。

用滚筒反力式制动试验台检验时，以同轴左、右任一车轮产生抱死滑移或左、右两个车轮均达到最大制动力时为取值终点，取制动力增长过程中测得的同时刻左、右轮制动力差最大值为左、右车轮制动力差最大值，用该值除以左、右车轮制动力中的大值（当后轴制动力小于该轴轴荷的60%时为该轴轴荷），得到轴制动不平衡率。

使用平板式制动试验台检验时，以同轴左、右轮制动力之和达到最大制动力的时刻为取值终点，取制动力增长过程中测得的同时刻左、右轮制动力差最大值为左、右车轮制动力差的最大值，用该值除以左、右车轮最大制动力中的大值（当后轴制动力小于该轴轴荷的60%时为该轴轴荷），得到轴制动不平衡率。

（3）制动协调时间。

制动协调时间反映了制动器起作用的快慢。制动协调时间定义为：在急踩制动踏板时，从脚接触制动踏板（或手触动制动手柄）时起至机动车减速度（或制动力）达到标准中规定的机动车充分发出的平均减速度（或制动力）的75%时所需的时间。

其中：机动车充分发出的平均减速度 MFDD(m/s^2)为：

$$\text{MFDD} = \frac{v_b^2 - v_e^2}{25.92 \times (s_e - s_b)} \quad (3-32)$$

式中：v_b——$0.8v_0$，试验车速，km/h；

v_e——$0.1v_0$，试验车速，km/h；

s_b——试验车速从 v_0 到 v_b 之间车辆驶过的距离，m；

s_e——试验车速从 v_0 到 v_e 之间车辆驶过的距离，m。

MFDD 是机动车制动过程中制动减速度的一个较稳定的平均值。当制动过程比较平稳，制动减速度比较稳定时，也可以认为充分发出的平均减速度是采样时段的平均加速度。

(4) 车轮阻滞率。

车轮阻滞率定义为当行车制动和驻车制动装置处于完全释放状态，变速器置空挡位置时，测得的试验台驱动车轮所需的作用力与轮荷之比。

2) 驻车制动性能检测评价指标

驻车制动性能用驻车制动率评价。

驻车制动率定义为各驻车轴驻车制动力总和与该车各轴静态轴荷之和的百分比。

二、制动试验台的结构和工作原理

1. 滚筒反力式制动试验台的结构和工作原理

在汽车制动性能台架试验中，单轴滚筒反力式制动试验台应用广泛。

1) 滚筒反力式制动试验台的结构

单轴滚筒反力式制动试验台由滚筒装置、驱动装置、举升装置、测量装置、指示与控制装置等组成，如图 3-23 所示。

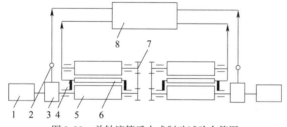

图 3-23 单轴滚筒反力式制动试验台简图

1-电动机；2-压力传感器；3-减速器；4-电磁传感器；5-滚筒；6-第三滚筒；7-链传动；8-测量指示仪表

为同时测试左、右车轮的制动力，滚筒装置、驱动装置和测量装置左、右对称，独立设置，而控制装置和显示装置则是共用的。

(1) 滚筒装置。

滚筒装置由左、右独立设置的两对滚筒构成，滚筒两端由滚筒轴承支承并安装在机架上，前、后滚筒间常采用链传动。驱动装置驱动后滚筒，并通过链条带动前滚筒旋转。滚筒装置作为活动路面，支撑被测车辆，传递动力，使车轮旋转，并在制动试验时传递制动力。

有的滚筒制动试验台在主、从动滚筒之间设置一直径较小，既可自转又可上下摆动的第三滚筒，平时由弹簧使其保持在最高位置。在检测时被检车辆的车轮置于主、从动滚筒上的同时压下第三滚筒，并与其保持可靠接触，制动试验台驱动电动机的电路才能接通，控制装置通过转速传感器即可获知被测车轮的转动情况。

(2)驱动装置。

驱动装置由电动机和减速器(扭力箱)构成,如图 3-24 所示。减速器外壳由轴承浮动安装在支架上,可以绕后滚筒中心线摆动。电动机输出的转矩和转速经减速器减速增矩后,驱动滚筒装置的后滚筒旋转,前滚筒与后滚筒由链传动连接而同步旋转。

(3)举升装置。

主、从动两滚筒之间设置有举升装置,便于汽车驶入、驶出制动试验台。该装置通常由举升器、举升平板和控制开关等组成。

(4)测量装置。

制动力测量装置主要由测力杠杆和传感器组成,如图 3-24 所示。测力杠杆一端与传感器连接,另一端与减速器壳体连接。被测车轮制动时,测力杠杆与减速器壳体将一起绕主动滚筒(或绕减速器输出轴)轴线摆动。传感器将测力杠杆传来的与制动力成比例的力(或位移)转变成电信号输送到控制与指示与装置。

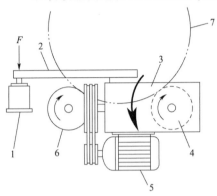

图 3-24 测量装置和驱动装置示意图
1-压力传感器;2-测力杠杆;3-减速器;4-主动滚筒;
5-电动机;6-从动滚筒;7-车轮

(5)控制与指示装置。

现代制动试验台的电子控制装置主要由计算机、放大器、A/D 转换器、数字显示器和打印机等组成,其控制框图如图 3-25 所示。

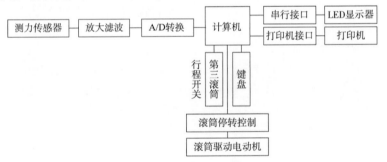

图 3-25 计算机控制框图

2)滚筒反力式制动试验台工作原理

汽车制动性能检测过程及工作原理如图 3-26 所示。被检汽车驶上制动试验台,车轮置于主、从动滚筒之间,放下举升器(或压下第三滚筒,装在第三滚筒支架下的行程开关被接通)。起动电动机,经减速器、链传动和主、从动滚筒带动车轮低速旋转,待车轮转速稳定后,驾驶员踩下制动踏板。车轮在车轮制动器的摩擦力矩 T_μ 作用下开始减速旋转。此时电动机驱动的滚筒对车轮轮胎周缘的切线方向作用制动力 T_{x1}、T_{x2},以克服制动器摩擦力矩,维持车轮继续旋转。与此同时,车轮轮胎对滚筒表面切线方向附加一个与制动力反向等值的反作用力 F'_{x1}、F'_{x2},在 F'_{x1}、F'_{x2} 形成的反作用力力矩作用下,减速器壳体与测力杠杆一起朝滚筒转动相反方向摆动,测力杠杆一端的力或位移经传感器转换成与制动力大小成比例的电信号。从测力传感器送来的电信号经放大滤波后,送往 A/D 转换器转换成相应的数字量,经计算机采集、存储和处理后,由指示装置输出左右车轮制动力数值。

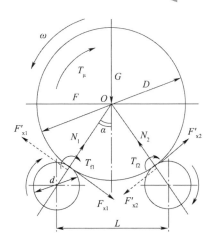

图 3-26　车轮在试验台上试验时的受力简图

G-车轮所受的载荷;F-车桥对车轮轴的水平推力;N_1、N_2-滚筒对车轮的支反力;F_{x1}、F_{x2}-滚筒对轮胎的切向摩擦力,$F = N \times \phi$;F'_{x1}、F'_{x2}-车轮对滚筒的切向反作用力;ϕ-滚筒与车轮表面的摩擦系数;T_μ-制动器摩擦力矩;T_{f1}、T_{f2}-车轮的滚动阻力矩;α-安置角

测出左右车轮的制动力后,经控制装置运算便可得到左、右车轮的制动力差,以评价汽车是否满足制动力平衡要求。

显然,在滚筒反力式制动试验台上检测汽车驻车制动性能的基本原理与之类似,其不同点仅在于此时汽车的制动力是由驻车制动装置产生的。

车轮阻滞力的检测是在汽车的行车和驻车制动装置均处于完全释放状态,变速器置于空挡位置时进行的。此时,电动机通过减速器、链传动及滚筒来带动车轮维持稳定旋转所需的力,即为车轮的阻滞力。

制动协调时间是从驾驶员踩下制动踏板的瞬间作为起始计时点。为此,在制动测试过程中,必须由驾驶员通过套装在汽车制动踏板上的脚踏开关向试验台控制装置发出一个"开关"信号,开始时间计数,直至制动力达到标准中规定制动力75%时的瞬间为止。这段时间即为制动协调时间,通常可以通过试验台的计算机执行相应程序来实现。

由于滚筒反力式制动试验台测试条件稳定,检测结果重复性较好,能定量检测汽车各个车轮的制动力和其他参数,且试验台结构简单、使用方便,检测过程迅速、经济、安全,不受外界条件限制,因此得到了广泛应用。

但反力滚筒式制动试验台有以下局限性:

(1)由于制动测试时滚筒的转动速度较低,这将使制动协调时间延长。

(2)具有防抱死制动系统(ABS)的汽车在测试车速较低时,防抱死制动系统不起作用,只能相当于对普通的液压制动系统的检测过程。

(3)静态下进行制动性能检测时,没有考虑汽车制动时因惯性作用而产生的轴荷转移现象;同时,制动试验台的滚筒直径小,与轮胎的接触面积较道路试验时小得多;装用不同直径车轮的汽车检测制动力时,较大和较小的车轮在滚筒上的附着情况有很大不同。这些都会使检测结果受到很大影响。

2. 平板测力式制动试验台结构及工作原理

平板式测力式制动试验台是一种低速动态式制动试验台,可以检测各个车轮的制动力。

1) 平板测力式制动试验台的结构

平板测力式制动试验台由测试平板、控制和显示装置、辅助装置、踏板压力传感器构成。平板测力式制动试验台一般除了可以检测汽车的制动性能外，还能检测悬架性能、轴重、侧滑量，因此又称之为平板式底盘检测设备。

(1) 测试平板。

平板测力式制动试验台共有6块测试平板，左右对称布置且相互独立，其两端4块用于制动、悬架、轴重测试，中间两块用于侧滑量检测，如图3-27所示。测试平板由面板、底板、钢球和力传感器等组成，如图3-28所示。底板作为底座固定在混凝土地面上，面板通过压力传感器和钢球支承在底板上，其纵向则通过拉力传感器与底板相连。压力传感器用于测量作用于面板上的垂直力；拉力传感器则用于测量沿汽车行驶方向，轮胎作用于面板上的水平力。

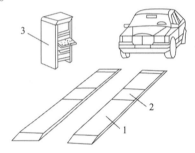

图3-27 平板测力式制动试验台
1-制动、轴重、悬架测试平板；2-侧滑测试平板；3-数据处理系统

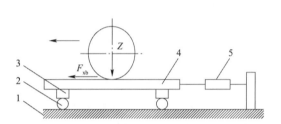

图3-28 测试平板的结构示意图
1-底板；2-钢球；3-压力传感器；4-面板；5-拉力传感器

(2) 控制和显示装置。

控制和显示装置是一个以计算机为核心的数据采集、分析、处理和显示的系统。计算机对传感器的各种输出信号进行高速采样，并将其转换为数字信号，并对这些数字信号进行处理、计算，进而判定汽车制动性能是否合格。

测试平板所受到的水平力和垂直力的大小变化，分别对应于拉力传感器和压力传感器所输出的电信号的变化。拉力传感器和压力传感器输出的电信号由计算机采集、处理后，换算成制动力和轮荷的大小并分别在显示装置上显示出来，输出各个车轮制动力的数值，还可输出制动力随时间变化的曲线、制动协调时间等信息。根据垂直力的数值及在制动过程中的波动情况，还可检测汽车轴重和悬架、减振器的性能。

(3) 辅助装置。

辅助装置包括前、后引板和中间过渡板，作用是方便汽车平稳地驶上、驶下制动试验台。

2) 平板测力式制动试验台工作原理

利用平板测力式制动试验台检测汽车制动性能时，汽车以 5~10km/h 的速度匀速驶上测试平板，置变速器于空挡并紧急制动。在汽车惯性力作用下，车轮则对测试平板作用一个与车轮制动力大小相等、方向与汽车行驶方向相同的作用力 F_{xb}。该作用力通过纵向拉杆传给纵向拉力传感器，传感器则将该作用力转换成相应大小的电信号输入放大器；与此同时，压力传感器将各车轮载荷的大小转换成电信号输入放大器。然后，通过控制装置处理并由显示装置显示检测结果。

汽车在平板测力式制动试验台上的制动过程与汽车路试时的制动过程较为接近,能反映车辆的实际制动性能。

平板测力式制动试验台不需要模拟汽车转动惯量,结构简单,较容易与轮重仪、侧滑仪组合在一起使用,以提高测试效率。

平板测力式制动试验台存在测试重复性差、重复试验较麻烦、占地面积大、需要助跑车道、不利于流水作业和不安全等缺点。

三、汽车轴重的检测

轴重指汽车某一轴的重量,各轴的轴重之和,就是汽车总重。

《机动车运行安全技术条件》(GB 7258—2017)和《机动车安全技术检验项目和方法》(GB 38900—2020)规定,通过台试用制动力作为指标检测汽车的制动性能时,是以轴制动率(即轴制动力占轴荷的百分比)和整车制动率(即各轴制动力总和与整车重量的百分比)来进行评价的。因此,为了评价制动性能,除了设置汽车制动试验台外,还必须配备汽车轴重试验台。有些复合式滚筒制动试验台装有轴重测量装置(此时,可不配置轴重试验台),称重传感器(应变片式)通常安装在每一车轮测试单元框架下的4个支承脚处。轴重试验台用于分别测定汽车各轴的垂直载荷,在制动检测时,提供计算汽车各轴及整车的制动效能时所需的轴重数据。

轴重仪主要由框架、承重台面及电子仪表组成。承重台面四角分别固定4只压力应变传感器,如图3-29所示。当传感器受到压力时,电阻应变片的阻值发生变化,从而能够输出与所受压力成正比的电压信号。

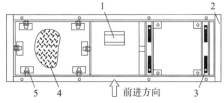

图 3-29 轴重仪结构简图
1-铭牌;2-框架;3-传感器;4-承载台面;5-缓冲体

四、汽车制动性能检测步骤

1. 滚筒反力式制动试验台检测步骤

1)制动试验台准备工作

①打开指示与控制装置上的电源开关,预热制动试验台至规定时间。

②检查仪表或显示器是否在机械零点上,否则应调整。

③检查制动试验台滚筒上是否粘有泥、水、砂、石等杂物,否则应清除。

2)待检汽车准备工作

①核实汽车各轴轴荷,不得超过制动试验台允许之载荷。

②检查汽车轮胎是否粘有泥、水、砂、石等杂物,否则应清除。

③检查汽车轮胎气压是否符合汽车制造厂的规定,否则应充气至规定气压。

④气压制动的车辆,储气筒压力应符合规定值;液压制动的车辆,根据需要将踏板力计装在制动踏板上。

3)检测步骤

①检查制动试验台举升器是否在升起位置,否则应升起举升器。

②被测车辆正直居中行驶,依次逐轴停放在轴(轮)重仪上,并按规定时间(不少于3s)停放,测出静态轴(轮)荷。

③汽车被测车轴检测完轴荷后,以垂直于滚筒的方向驶入制动试验台。先前轴,再后轴,使车轮处于两滚筒之间。

④汽车停稳后,变速器置于空挡位置,行车制动器和驻车制动器处于完全放松状态;把脚踏开关套在汽车制动踏板上;降下举升器,至举升器平板与轮胎完全脱离为止。

⑤启动试验台电动机,使滚筒带动车轮转动,先测出制动拖滞力。

⑥启动滚筒电动机,稳定3s后实施制动,把制动踏板踩到底或踩至规定制动踏板力,测得左、右车轮制动力增长全过程的数值及左、右车轮最大制动力,并依次测试各车轴;对驻车制动轴,操纵驻车制动操纵装置,依次测得各驻车车轴的驻车制动力数值,并计算求得轴制动率、整车制动率、轴制动不平衡率、驻车制动率。

⑦检测完行车制动性能后应重新启动电动机,在行车制动器完全放松的情况下拉紧驻车制动器操纵杆,检测驻车制动性能。

⑧读取并打印检测结果。

⑨升起举升器,汽车驶出制动试验台,切断制动试验台电源。

2. 平板测力式制动试验台检测步骤

①测试前做好试验台的准备工作,保持各平板表面干燥、清洁。将试验台电源开关打开,使设备进入检测状态。

②检查待检车辆的轴重、轮胎气压等。

③使被检车辆以 5~10km/h 速度滑行,置变速器于空挡后(对自动变速器车辆可位于"D"位),正直驶上平板。

④当被测试车轮均驶上平板时,急踩制动踏板测得各车轮的轮荷、最大轮制动力、轮制动力增长全过程的数值等,并计算轴制动率、整车制动率、轴制动不平衡率。

⑤重新起动车辆,待车辆驻车制动轴驶上平板时操纵驻车制动操纵装置,测得驻车制动力数值,并计算驻车制动率。

⑥测试完毕显示检测结果后,汽车驶离平板试验台。

五、汽车制动性能检测结果评价

汽车制动性能台架检测结果应满足《机动车运行安全技术条件》(GB 7258—2017)及《机动车安全技术检验项目和方法》(GB 38900—2020)的要求。

1. 行车制动性能检测结果评价

台试检验汽车、汽车列车行车制动性能时,检测结果要同时满足制动力百分比、制动力平衡、制动协调时间、车轮阻滞率要求,方为合格。

1)检测指标要求

(1)制动力百分比要求。

汽车、汽车列车在制动检验台检测时,制动踏板力或制动气压应符合表3-9的要求,所测出的制动力和轴制动率及整车制动率应符合表3-10的要求。对空载检验制动力有质疑时,可用满载检验制动力要求进行检验。

制动踏板力或制动气压要求　　　　　　　　　　　表3-9

载荷状态	制动方式	制动踏板力或制动气压要求
满载	气压制动系统	气压表的指示气压≤额定工作气压
满载	液压制动系统	乘用车踏板力≤500N;其他机动车≤700N
空载	气压制动系统	气压表的指示气压≤750kPa
空载	液压制动系统	乘用车踏板力≤400N;其他机动车≤450N

台试检测制动力要求　　　　　　　　　　　　表3-10

机动车类型	制动力总和与整车重量的百分比(%)		轴制动力与轴荷的百分比(%)	
	空载	满载	前轴	后轴
三轮汽车	—	—	—	≥60
乘用车、总质量不大于3500kg的货车	≥60	≥50	≥60	≥20
铰接客车、铰接式无轨电车、汽车列车	≥55	≥45	—	—
其他汽车	≥60	≥50	≥60	≥50

(2)制动力平衡要求。

所测出的轴制动不平衡率,对新注册车和在用车应分别符合表3-11的要求。

台试检验制动力平衡要求　　　　　　　　　　表3-11

类型	前轴	后轴	
		轴制动力大于等于该轴轴荷60%时	制动力小于该轴轴荷60%时
新注册车	≤20%	≤24%	≤8%
在用车	≤24%	≤30%	≤10%

(3)制动协调时间要求。

汽车的制动协调时间,对液压制动的汽车应小于等于0.35s,对气压制动的汽车应小于等于0.6s;铰接客车、铰接式无轨电车的制动协调时间应小于等于0.8s。

(4)车轮阻滞率要求。

进行制动力检验时,汽车、汽车列车各车轮的阻滞力均应小于等于轮荷的10%。

2)合格判定要求

台试检验汽车、汽车列车行车制动性能时,检验结果同时满足以上(1)~(4)的要求,汽车的行车制动性能方为合格。

2.驻车制动性能检测结果评价

当采用制动试验台检验汽车驻车制动装置的制动力时,机动车空载,使用驻车制动装置,驻车制动力的总和应大于等于该车在测试状态下整车质量的20%,但总质量为整备质量1.2倍以下的机动车应大于等于15%。

半挂牵引车单车测试时,驻车制动率应大于等于15%。

第五节　汽油车排放污染物检测

随着汽车保有量的增长,汽车的排放污染物损害生活环境、影响身体健康,已成为公认的城市环境公害。因此检测并控制汽车排放污染物,对保护人类生存环境具有重要意义。同时,汽车发动机所排出的污染物成分和浓度与发动机的技术状况密切相关,所以通过对排放污染物进行检测,可评价发动机的技术状况,特别是燃油供给系统和点火系统的技术状况。

本节首先分析汽油车排放污染物及其形成机理,之后介绍排放污染物检测标准、检测设备和检测方法。

一、汽油车排放污染物的主要成分及危害

汽油车排放污染物主要包含一氧化碳、碳氢化合物和氮氧化合物等。

1. 一氧化碳的形成及危害

一氧化碳(CO)是在燃料缺氧的条件燃烧下生成的,空燃比越小,氧气越少时,CO 生成就越多,排气中 CO 的含量也越高。理论上,当空燃比等于或大于理论空燃比时,混合气将实现完全燃烧,生成 CO_2 和 H_2O。现实中,由于混合气分布不匀,会出现局部缺氧情况,不可避免地会产生 CO。同时即使燃料和空气混合很均匀,但燃烧的高温也会使一部分 CO_2 分解成 CO 和 O_2。另外排气中的 H_2 和未燃烧的 HC 也会使排气中的一部分 CO_2 还原成 CO。

CO 是无色、无味的有毒气体。吸入过量的 CO 会引起头晕、呕吐和神经系统障碍等症状,当吸入 CO 过多时会使人昏迷不醒,严重时可造成死亡。

2. 碳氢化合物的形成及危害

碳氢化合物(HC)是燃料未参加燃烧和未完全燃烧的产物。HC 在理想空燃比情况下生成的最少,当空燃比较大或较小时,由于燃料不能被完全燃烧,故生成的 HC 会较多,排气中 HC 的含量也就越高。此外,由于燃油供给系统中燃油的蒸发和滴漏,没参加燃烧的这部分燃油也会导致 HC 气体直接进入大气。

HC 对人的眼、鼻和呼吸道有明显的刺激作用,多环芳香烃(苯并芘)则是一种致癌物,C_2H_4 在大气中的体积分数达 0.5×10^{-6} 时,能使一些植物发育异常。

3. 氮氧化合物的形成及危害

氮氧化合物(NO_x)是空气在燃烧室的高温条件下,由空气中的 N 和 O 反应生成的。燃烧废气的温度越高,燃烧后残留的氧气浓度越大,高温维持时间越长,NO_x 的生成量越多。发动机刚排出的 NO_x 中有少量的 NO_2,但大部分是 NO。在大气中,NO 会很快氧化成 NO_2,通常把 NO 和 NO_2 统称为 NO_x。

NO 本身毒性不大,但它容易氧化成有毒的 NO_2,对肺组织产生刺激作用,最后造成肺气肿。NO_x 与 HC 在受到阳光紫外线照射后,会发生光化学反应,形成光化学烟雾,刺激眼结膜,刺激呼吸系统引起咽喉肿痛以至呼吸困难。

二、汽油车排放污染物排放限值

《汽油车污染物排放限值及测量方法(双怠速法及简易工况法)》(GB 18285—2018)

规定,汽车排放污染物检测方法有双怠速法、稳态工况法、瞬态工况法及简易瞬态工况法。在用汽车排放污染物检测结果应符合表 3-11 ~ 表 3-14 中限值 a 的要求。对于汽车保有量达到 500 万辆以上,或机动车排放污染物为当地首要空气污染源,或按照法律法规设置低排放控制区的城市,应在充分征求社会各方面意见基础上,经省级人民政府批准和国务院生态环境主管部门备案后,可提前选用表 3-11 ~ 表 3-14 中的限值 b,但应设置足够的实施过渡期。

1. 双怠速法

利用双怠速法检验汽油车排放污染物时,其检测结果应小于表 3-12 中规定的排放限值。

双怠速法检验排放污染物排放限值   表 3-12

类 别	怠 速		高 怠 速	
	CO(%)	HC($\times 10^{-6}$)①	CO(%)	HC($\times 10^{-6}$)①
限值 a	0.6	80	0.3	50
限值 b	0.4	40	0.3	30

注:①对以天然气为燃料的点燃式发动机汽车,该项目为推荐性要求。

排放检验的同时,应进行过量空气系数(λ)的测定。发动机在高怠速转速工况时,λ 应在 0.95 ~ 1.05 之间,或者在制造厂规定的范围内。

2. 稳态工况法

利用稳态工况法检验汽油车排放污染物时,其检测结果应小于表 3-13 中规定的排放限值。应同时进行过量空气系数(λ)数值的测定。

稳态工况法排放污染物排放限值   表 3-13

类 别	ASM5025			ASM2540		
	CO(%)	HC($\times 10^{-6}$)①	NO($\times 10^{-6}$)	CO(%)	HC($\times 10^{-6}$)①	NO($\times 10^{-6}$)
限值 a	0.50	90	700	0.40	80	650
限值 b	0.35	47	420	0.30	44	390

注:①对于装用以天然气为燃料的点燃式发动机汽车,该项目为推荐性要求。

3. 瞬态工况法

利用瞬态工况法检验汽油车排放污染物时,其检测结果应小于表 3-14 中规定的排放限值。应同时进行过量空气系数(λ)数值的测定。

瞬态工况法排放污染物排放限值   表 3-14

类 别	CO(g/km)	HC + NO$_x$(g/km)
限值 a	3.5	1.5
限值 b	2.8	1.2

4. 简易瞬态工况法

利用简易瞬态工况法检验汽油车排放污染物时,其检测结果应小于表 3-15 中规定的排放限值。应同时进行过量空气系数(λ)数值的测定。

简易瞬态工况法排放污染物排放限值　　　　　表 3-15

类　别	CO(g/km)	HC(g/km)①	NO$_x$(g/km)
限值 a	8.0	1.6	1.3
限值 b	5.0	1.0	0.7

注：①对于装用以天然气为燃料的点燃式发动机汽车，该项目为推荐性要求。

三、汽油车排放污染物检测技术

《汽油车污染物排放限值及测量方法（双怠速法及简易工况法）》（GB 18285—2018）规定：HC、CO、CO$_2$ 的测量采用不分光红外线法（NDIR），NO$_x$ 测量采用红外线法（IR）、紫外线法或化学发光法，O$_2$ 可采用电化学电池法或其他等效方法测定。

1. 不分光红外线法

多数非对称分子（不同原子构成的分子）气体都具有吸收特定波长红外线的能力，如图 3-30 所示，CO 能吸收波长为 4.7μm 的红外线，CO$_2$ 能吸收波长为 4.2μm 的红外线，C$_6$H$_{14}$

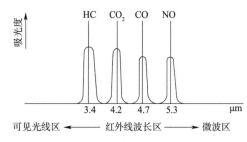

图 3-30　四种气体吸收红外线波长图

（正己烷）吸收波长为 3.4μm 的红外线（HC 的成分非常复杂，因此要把各种 HC 成分的浓度换算成 C$_6$H$_{14}$ 的浓度后再作为 HC 浓度的测量值），而 NO 吸收 5.3μm 波长的红外线。并且吸收强度与气体浓度有关，气体浓度越高，吸收红外线的能力越强。不分光红外线分析基于这种气体分子能吸收特定波长段红外线的特性。

不分光红外线气体分析仪由废气取样装置、废气分析装置、浓度指示装置和校准装置构成。图 3-31 为废气在分析仪中的流动路线示意图。

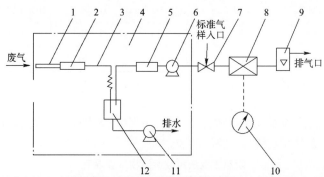

图 3-31　气体在分析仪中的流动线路图

1-取样探头；2、5-滤清器；3-导管；4-废气取样装置；6、11-泵；7-换向阀；8-废气分析装置；9-流量计；10-浓度指示装置；12-水分离器

废气取样装置由取样探头、滤清器、导管、水分离器和泵组成。通过取样探头、导管和泵从汽车排气管中收集并取出废气，经滤清器和水分离器除去废气中的灰尘、杂质、油和水分后，送入气体分析装置。

红外线气体分析装置如图 3-32 所示。两个红外线光源发出两束红外线，当红外线通过旋转并有两翼的遮光片时，两束红外线被同时遮断，随后又同时导通，从而形成红外线脉冲。红外线脉冲经过滤清器、气样室进入测量室。气样室由两个腔构成:其一为对比室,内充有不吸收红外线能量的氮气;其二为试样室,其中连续流过被测汽车排放的尾气,某种废气成分(如HC或CO)的浓度越高,吸收通过试样室相应特征波长的红外线能量越多,这样两束红外线所具有能量便产生了差异。检测室由容积相等的两室构成,中间由金属膜片隔开,两室充有浓度相同的被测气体,如测量废气中的CO含量时,两室均充有CO;而测量HC时,两室均充入C_6H_{14}气体。由于通过对比室到达检测室的红外线能量未被吸收,因此对比室下方检测室中的被测气体吸收了较多的能量;而通过试样室到达检测室的红外线已被所测气体吸收了一部分能量,因此试样室下方检测室总的被测气体只能吸收较少能量。这样,检测室两腔中的气体便产生了温差并使两腔压力出现差异,压力差使作为电容一个极的金属膜片产生弯曲振动,其振动频率取决于旋转遮光片的转速,振幅则取决于所测气体的浓度。膜片的弯曲振动使电容值交替变化,电容值的交替变化产生了交变电压。交变电压经放大整流后,转换为直流信号传送给指示装置。

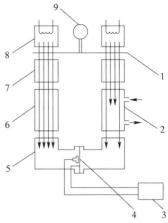

图 3-32 红外线气体分析装置原理图
1-旋转遮光片;2-试样管;3-电测量装置;4-膜片;5-检测室;6-对比室;7-滤清器;8-红外线辐射仪;9-电动机

指示装置根据气体分析装置传来的电信号,在CO指示表上以容积百分数(%)为单位指示出废气中CO的浓度;或在HC指示表上以正己烷当量容积百万分数($\times 10^{-6}$)为单位指示出废气中HC的浓度。

2. 氢火焰离子法

氢火焰离子法是利用HC在氢火焰的2000℃左右高温中燃烧时可产生大量电离子的现象来测定HC浓度的。HC在氢火焰中分解出的离子在离子吸收极板间的电压作用下形成电子流,其电流大小代表了样气中碳原子浓度。

氢火焰离子分析仪通常由燃烧器、离子收集器及测量电路组成,其工作原理如图3-33所示,被测气体与含有40% H_2(其余为He)的燃料气体混合后进入燃烧器,并与引入的空气一起形成可燃混合气。此时用点火丝点燃,HC在氢火焰的高温中,裂解产生元素态碳,然后形成碳离子,在100~300V外加电压作用下形成离子流,该离子流(电流)的强度与HC中碳原子数成正比,故只要测出这个离子电流的大小,就可得到HC的浓度。微弱的离子电流经放大后送入指示或记录仪表,整个系统应加电磁屏蔽,以避免外界电磁干扰的影响。

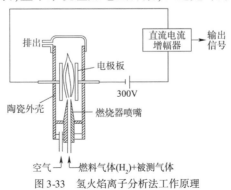

图 3-33 氢火焰离子分析法工作原理

3. 化学发光法

排气中的 NO_x 和 O_2 可采用化学发光法精确测量,其基本原理如下。

首先通过适当的化学物质(如:碳化物、钼化物)将排气中的 NO_2 还原成 NO,NO 与 O_3 接触时发生如下化学反应:

$$NO + O_3 \rightarrow NO_2^* + O_2$$
$$NO_2^* \rightarrow NO_2 + h\gamma$$

NO 与 O_3 反应生成的 NO_2 中,约有 10% 处于被激励状态。当被激励状态的 NO_2^* 恢复到基态时,会发出波长为 $0.59\sim2.5\mu m$ 光量 $h\gamma$ (h 为普朗克常数,γ 为光子的频率)。其发光强度与排气中存在的 NO 质量流量成正比。使用适当波长的光电检测器(如光电二极管),即可根据其输出电信号强弱换算出 NO 含量。该方法称为化学发光分析法,其测试过程如图 3-34 所示。

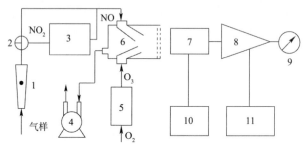

图 3-34 化学发光分析法测试过程

1-流量计;2-二通阀;3-催化转换器;4-抽气泵;5-O_2 发生器;6-反应室;7-光电倍增器;8-放大器;9-指示仪表;10-高压电表;11-电流放大器

化学发光分析法从原理上讲只能测量 NO,而无法测量 NO_2。但在实际应用中,可以先通过适当的转换将 NO_2 还原成 NO,然后再进行 NO 的测量,即可用间接方法测出 NO_2。因此,用同一仪器也可测得 NO_2 和 NO_x。

4. 电化学电池法

氧传感器和一氧化氮传感器都属于电化学电池式传感器。以下以氧传感器为例介绍其工作原理。

氧传感器是包括一个电解质阳极和一个空气阴极构成的金属—空气有限度渗透型电化学电池,其结构如图 3-35 所示。

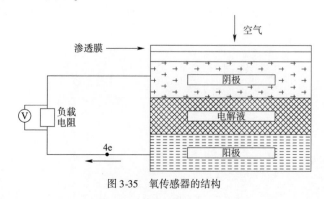

图 3-35 氧传感器的结构

在阴极,氧(O_2)转化为氢氧根离子(OH^-),其反应方程式为:
$$O_2 + 2H_2O + 4e^- \rightarrow 4OH^-$$
在阳极,金属铅(Pb)与氢氧根离子(OH^-)反应生成金属铅的氧化物:
$$2Pb + 4OH^- \rightarrow 2PbO + 2H_2O + 4e^-$$
即电池的反应作用可以概括为:
$$2Pb + O_2 \rightarrow 2PbO$$

根据法拉第定律,氧电化学传感器产生的电流与 O_2 的反应量成正比,所产生的电流正比于氧的消耗率。通过在输出端子上跨接一个电阻,可将该电流值转换为电压信号,测量后即可得到 O_2 的浓度。

由于温度对氧电化学传感器的输出具有一定的影响,因此,氧电化学传感器内部一般内置有温度校正电路,以消除温度变化对输出信号的影响。

正常情况下氧电化学传感器可稳定输出 9~13 mV 电压值,氧电化学传感器的使用寿命由与氧气接触反应量决定,较高的温度和氧浓度会缩短其使用寿命。

四、排放污染物检测仪器和设备

1. 五气分析仪

汽油车排放污染物采用排气分析仪检测,根据其测量气体组分的数目,可分为二组分(二气)、四组分(四气)和五组分(五气)分析仪。下面主要介绍五气分析仪。

1)五气分析仪的结构

五气分析仪由主机、取样管、取样探头、前置过滤器、显示屏等组成,如图 3-36 所示。

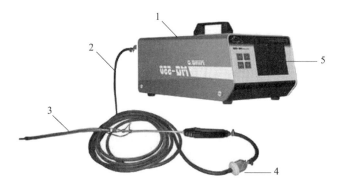

图 3-36 五气分析仪结构图
1-仪器主机;2-取样管;3-取样探头;4-前置过滤器;5-显示屏

(1)废气取样装置。

废气取样装置由取样管、取样探头、前置过滤器和水分离器等组成,如图 3-31 所示。通过取样探头深入排气管内收集废气,然后利用前置过滤器和水分离器滤去待测样气中的灰尘、杂质、油和水分,再把排气送入分析装置。

(2)排气分析装置。

排气分析装置主要由用于对 HC、CO、CO_2、NO 进行分析的红外线分析装置和用于对 O_2 进行分析的电化学装置组成,如图 3-32 和图 3-35 所示。

2）五气分析仪的使用方法

（1）使用前的准备。

①用取样软管把测试探头（带前置过滤器）和水分离器连接起来，并用软管夹箍夹紧，防止接头部位漏气。

②将水分离器连接到仪器的样品气入口，注意使密封垫圈可靠夹紧。

③接通仪器电源，预热 30min 后，仪器自动进入泄漏检查。如有泄漏，应仔细检查整个气路，予以排除。如无泄漏，按任意键仪器进入自动调零。

④自动调零结束后，仪器进入主菜单。

⑤把测试探头置于洁净空气中，将泵开关拨到"开"位，检查流量监测器的指示是否指在正常区域，如果指示落在非正常区域，表明抽气流量太小，应检查取样探头、前置过滤器、粉尘过滤器等是否堵塞。如有堵塞应清洁探头，更换滤芯或滤纸。

（2）使用方法。

①仪器结构电源预热至规定时间（一般为 30min）。

②机动车在急速状态下，把仪器探头插入排气管中，插入深度不应小于 400mm，插入时间约为 30s。

③测量结束后应及时拔出探头，至仪器的指示值接近零时按"复位"键关闭仪器的气泵。

仪器在使用过程中会产生漂移、传感器老化，因此，仪器使用一段时间后（一般为 3~6 个月，还要考虑到仪器的使用频率）应进行校准。由于老化的原因，O_2 传感器和 NO 传感器使用一年左右就需要更换。

2. 汽车底盘测功机

底盘测功机是用于模拟加载的试验设备。其作用是模拟汽车在实际行驶时的不同负载及各种运动阻力，来实现对不同排放检测工况的模拟。底盘测功机的构造和工作原理见本章第一节。汽油车排放检测时，所采用汽车底盘测功机及其加载负荷应满足《汽油车污染物排放限值及测量方法（双急速法及简易工况法）》（GB 18285—2018）的要求。

检测时，被测汽车的驱动轮先停在举升器上，举升器下降后车轮停在滚筒之间。驱动轮带动滚筒转动，滚筒相当于活动路面，使汽车产生相对行驶。利用功率吸收装置（电涡流机）来模拟各工况需加载的不同负载。检测过程中，驱动轮的转速由安装在滚筒轴上的测速传感器测量；驱动轮的输出力矩（或功率）由安装在功率吸收装置定子上的测力传感器测量。控制系统按照检测方法的要求，根据测力和测速传感器反馈的信息，调整功率吸收装置控制电流的大小，进而来调节和控制所模拟的不同负载。与此同时，由气体分析仪对不同工况下的尾气排放进行记录，由主控计算机进行数据处理、结果判定，以实现机动车排放检测的目的。

3. 气体流量分析仪

气体流量分析仪可以即时测量排放气体的流量。

1）气体流量分析仪的结构

气体流量分析仪如图 3-37 所示，其组成部件主要包括：抽气管、抽气机、微处理器（图中未显示）、涡漩流量传感器（扰流杆）、氧传感器、压力传感器和温度传感器等。

微处理器用来控制气体流量分析系统，分析计算从气体分析仪器、气体流量分析仪、涡涡漩流量传感器和氧传感器每秒中传来的数据。

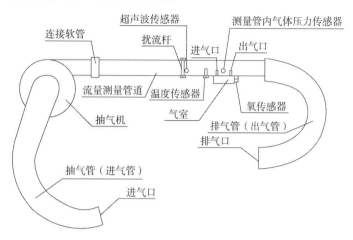

图 3-37　气体流量分析仪示意图

涡漩流量传感器(包括扰流杆和超声波传感器)是用来测量稀释气体流量的元件。其中扰流杆是测量和产生涡漩的重要零件,这些涡漩的线速度与气体流量成一定比例。而流量信号就是依靠超声波传感器获得的。

温度传感器用来测量汽车排出的全部尾气和空气混合气温度。

氧传感器用来测量在测试过程中稀释气体的氧气浓度改变情况,也可以测量测试开始时环境空气的氧气浓度,通过与五气分析仪氧气浓度比较,还可以用来计算稀释比率。

压力传感器测量涡漩刚从扰流杆流出后波幅和波幅变化的频率,确定涡漩的流出速率。

2) 气体流量分析仪的工作原理

气体流量分析仪的测量原理如图 3-38 所示。当气体通过涡漩发生柱时,在其后面会形成涡漩(又称卡门涡流),这些涡漩的频率与气体流量成比例。超声波从传送端发射到接收端,由于受到卡门涡流造成的空气密度变化的影响,超声波频率的相位也随之发生变化,形成疏密波。接收器检测出这种疏密波信号,通过整形使之形成矩形波,此矩形波的脉冲频率即为卡门涡流的频率,该频率与空气流速成比例。计算机根据接收器接收到的脉冲信号频率,即单位时间内产生的涡流数,计算出空气流速和体积流量。

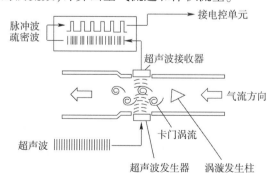

图 3-38　气体流量分析仪的测量原理图

实际流量是由超声涡漩流量计直接测量的流量,没有校正温度和压力。标准流量是实际流量经过温度和压力修正的流量值。

在数据采集过程中,将实时测量的排放气体浓度和流量值以及压力、温度值输送给系统的微处理器,并计算出每秒的污染物排放质量值。

4.汽车排放总质量分析系统

汽油车瞬态工况污染物排放检测系统包括一个能够模拟加速惯量和匀速负荷的底盘测功机,一个五气分析仪和一个气体流量分析仪组成的采样分析系统,如图3-39所示。该系统能够直接获取汽车污染物的排放总质量,可以更为准确地模拟车辆实际工作状况,更客观、公正地判断汽车地排放性能。

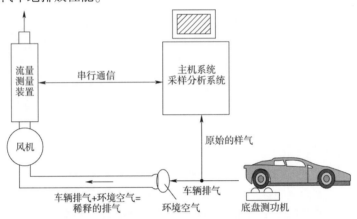

图3-39 汽车排放总质量分析系统

测试时,汽车驱动轮置于底盘测功机两滚筒之间,驱动滚筒旋转。底盘测功机应配备功率吸收装置和惯性飞轮组(或电模拟惯量),以模拟车辆在道路上行驶的瞬态工况负荷,并适时测取当前车速,传输给控制系统进行分析和计算。将五气分析仪的采样管插入排气管中,测量车辆排气管中排出的 CO、HC、CO_2、NO 和 O_2 的浓度并传输给控制系统;把气体流量分析仪稀释软管对着排气管,并留有一定的空隙,以保证稀释后的流量达到规定值,通过气体流量分析仪的抽气机吸入车辆排出的全部废气和部分稀释用空气,通过分析得到排气流量;计算机控制系统通过换算得到排放污染物质量排放值。

1)排放气体流量

排放气体流量无法直接测量,由稀释气体的标准流量和稀释比计算得到:

$$Q_v = Q_{vo} \times \sigma \tag{3-33}$$

式中:Q_v——排放气体流量,m^3/s;

Q_{vo}——稀释气体标准流量,m^3/s;

σ——稀释比,%。

稀释比 σ 的值为 0~100%,其计算公式为:

$$\sigma = \frac{N_o - N_{o2}}{N_o - N_{o1}} \tag{3-34}$$

式中:N_o——环境 O_2 浓度,%;

N_{o1}——原始排气 O_2 浓度,%;

N_{o2}——稀释排气 O_2 浓度,%。

环境 O_2 浓度和稀释 O_2 浓度的值通过流量分析仪中具有快速反应能力的锆氧气传感器测得,原始 O_2 浓度的值通过五气分析仪采样测得。环境 O_2 浓度是每次检测前大气中的氧气含量,稀释 O_2 浓度则是稀释后气体中的氧气含量。

2)排放污染物质量排放值

在数据采集过程中,系统将实时测量的排放气体浓度和稀释流量值送给计算机,并由计算机计算出单位时间(s)的排放污染物质量排放值 Q_s(g/s):

$$Q_s = N_v \times \rho \times Q_v \tag{3-35}$$

式中:Q_s——污染物质量排放值,g/s;

N_v——污染物浓度,%;

ρ——污染物密度,g/m³。

CO、HC、CO_2、NO 的浓度由五气分析仪采样原始排放气体而获得。标准状态下,每种气体的密度都是常量。

显然,根据整个排放检测循环的污染物排放总质量 $\sum Q_s$(g)和总行程 S(km),可以求出每公里排放污染物的质量 Q(g/km)。

五、汽油车排放污染物检测方法

根据《汽油车污染物排放限值及测量方法(双怠速法及简易工况法)》(GB 18285—2018),汽油车的排气污染物检测方法包括:双怠速法、稳态工况法、瞬态工况法、简易瞬态工况法。在全国范围内进行的汽车环保定期检测应采用简易工况法,对无法使用简易工况法的车辆,可采用双怠速法。

1. 双怠速法

双怠速法是指在怠速和高怠速两个工况下检测汽车的排气污染物。

怠速工况指汽车发动机最低稳定转速工况,即离合器处于接合位置、变速器处于空挡位置(对于自动变速器车辆应处于"停车"或"P"挡位);加速踏板处于完全松开位置。高怠速工况指在怠速工况条件下,用加速踏板将发动机转速稳定控制在 50% 额定转速。《汽油车污染物排放限值及测量方法(双怠速法及简易工况法)》(GB 18285—2018)规定轻型汽车的高怠速转速为 2500r/min ± 200r/min,重型车的高怠速转速为 1800r/min ± 200r/min;如不适用,则按照制造厂技术文件规定的高怠速转速。

1)测量仪器

《汽油车污染物排放限值及测量方法(双怠速法及简易工况法)》(GB 18285—2018)要求双怠速法排放气体测量仪器至少能测量汽车排气中的 CO、CO_2、HC(用正己烷当量表示)和 O_2 四种成分的体积分数(或浓度),并能根据上述参数的测量结果计算过量空气系数(λ)值。CO、CO_2、HC 的测量应采用不分光红外法(NDIR),O_2 可采用电化学电池法或其他等效方法。仪器应具有发动机转速和机油温度测量功能,或具有转速和机油温度信号输入端口。所采用测量仪器的性能和测量精度应满足标准要求。

2)测量程序

(1)应保证被检测车辆处于制造厂规定的正常状态,发动机进气系统应装有空气滤清器，排气系统应装有排气消声器和排气后处理装置，排气系统不允许有泄漏。

（2）进行排放测量时，发动机冷却液或润滑油温度应不低于80℃，或者达到汽车使用说明书规定的热状态。

（3）发动机从怠速状态加速至70%额定转速或企业规定的暖机转速，运转30s后降至高怠速状态。将双怠速法排放测试仪取样探头插入排气管中，深度不少于400mm，并固定在排气管上。维持15s后，读取30s内的排气污染物数据，并计算平均值，该值即为高怠速污染物测量结果。对使用闭环控制电子燃油喷射系统和三元催化转换器技术的汽车，还应同时计算过量空气系数（λ）的数值。

（4）发动机从高怠速降至怠速状态15s后，读取30s内的排气污染物数据，并计算平均值，该值即为怠速污染物测量结果。

（5）在测试过程中，如果任何时刻 CO 与 CO_2 的浓度之和小于6.0%，或者发动机熄火，应终止测试，排放测量结果无效，需重新进行测试。

（6）对多排气管车辆，应取各排气管测量结果的算术平均值作为测量结果。

（7）若车辆排气系统设计导致的车辆排气管长度小于测量深度时，应使用排气延长管。

2. 稳态工况法

《汽油车污染物排放限值及测量方法（双怠速法及简易工况法）》（GB 18285—2018）的附录 B 规定了稳态工况法（ASM）的测试规程。

1）检测设备

检测设备主要由底盘测功机、排气取样系统、排气分析系统、温度计、湿度计、计算机自动控制系统等组成。

（1）底盘测功机主要由滚筒、功率吸收单元（PAU）、惯性模拟装置等组成，用来模拟车辆行驶的道路阻力，其技术性能应满足国家标准要求。

（2）排气取样系统主要由取样管、取样探头、颗粒物过滤器和水分离器等组成；排气取样系统应可靠耐用，无泄漏并且易于维护；排气取样系统在应能够承受测试过程中被测试车辆排出的高温气体。

（3）排气分析系统应由至少能自动测量 HC、CO、CO_2、NO、O_2 五种气体浓度的分析仪器组成，对 CO、HC、CO_2 浓度的测量采用不分光红外法，对 NO 浓度的测量优先采用红外法，紫外法或化学发光法，对 O_2 浓度的测量可以采用电化学法或其他方法。所用排气分析系统的技术性能应满足国家标准的要求。

（4）温度计、湿度计用于测量检测场内环境的温度和湿度。温度测量范围应为255~333K，相对湿度测量范围应为5%~95%。要求温度计、湿度计可以向控制计算机传输实时数据。

（5）计算机自动控制系统由主控柜、工业控制计算机、电气控制系统、计算机软件控制系统组成，用于 ASM 测量过程的控制、数据测量处理与评价。

2）测试循环

稳态工况法的测试运转循环由 ASM5025 和 ASM2540 两个工况组成，如图3-40所示。

ASM5025 工况：车辆经预热后，在底盘测功机上以 25km/h 的速度稳定运行，系统根据测试车辆的基准质量自动施加规定的载荷,测试过程中应保持施加的转矩恒定,车速保持在规定的误差范围内。

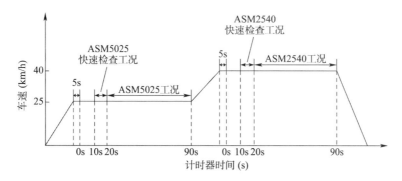

图 3-40　稳态工况法(ASM)测试运转循环

ASM2540 工况:车辆经预热后,在底盘测功机上以 40km/h 的速度稳定运行,系统根据测试车辆的整备质量自动施加规定的载荷,测试过程中应保持施加的转矩恒定,车速控制在规定的误差范围内。

3) 测试程序

(1) 车辆驱动轮置于测功机滚筒上,将排气分析仪取样探头插入排气管中,插入深度至少为 400mm,并固定于排气管上,对独立工作的多排气管应同时取样。

(2) ASM5025 工况测试程序。

车辆经预热后,加速至 25km/h,测功机根据车辆基准质量自动进行加载,驾驶员控制车辆保持在 25km/h±2km/h 等速运转,维持 5s 后,系统自动开始计时 $t=0s$。如果测功机的速度或者转矩,连续 2s 或者累计 5s,超出速度或者转矩允许波动范围(实际转矩波动范围不允许超过设定值的 ±5%),工况计时器置 0,重新开始计时。ASM5025 工况时间长度不应超过 90s($t=90s$),ASM5025 整个测试工况最大时长不能超过 145s。

ASM5025 工况计时开始 10s 后($t=10s$),进入快速检查工况,排气分析仪器开始采样,每秒测量一次,并根据稀释修正系数和湿度修正系数计算 10s 内的排放平均值,运行 10s($t=20s$)后,ASM5025 快速检查工况结束,进行快速检查判定。如果被检车辆没有通过快速检查,则车辆继续运行至计时器 $t=90s$,ASM5025 工况结束,其间车速应控制在 25km/h±2km/h 内。

在 0s 至 90s 的测量过程中,如果任意连续 10s 内第 1s 至第 10s 的车速变化相对于第 1s 小于 ±1km/h,则测试结果有效。快速检查工况 10s 内的排放平均值经修正后如果等于或低于排放限值的 50%,则测试合格,排放检测结束,输出检测结果报告;否则应继续进行并完成整个 ASM5025 工况检验。如果所有检测污染物连续 10s 的平均值经修正后均不大于标准规定的限值,则该车应被判定为 ASM5025 工况合格,排放检验合格,打印检验合格报告。如任何一种污染物连续 10s 的平均值修正后超过限值,则应继续进行 ASM2540 工况检测;在检测过程中如果任意连续 10s 内的任何一种污染物 10s 排放平均值经修正后均高于限值的 500%,则测试不合格,输出检测结果报告,检测结束。

在上述任何情况下,检验报告单上输出的测试结果数据均为测试结果的最后 10s 内,经修正后的平均值。

(3) ASM2540 工况测试程序。

ASM5025 工况排放检验不合格的车辆,需要继续进行 ASM2540 工况排放检验。被检车辆在 ASM5025 工况结束后应立即加速运行至 40km/h,测功机根据车辆基准质量自动加载,车辆保持在 40km/h±2km/h 范围内等速运转,维持 5s 后开始计时($t=0s$)。如果测功机的速度或者转矩,连续 2s 或者累计 5s,超出速度或者转矩允许波动范围(实际转矩波动范围不允许超过设定值的 ±5%),工况计时器置 0,重新开始计时,ASM2540 工况时间长度不应超过 90s($t=90s$),ASM2540 整个测试工况最大时长不能超过 145s。

ASM2540 工况计时 10s 后($t=10s$),开始进入快速检查工况,计时器为 $t=10s$,排气分析仪器开始测量,每秒钟测量一次,并根据稀释修正系数及湿度修正系数计算 10s 内的排放平均值,运行 10s($t=20s$)后,ASM2540 快速检查工况结束,进行快速检查判定。如果没有通过快速检查,则车辆继续运行至 90s($t=90s$),ASM2540 工况结束,其间车速应控制在 40±2km/h 内。

在 0s 至 90s 的测量过程中,任意连续 10s 内第 1s 至第 10s 的车速变化相对于第 1s 小于 ±1km/h,测试结果有效。快速检查工况 10s 内的排放平均值经修正后如果不大于限值的 50%,则测试合格,排放检测结束,输出检测结果报告;否则应继续进行至 90s 工况。如果所有检测污染物连续 10s 的平均值经修正后均低于或者等于标准规定的限值,则该车应判定为排放检验合格,排放检验结束,输出排放检验合格报告。如任何一种污染物连续 10s 的平均值经修正后超过限值,则车辆排放测试结果不合格,继续进行到本工况检测结束,输出不合格检验报告。在检测过程中如果任意连续 10s 内的任何一种污染物 10s 排放平均值经修正后均高于限值的 500%,测试不合格,检测结束。

在上述任何情况下,检验报告单上输出的测试结果数据均为测试结果最后 10s 内经过修正的平均值。

3. 简易瞬态工况法

《汽油车污染物排放限值及测量方法(双怠速法及简易工况法)》(GB 18285—2018) 附录 D 规定了简易瞬态工况法的测试规程。检测时,汽车在底盘测功机上行驶,以模拟汽车的加速惯量和道路行驶阻力,使汽车产生接近实际行驶时的排放量。采用气体分析仪和气体流量分析仪测量车辆排气管中排出的 CO、HC、CO_2、NO、O_2 的浓度和排气流量;计算机控制系统通过换算得到排放污染物质量排放值。

1) 检测设备

简易瞬态工况污染物排放检测设备包括能模拟加速惯量和等速负荷的底盘测功机、五气分析仪和气体流量分析仪组成的取样分析系统、流量测量系统、自动控制系统和气象站等。

2) 测试循环

简易瞬态工况法在底盘测功机上的测试运转循环如图 3-41 所示。

3) 工况载荷设定

简易瞬态工况测试前,系统应根据车辆基准质量等参数自动设定测功机载荷,或根据基准质量设定测试工况吸收功率值,吸收功率应采用表 3-16 的推荐值。

4) 测试程序

(1) 受检车辆驶入底盘测功机,车辆驱动轮应位置于滚筒上,车辆应限位良好。

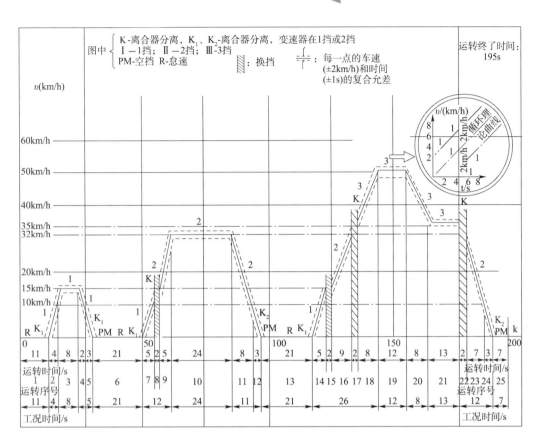

图 3-41 瞬态工况运转循环

在 50km/h 时驱动轮的吸收功率   表 3-16

基准质量 RM (kg)	测功机吸收功率 P(kW)		基准质量 RM (kg)	测功机吸收功率 P(kW)	
	A 类[①]	B 类[②]		A 类[①]	B 类[②]
$RM \leqslant 750$	1.3	1.3	$1700 < RM \leqslant 1930$[③]	2.1	2.1
$750 < RM \leqslant 850$	1.4	1.4	$1930 < RM \leqslant 2150$	2.3	2.3
$850 < RM \leqslant 1020$	1.5	1.5	$2150 < RM \leqslant 2380$	2.4	2.4
$1020 < RM \leqslant 1250$	1.7	1.7	$2380 < RM \leqslant 2610$	2.6	2.6
$1250 < RM \leqslant 1470$	1.8	1.8	$2610 \leqslant RM$	2.7	2.7
$1470 < RM \leqslant 1700$	2.0	2.0			

注：①适用于乘用车；

②适用于非乘用车和四轮驱动车辆；

③对于车辆基准质量大于 1700kg 的乘用车，或四轮驱动的车辆，表中功率应乘以系数 1.3。

（2）关闭发动机，安装机油温度传感器等测试仪器；将排气分析仪取样探头插入排气管中，插入深度至少为 400mm，并固定在排气管上。

（3）起动汽车发动机，发动机保持怠速运转 40s，在 40s 结束时刻开始按照测试运转循环进行排放试验，同时气体分析仪和气体流量分析仪开始排气取样，在底盘测功机上进行排放测试期间严禁转动转向盘。

第六节　柴油车排放污染物检测

柴油车以柴油为燃料。与汽油车相比，由于燃料、燃料供给方式和工作过程不同，柴油车污染物排放的成分也不同，其检测方法也有很大差别。本节主要介绍柴油车排放污染物的主要成分及限值、检测仪器和设备、检测方法等内容。

一、柴油车排放污染物的主要成分及危害

研究表明，柴油机工作过程中所排出的CO、HC浓度比汽油机小得多。但柴油机排出的微粒物一般要比汽油机高 30～80 倍。因此，微粒物是柴油机工作过程中排出的主要有害成分，是 PM2.5 污染的最大来源。

微粒物一般由三部分组成：炭烟、可溶性有机成分、硫酸盐。炭烟是微粒物的主要组成部分，是碳氢化合物燃料在高温缺氧的条件下燃烧的产物。

此外，柴油机高温燃烧会排放 NO_x，进而转化成对人体有害的硝酸盐。

炭烟颗粒中对人体和大气环境危害最大的是 $2.5\mu m$ 左右的微粒，它悬浮于离地面 1～2m 高的空气中，容易被人体吸收。对人体危害较大的是炭烟颗粒上夹附的 SO_2 和多环芳香烃、苯并芘等有害物质。颗粒越小，悬浮在空气中的时间越长，当其沉积到人体肺部时，会严重危害人体的健康。

二、柴油车排放污染物限值

根据《柴油车污染物排放限值及测量方法（自由加速法及加载减速法）》（GB 3847—2018），在用柴油车排气污染物检测项目是排气烟度（光吸收系数或不透光度）和排气中氮氧化物（NO_x）含量，对注册登记和在用汽车排放检验的排放限值见表 3-17。

注册登记和在用汽车排放检验排放限值　　表 3-17

类别	自由加速法	加载减速法		林格曼黑度法
	光吸收系数(m^{-1})或不透光度(%)	光吸收系数(m^{-1})或不透光度(%)①	氮氧化物($\times 10^{-6}$)②	林格曼黑度（级）
限值 a	1.2(40)	1.2(40)	1500	1
限值 b	0.7(26)	0.7(26)	900	

注：①海拔高度高于 1500m 的地区加载减速法可以按照海拔每增加 1000m 增加 $0.25m^{-1}$ 幅度调整，总调整不得超过 $0.75m^{-1}$；

②2020 年 7 月 1 日前限值 b 过渡限值为 1200×10^{-6}。

在用汽车排气污染物检测应符合 GB 3847—2018 规定的限制 a。对于汽车保有量达到 500 万辆以上，或机动车排放污染物为当地首要空气污染源，或按照法律法规设置低排放控制区的城市，应在充分征求社会各方面意见基础上，经省级人民政府批准，并依法经国务院生态环境主管部门备案后，可提前选用限值 b，但应设置足够的实施过渡期。

三、烟度检测原理——不透光烟度计

不透光烟度计又叫作透射式烟度计，可测量柴油机所排放气体的不透光度（N）或光吸

收系数(K),用于检测柴油车的排气烟度。根据取样方式不同,不透光烟度计可分为全流式和分流式两类。全流式不透光烟度计是通过测量全部排气的透光衰减率来检测烟度的,而分流式不透光烟度计是通过测量部分烟气的透光衰减率来检测烟度的。

1. 基本结构

不透光烟度计主要由测量单元、控制单元、取样探头、连接电缆等组成,如图 3-42 所示。

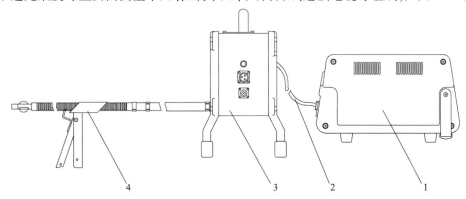

图 3-42 不透光烟度计的组成
1-控制单元;2-连接电缆;3-测量单元;4-取样探头

采样探头装有夹紧器,通常设计为可移动或便携式,使测量时尽可能靠近柴油车排气管。控制单元与测量单元分离,中间用约 5m 长的电缆连接。检测时,取样探头固定在被测柴油车的排气管内,插入深度为 300mm,通过抽气装置抽取排放废气,并输送到测量单元。

测量单元连接采样探头,其功能是实时检测排烟的不透光度,并向控制单元传输实时测量数据。

控制单元则对接收到的数据进行运算、判断、显示,并控制整个测量过程的进行。

2. 测量原理

不透光烟度计是利用透射光衰减率来测量排气烟度的典型仪器。其原理是使光束通过一段给定长度的气室,通过测量烟气中颗粒物对光的吸收程度来衡量颗粒物的污染程度。

如图 3-43 所示,不透光烟度计测量单元的测量室是一根分为左右两半的圆管,被测排气从中间的进气口进入,分别穿过左圆管和右圆管,从左出口和右出口排出。左右两侧装有两个凸透镜,左端装有绿色发光二极管,右端装有光电转换器,发光二极管至左透镜及光电转换器至右透镜的光程都等于透镜的焦距。因此,发光二极管发出的光通过左透镜后就成为一束平行光,再通过右透镜后,汇聚于光电转换器上,并转换成电信号。排气中含烟越多,平行光穿过测量室时光能衰减越大,经光电转换器转换的电信号就越弱,这样就由光电管测出光线强度的衰减量。排气对光的吸收(或衰减)能力反映了排气烟度的大小,可用光吸收系数(K)表示。

光吸收系数 K 与光的衰减量之间的关系为:

$$\phi = \phi_0 \times e^{-KL} \tag{3-36}$$

式中:ϕ_0——入射光通量,lm;

ϕ——出射光通量,lm;

L——被测气体的光通道的有效长度,m。

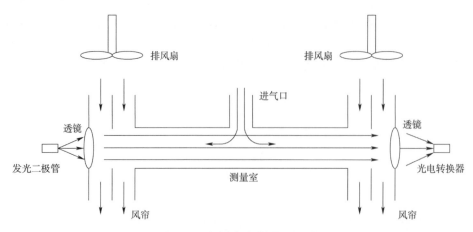

图 3-43　不透光烟度计测量原理图

不透光度 N 指阻止光从光源通过充满烟气的测试管到达光接收器的传输百分比。光线完全通过时为 0，光线全被阻挡时为 100%。其关系式为：

$$N = 100\left(1 - \frac{\phi}{\phi_0}\right) \quad (3\text{-}37)$$

不透光度 N 与光吸收系数 K 间的关系为：

$$K = -\frac{1}{L}\ln\left(1 - \frac{N}{100}\right) \quad (3\text{-}38)$$

式中：N——不透光度，%；

K——相应的光吸收系数，m^{-1}。

排气中夹带着许多炭烟微粒，如果让排烟直接接触左右透镜的表面，炭烟微粒将会沉积在上面，吸收光能，从而影响测量结果。为使光学系统免遭烟的污染，仪器采用了"空气气幕"保护技术，图 3-43 中的排风扇将外界的清洁空气吹入左右透镜与测量室出口之间的通道，使透镜表面形成"风帘"，避免其粘染上炭烟微粒。

由于废气是连续不断通过测试管的，所以不论对稳态、非稳态，还是过渡现象烟度的测定都很方便。但是由于光学系统的污染，不透光烟度计在测试中容易产生误差，因此必须注意清洗。另外，汽车所排出的废气中所含的水滴和油滴也可能作为烟度显示出来。当抽样检验的排气温度超过 500℃ 时，必须采用其他冷却装置冷却，以确保其检测精度。

四、柴油车排放污染物检测方法

《柴油车污染物排放限值及测量方法（自由加速法及加载减速法）》（GB 3847—2018）规定，在全国范围内进行的柴油汽车环保定期检验应采用加载减速法，对无法按加载减速法进行测试的车辆，采用自由加速法。

1. 自由加速法

1）试验循环

自由加速过程是指发动机在怠速状态下，迅速将加速踏板踩到底，达到最大转速且稳定后，采集自由加速过程中的排放数据，然后再松开加速踏板，使发动机回复到怠速状态。自由加速试验循环如图 3-44 所示。

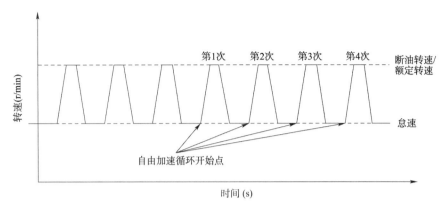

图 3-44　自由加速试验循环

2）检测仪器

根据《柴油车污染物排放限值及测量方法（自由加速法及加载减速法）》（GB 3847—2018），采用自由加速法检测柴油车排放烟度值时，所采用的烟度检测仪器为分流式不透光烟度计，其技术性能应满足标准要求。

3）检测方法

（1）准备工作。

①检查被测车辆排气系统相关部件是否泄漏。在进行自由加速法检测前，发动机应充分预热。

②接通烟度检测仪器的电源至少预热 15min。

③将不透光烟度计的取样探头固定在排气管内，插入深度 300mm，并使取样探头的中心线平行于排气管中心线。

④在正式进行排放测量前，应采用三次自由加速过程或其他等效方法吹拂排气系统，以清扫排气系统中的残留污染物。

然后，进行至少三次自由加速试验，检测结果取最后三次自由加速烟度测量结果的算术平均值。

（2）检测步骤。

①发动机在每个自由加速循环的开始点均处于怠速状态，对重型车用发动机，将加速踏板放开后至少等待 10s。

②在进行自由加速测量时，必须在 1s 的时间内，将加速踏板连续完全踩到底，使燃油供给系统在最短时间内达到最大供油量。

③对每个自由加速测量，在松开加速踏板之前，发动机必须达到断油转速。对使用自动变速器的车辆，应达到发动机额定转速（如果无法达到，不应小于额定转速的 2/3）。

④用不透光烟度计连续测量自由加速工况下的光吸收系数值，检测结果取最后三次读数的算术平均值。

2. 加载减速法

加载减速法是待检车辆在底盘测功机上，按照规定的加载减速检测程序，检测最大轮边功率和相对应的发动机转速和转鼓表面线速度（VelMaxHP），并检测 VelMaxHP 点和 80% VelMaxHP 点的排气光吸收系数及 80% VelMaxHP 点的氮氧化物排放。

轮边功率指汽车在底盘测功机上运转时驱动轮输出功率的实际测量值,最大轮边功率指按规定方法测量得到的轮边功率最大值。

1) 检测原理

利用加载减速法检测柴油车污染物排放时,被检车辆驱动轮位于底盘测功机滚筒机构上驱动滚筒运转,并选择最接近 70km/h 车速的挡位,使发动机节气门开度最大时,车速上升到最大值(70km/h 左右);由底盘测功机的控制系统调节功率吸收装置,逐渐加载扫描测量得到最大轮边输出功率及对应轮边转速(VelMaxHP)。然后,继续控制节气门开度为最大值,通过控制系统调节功率吸收装置,使车速分别稳定在 VelMaxHP、80% VelMaxHP,采用不透光烟度计测出该两点的排气光吸收系数 $K(m^{-1})$,同时采用氮氧化物(NO_x)分析仪测出 80% VelMaxHP 的氮氧化物浓度($\times 10^{-6}$),所测结果与排放限值比较,给出合格性评价。

2) 检测仪器设备

检测仪器设备主要包括:底盘测功机、不透光烟度计、氮氧化物分析仪和发动机转速传感器等,由中央控制系统集中控制。

底盘测功机主要由转鼓、功率吸收单元(PAU)、惯量模拟装置等组成,用于提供汽车行驶的活动路面并通过功率吸收装置进行加载控制车速。

不透光烟度计应采用分流式原理,用于测试排放气体的光吸收系数 $K(m^{-1})$。其采样系统能够承受试验过程中可能遇到的最高排气温度和排气压力,具有冷却装置(气冷或水冷)。

氮氧化物分析仪可以选择使用化学发光、紫外或红外原理(见本章第五节),用于检测氮氧化物的浓度。

以上检测仪器设备的技术性能应满足《柴油车污染物排放限值及测量方法(自由加速法及加载减速法)》(GB 3847—2018)的要求。

3) 检测方法

(1) 检测前准备。

按照《柴油车污染物排放限值及测量方法(自由加速法及加载减速法)》(GB 3847—2018)的规定,对车辆进行预检,以确定车辆可以进行加载加速法检测。被检车辆需空载,检测前需中断车上所有主动型制动功能和转矩控制功能(自动缓速器除外),例如中断防抱死制动系统(ABS)、电子稳定程序(ESP)等。关闭车上所有以发动机为动力的附加设备,如空调系统,并切断其动力传递机构。确认检测系统是否能满足待检车辆的功率要求。

(2) 试验步骤。

①不透光烟度计完成零点/量距点校正后,插入采样探头,采样探头插入发动机排气管的深度不得低于 400mm。

②使用前进挡驱动被检车辆,选择合适的挡位,将节气门置于全开位置,车速尽可能接近 70km/h,但不能超过 100km/h。如果两个挡位的接近程度相同,检测时选用低速挡。对自动变速器车辆,使用 D 挡进行试验,不得使用超速挡进行试验。

③节气门保持全开,在发动机转速稳定后,检测员按下相应的检测开始键,控制程序将此时的发动机转速设定为最大发动机转速(MaxRPM),并根据录入的发动机额定转速,计算最大功率下的转鼓线速度(VelMaxHP):

$$\text{VelMaxHP} = 当前转鼓线速度 \times 发动机额定转速/\text{MaxRPM} \qquad (3-39)$$

④检测系统自动计算所需最小轮边功率：

$$所需最小轮边功率 = 发动机额定功率 \times (100\% - 功率损失百分比) \qquad (3-40)$$

功率损失百分比的默认值为 50%。

⑤检测控制系统自动控制底盘测功机的功率吸收单元(PAU)开始加载减速过程。首先从记录的 MaxRPM 转速开始进行功率扫描，以获得实际峰值功率下的发动机转速。对每个速度变化段都允许有 1s 的稳定时间，并记录相关的数据。

⑥真实 VelMaxHP 的确定。进行功率扫描时，在功率随发动机转速变化的实时曲线上确定最大轮边功率，并将扫描得到最大轮边功率时的转鼓线速度记为真实的 VelMaxHP。

⑦获得真实 VelMaxHP 之后，继续进行功率扫描，直到转鼓线速度比实际的 VelMaxHP 低 20% 为止，这样有利于检测员进一步诊断车辆的其他缺陷。

⑧结束功率扫描并确定了真实 VelMaxHP 后，控制系统值立即改变 PAU 负载，并控制转鼓速度回到真实的 VelMaxHP 值或 80% 的 VelMaxHP 值，系统按照同样的次序完成真实的 VelMaxHP 和 80% 的 VelMaxHP 两个速度段的检测，转鼓速度变化率最大不得超过 2.0km/h/s。

⑨将上述两个检测速度段测量得到的光吸收系数 K 以及 80% VelMaxHP 点测量得到的 NO_x 浓度、发动机转速、转鼓线速度和轮边功率的数据作为检测结果。在每个检测点，在读数之前转鼓速度应至少稳定 3s，光吸收系数 K 和 NO_x 浓度、发动机转速和轮边功率数据则需要在转鼓速度稳定后读取 9s 内的平均值。

⑩加载检测过程结束后，控制系统应及时提醒检测驾驶员松开加速踏板并切换至空挡，但不允许使用车辆制动装置。

⑪在关闭发动机之前，将车辆置于怠速状态至少 1min，控制系统自动记录怠速转速数据。

五、柴油车排放污染物检测结果评价

根据《柴油车污染物排放限值及测量方法（自由加速法及加载减速法）》（GB 3847—2018）：

（1）如果污染物检测结果中有任何一项不满足限值要求（表 3-16），则判定排放检验不合格。

（2）车辆排放有明显可见烟度，则判定排放检测不合格。

（3）加载减速法功率扫描过程中，经修正的轮边功率测量结果不得低于制造厂规定的发动机额定功率的 40%，否则判定为检验结果不合格。

（4）对于 2018 年 1 月 1 日以后生产的车辆，如果车载诊断系统(OBD)检验不合格，也判定排放检验不合格。

（5）禁止使用降低排放控制装置功效的实效策略。所有针对污染控制装置的篡改都属于排放检验不合格。

复习思考题

1. 汽车动力性评价指标是什么？检测工况是什么？怎样选择检测工况？

2. 汽车底盘测功机由哪几部分构成？各有什么作用？
3. 简述底盘测功机测力、测速、测距原理。
4. 使用汽车底盘测功机检测汽车动力性时，怎样确定功率吸收装置的加载力？
5. 简述驱动轮轮边稳定车速检测原理。
6. 简述汽车动力性检测步骤。
7. 汽车燃油消耗量检测指标是什么？检测工况是什么？
8. 简述碳平衡油耗量检测的基本原理。
9. 碳平衡油耗仪由哪些装置构成？各有什么作用？
10. 检测汽车燃油消耗量时，怎样确定台架加载力？
11. 简述汽车燃油消耗量检测步骤。
12. 转向轮的横向侧滑量是怎样产生的？
13. 侧滑试验台由哪些部分构成？各有什么功能？
14. 简述转向轮侧滑量的检测原理和检测方法。
15. 汽车制动性能台架试验评价指标有哪些？
16. 滚筒反力式制动试验台由哪些装置构成？各有什么作用？
17. 简述滚筒反力式制动试验台工作原理。
18. 平板测力式制动试验台由哪些装置构成？各有什么作用？简述其工作原理。
19. 简述汽车制动性能检测步骤。
20. 台试检验汽车行车制动性能时，检测结果满足哪些要求？
21. 汽油车排气污染物主要有哪些？检测方法主要有哪些？
22. 简述不分光红外线法的检测原理。简述电化学电池法的检测原理。
23. 五气分析仪由哪几部分构成？能够检测哪几种气体？使用什么基本检测方法？
24. 气体流量分析计由哪几部分构成？简述气体流量的检测原理。
25. 什么是怠速工况？什么是高怠速工况？简述双怠速法检测废气时的测量程序。
26. 稳态工况法排放检测设备有哪些？各有什么作用？简述稳态工况法的测试程序。
27. 柴油车排放污染物主要有哪些？检测方法主要有哪些？
28. 简述不透光烟度计的测量原理。
29. 什么是自由加速工况？简述采用自由加速法检测柴油车排放烟度值的方法。
30. 什么是加载减速法？简述采用加载减速法检测柴油车污染物的基本原理。

第四章　汽车发动机检测与诊断

发动机是汽车行驶的动力来源，是汽车的主要总成，其技术状况的好坏直接影响汽车的动力性、经济性和排放性能。由于发动机结构复杂，工作条件恶劣，因而其故障率较高。因此，发动机技术状况的检测与诊断是汽车综合性能检测诊断的重点之一。

在发动机的各个系统或机构中，因工作条件和零件数量不同，其可靠度也不同。发动机多数故障发生在电路、油路；由于汽缸活塞组和曲柄连杆组在高温、高压条件下工作，也是故障多发部位。上述系统或机构的技术状况直接影响着发动机的动力性、经济性和排放性能，理应成为发动机技术状况检测诊断的重点。

第一节　发动机综合性能检测

发动机的综合性能用一组从各个角度反映其工作状况的指标或参数表示，如输出功率、燃油消耗、汽缸压缩压力、点火电压和点火提前角等。对发动机进行检测诊断，可以使用单一功能的检测设备，如无负荷测功仪、点火正时仪、点火示波器等，也可以使用具有多种检测功能的发动机综合性能分析仪。本节介绍发动机综合性能分析仪的功能、基本结构等，其主要单项检测项目的检测原理见本章其他各节。

一、发动机综合性能检测仪基本功能及特点

发动机综合性能分析仪是以示波器为核心的测试仪器，当配合以多种传感器（包括夹持器、测试探头和测针等），能实现对多种电量、非电量参数（温度、压力、真空、转速等）的检测、分析与判断。

1. 发动机综合性能检测仪的基本功能

发动机综合性能检测仪的基本功能如下：

(1) 无负荷测功功能。

(2) 检测点火系统。包括初级与次级点火波形的采集与处理，平列波、并列波和重叠角的处理与显示，断电器闭合角和开启角、点火电压值、点火提前角的测定等。

(3) 机械和电控喷油过程各参数（压力、波形、喷油、脉宽、喷油提前角等）的测定。

(4) 进气歧管真空度波形测定与分析。

(5) 各缸工作均匀性测定。

(6) 起动过程参数（电压、电流、转速）测定。

(7) 各缸压缩压力测定。

(8) 电控供油系统各传感器的参数测定。

(9) 数字万用表功能。

(10)排放污染物分析功能(需附带废气分析仪或烟度计)。

2. 发动机综合性能检测仪的特点

与发动机单项功能检测设备和解码器比较,发动机综合性能检测仪具有如下特点:

(1)动态测试功能。

发动机综合性能检测仪的信号采集系统能迅速、准确地获取发动机运转过程中各瞬时变化参数随时间变化的函数曲线,可以为发动机的工作性能和技术状况的准确判断提供科学依据。

(2)普遍性和通用性。

发动机综合性能检测仪的测试、分析过程不依据被测发动机的数据卡(即检测软件),只针对发动机基本结构和工作原理的实际情况进行。因此,检测结果具有良好的普遍性,检测方法具有广泛的通用性。

(3)主动性。

发动机综合性能检测仪不仅能适时采集发动机的动态参数,还能主动地发出某些指令干预发动机的工作,以完成某些特定的试验程序,如发动机断火试验等。

二、发动机综合性能检测仪的构成和作用

发动机综合性能检测仪如图4-1所示,其基本组成部分包括信号提取系统(各种传感器)、信号预处理系统和采控显示系统,如图4-2所示。

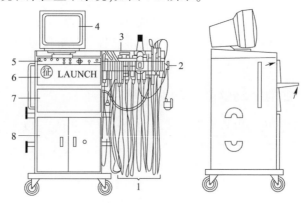

图4-1 发动机综合性能检测仪外形图

1-信号提取装置;2-传感器挂架;3-前端处理器;4-高速采集、处理与显示系统;5-热键板;6-主机柜与键盘柜;7-打印机柜;8-排放仪柜

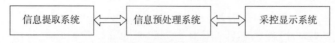

图4-2 发动机综合性能检测仪基本构成

(1)信号提取系统。

信号提取系统作用是测取发动机有关参数的信号,并把非电量转化为电量,因此,必须配备多种传感器(包括夹持器、测量探头和测针等),直接或间接地与被测点接触。

(2)信号预处理系统。

信号预处理系统也称为前端处理器,其作用是将各种传感器输出的信号经衰减、滤波放

大、整形处理后转换成标准数字信号送入中央处理器。

（3）采控显示系统。

发动机综合性能检测仪多为微机控制式，为了捕捉高频信号（如喷油爆震信号等），检测仪采集卡一般都具有高速采集功能，采样速率可达 10～20Mbit/s，采样精度不低于 10bit，并行 2 通道。现代采控显示系统具有存储功能，以使波形回放或锁定，供观察、分析或输出、打印。

三、发动机综合性能检测仪使用方法

使用发动机综合性能检测仪时应按使用说明书要求的操作步骤。以下仅介绍其一般使用方法。

1. 准备工作

（1）检测仪的准备。

①接通电源（220V±22V，50Hz），打开检测仪总开关、微机主机开关和微机显示器开关，暖机 20min。

②将信号提取系统连接到被测发动机上。

③电源线可靠搭铁。

④在测试电控燃油喷射发动机电子控制单元（ECU）时，除仪器电源搭铁外，仪器必须与发动机共同搭铁，测试人员随时与车身接触。

（2）发动机的准备。

①发动机应预热至正常工作温度。

②调整发动机怠速至规定范围之内。

③使发动机稳定运转。

2. 启动综合性能检测仪

①经过预热后，用鼠标双击检测仪显示器的相应图标，启动综合性能检测程序。

②检测仪主机对检测系统的配置进行自检。

③显示屏出现"用户资料录入"界面，点击"修改"按钮，录入汽车用户资料，然后点击"确定"按钮，显示屏出现检测程序主、副菜单。

3. 检测方法

①在主菜单上选择要测试的"汽油机""柴油机""电控发动机参数"或"故障分析"等项中的某项，点击后进入下一级菜单。

②在下一级菜单中再选择要测试的项，点击后进入检测界面。

③按检测界面上的要求进行操作、读数、存储和打印。

④如需清除测试数据，按 F2 键或点击显示屏下方的"清除数据"按钮即可。

第二节　发动机电控系统检测与诊断

发动机电子控制系统主要由电子控制单元（ECU）、各类传感器和执行器组成。电控发动机的控制系统主要包括电控燃油喷射系统和电控点火系统，此外，还包括怠速控制系统、

排放控制系统、进气控制系统、增压控制系统、巡航控制系统等。电控发动机各系统的正常工作首先依赖于电控系统的技术状况。因此,要检测和诊断发动机各系统的技术状况和故障,必须首先对发动机的电控系统进行检测与诊断。

一、主要传感器的检测

传感器的功能是检测发动机运行状态的各种电量、物理量和化学量等参数,并将其转变为电信号通过线路输送给ECU。传感器检测是电控发动机各有关系统故障诊断的基础。

1. 空气流量传感器检测

空气流量传感器根据测量原理不同可分为叶片式、卡门涡旋式、热式(热线式及热膜式)传感器三种。

1)叶片式空气流量传感器检测

叶片式空气流量传感器常见故障有:电位计电阻不准确、电位计滑动臂与碳膜电阻接触不良、复位弹簧弹力变弱和汽油泵开关触点接触不良等。以丰田2JZ-FE发动机叶片式空气流量传感器为例,其检测方法如下。

(1)电阻检测。

①就车检测。将点火开关置于"OFF"位置,拔下空气流量传感器导线连接器,用万用表测量传感器各端子间的电阻,如图4-3所示。其电阻值应符合所测车型技术要求的规定值,见表4-1。

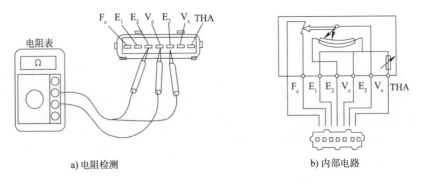

a) 电阻检测　　　　　　　　　b) 内部电路

图4-3　叶片式空气流量传感器电阻检测

2JZ-FE发动机叶片式空气流量传感器不同温度下各端子间电阻值　　表4-1

端子	标准电阻(kΩ)	温度(℃)
V_s—E_2	0.2~0.6	—
THA—E_2	4.0~7.0	0
	2.0~3.0	20
	0.9~1.3	40
	0.4~0.7	60
F_c—E_1	不定	—

②离车检测。取下空气流量传感器,检查电动汽油泵开关,用万用表测量F_c—E_1端子间

的电阻。然后慢慢推动旋转叶片,同时用万用表测量 V_s—E_2 端子间的电阻。旋转叶片由全闭到全开的过程中,电阻值应逐渐变小,其电阻值应符合规定,见表4-2。

2JZ-FE 发动机叶片式空气流量传感器不同位置各端子间电阻　　表 4-2

端　　子	标准电阻(Ω)	测量片位置
F_c—E_1	∞	全关闭
	0	开启
V_s—E_2	20～600	全关闭
	20～1200	从全关到全开

(2)电压检测。

使用汽车万用表电压挡测量 ECU 端 V_c—E_2 端子和 V_s—E_2 端子,其标准电压值见表4-3。如果无电压或不符合标准值,说明叶片式空气流量传感器有故障。

2JZ-FE 发动机叶片式空气流量传感器标准电压值　　表 4-3

端　　子	标准电压(V)	测量条件	
V_c—E_2	4～6	点火开关置"ON"	
V_s—E_2	3.7～4.3	点火开关置"ON"	测量片全关
	0.2～0.5		测量片全开
	2.3～2.8	发动机急速	
	0.3～1.0	发动机转速为3000r/min	

(3)输出信号波形检测。

对于2JZ-FE 叶片式空气流量传感器,发动机急速时,输出信号电压约为1V;再从急速加至节气门全开并持续2s,信号电压应超过4V。将发动机转速降至急速保持2s 后,再急加速至节气门全开,然后再使发动机降至急速,其信号电压一般在1.20～4.53V 范围内波动,如图4-4所示。通常,叶片式空气流量传感器的输出电压随空气流量增大而升高,在气流不变时电压波形幅值应保持稳定,急加速和急减速波形不能有空白。

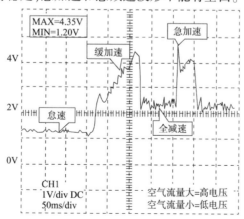

图 4-4　叶片式空气流量传感器输出信号波形

2)卡门涡旋式空气流量传感器检测

卡门涡旋式空气流量传感器的常见故障有:发光器件与光电器件损坏、反光镜及板簧等脏污或机械损伤、内部集成电路损坏等。丰田系列轿车卡门涡旋式空气流量传感器的电路及检测端子如图 4-5 所示,其检测方法如下。

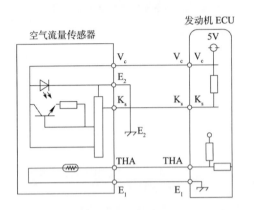
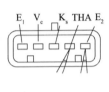

图 4-5　丰田系列轿车卡门涡旋式空气流量传感器电路及端子

(1) 电阻检测。

检测时,点火开关置于"OFF",拔下传感器导线插接器,用万用表测量端子 THA 和端子 E_2 之间的电阻,其测量值应符合规定,见表 4-4。

卡门涡旋式空气流量传感器各端子间电阻　　　　表 4-4

端　子	标准电阻(Ω)	温度(℃)
THA—E_2	10～20	-20
	4～7	0
	2～3	20
	0.9～1.3	40
	0.4～0.7	60

(2) 电压检测。

插好卡门涡旋式空气流量传感器的导线插接器,用万用表测量空气流量传感器端子 THA—E_2、K_s—E_1、V_c—E_1 间的电压,所测电压值应符合规定,见表 4-5。

卡门涡旋式空气流量传感器各端子间电压　　　　表 4-5

端　子	电压(V)	条　件
K_s—E_1	2.0～4.0 脉冲发生	发动机怠速
V_c—E_1	4.5～5.5	点火开关置"ON"
THA—E_2	0.50～3.4	进气温度 20℃
	4.5～5.5	点火开关置"ON"

(3) 输出信号波形检测。

卡门涡旋式空气流量传感器输出信号波形如图 4-6 所示,其波形的幅值接近参考电压 5V,脉冲宽度相等,波形无峰尖或圆角。如果波形频率不能变化、无规律、杂乱,说明卡门涡旋式空气流量传感器故障,应检修或更换。

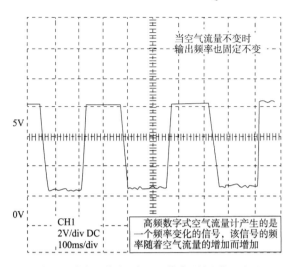

图 4-6 卡门涡旋式空气流量传感器输出信号波形

3）热式空气流量传感器检测

下面以热线式空气流量传感器为例介绍其检测方法。

热线式空气流量传感器常见故障有：热丝脏污或断路，热敏电阻或电路不良。日产 MAXIMA 轿车 VG30E 型发动机热线式空气流量传感器的故障检测方法如下。

（1）开路检测。

对拆下的热线式空气流量传感器进行外观检查，检查其护网有无堵塞或破裂，并从进口处查看铂丝热线是否脏污、折断。

将蓄电池正极与热线式空气流量传感器插座内的 E 端子相接，负极与插座内的 D 端子相连，并将万用表置于 10V 直流电压挡，两表笔测量插座 B、D 两端子间的电压，其值应为 $(1.6±0.5)$V。如测得值与规定值不符，应更换或修理热线式空气流量传感器。

（2）动态检测。

保持上述接线状态不变，用电吹风向热线式空气流量传感器进口吹入空气的同时，用电压表测量 B、D 端的电压，其值应为 2~4V。如测得值与规定值不符，应换装新的热线式空气流量传感器。

（3）电路检测方法。

接通点火开关，不起动发动机。测量插座内 E 与 D 之间的电压，应为 12V 左右。

若测量 E 与 D 间电压为 0，再测量 E 与 C 之间的电压，其值若为 12V，则说明 D 端子搭铁不良，应检查 D 与 ECU 之间的导线或 ECU 的搭铁线是否良好。

测量 B 与 D 之间电压，应为 $(1.6±0.5)$V。起动发动机，测量 B、D 之间电压，应在 2~4V 之间变化。

检查自洁电路：用万用表 10V 挡，将其两表笔接在插座的 F 与 D 之间，当发动机冷却液温度上升到 60℃ 以上，转速超过 1500r/min 时，关闭点火开关，万用表上的示值电压应回零并在 5s 后又跳跃上升，1s 后再回到零。

2. 进气压力传感器检测

目前汽车上多采用半导体压敏电阻式进气压力传感器，其常见故障有：内部硅片损坏、集成电路损坏、真空导入管接头处漏气或内部漏气等。下面以丰田2JZ-GE发动机进气压力传感器为例说明其故障检测诊断方法，其原理电路如图4-7所示。

(1) 检查进气压力传感器所连接真空管有无破裂、松动，连接端子有无松动。

(2) 拔下进气压力传感器插接器插头，打开点火开关，测量插接器上V_c端子与E_2端子之间的电压，电压应为4.5~5.5V。若无电压，则应检查ECU相应端子上的电压。若ECU相应端子上电压正常，则为ECU至进气压力传感器之间线路故障，否则为ECU故障。

(3) 插回进气压力传感器插接器插头，拆下进气压力传感器上的软管，打开点火开关，测量ECU插接器上PIM与E_2端子间在不同进气压力下的输出电压，应符合图4-8所示的输出特性。

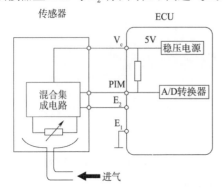

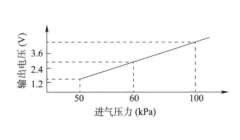

图4-7 压敏电阻式进气压力传感器的原理电路　　　　图4-8 进气压力与输出电压的特性关系

(4) 对进气压力传感器加以13.3~66.7kPa的负压，再测试ECU插接器上PIM与E_2端脚间的电压，其变化规律应符合表4-6。如果实测结果不符合标准，则可能是进气压力传感器损坏。

2JZ-GE发动机进气压力传感器PIM—E_2端子输出电压标准　　表4-6

真空度(kPa)	13.3	26.7	40.0	53.5	66.7
电压(V)	0.3~0.5	0.7~0.9	1.1~1.3	1.5~1.7	1.9~2.1

3. 节气门位置传感器检测

线性输出型节气门位置传感器的常见故障为：传感器电位器滑片与电阻接触不良、怠速触点接触不良等。丰田皇冠线性输出型节气门位置传感器及其工作电路如图4-9所示，其检测方法如下。

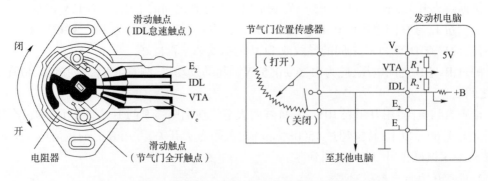

图4-9 线性输出型节气门位置传感器及工作电路

(1)怠速触点导通性检测。

用万用表检测 IDL—E_2 之间的电阻值。当节气门全闭时,怠速触点 IDL—E_2 之间的电阻应为 0;当节气门全开时,怠速触点 IDL—E_2 之间的电阻应为 ∞。

(2)电阻检测。

用万用表测量输出电压信号端子 VTA 和节气门位置传感器电源端子 V_c 与搭铁 E_2 之间的电阻值。节气门全闭时,VTA—E_2 之间电阻为 0.21~0.36kΩ;当节气门全开时,VTA—E_2 间电阻应为 4.8~6.3kΩ。节气门处于任意状态下,V_c—E_2 之间电阻应为 3.1~7.2kΩ。

(3)节气门位置传感器线束导通性检测。

断开点火开关,拔下 ECU 和传感器线束插头,用万用表测量两插头上相应端子之间导线的电阻值,均应小于 0.5Ω。

(4)电压检测。

打开点火开关,插好节气门位置传感器的插接器,发动机 ECU 插接器上 IDL、V_c、VTA 三个端子的电压应符合规定,见表 4-7。

节气门位置传感器各端子间电压　　　　　　表 4-7

端　子	标准电压(V)	条　件
IDL—E_2	9~14	节气门开
V_c—E_2	4.0~5.5	—
VTA—E_2	0.4~0.8	节气门全闭
	3.8~4.5	节气门全开

(5)输出信号波形检测。

断开点火开关,不起动发动机,慢慢将节气门从全关到全开,并返回节气门全关状态,随着节气门开度的增大,节气门开度输出电压线性增大。反复几次,其输出电压波形如图 4-10 所示。

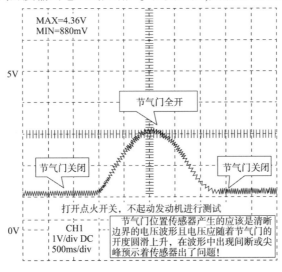

图 4-10　线性输出型节气门位置传感器输出信号波形

4.冷却液温度传感器检测

热敏电阻式冷却液温度传感器的常见故障有接触不良和热敏元件性能变化等,检测方法如下。

(1) 电阻检测。

将冷却液温度传感器置于盛有热水的容器内加热[图4-11a)]，或把进气冷却液温度传感器用电吹风机加热。用万用表检测冷却液温度传感器两端子间的电阻，其电阻值随温度变化的规律如图4-11b)所示。

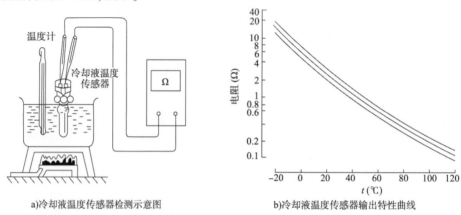

a) 冷却液温度传感器检测示意图　　b) 冷却液温度传感器输出特性曲线

图4-11　冷却液温度传感器检测示意图与特性曲线图

(2) 电压检测方法。

拔下冷却液温度传感器插接器，点火开关置于"ON"，用万用表检测冷却液温度传感器两端子间电压，其值应在4.7~5.0V之间(电源电压)。插好冷却液温度传感器，点火开关置于"ON"，用万用表检测冷却液温度传感器或ECU两端子间的电压信号，应符合标准，见表4-8。

冷却液温度传感器电压检测标准(4G64发动机)　　　　　表4-8

温度(℃)	0	20	40	80
冷却液温度传感器电压值(V)	3.2~3.8	2.3~2.9	1.3~1.9	0.3~0.9
进气温度传感器电压值(V)	3.2~3.8	2.3~2.9	1.5~2.1	0.4~1.0

5. 曲轴位置传感器检测

曲轴位置传感器根据信号形成原理可分为磁电式、光电式和霍尔式三大类。曲轴位置传感器的常见故障有：传感器插接器或内部接触不良或短路；感应线圈短路或断路；传感器安装松动或间隙不当。

1) 磁电式曲轴位置传感器检测

丰田系列轿车采用的磁电式曲轴位置传感器与ECU连接线路如图4-12所示。该传感器常见故障有：感应线圈短路或断路、感应线圈与转子间隙不正常、转子损坏等。

(1) 曲轴位置传感器线圈电阻检测。

拆开曲轴位置传感器的导线插接器，用万用表电阻挡分别测量传感线圈上G端子与G_1、G_2、Ne端子之间的电阻值，其阻值应符合标准规定。

(2) 信号输出检测。

使发动机怠速运转，用示波器检测曲轴位置传感器输出信号波形。曲轴位置传感器正常信号波形如图4-13所示。

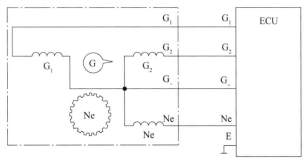

图4-12 磁电式曲轴位置传感器工作电路

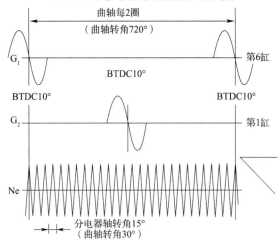

图4-13 曲轴位置传感器正常波形

(3)间隙检测。

用塞尺检查信号转子与曲轴位置传感线圈凸出部分的间隙,其标准值为0.2~0.4mm。

(4)曲轴位置传感器连接导通性检测。

用万用表电阻挡检查曲轴位置传感器与ECU之间的三根连接导线,均应导通。否则,应修复或更换导线。

2)光电式曲轴位置传感器检测

光电式曲轴位置传感器广泛应用于亚洲车型,现代SONATA采用的光电式曲轴位置传感器与ECU连接线路如图4-14所示。

(1)电源检测。

拔下插接器,点火开关置于"ON"位置,测量插头4脚与搭铁间的电压,应为12V。

(2)搭铁检测。

拔下插接器,点火开关置于"ON"位置,测量插头1脚与搭铁间的电阻,应为0Ω。

(3)信号线检测。

拔下插接器,点火开关置于"ON"位置,测量2脚和3脚与搭铁间的电压,应为4.8V~5.2V;插好插接器,起动发动机,测量3脚与1脚间的电压,应为0.2~1.2V,2脚与1脚间的电压应为1.8~2.5V。

3）霍尔式曲轴位置传感器检测

北京切诺基采用的霍尔式曲轴位置传感器与 ECU 的连接线路如图 4-15 所示。

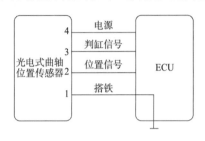

图 4-14 光电式曲轴位置传感器工作电路

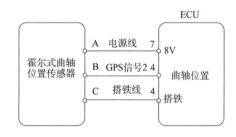

图 4-15 霍尔式曲轴位置传感器工作电路

（1）信号电压检测。

接通点火开关,起动发动机并使其怠速运转,用万用表测量端子 B 与 C 之间的电压,正常情况下该电压值应在 0.3~5V 范围内变化。否则,应进一步检查传感器的电源电压以及传感器与 ECU 之间导线的连接情况。也可在端子 B 与 C 之间串联一只发光二极管(正极连接 B 端子)和一只 330Ω 电阻。发动机正常运转时,发光二极管应当间歇闪亮。否则,应进一步检查传感器的电源电压以及传感器与 ECU 之间导线的连接情况。

（2）电源电压检测。

接通点火开关,用万用表测量端子 A 与 C 之间的电源电压。正常时该电压值约为 8V,否则应检查 ECU 与传感器之间的连接线路。

（3）连接导线导通性检测。

用万用表测量传感器与 ECU 之间的连接线路,正常情况下其阻值应小于 0.5Ω。如果阻值为无穷大,说明线路断路,应更换导线。

（4）信号波形检测。

接通点火开关,起动发动机并使其怠速运转,用汽车专用示波器测量端子 B 信号输出波形,信号频率随发动机转速的增大而增大,且信号波形的幅值大多数应达到 5V,波形的形状要适当一致,矩形的拐角和垂直沿的一致性要好,如图 4-16 所示。

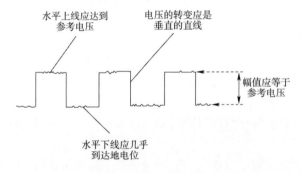

图 4-16 霍尔式曲轴位置传感器的信号输出波形

6. 氧传感器检测

以大众系列轿车采用的氧化锆传感器为例,其常见故障原因有:铅中毒、积炭、内部线路接触不良或电路短路、断路等,检测方法如下。

(1) 电阻检测。

关闭点火开关,拔下氧传感器插头,用万用表测量连接器插头中加热器端子与搭铁端子间的电阻,所测值应在 4～40Ω 范围内变化,一般为 12Ω。

(2) 反馈电压检测。

拔下氧传感器线束连接器插头,对照被测车型的电路图,从氧传感器反馈电压输出端引出一条细导线。插好连接器后,在发动机运转时从引出线上测量反馈电压。

发动机以 2500 r/min 的转速运转时,反馈电压应在 0～1V 范围内以 0.45～0.5V 为中心上下快速变化,且在 10 s 内反馈电压的变化次数不少于 8 次。

若氧传感器电压始终在 0.7～1.0V 之间,表示混合气过浓;若始终保持在 0.1～0.3V 之间,表示混合气过稀;若始终保持在 0.45～0.5V 之间,表示氧传感器未工作。

(3) 输出信号波形检测。

发动机预热后怠速运转 20 s,将加速踏板从怠速加至节气门完全打开 5～6 次,输出信号波形应如图 4-17 所示,否则应更换氧传感器。

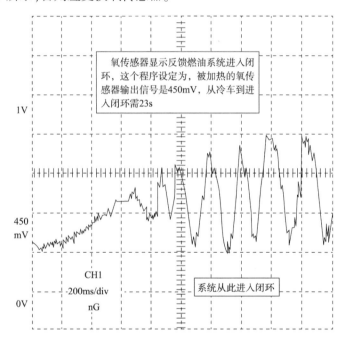

图 4-17　氧化锆式氧传感器的信号输出波形

7. 爆震传感器检测

常用爆震传感器有压电式爆震传感器和磁电式爆震传感器。常见故障有:内部元件损坏、内部元件接触不良或搭铁等,其检测方法如下。

(1) 电阻检测。

丰田系列发动机爆震传感器电路如图 4-18 所示。检测时,点火开关置于"OFF"位置,拔出传感器的插接器,用万用表电阻挡测量接线端子与外壳之间的电阻值。如果阻值为 0Ω,说明已导通,应更换爆震传感器。

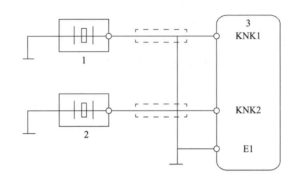

图 4-18 爆震传感器电路
1-1 号爆震传感器;2-2 号爆震传感器;3-发动机 ECU

(2)信号电压检测。

发动机怠速时,信号电压应在 0.3～1.4V 之间;在高转速和大负荷时,信号电压可达 5.1V。

二、电子控制单元检测

发动机电子控制单元(ECU)是电子控制系统的核心,其作用是根据 ECU 内存储的程序对传感器输入的各种信息进行运算、处理、判断,然后发出指令,控制执行器动作,迅速、准确、自动地控制发动机工作。

ECU 主要由输入电路、微处理器、输出电路组成,如图 4-19 所示。

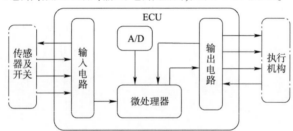

图 4-19 ECU 构成

在相关传感器、执行器、线束、插接器及其他系统零部件功能正常的情况下,如 ECU 仍无法接受和处理传感器信号,说明发动机 ECU 有故障。ECU 常见的故障有:元件老化、内部电路短路或断路;微机系统中的 CPU、存储器、接口电路等芯片或电路烧坏;微机裂损、搭铁不良等。ECU 外部电路检测方法如下。

1. 电压检测方法

(1)用万用表检测蓄电池的电压,应大于或等于 11V,否则应充电后再测量。

(2)拆下微处理器,线束插接器与微处理器处于连接状态。

(3)将点火开关置于"ON"位置。

(4)将万用表置于电压挡。

(5)依次将万用表测试笔从线束插头的导线一侧插入,测量微处理器各端子与搭铁端子之间的电压。

(6)记录各端子与搭铁端子间的电压值,并与标准检测数据相比较,如测得的电压与标准值不符,则说明微处理器或控制线路有故障。

2. 电阻检测方法

(1) 拆下微处理器。

(2) 拔下导线插接器。

(3) 用万用表测量导线插接器各端子间电阻值。

(4) 记录所测电阻值,并与标准检测数据相比较,从而确定微处理器控制线路是否正常。

3. 注意事项

(1) 检测前,检查汽车电子控制系统及其他电气系统的熔断器、熔丝及有关线束插头是否良好。点火开关处于开启位置时,蓄电池电压不应低于11V。

(2) 检测时,必须使用高阻抗的万用表(大于10MΩ)。

(3) 测量各端子的电压,应在微处理器与线束插接器处于连接的状态下进行,万用表测试笔应从线束插头的导线一侧插入接触微处理器各端子。

(4) 测量各端子电阻,应先拔下微处理器的线束插接器。若要拔下微处理器的线束插接器测量各控制线路,则应先拆下蓄电池负极搭铁线。

(5) 在检测时,应先将微处理器连同线束一同拆下,在线束插接器处于连接的状态下,分别在点火开关关闭、开启及发动机运转状态下,测量微处理器各端子与搭铁端子之间的电压。也可以拔下微处理器线束插接器,测量各控制线路的电阻,从而确定控制线路是否正常。

(6) 连接ECU线束插头时,将拨杆推到底,以便可靠地锁紧;从ECU上连接或断开针状端口时,不要损坏针状端口。要确认ECU上的针状端口没有弯曲或断裂。测量ECU信号时,注意不要使测试笔搭接,表笔的意外搭接将会导致短路,损坏ECU内的功率晶体管。

三、电子控制发动机的故障自诊断

发动机电子控制系统是一个复杂的机电一体化综合控制系统,为了对其进行检测与诊断,一般都配有车载故障自动诊断系统(On Board Diagnostic,OBD),简称故障自诊断系统。电控发动机发现故障时,只要显示故障代码,就应该进行故障自诊断。

1. 故障自诊断系统简介

故障自诊断就是利用ECU不间断地监测发动机电子控制系统各组成部分的工作状况参数,并和存储的标准参数比较,从而判断系统中的故障。

1) OBD-Ⅱ诊断系统

OBD-Ⅱ是美国汽车工程师学会(SAE)于1994年提出的新的微机控制系统诊断标准,已被各主要汽车制造厂广泛采用。按OBD-Ⅱ标准设计的汽车微机诊断系统的特点如下。

(1) 采用统一规格的16孔故障诊断插座,如图4-20所示,一般安装在发动机舱内和驾驶室仪表板下方。OBD-Ⅱ诊断插座的各端子内容实行统一规定,包括7个关键端子(电源、搭铁、资料传输线等)和9个选用端子。各端子代码及含义见表4-9。

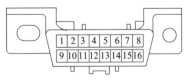

图4-20　OBD-Ⅱ诊断插座

OBD-Ⅱ诊断插座各端子代码及含义 表 4-9

端子代号	含 义	端子代号	含 义
1	供制造厂使用	9	供制造厂使用
2	SAE-J1850 资料传输	10	SAE-J1850 资料传输
3	供制造厂使用	11	供制造厂使用
4	车身搭铁	12	供制造厂使用
5	信号回路搭铁	13	供制造厂使用
6	供制造厂使用	14	供制造厂使用
7	ISO-9141 资料传输	15	ISO-9141 资料传输
8	供制造厂使用	16	接蓄电池正极

（2）采用统一的故障码。OBD-Ⅱ故障代码由 1 位英文字母和 4 位阿拉伯数字构成，英文字母和各位数字代号的含义如图 4-21 所示。SAE 定义的故障码含义见表 4-10。

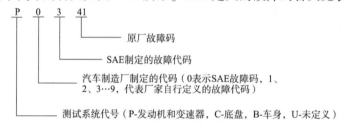

图 4-21　OBD-Ⅱ故障码含义

SAE 定义故障码含义 表 4-10

故障码	SAE 定义故障范围	故障码	SAE 定义故障范围
1	燃油或进气系统故障	6	微机或执行元件故障
2	燃油或进气系统故障	7	变速器控制系统故障
3	点火系统故障	8	变速器控制系统故障
4	废气控制系统故障	9	SAE 未定义
5	怠速控制系统故障	10	SAE 未定义

（3）采用统一的故障定义。系统中具有记忆和传送有关排放的故障代码，能对 EGR（废气再循环）燃油系统和其他有关废气排放系统进行监控和测试。

（4）规定了统一的通信规则。汽车微机控制系统与故障测试仪之间采用标准的通信规则，均遵守 SAE 或 ISO 格式，并且以标准的技术缩写语定义系统的工作文件。

（5）采用相同的数据流诊断功能。

（6）汽车电控系统中的故障码由故障测试仪读取、记录和清除。

（7）对排放有监测功能。OBD-Ⅱ诊断系统可以监测汽车排放，当汽车排放的一氧化碳（CO）、碳氢化合物（HC）、氮氧化合物（NO_x）或燃油蒸发污染量超过设定的标准，故障灯就会点亮。

2）自诊断系统工作原理

自诊断系统工作原理如图 4-22 所示。在发动机电子控制系统的 ECU 中，预先设置了判别各输入信号的监控程序和有关诊断参数标准。工作时,自诊断系统不断地监测发动机各传感器输入的电信号、执行器的反馈信号和微机的工作状态。当电子控制系统工作异常时,自诊断系统会作出有故障的判断,ECU 把这一故障以代码的形式存入内部随机存储器(RAM),同时点亮故障警告灯,并启用备用参数运行或启用安全保障措施。ECU 故障自诊断是针对系统中传感器、执行器和微机而进行的。

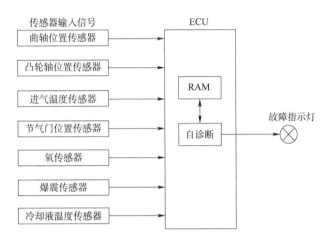

图 4-22 自诊断系统工作原理

3)故障自诊断系统系统主要功能

(1)发出报警信号。

在汽车运转过程中,当某个传感器或执行器发生故障时,ECU 将立即接通仪表板上的故障指示灯电路,使指示灯点亮,提醒驾驶员控制系统出现故障,应立即检修或送修理厂检修,以免故障范围扩大。

(2)存储故障代码。

当故障自诊断系统发现某个传感器或执行器发生故障时,ECU 会将监测到的故障内容以故障代码的形式存储在内部存储器中。只要存储器电源不被切断,故障代码就会一直保存在内部存储器中。

在控制系统的电路上,设有专用诊断插座,在诊断排除故障或需要了解控制系统的运行参数时,使用专用解码器或通过特定操作方法,通过故障诊断插座将存储器中的故障代码和有关参数读出,为查找故障部位、了解系统运行情况和改进控制系统设计提供依据。

(3)启用备用功能。

当故障自诊断系统发现某个传感器或执行器发生故障时,ECU 将以预先设定的参数取代故障传感器或执行器工作,控制发动机进入故障应急状态运行,使汽车维持基本的行驶能力,以便汽车驶入修理厂修理,这种功能称为控制系统的备用功能或失效保护功能。

2.故障自诊断信息的检测

1)故障码读取模式

发动机电子控制系统故障码的读取模式是指读取故障码时发动机所处的状态,一般分为静态模式和动态模式两种。

(1)静态模式。

静态模式即在点火开关处于"ON"位置,而发动机不工作的情况下读取故障码。静态模式主要用于提取存储器中的间歇性故障码和在静态下发生故障的诊断代码。

(2)动态模式。

动态模式即在点火开关处于"ON"位置,且发动机工作的情况下读取故障码。动态模式主要用于读取发动机在动态下发生故障的故障码或进行混合气成分检测分析。动态模式又可分为普通方式和试验方式。普通方式是指在发动机某一固定工况下读取故障码。试验方式也称模拟方式,是指使发动机在驾驶员所描述的发生故障时的工况下运转来读取故障码。

2)故障码读取方法

对于电子控制发动机的汽车,接通点火开关后,若发动机电子控制系统故障警告灯亮起后不熄灭,或者汽车行驶中其故障警告灯亮起,则说明自诊断系统已检测到电子控制系统有故障。可利用汽车电控系统故障诊断仪获取其存储在 ECU 存储器中的故障码信息。

汽车电控系统故障诊断仪是一种和车载故障自诊断系统专门配套使用的微型计算机,可通过汽车电子控制系统的故障检测通信接口与发动机 ECU 相连。从本质上看,该故障诊断仪相当于自诊断系统的终端设备,起人机交互的作用。

对于通用型故障诊断仪,一般可按下述方法检测故障信息。

(1)根据被测车型选择测试软件卡。

(2)连接诊断仪导线。先将测试主线的一端插接主机的电缆插座,另一端通过测试插头与随车诊断插座相连。然后将仪器接通电源。

(3)将发动机进入检测状态。打开点火开关(ON),使电子控制系统处于通电状态。

(4)利用屏幕上的提示操作获取故障信息。操作人员可根据屏幕提示,通过键盘进行操作。若电子控制系统有故障,屏幕会显示出故障码及故障信息。

(5)必要时还可对发动机 ECU 及其控制电路、传感器、执行器等做更进一步的检测,如系统参数检测、控制性能检测等,以便获得更多的故障信息。

读取故障码后,应从汽车制造厂提供的故障码表中查得该故障码的内容说明等信息,然后按照这些信息和诊断流程图及电路检查顺序,确认和排除故障。

3)故障码的清除

电子控制系统故障排除后,应清除 RAM 存储器中的故障码。现代汽车电控系统故障诊断仪均有清除故障码的功能,只要将仪器与发动机故障检测通信接口相连,按照屏幕上的提示,选择清除故障码功能操作,即可方便地清除故障码。

诊断代码清除以后要重新起动发动机,检查显示装置是否还显示故障信息。如果显示,说明故障并未排除,还需进一步诊断、排除故障,并再一次清除诊断代码。

第三节　发动机功率检测

发动机的有效功率是曲轴对外输出的净功率,通过该指标不仅可以评价发动机的动力性,还可以判断发动机的技术状况。

一、发动机功率检测方法

发动机有效功率P_e(kW)、有效转矩M_e(N·m)和转速n(r/min)之间有如下关系:

$$P_e = \frac{M_e \times n}{9549} \tag{4-1}$$

由式(4-1)可见,发动机有效功率可以通过测量有效转矩和转速,并据此计算得到。因此,发动机有效功率的测量属于间接测量。

发动机功率检测简称测功。根据发动机运转状态的不同,发动机功率检测有台架稳态试验和就车动态试验两种基本形式。

1. 稳态测功

稳态测功亦称为有负荷测功或有外载测功,是指发动机在节气门开度一定、转速一定和其他参数都保持不变的稳定状态下,在专用发动机测功机上测定发动机功率的一种方法。

稳态测功时,发动机节气门全开,利用测功机对发动机的曲轴施加负荷,使其在额定转速下稳定运转,并测出其对应的转矩,便可据此求出额定有效功率。在不同的加载负荷下测出所对应的转矩和转速,并计算出在不同负荷下发动机输出的功率,便可以在M_e-n、P_e-n坐标图上绘制出转矩外特性和功率外特性曲线。

稳态测功的结果比较准确、可靠,但测功设备较为复杂且昂贵,且测功过程费时费力、成本较高,多为发动机设计、制造部门和科研单位进行发动机性能试验时所采用。

2. 动态测功

动态测功又称为无负荷测功或无外载测功,是指发动机在节气门开度和转速等参数均处于变化的状态下,测定发动机功率的一种方法。其基本原理是,当发动机在怠速或某一低转速下,突然全开节气门,使发动机克服自身惯性和内部各种运转阻力而加速运转时,其加速性能的好坏能直接反映出发动机功率的大小。

动态测功不需要将发动机从车上拆下,可实现就车不解体检测,所用仪器轻便,测功速度快,方法简单,但测功精度较低,汽车维修企业、检测站和交通运输管理部门应用较多。

二、利用底盘测功检测发动机功率

《汽车动力性台架试验方法和评价指标》(GB/T 18276—2017)中规定,汽车动力性能可采用驱动轮输出功率评价,经换算可得到发动机额定功率。在检测驱动轮输出功率时,发动机的有效转矩和转速经汽车传动系、驱动轮、试验台滚筒和传动装置传至底盘测功机加载装置(测功器),通过调节发动机节气门开度和加载装置的负荷,使发动机达到规定的测试工况,在该稳定工况下测出驱动轮输出功率P_k。分析发动机到底盘测功试验台之间功率传输关系可知,发动机有效功率P_e、驱动轮输出功率P_k、汽车传动系效率η_t、轮胎与试验台滚筒间的传动效率η_w、试验台传动效率η_m之间存在如下关系:

$$P_k = P_e \times \eta_t \times \eta_w \times \eta_m \tag{4-2}$$

令功率换算因数:$K = \eta_t \times \eta_w \times \eta_m$,则:

$$P_k = P_e \times K \tag{4-3}$$

汽车动力性能测试方法详见第三章第一节,可根据测得的驱动轮输出功率P_k和换算因

数 K 求出发动机有效功率 P_e。

三、发动机无负荷测功

如果把发动机的所有运动部件看成一个绕曲轴中心线转动的回转体，当发动机与传动系统脱开，将没有任何外界负荷的发动机在急速下突然将节气门打开至最大开度时，发动机产生的动力除克服机械阻力矩和压缩汽缸内混合气阻力矩外，剩余的有效转矩 M_e 将全部用来使发动机运动部件加速。此时，发动机克服本身惯性力矩迅速加速到空载最大转速。对于特定的发动机而言，其运动部件的转动惯量可近似视为定值，则发动机的有效功率越大，其运动部件的加速度也越大。因此，通过测定发动机在某一转速下的瞬时加速度或指定转速范围内的平均加速度、加速时间，可以确定发动机有效输出功率的大小。

1. 发动机无负荷功率测试原理

无负荷功率测试根据检测方法的不同，分为瞬时功率测试和平均功率测试。瞬时功率是指发动机在加速运转时某一转速所对应的功率；平均功率是指发动机在加速运转时某一指定转速范围内的平均功率。

1）瞬时功率测试原理

把发动机的所有运动部件等效地看成一个绕曲轴中心线旋转的回转体，当突然将节气门打开，使发动机克服其惯性力矩加速旋转时，测得发动机的瞬时角加速度，进而求出发动机的瞬时输出功率。

根据刚体定轴转动微分方程，发动机有效转矩与角加速度之间的关系为：

$$M_e = J\frac{d\omega}{dt} = J\frac{\pi}{30}\frac{dn}{dt} \tag{4-4}$$

式中：M_e——发动机有效转矩，N·m；

J——发动机运动部件对曲轴中心线的当量转动惯量，kg·m²；

ω——曲轴角速度，rad/s；

n——发动机转速，r/min；

$\frac{d\omega}{dt}$——曲轴角加速度，rad/s²；

$\frac{dn}{dt}$——曲轴转速变化率，r/s²。

将式(4-4)带入式(4-1)，整理得：

$$P_e = \frac{\pi}{30} \times \frac{J}{9549} \times n \times \frac{dn}{dt} = C_1 \times n \times \frac{dn}{dt} \tag{4-5}$$

式中，$C_1 = \frac{\pi}{30} \times \frac{J}{9549}$。对于一定的发动机，$J$ 为常量，因而 C_1 为常量。

在节气门突然开启的急加速变工况条件下测试发动机功率时，混合气形成、发动机燃烧状况和热状况等与稳态测试时不同，其有效功率值比稳态测试时的功率值小，应引入修正系数 K_1 对式(4-5)进行修正，即：

$$P_e = K_1 \times C_1 \times n \times \frac{dn}{dt} \tag{4-6}$$

令 $C' = K_1 \times C_1$，则：

$$P_e = C' \times n \times \frac{dn}{dt} \tag{4-7}$$

式(4-7)表明，加速过程中，发动机在某一转速下的功率与该转速及其瞬时加速度成正比，因此，只要测出发动机在加速过程中的转速 n 和对应的瞬时转速变化率 $\frac{dn}{dt}$，即可求出该转速下的瞬时有效功率。

瞬时功率检测要求检测系统能够快速处理、计算转速传感器输出的转速信号，在实际应用中存在一定困难。

2）平均功率测试原理

平均功率测试指在无负荷工况下根据发动机从某一指定转速急加速到另一指定转速所经过的时间，求得在加速过程中发动机的平均有效功率 P_{em}。

根据动能定理，发动机无负荷加速过程中，其动能等于发动机所做的功，即：

$$A = \frac{1}{2}J\omega_2^2 - \frac{1}{2}J\omega_1^2 \tag{4-8}$$

式中：A——发动机所做的功，J；

ω_1——测定区间起始角速度，rad/s；

ω_2——测定区间终止角速度，rad/s。

若发动机曲轴旋转角速度由 ω_1 上升到 ω_2 的时间为 $\Delta T(s)$，则在这段时间内的平均功率 $P_{em}(kW)$ 为：

$$P_{em} = \frac{A}{1000 \times \Delta T} = \frac{J}{2000} \frac{\omega_2^2 - \omega_1^2}{\Delta T} = \frac{J}{2000}\left(\frac{\pi}{30}\right)^2 \frac{n_2^2 - n_1^2}{\Delta T} \tag{4-9}$$

令 $C_2 = \frac{1}{2}\left(\frac{\pi}{30}\right)^2 \frac{n_2^2 - n_1^2}{1000}$。对于特定的发动机，$J$ 视为常量，当起、止转速 n_1、n_2 一定时，C_2 为常量，称为平均功率测功系数。因此可得：

$$P_{em} = \frac{C_2}{\Delta T} \tag{4-10}$$

式(4-10)表明，加速过程中，发动机在某一转速范围 $n_1 \sim n_2$ 内的平均功率与加速时间 $\Delta T(s)$ 成反比。

与瞬时功率测试的情况类似，由于 $n_1 \sim n_2$ 转速范围内的平均功率也是在急加速变工况条件下测得的，其测试值与稳态工况下的测试值有一定差异，需引入修正系数 K_2 进行修正，并令 $C'' = K_2 \times C_2$，则有：

$$P_{em} = \frac{C''}{\Delta T} \tag{4-11}$$

通过对比无负荷平均功率的测试值与台架试验发动机功率的测试值，找到所测发动机的动态平均功率与稳态有效功率间的关系，确定 K_2 的值，并据此对无负荷测功仪进行标定，便可以通过测定 $n_1 \sim n_2$ 转速范围内的加速时间 ΔT 测出发动机的功率值。

无负荷功率检测结果的精确度受到以下因素影响：发动机运转部件的当量转动惯量 J 的误差；无负荷测功的阻力负载，如运动部件的摩擦阻力、驱动发动机附件的阻力、进气与排气过程的泵吸损失等;变工况修正系数K_1、K_2的精确度及操作方法等。

2. 无负荷测功仪的使用方法

1)测试前的准备

(1)调整发动机配气机构、供油系统和点火系统,使之处于技术完好状态;预热发动机至正常工作温度(80~90℃);调整发动机怠速,使之在规定范围内稳定运转。

(2)接通电源,预热仪器并调零,传感器按要求连接在规定部位,无连接要求的需拉出天线。

(3)对测加速时间-平均功率的仪器,应按要求设置n_1、n_2。

(4)将被测发动机的转动惯量J置入仪器内。若被测发动机的转动惯量未知,则应先测定其转动惯量。

(5)按下其他必要的键位,如机型(汽油机、柴油机)选择键、缸数选择键和"测试"键等。

2)功率测试方法

(1)怠速加速法。

发动机怠速稳定运转,然后突然将节气门开到最大位置,当转速达到所确定的测试转速n(测瞬时功率)或超过终止转速n_2时,仪表显示出所测功率值。此后立即松开加速踏板,记下或打印出读数后,按"复零"键使指示装置复零。为保证测试结果可靠,一般重复测量3次取其平均值。

(2)起动法。

首先将节气门开至最大位置,再起动发动机加速运转,当转速达到确定值或超过终止转速后,仪表显示出测试值。

四、发动机功率检测标准

根据《机动车运行安全技术条件》(GB 7258—2017),发动机功率应大于等于标牌(或产品使用说明书)标明发动机功率的75%;根据《商用汽车发动机大修竣工出厂技术条件第1部分:汽油发动机》(GB/T 3799.1—2005)和《商用汽车发动机大修竣工出厂技术条件第2部分:柴油发动机》(GB 3799.2—2005),商用汽车发动机大修竣工出厂时,在标准状态下,发动机额定功率和最大转矩不得低于原设计标定值的90%。

若发动机检测功率偏低,则应检查燃料供给系统和点火系统的技术状况。若这两个系统正常,则应检查汽缸的密封性,以判断发动机机械部分是否存在故障。若整机检测功率偏低,可能由个别汽缸技术状况不良而引起时,可进行单缸断火后测功试验进行验证。

五、单缸功率检测

动力性检测的重要内容之一是检查各个汽缸的功率及各缸动力性能是否一致。技术状况良好的发动机,各缸输出功率应大致相等,称为动力平衡。动力不平衡时,会造成发动机运转不稳。通过各单缸功率可以判断各缸工作状况,进而判断发动机动力是否平衡。另一方面,测试发动机单缸功率可以发现引起发动机动力性下降的具体原因和部位。

1. 用无负荷测功仪测定单缸功率

使用无负荷测功仪测定单缸功率时,首先测出各缸均工作时的发动机功率,然后在所测汽缸断火(高压短路或柴油机输油管断开)的情况下测出发动机功率,两功率测试值之差即为断火汽缸的单缸功率。

若各单缸功率相同,则说明发动机各缸功率均衡性好;若某缸断火后,测得的功率没有变化,则说明其单缸功率为零,该缸完全不工作;若发动机单缸功率偏低,则一般系该缸高压线、分线插座或火花塞技术状况不佳、汽缸密封性不良所致,应对故障部件进行更换、调整或维修。

2. 利用断火试验转速下降值判断单缸功率

发动机以某一转速运转时,交替使各缸点火短路,则每次短路后发动机均应出现功率下降,导致转速下降。若各缸工作状况良好,则每次转速下降的幅度应大致相等。当各缸依次断火后发动机转速下降的幅度差别很大,则说明各缸动力性均衡性差,有些缸工作不正常。若某缸断火后,发动机依旧以原来的转速旋转或下降幅度不大,则可以断定该缸不工作或工作状况不良。据此,可以采用简单的转速表测定某缸不工作时的转速下降值,以判断该缸的动力性好坏。

断火试验时,发动机转速下降的程度与起始转速有关。试验表明,若发动机起始转速为1000r/min,正常情况下,某缸不工作时发动机转速的下降值见表4-11。检测时,单缸断火后的转速下降值应符合诊断标准,且最高和最低下降值之差不大于转速下降平均值的30%。

某缸不工作时发动机转速的下降值　　　　　　　　　　表4-11

汽缸数	平均转速下降值(r/min)	允许偏差(r/min)
4缸	100	±20
6缸	70	±10
8缸	45	±5

应该注意的是:由于某缸断开后,进入该缸的汽油混合气不参与燃烧,汽油会洗刷汽缸壁上的润滑油膜,使汽缸磨损加剧;同时流入油底壳的汽油会稀释机油。因此,进行断火试验时,其时间不能太长。

第四节　发动机汽缸密封性检测与诊断

汽缸密封性与汽缸、活塞、活塞环、气门、汽缸盖、汽缸垫等活塞组零件的技术状况有关,主要评价参数有汽缸压缩压力、汽缸漏气率、进气管真空度等。

一、汽缸压缩压力检测

汽缸压缩压力指活塞压缩到达上止点时汽缸内的压缩气体压力。汽缸活塞组技术状况正常,汽缸密封性良好,是保证发动机汽缸压缩压力正常的基本条件。

1. 汽缸压力表检测法

1) 汽缸压力表

汽缸压力表由表头、导管、止回阀和接头等组成,如图4-23所示。表头通过导管与接头相连。汽缸压力表接头有螺纹管接头和锥形或阶梯形橡胶接头两种。螺纹管接头可以拧在火花塞或喷油器的螺纹孔中;橡胶接头可以压紧在火花塞或喷油器孔中。止回阀用于控制压缩气体,止回阀处于关闭位置时,压缩气体控制在压力表内,可保持测得的汽缸压缩压力读数(保持压力表指针位置);止回阀打开时,压缩空气从压力表内泄入大气,可使压力表指针归零,以用于下次测量。

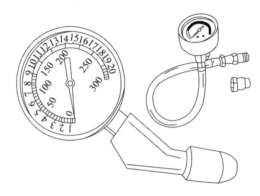

图 4-23　汽缸压力表

2)检测方法

(1)发动机运转至正常工作温度(冷却液温度达 70~90℃)后停机。

(2)拆下空气滤清器,用压缩空气吹净火花塞或喷油器周围。

(3)对于汽油机,应把点火系统次级点火总线拔下并可靠搭铁,以防止电击或着火。

(4)拆除全部火花塞或喷油器。

(5)把节气门置于全开位置。

(6)把压力表锥形橡胶接头压紧在被测缸火花塞孔内,或把螺纹管接头拧在火花塞孔上。

(7)起动机带动曲轴旋转 3~5s,指针稳定后读取最高压力读数,然后按下止回阀使指针回零。每个汽缸的测量次数应不少于两次,测量结果应取其平均值。

(8)按上述方法依次检测各个汽缸。

3)检测结果的影响因素

用汽缸压力表测得的汽缸压缩压力除受汽缸密封性影响外,还与发动机转速有关。汽缸压缩压力与发动机曲轴转速的关系如图 4-24 所示。由图可知,发动机在较低转速范围内运转时,即使是较小的转速差 Δn,也能使汽缸压缩压力检测结果发生较大的变化 Δp,只有当发动机曲轴转速超过某一值时,检测结果受转速的影响才会较小。因此,检测时的转速应符合制造厂规定。

发动机转速取决于蓄电池、起动机的技术状况,以及发动机旋转时的摩擦力矩。因此,要求蓄电池、起动机的技术状况良好;为减小运转时的摩擦阻力,要求发动机润滑条件良好,并运转至正常热状况。

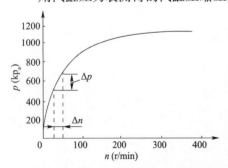

图 4-24　汽缸压缩压力与曲轴转速的关系

2. 发动机综合性能分析仪检测法

1) 检测原理

常用发动机综合性能分析仪均有检测汽缸压缩压力的功能,可采用压力传感器式、起动电流式和起动电压降式等形式直接或间接测试汽缸的压缩压力,其中起动电流式最常用。

起动机驱动发动机时,起动阻力矩与起动电流呈线性关系,即起动阻力矩越大,则起动电流就越大。发动机起动阻力矩是由机械阻力矩和汽缸内压缩气体的反力矩两部分组成,正常情况下机械阻力矩可认为是常数,而缸内压缩气体的反力矩则是随汽缸压缩过程而波动的变量。因此起动发动机时,起动电流的变化与汽缸压缩压力的变化存在着对应关系,所以可通过测量反映阻力矩波动的起动机电流变化曲线来确定汽缸的压缩压力。

图 4-25 所示为六缸发动机起动机电流与曲轴转角的关系曲线。可以看出起动电流值是变化的,其变化是因汽缸内压缩压力的波动而引起的,其电流波形各段的峰值与各缸的最大压缩压力成正比。在确定某一电流峰值所对应的汽缸后可按点火次序确定各缸所对应的起动电流峰值,其大小可代表相应汽缸最大压缩压力值。通常各缸电流波形峰值所对应的缸号是通过点火传感器或喷油传感器先确定第一缸波形的位置而推得的。

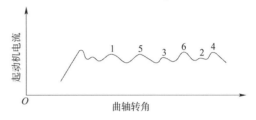

图 4-25 起动机起动电流与曲轴转角关系曲线

检测时,若显示的各缸电流波形振幅一致,且峰值又在规定范围内,说明各缸压缩压力符合要求;若各缸波形振幅不一致,对应某缸电流峰值低于规定范围,则说明该缸压缩压力不足,应借助其他方法测出压缩压力的具体数值以便分析判断。

2) 检测方法

下面以 EA2000 型发动机综合性能分析仪为例,说明气缸压缩压力的检测方法。

(1) 将发动机运转至正常工作温度(冷却液温度达 70~90℃)后停机。

(2) 接通电源,打开分析仪总开关、显示器开关、主机开关,预热仪器。

(3) 按仪器使用说明书给定的方法,连接好测试线和传感器。

(4) 启动检测程序。

(5) 选择"起动机及发电机",进入起动电流检测功能。

(6) 按下"检测"键,起动发动机,分析仪自动发出全部断油指令,仪器屏幕显示出发动机转速、起动电流,同时绘制出起动电流曲线和相对汽缸压力的柱方图,从而检测出各汽缸压缩压力及其变化量。

(7) 检测结果输出。

3. 汽缸压缩压力检测结果分析

1) 检测标准

汽缸压缩压力的检测标准值一般由制造厂通过汽车使用说明书提供,其值与发动机压缩比有直接关系。对于发动机大修竣工检验,根据《汽车修理质量检查评定办法》(GB/T 15746—2011)的规定,发动机各汽缸压缩压力应符合原设计规定,每缸压力与各缸平均压力的差:汽油机应不大于5%,柴油机应不大于8%。

2）检测结果分析和故障原因诊断

汽缸压缩压力超过标准,可根据以下几种情况作出诊断。

(1) 在 2~3 次测量中,压力读数时高时低,相差较大,说明其进排气门有时关闭不严。

(2) 一缸或数缸压力偏低,可以用 20~30mL 清洁而黏度较大的机油注入压力偏低缸的火花塞或喷油器孔内,之后再测量汽缸压力。若压力上升接近标准压力,则说明该汽缸活塞环、活塞磨损过大或活塞环对口、卡死、断裂或汽缸壁拉伤等;若压力基本无变化,则说明该汽缸进排气门关闭不严或汽缸垫密封不良。

(3) 相邻两缸压力相当低,而其他缸正常,加注机油后检测其压力仍然很低,说明相邻两缸间汽缸垫烧损窜气。

(4) 个别缸压力偏高,说明该缸可能积炭过多而导致燃烧室容积减少。

(5) 各缸压力都偏高,汽车行驶中又出现过热或爆燃,则可能是:燃烧室积炭过多,或经几次大修因缸径加大、缸盖接合平面修理磨削过度或汽缸垫过薄而使压缩比增大所致。

二、汽缸漏气量(率)检测

汽缸漏气量是指活塞处于压缩行程上止点附近时,缸内一定压力的气体通过汽缸活塞组配合副间隙、活塞环对口、进排汽门密封面、汽缸衬垫密封面泄漏的空气量。汽缸漏气量不仅表征汽缸活塞摩擦副的密封情况,还能表征进气门、汽缸衬垫、汽缸盖及汽缸的密封情况。

1. 汽缸漏气量(率)检测原理

检测汽缸的漏气量(率)时,发动机不运转,活塞处于压缩行程上止点。其基本检测原理是:把具有一定压力的压缩空气从火花塞或喷油器孔充入汽缸,检测活塞处于上止点时汽缸内压力的变化情况,以此表征汽缸的密封性。

QLY-1 型汽缸漏气量检测仪及工作原理如图 4-26 所示,它主要由调压阀、进气压力表、测量表、矫正孔板、橡胶软管、快换管接头和充气嘴等组成。此外,检测仪还得配备外部气源、活塞位置指示器,其中外部气源用以提供相当于汽缸压缩压力的压缩空气,活塞位置指示器用来确定各缸活塞压缩行程及其上止点位置。

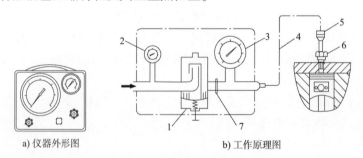

图 4-26 汽缸漏气量检测仪

1-调压阀;2-进气压力表;3-测量表;4-橡胶软管;5-快换接头;6-充气嘴;7-校正孔板

测试时,拆下发动机的火花塞,使所测缸的活塞处于上止点位置,并把检测仪的充气嘴安装于所测汽缸的火花塞孔上。外接气源的压力应相当于汽缸压缩压力,一般为 0.6~

0.8MPa。压缩空气进入漏气量检测仪后,经调压阀调压至某一确定压力 p_1(0.4MPa),然后经过校正孔板上的空气量孔及快换管接头、充气嘴进入汽缸。当汽缸密封不严时,压缩空气会从不密封处泄漏,使校正后的孔板量孔空气压力下降为 p_2。该压力值由测量表显示,其压力变化情况 p_1-p_2 的值即可反映汽缸的密封性。

根据流体力学原理,p_1 和 p_2 的关系为:

$$\begin{cases} p_1 - p_2 = \rho \dfrac{Q^2}{2\phi^2 A^2} \\ \phi = \dfrac{1}{\sqrt{1+\xi}} \end{cases} \tag{4-12}$$

式中:Q——空气流量,m^3/s;

A——量孔截面积,m^2;

ρ——空气密度,kg/m^3;

ϕ——流量系数;

ξ——量孔局部阻力系数。

当校正孔板量孔截面积和结构一定时,A 和 ϕ 为常数。当进气压力 p_1 及测试时的环境温度一定时,空气密度 ρ 亦为常数。因此,校正孔板量孔后的压力 p_2 取决于经过量孔的空气流量 Q。显然,空气流量 Q 的大小(漏气量)与汽缸的密封程度有关。因此可以根据测量表压力下降值判断汽缸的漏气量,并据此检测汽缸的密封性。

若测量表的标定单位为百分数,则这种检测仪可用来检测汽缸漏气率。标定方法是:接通外部压缩空气,关闭出气阀,调整调压阀,使测量表指针指向额定进气压力,并将其作为零点,表示漏气率为零,汽缸不漏气;打开出气阀,让压缩空气全部经量孔后与大气相通,此时压力表指示刻度标为100%,表示漏气率为100%,汽缸内的压缩空气全部漏掉;在测量表 0~100 之间等分 100 份,每一份即为 1% 的漏气量。

2.汽缸漏气量(率)检测方法

以 QLY-1 型汽缸漏气量检测仪为例,汽油机汽缸漏气量的检测步骤如下。

(1)发动机预热至正常工作温度。

(2)用压缩空气清洁火花塞周围,拧下所有汽缸的火花塞,在火花塞孔上装好充气嘴。

(3)接好压缩空气源,在检测仪出气口完全密封的情况下,用调压阀调节进气压力,使测量表指针指示 0.4MPa。

(4)安装好活塞定位盘(图 4-27),使分火头旋转至第 I 缸跳火位置,然后转动定位盘使刻度 1 对准分火头尖端(分火头也可用专用指针代替)。

(5)为防止压缩空气推动活塞使曲轴转动,变速器挂高速挡,拉紧驻车制动器操纵杆。

(6)把 I 缸充气嘴接上快换管接头,向 I 缸充入压缩空气,此时测量表上的压力读数或漏气率百分比读数即反映该缸的密封性。

(7)转动曲轴,使分火头(或指针)对准活塞定位盘上下一缸刻度线,按以上方法检测下一缸的漏气量(率)。

(8)按以上方法和点火次序检测其余各缸的漏气量(率)。为使检测结果可靠,各缸应重复检测一次。

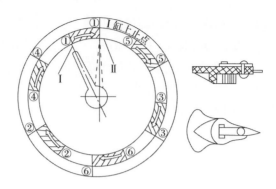

图 4-27　活塞定位盘

Ⅰ-压缩行程开始位置；Ⅱ-压缩行程上止点

3. 汽缸漏气量（率）检测标准

汽缸漏气量（率）检测标准应根据发动机种类、缸径、磨损情况等因素通过试验确定。对于缸径为 102mm 左右的汽油发动机，用 QLY-1 型汽缸漏气量检测仪检测时，在确认进排气门和汽缸衬垫密封性良好的前提下，当测量表调定初始压力为 400kPa 时，若测量表上的压力指示值大于 0.25MPa，则密封性良好；若测量表压力指示值小于 0.25MPa，密封性较差，说明汽缸活塞配合副的技术状况较差。

汽缸漏气率检测标准可参考表 4-12。对于新发动机，在排气门开始关闭至活塞到达上止点的整个过程中的不同位置，汽缸漏气率一般在 3%～5% 范围内；若大修竣工后，发动机汽缸漏气率超过 10%，则表明大修质量不佳。当汽缸漏气率达到 30%～40% 时，若能确认汽缸衬垫、汽缸盖等处均不漏气，则说明汽缸活塞摩擦副的磨损临近极限值，已到了需更换活塞环或镗磨缸的程度。

汽缸漏气率检测参考表　　　　　　　　　　　　　　表 4-12

汽缸密封状况	仪器读数值(%)	汽缸密封状况	仪器读数值(%)
良好	0~10	较差	20~30
一般	10~20	换环或镗缸	30~40

4. 汽缸磨损部位及故障原因诊断

1）汽缸磨损情况诊断

首先测定在压缩行程开始，进气门关闭后汽缸的漏气率；然后，在曲轴每旋转 10°曲轴转角的位置测量一次，直到活塞到达上止点位置为止，从而得到活塞在汽缸内不同位置时的汽缸漏气率；所测结果与新发动机汽缸漏气率所测结果比较，即可了解汽缸的磨损情况。同时，把所测在用发动机的汽缸漏气率与已达到大修极限的同类型发动机汽缸漏气率相比较，便可大致估计所测发动机的使用寿命。

2）汽缸漏气部位诊断

若汽缸密封性不符合要求，则检测时可采用下列辅助手段诊断其故障部位。

（1）在空气滤清器入口处监听，若有漏气声，则表明该缸进气门与座密封不良。

（2）在消声器管口处监听，若有漏气声，则表明该缸排气门与座密封不良。

（3）在散热器加水口处观察，若有气泡冒出，则表明该缸与水道相通，多为汽缸衬垫密封不良漏气所致。

（4）在被测汽缸相邻缸火花塞口处监听，若有漏气声，表明相邻两缸间的汽缸垫烧穿漏气。

（5）经上述检查，若其进排气门、汽缸垫等处不漏气，而检测的汽缸漏气量仍超标，则表明汽缸与活塞的磨损严重使配合间隙过大，或者活塞环对口、损坏、弹性不足而失去密封作用，导致漏气量过大。此时，在曲轴箱加机油孔处能监听到严重的漏气声。

（6）通过检测活塞在压缩行程进气门关闭后不同位置的汽缸漏气量变化，可以估计各汽缸纵向磨损情况。

三、进气管真空度检测

进气管真空度是指进气歧管内的进气压力与外界大气压力之差。发动机进气管的真空度可以反映汽缸活塞组和进气管的密封性。

1. 检测步骤

发动机综合性能分析仪可以检测进气管真空度波形，其检测步骤如下（以元征 EA2000 型发动机综合性能分析仪为例）。

（1）发动机运转至正常工作温度。

（2）将分析仪真空度传感器的橡胶软管通过三通接头连接到发动机的真空管上。

（3）使发动机转速稳定在规定转速（1700r/min 左右）。

（4）在主菜单下的副菜单上选择"进气管内真空度"，进入进气管真空度检测状态。

（5）按下检测界面下方的"检测"按钮，分析仪高速采集进气管真空度值并显示出被检发动机的进气管真空度波形。

（6）对进气管真空度波形观测、分析和判断。

（7）再次按下"检测"按钮，高速采集结束。

（8）必要时可按下"F4"按钮，检测仪提供 4 缸、6 缸或 8 缸发动机的进气管真空度标准波形。其中，4 缸发动机进气管标准波形如图 4-28 所示。除此之外，可检测进气门开启不良、进气门漏气、排气门开启不良和排气门关闭不良等故障波形。

（9）按"F2"按钮可对数据进行存储，按"F3"按钮可进行图形存储，按"F6"按钮可进行图形打印，按"F3"按钮返回主菜单。

2. 进气管真空度波形分析

分析真空度波形时，将发动机进气管各缸真空度的检测波形进行对照比较，若各缸进气过程所造成的进气管负压基本一致，且与标准波形相同，则说明该发动机进气系统和汽缸活塞组技术状况正常；若个别汽缸波形异常，则说明进汽系统和汽缸活塞组存在故障。图 4-29 所示为四缸发动机第 4 缸进气门严重漏气的进气管真空度波形。

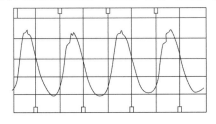

图 4-28　4 缸发动机进气管标准波形

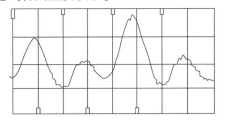

图 4-29　4 缸发动机第 4 缸进气门严重漏气波形

3.进气管真空度检测标准

根据《汽车修理质量检查评定办法》(GB/T 15746—2011)的规定,在正常工作温度和标准状态下,大修竣工的汽油发动机怠速运转时,进气歧管真空度应符合原设计规定,其波动范围六缸汽油机一般不超过 3kPa,四缸汽油机一般不超过 5kPa。

进气管真空度随海拔升高而降低。海拔每升高 1000m,真空度将降低 10kPa 左右。因此,检测进气管真空度时,应根据当地海拔修正检测标准。

第五节　发动机点火系统检测与诊断

汽油发动机在不同工况下工作时,点火系统按点火次序适时供给具有足够能量的电火花,以点燃汽缸内的可燃混合气。点火系统的技术状况,不仅严重影响发动机的动力性、燃油经济性和排放性能,还决定了发动机能否正常工作。点火系是汽油发动机各系统、机构中故障率最高的系统,因此,是发动机检测诊断的重点。

一、点火电压波形检测与分析

无论何种类型的点火系统,其作用原理基本相同,即由点火线圈通过互感作用把低压电转变为高压电,通过火花塞跳火点燃混合气做功。点火系统低压部分、高压部分的变化过程具有规律性。通过实际测得的点火系统点火电压波形与正常工作情况下的点火电压波形的比较分析,可判断点火系统技术状况的好坏及故障所在。

目前,对点火系统进行故障诊断一般是利用汽车专用示波器或发动机综合性能分析仪检测点火线圈的初级、次级电压波形,与标准波形比较,进而确定点火系统的工作状况。

1.标准点火电压波形

标准点火电压波形是指点火系统正常工作时点火线圈初、次级电压波形,可以作为点火系统检测诊断的依据。

1)初级点火电压标准波形

图 4-30a)所示为单缸初级点火电压标准波形。当电子点火系统晶体管截止时,初级电压迅速提高,从而导致次级电压急剧上升击穿火花塞间隙。当火花塞两极火花放电时,出现高频振荡波。火花放电完毕后,由于点火线圈中残余能量的释放,又出现低频振荡波,其波幅迅速衰减直至初级电压趋向于蓄电池电压。当晶体管导通后,初级电压几乎为零,成一直线,一直延续到电子点火系统晶体管再次截止。当下一缸点火时,点火循环又将复现。

2)次级点火电压标准波形

图 4-30b)所示为单缸次级点火电压标准波形,有关次级电压波形曲线的含义说明如下。

(1) a 点:电子点火系统晶体管截止,初级点火线圈突然断电,导致次级电压急剧上升。

(2) ab 线:称为点火线或发火线,其幅值为火花塞击穿电压即点火电压。

(3) bc 线:在火花塞间隙被击穿时,两电极之间出现火花放电,同时次级电压骤然下降, bc 为下降的幅值。

(4) cd 线:称为火花线,它是火花塞电极间混合气被击穿之后,形成的火花放电过程,是一段波幅很小的高频振荡波。

(5) *de* 线:低频振荡波。当次级电路的能量不足以维持火花放电电压时,火花消失,电压急降,点火线圈中残余能量在线路中维持低频振荡,形成次级电压衰减的振荡波,并最后以 *ef* 直线波形至触点闭合。

(6) *f* 点:当晶体管导通,点火线圈初级电路有电流通过,初级电流开始增加,引起次级电压突然增大。由于在 *f* 点初级电流的变化趋势与 *a* 点相反,故在 *f* 点产生一个负电压。

(7) *fa* 线:当晶体管刚导通时,因初级电流接通而引起次级电压出现衰减振荡。振荡消失后,次级电压变为零,直至下一点火循环开始。有的电子点火系统波形在闭合段中间也有一个微小的电压波动(图 4-31),这反映了点火控制器(电子模块)中限流电路的作用。

次级电压对发动机的正常点火至关重要,实际检测诊断中应用更多的是次级电压波形。

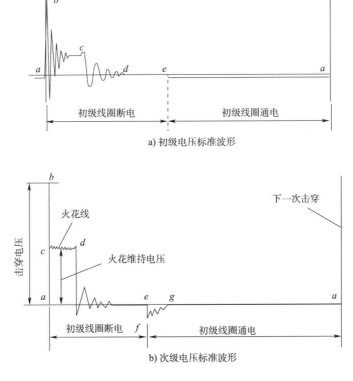

图 4-30 单缸点火电压标准波形

2. 点火电压波形检测仪器

点火波形的检测是汽车不解体检测的一个重要项目,它通常由汽车专用示波器测取。汽车专用示波器主要由检测探头、外接线、电控系统和显示器等组成,如图 4-32 所示。检测探头是示波器的信号获取装置(传感器),用来感应测量点的被测信号,该信号通过其外接线传输给示波器的电控系统。电控系统用来接收、处理外接线输入的信号和波形控制旋钮输入的控制信号,将其传送给显示器控制输出波形,并可对检测波形的显示、记录、打印和储存进行控制。显示器用来显示被测信号的波形,可以将点火系统电压随曲轴转角或凸轮轴转角的变化关系用波形直观表示出来,以便观察和分析。

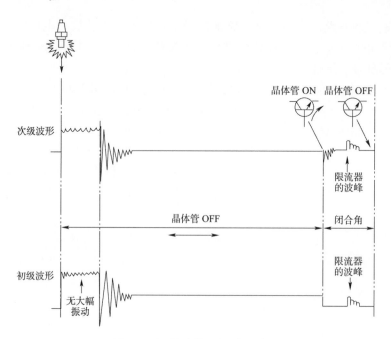

图 4-31　电子点火单缸电压标准波形

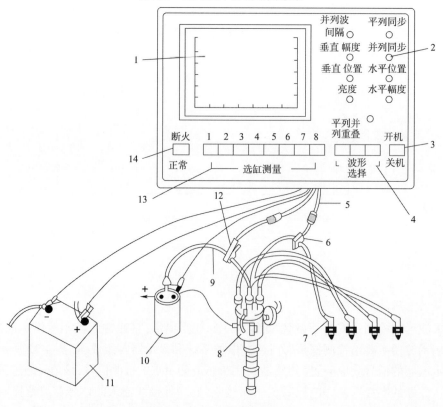

图 4-32　汽车专用示波器及其连接

1-显示器；2-波形控制旋钮；3-电源开关；4-波形选择按钮；5-外接线；6、12-探头；7-火花塞；8-分电器；9-中央高压线；10-点火线圈；11-蓄电池；13-选缸测试按钮；14-断火按钮

3. 点火电压波形检测方法

利用汽车专用示波器检测点火电压波形的方法如下。

1）仪器调节

对示波器 Y 轴电压和对 X 轴时间进行调整。对于非微机控制的示波器，一般采用开关、按键和旋钮等进行调整。对于微机控制的示波器，通常采用菜单式操作，可用按钮或鼠标选择所需的检测或调整项目。

2）点火波形检测

检测时，使发动机运转，将示波器探针分别连接点火线圈的"-"接线柱和搭铁，可以测得初级电压波形；将示波器的外接线用感应夹连接高压线，另一个探针搭铁，可测得次级电压波形。测得的电压波形就会显示在示波器屏幕上，表示点火系统的电压随时间（凸轮轴转角）而变化的规律。其电压波形的坐标：水平方向表示时间（凸轮轴转角），垂直方向表示电压，以基线为准，向上为正电压，向下为负电压。

4. 点火电压波形分析

点火波形分析指把实际点火波形与标准波形比较以判断故障的过程。

1）点火波形的选择

对于不同功能、不同形式的示波器，一般可以通过按键、输入操作码、菜单选择等方法，在示波器屏幕上显示出被测发动机的初级或次级多缸平列波、多缸并列波、多缸重叠波和单缸选择波。

（1）平列波（图 4-33）按点火顺序从左至右首尾相连排列，易于比较各缸发火线的高度。

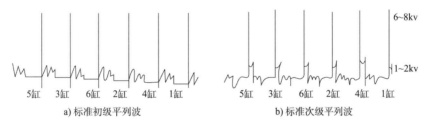

a) 标准初级平列波　　　b) 标准次级平列波

图 4-33　平列波

（2）并列波（图 4-34）按点火顺序从下至上分别排列，可以比较火花线长度和初级电路闭合区间的长度。

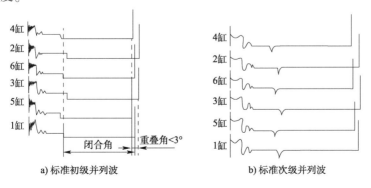

a) 标准初级并列波　　　b) 标准次级并列波

图 4-34　并列波

(3)重叠波(图4-35)把各缸波形之首对齐重叠在一起排列,用于比较各缸点火周期、闭合区间及断开区间的差异。

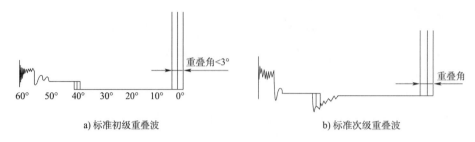

图 4-35 重叠波

(4)单缸选择波(图4-30)按点火顺序逐个单选出一个缸的波形进行显示,可以对火花线和低频振荡阶段进行观察和分析。

2)点火波形分析及点火系统故障诊断

(1)发火线分析。

①点火电压过高。国产载货汽车击穿电压值一般为 6~8kV 或 8~10kV;进口或国产轿车的击穿电压值一般为 10~12kV;各缸击穿电压应一致,相差不超过 2kV。

当转速稳定后,选择显示出各缸平列波,若点火电压高于标准值,说明高压电路有高电阻。若各缸电压都高,说明高电阻发生在点火线圈插孔及分火头之间,如高压断线、接触不良、分火头脏污等;个别缸电压高,说明该缸火花塞间隙过大、高压线接触不良或分火头与该缸高压线接触不良。

②点火电压过低。点火电压过低一般是由于电路中某处漏电或短路引起。

若各缸点火电压均过低,低于规定值下限,则可能是混合气过浓、各缸火花塞间隙过小、火花塞电极油污、蓄电池电压不足等原因造成的。

如果个别缸点火电压过低,则可能是火花塞电极油污、火花塞间隙太小、火花塞绝缘性能差或高压短路等原因引起。如果二次并列波击穿电压不足 5kV,则说明次级线圈漏电。

③多余波形。发火线下端出现多余波形,一般反映了电子点火系统中开关晶体管故障等。

④转速升高电压。当示波器显示次级点火平列波时,如果发动机转速突然增高,所有缸的发火线相应均匀升高,说明各缸火花塞工作正常,火花塞加速性能良好。若一个缸或几个缸的发火线不能升高,说明火花塞有积炭或电极间隙过小。若某缸高压峰值上升很高,则说明该缸火花塞电极间隙偏大或电极烧蚀。如:当转速稳定在 800r/min 左右,突然开大节气门使发动机加速运转,此时各缸点火电压增高量不应超过 3kV,否则,应更换火花塞。

(2)火花线分析。

单缸选择波便于观察该缸火花线。在具有毫秒扫描装置的示波器上,可以读出火花线延续时间和点火电压值。对于电子点火系统发动机,火花延续时间在转速为 1000r/min 时约为 1.5ms。火花延续时间小于 0.8ms 时,无法保证混合气完全燃烧,同时排气污染增大,动力性下降;若火花持续时间超过 2ms,火花塞电极寿命会明显缩短。电子点火系统的火花电压约为 3kV。

①火花线过短。其原因一般为:火花塞间隙过大;分火头和分电器盖电极烧蚀或二者间隙过大;高压线电阻过高;混合气过稀。

②火花线过长。其原因一般为:火花塞脏污;火花塞间隙过小;高压线或火花塞短路。

③火花线较陡或波动。如果在火花放电过程中,火花的持续阶段较为陡峭(图4-36),说明次级电路电阻太大,可能是次级电路开路接触不良或火花塞间隙过大等原因造成。

如果火花线电压有波动现象(图4-37),说明电喷系统喷油器工作不良,引起可燃混合气浓度波动。这一故障现象可能出现在每一缸波形上,也可能出现在某一缸波形上。

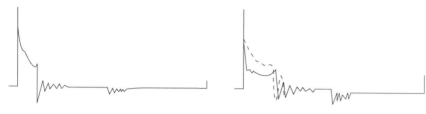

图4-36　火花持续阶段陡峭　　　图4-37　火花线电压波动

④点火电压过低。火花线电压较低且呈图4-38所示情况时,可能是混合气过浓或火花塞漏电造成的。当可燃混合气过浓时,虽然点火初期的离子电离程度小,击穿电压高,但在火花持续阶段离子电离程度提高,火花电压有所降低。当火花塞漏电时,火花电压也降低。

火花线电压较低且呈图4-39所示情况时,可能是可燃混合气过稀或汽缸压力低造成的。这是由于可燃混合气过稀或汽缸压力太低时,都会引起可燃混合气密度降低,易产生碰撞电离现象,无须多高电压就可将火花塞间隙击穿,故火花电压出现下降现象。

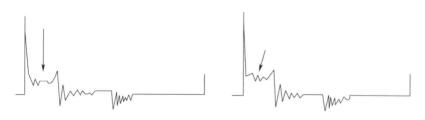

图4-38　混合气过浓或火花塞漏电　　　图4-39　混合气过稀或汽缸压力低

火花线电压较低且呈图4-40所示情况时,可能是火花塞积炭或间隙太小造成的。由于积炭是具有电阻的导体,消耗了一部分电能,引起火花电压降低。火花塞间隙太小,也会引起点火电压降低。

(3)低频振荡区分析。

电子点火系统低频振荡波数正常约为3个。电子点火系统低频振荡区数量或振幅异常时,表示点火线圈技术状况不正常,而与电容器无关,这是因为电子点火系统无电容器的缘故。

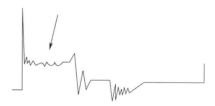

图4-40　火花塞积炭或间隙太小

(4)闭合区分析。

电子点火系统反向电压和击穿电压是由于晶体管导通和切断初级电流而产生的,因此初级电路闭合时及闭合区末端发火线前出现杂波是由于晶体管技术状况不良造成的,如图4-41所示。电子点火系统闭合区在高转速时拉长,闭合段内有波纹或凸起;有的电子点火系统在闭合区结束前,先产生一条锯齿状的上升斜线,之后出现点火线,如图4-42所示。

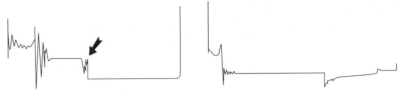

图4-41 初级电路闭合时杂波　　　　图4-42 电子点火次级波形

(5)闭合角检测。

利用初级并列波可方便地观测各缸的闭合角,闭合角的大小应在以下范围:

3缸发动机为60°~66°。

4缸发动机为50°~54°。

6缸发动机为38°~42°。

8缸发动机为29°~32°。

对于电子点火系统来说,闭合角大小反映了晶体管导通所占的凸轮轴转角。电子点火控制系统正常时,其闭合角大小是可控制和调节的,发动机转速高时,增大闭合角;发动机转速低时减小闭合角。若发动机转速变化而闭合角不变,则说明点火控制系统有故障。

(6)重叠角检测。

重叠角是指各缸点火波形首端对齐时,最长波形与最短波形长度之差所占的凸轮轴转角。重叠角的大小反映了多缸发动机各缸点火间隔的一致程度。重叠角不应大于点火间隔的5%,以接近零为好。根据这一原则,重叠角的大小应符合以下要求:

4缸发动机≤4.5°。

6缸发动机≤3°。

8缸发动机≤2.25°。

(7)波形倒置或平移。

点火线圈正负极接线极性接反时,则发火线向下,如图4-43所示。

若二次并列波不时有上下平移现象,如图4-44所示,说明次级电路有间歇性断电现象。

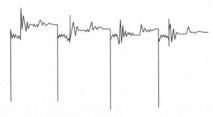

图4-43 点火线圈极性接反的故障波形　　　　图4-44 次级电路间歇性断电波形

二、点火正时检测

点火正时指正确的点火时间,一般用点火提前角表示。从点火开始到活塞到达上止点这段时间内,曲轴转过的角度称为点火提前角。点火提前角正确时,发动机的动力性和经济性最好,此时的点火提前角称为最佳点火提前角。发动机的最佳点火提前角应随转速、负荷、汽油抗爆性和使用环境条件等因素的变化而变化。点火提前角的检测方法有频闪法和缸压法。

1. 频闪法

1) 检测仪器

频闪法检测点火提前角所使用的点火正时检测仪称为正时灯,如图4-45所示。该仪器由闪光灯、传感器、整形装置、延时触发装置和显示装置构成,其指示装置具有测速并显示瞬时转速的功能,并可在规定转速下测得发动机的点火提前角。

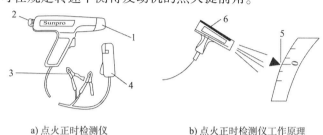

a) 点火正时检测仪　　　　b) 点火正时检测仪工作原理

图4-45　正时灯及点火正时检测示意图
1—闪光灯；2—电位计旋钮；3—电源夹；4—点火脉冲传感器；5—正时标记；6—检测仪

2) 检测原理

若照射旋转轴的光束频率与旋转轴的转动频率相等,则由于人的视觉具有暂留的生理现象,人们觉得旋转轴似乎不转动。频闪法就是利用这一原理来检测点火提前角的。

在发动机飞轮或曲轴皮带轮上刻有正时标记,固定机壳上也刻有标记。曲轴旋转至活动标记与固定标记对齐时,第Ⅰ缸活塞刚好到达上止点。如果用第Ⅰ缸的点火信号触发闪光灯,并使之发出短暂光脉冲,当用闪光灯照射刻有活动定时标记的飞轮或曲轴皮带轮时,若发动机转速稳定,则活动标记与闪光灯闪光在光学上是相对静止的,活动标记似乎不动。当闪光灯在第Ⅰ缸点火信号发生的同时闪光,Ⅰ缸活塞尚未到达上止点,活动标记与固定标记尚未对齐,此时两标记之间所对应的发动机曲轴转角即为点火提前角,如图4-46所示。

为了测出点火提前角的大小,点火正时检测仪具有延时触发电路,并可用电位计来改变延时常数,使闪光滞后于Ⅰ缸点火后一定的时间发生。此时,当闪光照射于活动标记时,随着延时常数增大,活动标记距固定标记转过的角度越来越小。当两标记对齐时,延时常数所对应的发动机曲轴转角即为点火提前角。

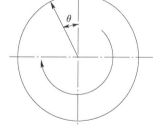

图4-46　飞轮及壳上的标记和点火提前角

3) 检测方法

(1) 准备工作。

①仪器准备：将正时灯的两个电源夹接到蓄电池的正、负电极上,将点火脉冲传感器串接在Ⅰ缸火花塞与高压线间或外卡在Ⅰ缸高压线上(感应式传感器),之后将正时灯的电位计调到初始位置,打开开关,此时正时灯应闪光,指示装置应指示零位。

②发动机准备：擦拭飞轮或曲轴皮带轮使之清晰显示正时标记；发动机运转至正常工作温度。

(2) 检测步骤。

①发动机于怠速工况下稳定运转,打开正时灯并使之对准正时标记。

②调整电位计旋钮,使活动标记与固定标记对齐,此时读数为怠速工况下的点火提前角。

③用同样方法可测出不同工况下的点火提前角。必要时,可以在底盘测功机上模拟发动机的不同工况。

④检测完毕,关闭正时灯,退回电位计,取下外卡式传感器和两个电源夹。

若各工况下测出的点火提前角符合规定,则说明初始点火提前角调整正确,同时说明离心式点火提前装置和真空式点火提前装置工作正常;若测出的初始点火提前角超出规定值,则应予以调整。调整后,在规定的发动机转速、负荷工况下测出点火提前角,若仍不符合要求,则说明点火提前装置损坏,应予以更换。

电控发动机点火系统由中央处理器 ECU 控制,其点火提前角包括初始点火提前角、基本点火提前角和修正点火提前角三部分。其中,基本点火提前角是点火提前角中最重要的部分,其大小取决于发动机工况。发动机工况不同时,基本点火提前角的大小也不相同。

检测电控发动机的点火提前角时,一般应先把发动机舱内的点火正时检测接线柱搭铁,使计算机控制点火提前装置不起作用,首先检测基本点火提前角(即发动机自动控制点火提前装置不起作用时的点火提前角);检测完后再把搭铁导线拆除。而测试综合点火提前角时,是在电子控制点火提前角的基础上进行的,故不需要人工特殊操作,用正时灯直接测试即可,具体检测方法和步骤应查阅说明书。使用闪光灯检测电控燃油喷射发动机点火提前角的原理和方法与传统发动机相同。

2. 缸压法

1) 检测仪器

缸压法点火正时检测仪由缸压传感器、点火感应传感器、处理电路和指示装置等构成。带有油压传感器的检测仪可检测柴油机的供油提前角。

2) 检测原理

发动机活塞到达压缩行程上止点时,汽缸内压缩压力最高。缸压传感器检测得到的某缸压缩压力最高的上止点时刻与用点火传感器检测同一缸的点火时刻之间所对应的曲轴转角,即为被测缸的点火提前角,如图4-47所示。由于多缸发动机中各缸点火提前角基本一致,可将被测缸的点火提前角视为被测发动机的点火提前角。

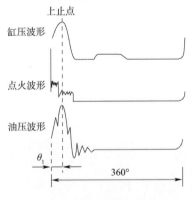

图4-47 缸压法检测点火、供油提前角原理图

3) 检测方法

(1) 运转发动机使其达到正常工作温度后停机。

(2) 拆下某缸的火花塞,把缸压传感器装在火花塞孔内。

(3) 把拆下的火花塞固定在机体上使之搭铁(注意中心电极不能与机体接触),把传感器插接在火花塞上,连接好该缸高压线。此时该缸火花塞可缸外点火。

(4) 起动发动机,由于被测缸不工作,因而缸压传感器输出的缸压信号反映汽缸压缩压力大小,其最大值产生于活塞压缩终了上止点,连接在该缸火花塞上的点火传感器输出点火脉冲信号或点火电压波形信号。从检测仪指示装置上获得该缸从出现点火信号至出现最高缸压所对应的曲轴转角,即点火提前角。

(5)按仪器使用说明书的要求操作,可从指示装置上测得怠速、规定转速或任一转速下的点火提前角。

缸压法与频闪法一样,可测得初始点火提前角和不同工况下的总提前角、离心提前角、真空提前角以及电控电子点火系统的基本点火提前角。

检测点火正时的时候,一般仅需实测一个缸(例如一缸)的点火提前角,其他各缸的点火提前角是否符合要求,则决定于点火间隔。点火间隔可从示波器屏幕上显示的重叠波和并列波上得到,然后根据被测缸的点火正时和各缸的点火间隔推算出其他各缸的点火提前角。

三、电子控制点火系统主要部件故障诊断

1. 传感器故障诊断

发动机工作时,电子控制点火系统的 ECU 根据各种传感器输出的信号,计算确定发动机的基本点火提前角并对其进行适时修正。由于传感器的输出信号是发动机精确控制点火过程的依据和基础,所以传感器故障诊断是发动机电子控制点火系统故障诊断的基础和重要内容。

电子控制点火系统有关传感器包括:曲轴转角与转速传感器、曲轴基准位置传感器(点火基准传感器)、节气门位置传感器、进气歧管绝对压力传感器、空气流量传感器、进气温度传感器、冷却液温度传感器、爆震传感器等。

在现代发动机集中控制系统中,电子点火控制系统是电子控制系统的子系统,电子点火控制系统中的传感器多与电控燃油喷射系统等电子控制系统共用。传感器故障诊断的方法主要有外观检查、电阻检测、电压及输出电压信号波形检测等,见本章第二节。

2. 电子点火组件(点火器)故障诊断

1)主要故障原因

电子点火组件不能正常工作的原因有两方面。

(1)线路连接故障。插接器松动锈蚀,电源电路、搭铁电路有短路或断路,使点火控制模块电源异常、输入信号异常或输出信号异常,从而导致点火控制模块不能正常工作,并使电子点火控制系统工作异常或不工作。

(2)点火控制模块内部故障。点火控制模块内部电路异常或元器件烧坏等使电路不能正常工作,从而导致电子点火电路不工作或工作异常。

2)故障诊断方法

(1)端子电压检测法。

首先直观检查插接器有无松动、插接器各端子有无锈蚀和弯曲等。如果直观检查正常,则接通点火开关,测量相关端子的直流电压,并与标准值比较。如果电压有异常,则说明连接电路或电子点火组件有故障。

(2)端子电阻检测法。

拔下电子点火器插接器,用绝缘电阻表检测插头相关端子的电阻,并与标准值比较。如

果电阻异常,说明线路或点火控制模块有故障。

(3) 波形检测法。

用示波器检测点火控制模块的各输入控制信号电压波形和输出电压波形。如果输入电压波形正常而输出波形不正常,则应更换点火控制模块。

(4) 替换法。

用技术状况良好的点火控制模块替代被检测控制模块。如果能正常工作,则说明原点火控制模块有故障,需予以更换。

3. 电子控制器故障诊断

1) 主要故障原因

电子控制器(ECU)不能正常工作的原因主要有两方面。

(1) 连接线路异常。

ECU 的电源线路、搭铁线路接触不良或短路;传感器信号输入线路断路或短路;传感器信号输入端子或执行器控制信号输出端子所连接的部件异常,导致 ECU 不能正常工作。

(2) 控制器内部故障。

①ECU 稳压电源电路短路或断路、元器件烧坏等而使 ECU 电源异常。

②ECU 内部各传感器电源电路短路或断路、元器件烧坏等而使相关传感器不能产生信号或信号异常。

③ECU 中的 CPU、存储器、接口电路等芯片或电路烧坏。

④执行器的驱动电路断路、短路或元器件烧坏而使执行器不能正常工作。

2) 故障诊断方法

(1) ECU 各端子电压检测法。

①测量电源端子电压。用万用表测量 ECU 各电源端子的电压,所测值应等于蓄电池电压,如果电压过低,则应检查电源电路。

②测量传感器电源端子电压。用万用表测量 ECU 的传感器电源端子电压,若电压异常,则说明 ECU 内部电路有故障。

(2) 排除法。

通过对 ECU 插接器各端子电压和(或)电阻的测量以及有关部件的检测,排除了所有被检测线路和部件的故障可能性后,如果故障现象依旧,则需更换 ECU。

(3) 替代法。

用性能良好的 ECU 替代被测 ECU,若故障现象消失,则说明原 ECU 损坏。

4. 电子控制点火系统点火信号波形检测

示波器输入端连接 ECU 的点火电压信号 IG,输出端子,把 IG,信号波形显示在示波器上,波形变化频率应与发动机转速同步,幅值略低于5V,其标准波形如图4-48所示。

使发动机怠速、加速、减速运转。在加减速时,电子点火正时信号的脉冲宽度将发生改变,脉冲宽度实际的改变量影响点火闭合角(点火线圈通电时间)和点火提前角的大小。

确认脉冲和脉冲之间幅值、频率和形状等的一致性。同时注意观察波形的一致性。如果波形异常,先检查线路、接头及示波器的连接。摇动线束,观察异常波形变化情况,可以进一步确认电子点火正时信号电路产生故障的原因。

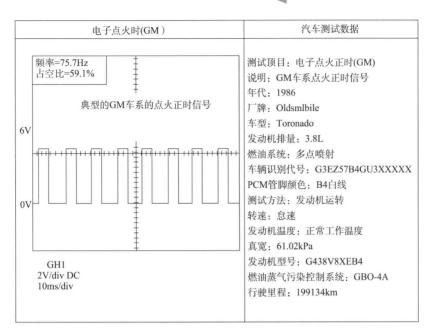

图 4-48 电子点火正时信号波形

四、电子控制点火系统故障诊断

1）故障现象

发动机不能起动或发动机在运行中突然熄火且再也不能起动,点火系统不点火或火花太弱。

2）故障原因

现代轿车点火系统多采用无触点电子控制点火系统。这种点火系统是由发动机 ECU 根据各与点火控制有关的传感器输入信号对点火时刻、点火能量进行控制点火的。因此,电子控制点火系统的故障原因主要有如下几点：

(1)点火信号发生器存在故障,导致无信号输出而不能触发电子点火器工作。

(2)电子点火器存在故障或性能不良,不能及时通断点火线圈初级电流,从而使点火线圈次级绕组不能适时地产生高压。

(3)点火线圈存在故障,不能产生点火高压,或点火高压太低,点火能量不够。

(4)火花塞故障。火花塞承受高温、高压、冷热高频交变、燃油废气的侵蚀等,工作环境恶劣,随着运行里程的增加会逐渐使性能变坏,产生电极烧损、积炭、积油等故障。

(5)点火系统的高低压线路故障。线路插头、插座连接牢固才能保证接触可靠、传递信息准确。由于发动机本身运转时的振动和汽车在不平路面上运行时的振动,会引起高、低压线路接触不良。另外,高压线损伤、漏电都会导致点火系统工作不正常。

(6)与电子控制点火系统有关的传感器失效,如发动机转速传感器、节气门位置传感器、冷却液温度传感器、爆震传感器、氧传感器等失效,会引起点火系统工作不正常。

(7)与电子控制点火系统有关的控制线路短路或断路,将导致控制信号异常,使点火系统工作不正常。

(8) 发动机 ECU 故障,导致点火系统异常。

3) 故障诊断

发动机电子控制点火系统的故障诊断可按图 4-49 所示的流程进行。

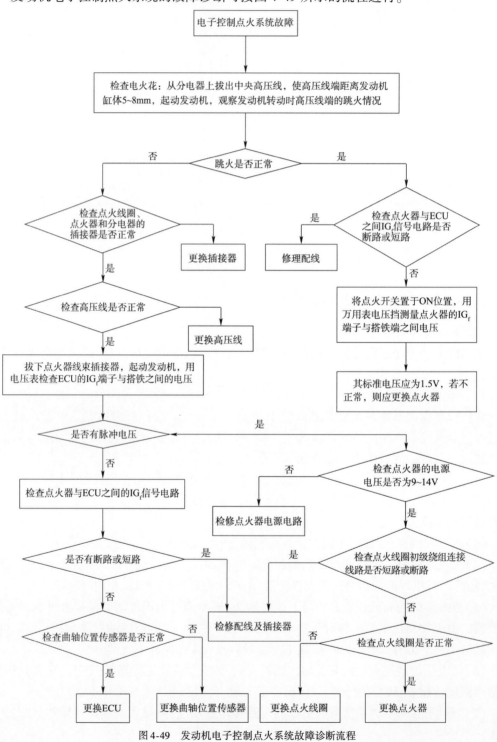

图 4-49 发动机电子控制点火系统故障诊断流程

第六节 汽油机燃油供给系统检测与诊断

汽油机工作过程中,燃油供给系统根据各种工况的要求,向汽缸即时提供一定数量和浓度的可燃混合气,以便在临近压缩终了时使发动机点火燃烧而膨胀做功,最后把燃烧产物排至大气。燃油供给系统的技术状况好坏直接影响着发动机的动力性、燃油经济性、排放性能和工作稳定性。同时,燃油供给系统也是发动机各机构、各系统中较易发生故障的系统之一。因此,燃油供给系统技术状况的检测诊断及正确调整,对于保障发动机的技术状况具有重要意义。

一、电子控制燃油供给系统检测

若电子控制燃油喷射系统不能提供满足使用工况要求的适宜浓度可燃混合气,可对电控燃油喷射系统的喷油信号和喷油压力进行检测。

1. 电子控制喷油信号检测

对于电子控制燃油喷射系统而言,由于压力调节器能够保持燃油压力恒定,因此,从喷油器喷出的燃油量仅取决于喷油器的开启时刻和开启时间的长短,而开启时间的长短是由微机发出的喷油控制信号决定的,其原理如图4-50所示。为了正确判断喷射系统的基本喷油控制是否正常,各种传感器喷油量的修正控制(加浓补偿)是否良好,ECU和喷油器是否存在故障,有必要对喷油控制信号波形进行检测与分析。

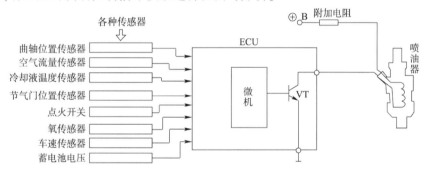

图4-50 电子控制燃油喷射系统原理

1)检测方法

喷油器喷油信号波形可用发动机综合性能分析仪或汽车专用示波器来检测,方法如下。

(1)按照波形检测仪器操作使用说明书的要求,连接好波形检测仪器。

(2)起动发动机,使发动机稳定运转预热至正常温度。

(3)打开检测仪器。按规定工况运转发动机,示波器则显示喷油器工作时的喷油信号波形和喷油脉宽,如图4-51所示。

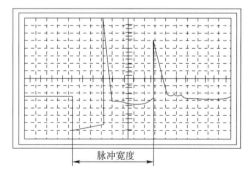

图4-51 电流驱动式喷油器喷油信号波形

2）标准喷油信号波形

标准喷油信号波形是指电控燃油喷射系统工作正常时,喷油控制信号电压随时间变化的波形。它是不解体动态检测电控燃油喷射系统的诊断标准。

喷油器的驱动方式有电压驱动和电流驱动两种,其喷油信号波形也不同。

(1)电压驱动式喷油器喷油信号波形。

电压驱动式喷油器的电控系统 ECU 对驱动喷油器的喷油脉冲电压进行恒定控制。在喷油器控制电路中,ECU 控制功率晶体管导通或者截止。导通时蓄电池电压加到喷油器电磁线圈上,喷油器喷油;截止时停止喷油。该喷油器标准喷油信号波形如图4-52a)所示。

(2)电流驱动式喷油器喷油信号波形。

电流驱动式喷油器的电控系统 ECU 对驱动喷油器的电磁线圈电流进行调节控制。在控制电路中,功率晶体管除起基本的开、关作用外,还具有限流功能。在基本喷油时间内,功率晶体管导通,驱动电流不受限制;在加浓补偿喷油时间内,控制驱动电流迅速下降到能维持喷油器处于全开状态的较小值,以免喷油器电磁线圈过热损坏。电流驱动式喷油器标准喷油信号波形如图4-52b)所示。

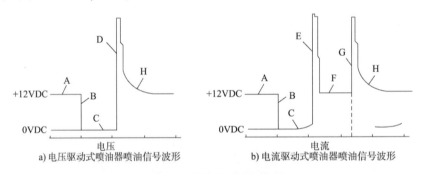

a) 电压驱动式喷油器喷油信号波形　　b) 电流驱动式喷油器喷油信号波形

图 4-52　喷油器标准喷油信号波形

(3)喷油器喷油信号波形各线段的含义。

A 线:喷油器关闭时的系统电压信号,通常为12V。

B 线:ECU 给出喷油信号,喷油器控制回路搭铁和开始喷油的时刻。此时,功率晶体管完全导通,电压迅速下降接近0V。B 线应光滑平顺,无毛刺,否则,说明功率晶体管性能不良。

C 线:喷油器喷油。此时喷油器驱动电路处于饱和导通阶段,由于喷油器控制回路搭铁,波形电压接近0V,喷油器电磁线圈电流由零迅速上升至最大(4A),喷油器针阀迅速全开喷油。对于电压驱动式喷油器,如图4-52a)所示,该波形对应时间为喷油时间,当燃油控制系统能正确控制混合气浓度时,喷油时间将根据发动机工况和氧传感器输出电压发生变化,通常情况下,怠速下的喷油时间为 1～6ms,起动时或最大负荷时的喷油时间一般为 6～35ms。对于电流驱动式喷油器,如图4-52b)所示,该波形对应的时间为基本喷油时间,大约为 0.8～1.1ms。在实际波形中,由于电流增强时喷油器电磁线圈所产生的感应电压的影响,C 线逐渐向右上弯曲也属正常现象。若 C 线波形异常,多是喷油器驱动电路搭铁不良引起。

D 线:喷油信号终止时刻。此时,喷油器控制电路断开,喷油结束,喷油器线圈因电流突变而产生感应脉冲电压。其电压尖峰高度与喷油器线圈匝数、喷油器电流强度有关。线圈匝数越多,电流变化越大,则尖峰电压越高;反之,则尖峰电压越小。通常,D 处的峰值电压不低于 35V。装有稳压二极管保护线路的喷油器,尖峰的顶部应以方形截止,否则说明其峰值电压未达到稳压二极管的击穿电压,其原因可能是喷油器的电磁线圈不良。对电压驱动式喷油器,从喷油开始信号 B 到喷油截止信号 D 所对应的时间即为总喷油时间。

E 线:基本喷油时间结束线,同时也是电流限制起始线。由于在 E 时刻喷油器针阀已达到最大开度,故只需小电流维持喷油器针阀开启,以便转入加浓补偿量喷油。此时 ECU 起动电流限制,减小驱动电路电流。由于电流强度骤减,导致喷油器电磁线圈感应出较高的电压脉冲,其电压脉冲峰值通常与喷油器的阻抗成正比,约为 35V。

F 线:补偿加浓时期。此时,喷油器处于电流限制模式状态,其功率晶体管在不停地截止与导通,使通过喷油器电磁线圈的电流强度约为 1A,喷油器针阀处于开启状态,以使喷油器进行加浓补偿喷油。曲线中的电压与电源电压接近。若波形发生畸变,则表明喷油器功率晶体管不良。

G 线:补偿加浓喷油信号截止时刻,喷油器驱动电路断开。由于电流强度突变,而在喷油器线圈中产生 30V 左右的自感电压脉冲。对电流驱动式喷油器,从喷油开始信号 B 至喷油截止信号 G 所对应的时间就是总喷油时间。

H 线:喷油器针阀关闭,电压从峰值逐渐衰减到电源电压。

3)喷油信号波形诊断

汽车示波器在显示喷油信号波形的同时,可以将喷油脉宽用数字显示。喷油脉宽指喷油信号开始至喷油信号截止所经历的时间,由 ECU 根据各种传感器输送的有关发动机的空气流量、进气歧管压力转速、节气门开度、进气温度、冷却液温度等信号计算确定。喷油脉宽越宽,喷油量越大。当检测得到的喷油脉宽与标准不同时,则表明喷射系统存在故障。通过改变发动机的工作状况、工作条件可以观测喷油信号波形的变化,从而诊断电控燃油喷射系统的故障。诊断方法如下。

(1)首先将示波器的检测线通过专用插头与喷油器的插接器相连,将变速杆置于空挡,再起动发动机运转至正常工作温度。

(2)怠速、高速及加速时观察喷油信号波形。正常情况下,喷油脉宽应随转速提高和节气门开度加大而相应增长。否则,可能是喷油器、燃油喷射控制系统及氧传感器存在故障。

(3)高速稳定运转时,通过改变混合气浓度观察喷油信号波形。当遮盖发动机滤清器或从进气管中加入丙烷使混合气变浓时,若喷油脉宽变窄,以试图对浓混合气进行修正,则系统正常;当拔下发动机某一真空软管使混合气变稀时,若喷油脉宽延长,以试图对稀混合气进行补偿,则系统正常。若混合气浓度变化时,喷油脉宽没变化,则可能是喷油器、燃油喷射控制系统及氧传感器存在故障。

(4)使发动机在 2500r/min 的转速下稳定运转,若可以观察到许多被测波形上的喷油时间在稍宽与稍窄之间来回变换,变换时间范围在 0.25~0.5ms 之间,则说明燃油控制系统能使混合气在正常浓、稀之间转换,喷油器工作正常。若喷油脉宽毫无变化,则可能是喷油器、燃油喷射控制系统及氧传感器存在故障。

发动机在怠速工况检测喷油信号时,其总喷油脉宽变化甚微,这对准确判断 ECU 的加浓补偿功能具有难度。因此,较好的检测方法是按需要确定发动机的运行工况,或在底盘测功机上模拟运行工况来检测喷油信号,这样可以有效地对 ECU 的喷油补偿功能进行全面检测,有利于对电子控制喷油系统的控制作用作出正确的判断。

2. 燃油压力的检测

燃油压力决定喷油器供油压力的高低,直接影响混合气的浓度;同时,通过检测发动机运转时燃油管路内的油压,可以判断电动燃油泵、油压调节器有无故障,汽油滤清器是否堵塞等。电控燃油喷射系统燃油压力可用量程为1MPa左右的专用压力表进行检测,方法如下。

(1)检测前的准备。

①松开油箱上的加油口盖,释放油箱中的蒸气压力,并检查油箱内燃油量,确保燃油量正常。

②释放燃油系统压力。方法为:起动发动机,在发动机运转情况下拔下燃油泵继电器或其线束插接器,使发动机自行熄火,再起动发动机2~3次,直到不能起动着火为止,然后关闭点火开关,接上燃油泵继电器或其线束插接器。

③检查蓄电池电压,蓄电池电压应正常,然后拆下蓄电池负极搭铁线。

④连接专用压力表。有油压检测孔的可直接将油压表接在油压检测孔上,无油压检测孔时,可断开进油管,将三通管接头及油压表安装在系统管路中,如图4-53所示。

⑤重新装上蓄电池负极搭铁线。

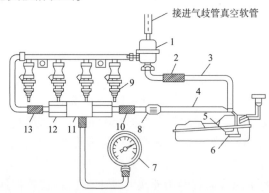

图4-53 多点喷射系统燃油压力检测示意图

1-燃油压力调节器;2、10、13-软管;3-回油管;4-进油管;5-燃油泵;6-燃油泵滤网;7-油压表;8-燃油滤清器;9-喷油器;11-三通管接头;12-管接头

(2)燃油系统静态压力的检测。

①用导线在检测插座上跨接电动燃油泵端子和电源端子。

②打开点火开关而不起动发动机,使电动燃油泵运转。

③检测油压,其压力表读数即为系统的静态燃油压力。

④关闭点火开关,拔掉电动燃油泵检测插座的跨接线。

燃油系统正常的静态油压约为300kPa左右。若油压过低,应检查电动燃油泵工作是否正常、燃油滤清器是否堵塞、燃油压力调节器是否调整不当或损坏,并查看油路有无渗漏;若油压过高,应检查燃油压力调节器是否调整不当或损坏。

(3)发动机运转时燃油压力的检测。

①起动发动机,使发动机怠速运转。

②检测油压,其压力表读数即为发动机怠速运转的燃油压力。

③缓慢踩下加速踏板,在节气门全开时检测油压,其压力表读数即为节气门全开时的燃

油压力。

④发动机怠速运转,拔下燃油压力调节器上的真空软管,并用手堵住,再检测其燃油压力。该压力应和节气门全开时的燃油压力基本相等,通常多点喷射系统压力为250~350kPa。

发动机运转时检测的燃油压力应符合标准。由于不同车型燃油系统的燃油压力不尽相同,因此,检测诊断时应具体参阅各车型的维修手册。若测得的燃油压力过低,则应检查燃油系统有无泄漏,燃油泵滤网、燃油滤清器和燃油管路是否堵塞,若无泄漏和堵塞故障,应检查燃油泵及燃油压力调节器。若测得的燃油压力过高,应检查回油管路是否堵塞,真空软管是否破裂,若回油管路、真空软管正常,则应检查燃油压力调节器是否调整不当或损坏。

(4)燃油系统保持压力的检测。

发动机怠速运转的燃油压力检测结束后,使发动机熄火,5min后再观察油压表指示的油压,此时的压力称为燃油系统的保持压力。保持压力应符合标准。若保持压力很低或等于零,则发动机难以起动或不能起动。燃油系统保持压力一般应大于等于147kPa。若油压过低,则应检查燃油系统油路有无泄漏。若油路无泄漏,则说明燃油泵出油阀、燃油压力调节器回油阀或喷油器密封不良。

(5)油压调节器保持压力的检测。

当燃油系统保持压力低于标准值而怀疑是油压调节器故障引起时,需检测油压调节器保持压力,其检测方法如下。

①用导线在检测插座上跨接燃油泵端子和电源端子。
②打开点火开关而不起动发动机,使燃油泵运转10s左右时间。
③关闭点火开关,拔去燃油泵检测插座上的跨接线。
④夹紧油压调节器回油管上的软管2(图4-53),堵住回油通道。
⑤5min后观察油压表的压力,该压力即为油压调节器的保持压力。

若燃油系统保持压力低于标准,而油压调节器保持压力又大于燃油系统保持压力,说明油压调节器回油阀有泄漏,应更换油压调节器。若油压调节器保持压力仍与燃油系统保持压力相同,则说明燃油系统保持压力过低的原因可能是燃油泵、喷油器、油管有泄漏,应予以检查。

(6)燃油泵最大压力和保持压力的检测。

当燃油系统的保持压力及运转压力低于标准值而怀疑是燃油泵故障引起时,需检测燃油泵的最大压力和保持压力。其检测方法如下:

①夹紧通往喷油器的软管13(图4-53),堵死燃油的输出通道。
②用导线在检测插座上跨接电动燃油泵端子和电源端子。
③打开点火开关而不起动发动机,使燃油泵运转10s左右时间,此时油压表指示的压力即为燃油泵的最大压力。
④关闭点火开关,拔掉燃油泵检测插座上的跨接线。
⑤5min后再观察油压表压力,此时油压表指示的压力即为电动燃油泵的保持压力。

车型不同,燃油泵的最大压力和保持压力标准也不一样。通常燃油泵的最大压力标准为490~640kPa,保持压力应大于340kPa。若实测压力不符合标准,则应更换燃油泵。

二、燃油供给系统电控装置故障诊断

燃油供给系统由燃油箱、燃油滤清器、燃油泵、压力调节器、喷油器、油管等组成。发动机燃油供给系统电控装置主要包括燃油泵控制装置和喷油器控制装置。

1. 燃油泵故障诊断

对于带燃油泵 ECU 的燃油泵(控制电路如图 4-54 所示),其故障诊断方法如下。

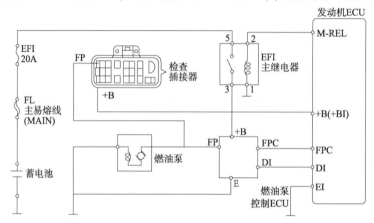

图 4-54 电动燃油泵控制电路

(1)就车检查(带有初始压力控制)。

①用专用导线将燃油泵 FP 和 +B 端子跨接到 2V 电源上。

②点火开关置于"ON",但发动机不起动。

③旋开加油口盖应能听到燃油泵工作声音,进油软管应有压力。否则,应检修燃油泵。

④如燃油泵不工作,应检查燃油泵电路、导线、继电器、易熔线和熔丝有无断路。

(2)电阻检测。

释放燃油系统压力,并关闭用电设备。拆下燃油泵后测量燃油泵两端子 +B—FP 之间电阻(即泵内电机线圈电阻),应为 2~3Ω;而 E—DI 端子间的搭铁电阻为零。用蓄电池直接给燃油泵通电,应能听到燃油泵高速旋转的声音(注意通电时间不能太长)。

(3)电压检测。

检测燃油泵 ECU 各接线端子的电压,应符合规定值,见表 4-13。

燃油泵控制电路电压检测　　表 4-13

测量端红表笔	测量端红表笔	发动机状态	标准电压值(V)
E	搭铁	—	0
DI	搭铁	—	—
FP	搭铁	突然加速	12~14
FP	搭铁	急速	8~10
+B	搭铁	点火开关置"ON"	≈12
FPC	搭铁	急加速至 6000r/min	4~14
FPC	搭铁	急速	2~5

(4)供油压力和供油量检查。

起动发动机,测试燃油压力值。怠速时燃油压力应为 0.19~0.24MPa;正常运转时,燃油压力应在 0.26~0.31MPa 范围内;发动机熄火 5min 后,剩余压力不低于 0.15MPa。在带有汽油滤清器的情况下,燃油泵供油量应为 700~1000mL/min。

2. 喷油器故障诊断

当发动机运转不良可能是因为个别汽缸喷油器不工作或喷油器性能变差引起时,应当对喷油器进行检测诊断。

(1)振动检测。

发动机怠速运转时,检查喷油器工作时的振动情况,检查喷油器针阀的开闭是否正常。

(2)声音检测。

起动发动机运转,待发动机热车后,察听喷油器的工作声音。如果听到喷油器发出清脆而均匀、有节奏的"嗒嗒"振动声,说明喷油器正常;如果喷油器发出的声音很小,很可能是由于针阀卡滞导致喷油器不能正常工作。

(3)电阻检测。

关闭点火开关,取下电动喷油器插头,用万用表测量电动喷油器插接器两接线端间的电阻,电压驱动型高阻抗喷油器阻值应为 12~16Ω(发动机热态时,电阻提高 4~6Ω),电压驱动型低阻抗喷油器阻值为 3~5Ω。电流驱动型的低电阻型喷油器电阻值应为 2~3Ω。

(4)喷油量检测。

用带流量测试功能的喷油器清洗机检测喷油器喷油量,并观察燃油雾化情况。在规定转速下,喷油器喷油量应满足规定值。标准喷油量为 70~80mL/15s,各喷油器的喷油量误差不超过 9mL/15s。检测喷油量后,检查喷油器喷嘴处有无漏油,要求每 3min 漏油不多于 1 滴。

(5)喷油器的信号波形检测。

用示波器对喷油器工作时的信号波形作进一步检查。利用示波器的计算功能,测量不同转速和负荷下喷油器的喷油时间,并与标准值比较,以判断喷油器是否存在故障。同时,将实测喷油器信号波形与标准波形比较,可以快速诊断喷油器、ECU 及燃油控制系统的故障。

3. 油压调节器故障诊断

将油压表接入燃油管路,测量发动机怠速运转时的燃油压力,拆下调节器上的真空软管,系统压力应升高 50kPa 左右,否则,燃油压力调节器有故障,应予以更换。

用导线将电动汽油泵的 2 个检测孔短接。打开点火开关,让电动汽油泵运转 10s,然后关闭点火开关,取下导线。将汽油压力调节器的回油管夹紧,5min 后观察油压,该油压即为汽油压力调节器保持压力。如果压力降低,说明燃油压力调节器有泄漏,应予以更换。

第七节　柴油机燃油供给系统检测与诊断

柴油机工作过程中,燃油供给系统根据柴油机各种工况的需要,将适量柴油在适当的时间并以合理的空间形态喷入燃烧室,即对燃油喷入量、喷油时间和油束的空间形态三方面进行有效控制。其技术状况直接影响燃油雾化和可燃混合气的质量以及燃烧过程的组织,从而对柴油发动机的使用性能有重要影响。

与汽油机相比,由于所采用的燃料和相应燃料供给系统不同,柴油机燃油供给系检测诊断的内容、方法有许多不同之处。

一、柴油机喷油压力波形检测与分析

检测及分析柴油机喷油过程中高压油管中的压力波形与喷油泵凸轮轴转角的对应关系,可诊断柴油机燃油供给系统的技术状况。

1. 油压传感器及其安装

常用压电式油压传感器来获取油压信号,其油压传感器主要有外卡式和串接式两种。

1)外卡式油压传感器的安装

将外卡式油压传感器以一定预紧力卡夹在喷油泵与喷油器之间的高压油管上,如图4-55所示。柴油机工作时,油管在高压油脉冲的作用下产生微小膨胀,挤压外卡式油压传感器内的压电传感元件,产生压电电荷,经分析仪中的电荷放大器放大后输入检测系统进行油压分析。在不解体检测中,常用外卡式油压传感器。

2)串接式油压传感器的安装

拆下高压油管,将油压传感器串接在喷油泵与喷油器之间。柴油机工作时,油压传感器的压电元件直接将高压油管内的油压信号转换为电量信号对外输出。串接式油压传感器灵敏度高,但安装较为复杂。

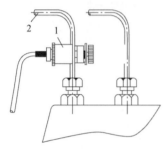

图4-55 外卡式油压传感器及其安装
1-外卡式油压传感器;2-高压油管

2. 高压油管压力波形变化规律

柴油机燃油供给系统正常时,单缸高压油管压力波形在一个供油循环内的变化规律如图4-56所示。由于高压柴油在喷油泵出口到喷油器的油管沿程以波动方式传播,因此,在同一瞬间高压油管内喷油泵端的压力和喷油器端的压力是不同的。整个燃油喷射过程中,高压油管中的压力变化可分为三个阶段。

第Ⅰ阶段为喷油延迟阶段。当喷油泵泵油压力上升到超过高压油管内的残余压力p_r时,燃油进入高压油管,当油压继续升高达到喷油器针阀开启压力p_0时,喷油器才开始向燃烧室喷油,故喷油器实际喷油开始点落后于喷油泵供油开始点,因此,这段时间就称为喷油延迟时间。由于延迟必将导致实际喷油提前角较供油提前角小,为使各缸喷油提前角相等,其喷油延迟时间应均衡。若调高针阀开启压力p_0,高压油管渗漏,出油阀偶件或喷油器针阀偶件不密封导致残余压力p_r下降,以及随意增加油管长度或增加高压油系统的总容积,均会使喷油延迟阶段增长。

第Ⅱ阶段为主喷油阶段。其长短主要取决于柴油机负荷,对于柱塞式喷油泵来说,与柱塞的有效供油行程有关。柴油机负荷越大,供油行程越长,则该阶段就越长。

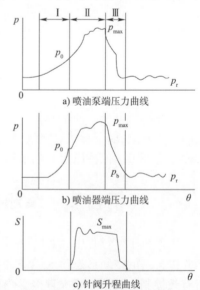

图4-56 高压油管内压力曲线和针阀升程曲线
a)喷油泵端压力曲线 b)喷油器端压力曲线 c)针阀升程曲线

第Ⅲ阶段为自由膨胀阶段。此时喷油泵柱塞的有效行程结束、出油阀关闭,高压油管的压力急剧下降。但由于高压油管的弹性收缩,油管中的压力仍高于针阀关闭压力p_b,燃油会继续从喷孔中喷出。若油管中最大压力p_{max}不足,则自由膨胀阶段会缩短,反之则延长。

由上述分析可见,喷油泵的实际供油阶段为第Ⅰ、Ⅱ阶段,喷油器的实际喷油阶段为第Ⅱ、Ⅲ阶段。当循环供油量一定时,若第Ⅰ阶段延长、第Ⅲ阶段缩短,则喷油器针阀开启所对应的凸轮轴转角减少,喷油量减少;若第Ⅰ阶段缩短、第Ⅲ阶段延长,则喷油量增大。因此,高压油管内压力波形曲线上三个阶段的长短,会对该缸工作性能产生重要影响。对多缸发动机而言,若各缸供油压力曲线上Ⅰ、Ⅱ、Ⅲ段不一致,则对发动机工作性能的影响会更大。

3. 压力波形观测方式

高压油管内的压力波形,可采用全周期单缸波、多缸平列波、多缸并列波和多缸重叠波四种方式进行观测。

(1)全周期单缸波,如图4-57a)所示,指喷油泵凸轮轴旋转360°时某单缸高压油管中的压力变化波形。利用该波形可观测该缸高压油管中的针阀开启压力p_0、最高压力p_{max}、针阀关闭压力p_b和残余压力p_r。

(2)多缸平列波,如图4-57b)所示,是以各缸高压油管中的残余压力p_r为基线,按发火次序把各缸压力波形从左到右首尾相接所形成的波形。利用该波形可比较各缸的p_0、p_{max}、p_b所对应的高度,可确定各缸供油压力的一致性。

(3)多缸并列波,如图4-57c)所示,指把各缸压力波形首部对齐,按发火次序在垂直方向自下而上展开所形成的波形。利用该波形能观测各缸压力波形三阶段面积的大小,可判断各缸喷油量的一致性。

(4)多缸重叠波,如图4-57d)所示,指将各缸压力波形首部对齐重叠在一起所形成的波形。利用重叠波可比较各缸压力波形的高度、长度、面积和各缸p_0、p_{max}、p_b、p_r的一致性。

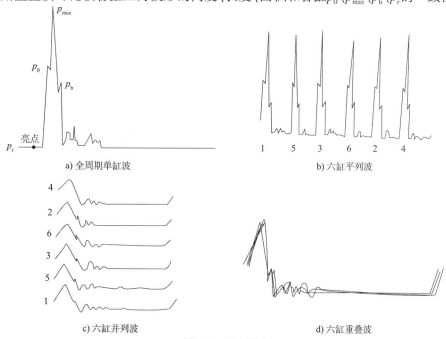

图4-57 压力波形

除了压力波形的观测外,还可进行针阀升程波形的观测。针阀升程是判断实际喷油情况的重要参数。针阀升程波形检测主要用于观测喷油器有无二次喷射、间断喷射和停喷等故障。观测针阀升程波形时,应拆下所测缸喷油器的回油管,并旋入针阀传感器。当传感器触杆被顶起时,把传感器锁紧,使发动机在中等转速下运转,按使用要求通过按键选择,使屏幕上出现六条并列线,被测缸的针阀升程波形则会显示在屏幕上相应并列线上,如图4-58所示。必要时,可把该缸针阀升程波形和压力波形同时显示在屏幕上,以使对照观测。

4. 压力波形检测与分析

采用柴油机专用示波器和发动机机综合测试仪等,均能在柴油机不解体情况下,检测各缸高压油管中的压力波形和喷油器针阀升程波形。

检测时,检测仪经预热、自校调试后,把串接式油压传感器按使用要求安装在喷油泵与喷油器之间或把外卡式油压传感器按要求卡在高压油管上。使发动机在检测工况下运转(一般转速为800~1000r/min),按使用说明书的要求通过按键选择,屏幕上即可出现被测发动机的高压油管压力波形。

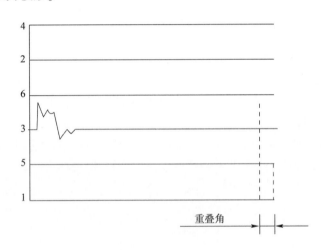

图4-58 针阀传感器安装在3缸喷油器上的针阀升程波形

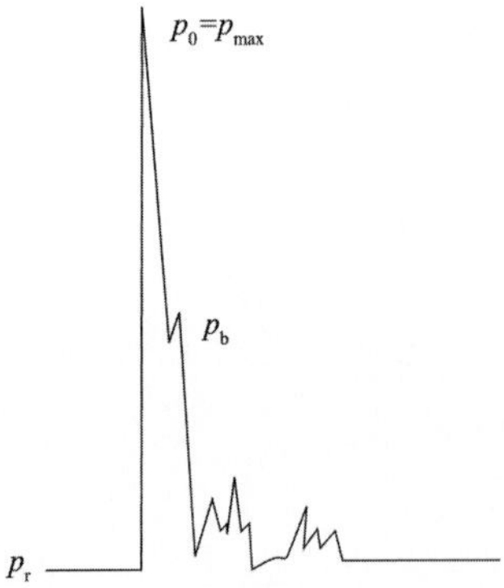

1)高压油管内的瞬态压力检测与分析

使柴油机以800~1000r/min的转速稳定运转,通过选择使示波器屏幕上显示出稳定的被测缸的全周期单缸波,调节示波器上的电位器,使亮点沿全周期单缸波形移动,如图4-57a)所示,亮点所在位置的瞬态压力由示波器指示出来。由此可分别测出高压管内喷油器针阀开启压力p_0、关闭压力p_b、最大压力p_{max}和残余压力p_r。当发动机空转且循环供油量很小时,有时p_0与p_{max}相等,即针阀开启压力等于油管内最大压力,如图4-59所示。

图4-59 循环供油量很小时的全周期单缸波

各缸压力波形曲线上观测到的最大压力p_{max}、针阀开启压力p_0、针阀关闭压力p_b和油管中的残余压力p_r应基本相等,并符合规定要求。若供油压力低于规定值时,应在喷油器试验台上对喷油器进行调试。

2)各缸供油量一致性检测与分析

在各缸压力p_0、p_{max}、p_b、p_r基本一致的前提下,可通过波形比较来检测各缸供油量的一致性。波形比较时,先把发动机转速调整至中、高速,然后利用并列波或重叠波比较各缸油压波形的一致性。若波形三阶段的重叠均较好,则说明各缸供油量比较一致;若某一缸波形窄,则说明该缸供油量小;若某一缸波形宽,则说明该缸供油量大。

3)针阀升程波形检测与分析

观测针阀升程波形可对针阀开启、关闭时刻是否正确作出判断。由于喷油器隔次喷射、二次喷射、针阀"咬死"不喷射或喷油泵不供油引起的不喷射、针阀抖动等都会反映在针阀升程波形中,因此,根据针阀升程波形还可以对上述异常喷射现象作出正确判断。其中,隔次喷射或不喷射在喷油量较小的怠速或低速情况下发生较为频繁。此时,压力波形峰值p_{max}和残余压力p_r均发生变化,针阀升程波形表现为时有时无或升程时大时小。

4)各缸供油间隔检测与分析

利用发动机综合性能分析仪示波器检测各缸供油间隔时,应在观测针阀升程波形之后接着进行,仍保持原来的操作键位。观测时,通过操作使屏幕上的并列线首端与屏幕左边的横标尺零线对齐,而尾端处于屏幕右边横标尺的60°(喷油泵凸轮轴转角)左右。读取各线所占屏幕横标尺度数,即为各缸实际供油间隔。若各并列线的长度不相等,其中最短并列线与最长并列线之间的重叠区所占凸轮轴转角,称为喷油泵重叠角,如图4-58所示。重叠角以接近零为好,即各缸供油间隔的误差越小越好。

6缸柴油机的各缸供油间隔为60°凸轮轴转角,而4缸、8缸柴油机的各缸供油间隔分别为90°和45°凸轮轴转角。各缸供油间隔之差也可以用曲轴转角表示。根据规定,实际供油间隔与标准供油间隔相比,其误差应在±0.5°曲轴转角的范围内。如果各缸供油间隔不符合要求,可调整喷油泵柱塞与滚轮之间的调整螺钉高度或更换不同厚度的调整垫块。

5)典型故障波形

把所测压力波形与供油压力波形比较,可判断喷油泵或喷油器故障。下面介绍几种典型的故障波形,如图4-60所示。

(1)供油压力过低。

供油压力过低故障波形如图4-60a)所示。故障原因:喷油泵柱塞弹簧折断或其他原因而使喷油泵不泵油或泵油很少,导致高压油管内压力过低;喷油器针阀在开启位置"咬死"不能落座关闭,高压油管内同样不能建立起足够高的供油压力。

(2)喷油器不喷油。

喷油器在关闭位置不能开启时燃油不能喷出,其故障波形如图4-60b)所示。产生该故障的主要原因是针阀开启压力调整过高或喷油器针阀被高温烧蚀而"咬死",此时喷油泵正常供油但喷油器不喷油,反映在油压波形曲线上,则曲线光滑无抖动。

(3)喷油器喷前滴漏。

产生喷前滴漏的主要原因是喷油器针阀密封不严,或者针阀磨损过度,或者脏物粘在针阀密封表面。在油压波形曲线上表现为压力上升阶段有多余抖动点,如图4-60c)所示。

(4) 高压油路密封不严。

喷油泵的出油阀密封不严或高压油管及接头有渗漏导致高压油路密封不严时,油压波形曲线残余压力部分呈窄幅振抖并逐渐降低,如图4-60d)所示。

(5) 隔次喷射。

隔次喷射指某次喷射后,油管内残余压力低,而下次初级供油量又很小,高压油管中产生的油压不足以使喷油器针阀开启,于是燃油储存在油管中,直到第2次供油时针阀才开启,使两次供油一次喷出。隔次喷射一般在供油量较小、喷油器弹簧压力较高时发生。在油压波形曲线上表现为残余压力部分上下抖动,如图4-60e)所示。

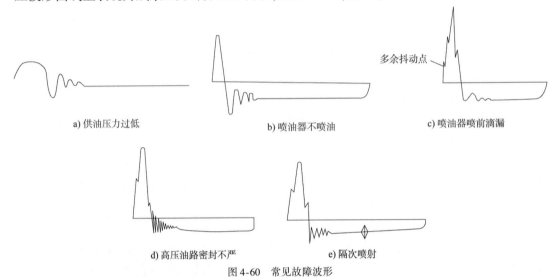

图 4-60 常见故障波形

二、柴油机供油正时检测

供油正时指喷油泵正确的供油时刻,可用供油提前角表示。供油提前角则指喷油泵的柱塞开始供油时,该缸活塞距压缩行程上止点所对应的曲轴转角。供油提前角对柴油机工作过程影响很大,其最佳值应能在供油量和转速一定的情况下获得最佳动力性和燃油经济性。供油提前角检测的常用方法有缸压法和频闪法二种。

1. 缸压法检测供油提前角

使用发动机综合性能检测仪,采用缸压法可快速检测发动机 I 缸或某缸的供油提前角。其基本原理是:用缸压传感器确定某缸压缩压力最大点(即该缸活塞上止点),用油压传感器确定该缸的供油时刻,二者之间所对应的曲轴转角即是该缸供油提前角 θ_1,如图4-47 所示。

缸压法检测供油提前角的步骤如下:

(1) 拆下所测缸的喷油器,并在其座孔上安装缸压传感器。

(2) 把油压传感器按要求串接在所测缸的喷油器和高压油管之间,使喷油器向外喷油。

(3) 起动发动机,使发动机转速稳定在规定转速(800~1000r/min)。

(4) 根据仪器使用说明书操作仪器,在屏幕上显示出所测缸供油提前角的检测值。

若供油提前角不符合要求,则应对其进行调整直至符合原厂规定。

2. 频闪法检测供油提前角

在频闪原理基础上制成的柴油机供油正时仪,其组成、工作原理和使用方法与汽油机点火正时仪基本相同,只是正时灯获取触发信号的传感器不同。其检测步骤如下。

（1）将供油正时仪的油压传感器串接于Ⅰ缸高压油管与喷油器之间或外卡于高压油管上。

（2）起动发动机,并使发动机在规定转速运转。

（3）打开正时仪,用正时灯对准Ⅰ缸压缩终了上止点标记,则发动机高压油管的油压脉冲信号转变为电信号,触发正时灯闪光(闪光一次,则Ⅰ缸供油一次,二者具有相同频率)。

（4）调整正时仪检测供油提前角。

当正时灯按实际供油闪光时,若被照耀的转动飞轮或曲轴带轮上的供油提前角标记位于固定标记之前,则说明Ⅰ缸供油时活塞尚未到达上止点,有提前角。此时,调整正时灯上的电位计,使闪光时刻延迟到转动部件上的供油提前角标记与固定标记对准,如图4-61所示。则闪光延迟的曲轴转角即为供油提前角,其提前角数值由正时仪指示装置予以显示。

Ⅰ缸供油提前角检测出来后,如果按工作顺序各缸供油间隔相等,则各缸的供油提前角均等于Ⅰ缸供油提前角。因此,必须检测各缸间的供油间隔,以确定各缸的供油提前角是否符合要求。柴油机的供油提前角应符合原厂规定。

图4-61 喷油泵Ⅰ缸开始供油记号

三、电子控制柴油喷射系统检测与诊断

柴油机共轨电控柴油喷射系统是建立在直喷技术、引燃喷射技术和电控技术之上的一种新型供油系统。共轨电控柴油喷射系统结构复杂,当其出现故障时诊断难度较大。

1. 共轨电控柴油喷射系统技术状况检测

共轨电控柴油喷射系统的技术状况可以用燃油喷射压力、喷油量、喷油提前角和喷油持续时间等评价。以下以BOSCH公司的共轨柴油电控喷射系统为例,介绍共轨电控柴油喷射系统技术状况的检测方法。

1）喷油压力测试

进行喷油压力测试时,起动发动机并改变节气门开度,使发动机转速变化。

（1）示波器测试燃油压力控制阀端子间信号波形(占空比方波),并测试输出信号电压波形(图4-62)。

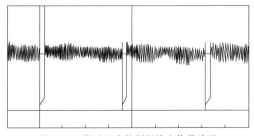

图4-62 燃油压力控制阀输出信号波形

(2)用故障诊断仪读取数据流,分析不同燃油压力(50MPa、80MPa、120MPa)下控制信号的占空比,并与表4-14所列标准值进行对比。

占空比标准值　　　　　　　　　　表4-14

燃油压力(MPa)	50	80	120
占空比(%)	42.8	35.7	14.5

(3)检测固定的控制频率值,应为260Hz(周期T为3.87ms)。

(4)使用故障诊断仪进行进气压力空气流量及进气温度数值设置,然后改变发动机转速,测试在发动机不同负荷下的喷射压力。

测量数据应符合如下规律:发动机进气量和转速一定时,负荷增大,燃油压力应增大;当进气温度和转速一定时,进气量增大,燃油压力应增大;当进气量一定时,转速增大,燃油压力应增大。

2)喷油量测试

ECU随发动机运行工况变化调整燃油喷射量。减速时,切断燃油喷射;发动机温度超过105℃时,减少燃油喷射量;通过切断燃油喷射或降低燃油压力,使发动机转速降至5000r/min;发动机转速超过5400r/min时,切断低压电动油泵和喷油器电路。测试步骤如下。

(1)起动发动机,检测发动机转速为5000r/min时是否断油。

(2)踩下加速踏板,检测发动机转速超过5400r/min时燃油泵是否工作。

(3)松开加速踏板,检测减速时是否断油。

(4)观察示波器上的燃油喷射控制信号。

用示波器检测喷油器1、2号端子间的信号波形,发动机转速为1000r/min时,示波器显示的喷油器预喷射和主喷射波形如图4-63所示。燃油分为两次喷射,主要为了降低燃烧噪声和炭烟排放。同时,预喷射与主喷射间安排恰当时间间隔,可以有效减少氮氧化物产生。

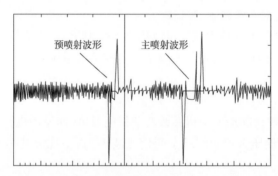

图4-63　喷油器预喷射和主喷射信号波形

3)喷油脉宽测试

在BD850油泵试验台上进行喷油试验。柴油机在急速工况下的喷油器脉宽(带预喷射)实测控制信号如图4-64所示,共轨压力为50MPa的喷油量随喷油脉宽的变化如图4-65所示。

4)喷射提前角和喷油时间测试

使用故障诊断仪检测预喷射和主喷射的喷油提前角和喷油时间(喷油量)。当发动机工作温度为95℃时,发动机在不同转速下的喷油提前角和喷油时间见表4-15。试验表明:随着发动机转速提高,预喷射、主喷射提前角加大,预喷射、主喷射之间的时间间隔缩短。

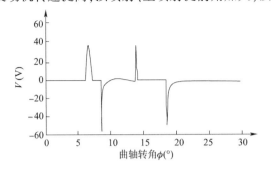

图4-64　怠速时喷油脉冲实测信号

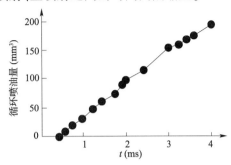

图4-65　喷油量随喷油脉宽的变化规律(50MPa)

发动机在不同转速下的喷油提前角和喷油时间　　　　表4-15

发动机转速	喷油提前角(°)		喷射时间(ms)	
(r/min)	预喷射	主喷射	预喷射	主喷射
1000	22.2	3.70	0.26	0.75
2000	35.6	5.38	0.183	0.65
3000	41.02	7.62	0.14	0.54

2.燃油输送子系统主要部件故障诊断

1)电动燃油泵故障诊断

电动燃油泵安装在燃油箱的外面,提供250kPa的泵油压力,最大供油流量为180L/h。电动燃油泵由ECU控制,当点火开关被打开,ECU将控制燃油泵继电器向燃油泵供电,如果发动机在9s内没有起动,油泵电源将被切断。

(1)在车检查。

①接通点火开关,用备用10A熔断丝将燃油泵诊断插座两端子短接,注意倾听电动燃油泵有无运转声。

②如果听不到燃油泵运转声,则检查进油软管处有无压力。

③如果既无运转声又无压力,说明燃油泵未工作,应检查燃油泵控制电路。如果控制电路正常,说明燃油泵有故障,应进行修理或更换。

④起动发动机时,电动燃油泵的LED灯应点亮。用万用表分别测量油泵各端子间的电压,应符合规定值(一般为蓄电池电压)。

(2)压力测试。

①将油压表接在燃油管路上,使发动机怠速运转,查看油压表读数,压力值应符合规定。

②拔下燃油压力调节器上的真空软管,查看油压表读数,其压力值应符合规定。

③断开点火开关,使发动机停转,10min后查看油压表读数,压力值降低不应超过100kPa。

如果测得值与规定值不符,应检查燃油压力调节器和燃油滤清器是否有故障。如正常,说明燃油电动泵有问题,应修理或更换。

(3)供油量测试。

①断开点火开关、拆下回油管,并将导管端的回油管插入量杯内。

②用备用 10A 熔断丝将燃油泵诊断插座两端子短接,接通点火开关,使燃油泵运转 30s 左右,查看量杯内燃油量。

如果测得值与正常值不符,应检查燃油泵滤网和燃油滤清器是否堵塞。否则说明燃油泵有故障,应进行修理或更换。

2)燃油滤清器故障诊断

燃油滤清器位于发动机舱一侧,滤清器总成上还包括燃油温度传感器、燃油阻塞传感器和水分传感器等,分别监测柴油油温、滤清器是否阻塞、燃油中是否有水分。

柴油中混有水分或滤清器阻塞时,仪表板上的警示灯发出警示,此时应尽快排除故障。否则,由于燃油中混有水分或滤芯阻塞,高压共轨中的器件会很快损坏。当滤芯阻塞且警告灯点亮时,高压油泵的安全阀开始工作,高负荷下工作的发动机会停机。此时,应保持较低发动机转速和小负荷,行驶到最近的维修站进行维修。

诊断燃油滤清器故障时,首先拆下燃油滤清器,检查进油管接头口是否通气。若不通气或阻力很大,说明燃油滤清器被堵塞,应进行更换。

3. 共轨压力控制子系统故障诊断

共轨压力控制子系统包括共轨压力控制阀(PCV)、高压油泵、共轨组件、电控喷油器、压力限制阀、流量限制阀等。

1)喷油泵故障诊断

若喷油泵输出燃油压力不正常,可能故障部位为柱塞偶件、出油阀偶件。

(1)柱塞与柱塞套的检查。

①检查柱塞与柱塞套的滑动性能。将柱塞与柱塞套保持与水平线成 60°左右角度的位置,从几个方向拉出柱塞,能自动慢慢滑下即为合格。

②检查柱塞与柱塞套的密封性能。堵住柱塞套顶上和侧面的进油孔,拉出柱塞,应感觉到有显著的吸力;放松柱塞时,能立即缩回原位即为合适。

③检查柱塞控制套缺口与柱塞下凸块的配合间隙,若超过 0.08mm,则必须进行修整或更换。

④检查柱塞与柱塞套摩擦面的磨损或刮伤情况,如不符合要求,应予以成套更换。

(2)出油阀及阀座的检查。

①出油阀及阀座密封性检查。堵住出油阀下面的孔,将出油阀轻轻从上向下压。当离开出油阀上端时,如能自行弹回,即为良好。

②若出油阀及阀座磨损过甚或有伤痕,应予以成套更换。

③弹簧镀层脱落和表面磨损、裂纹等,应予以更换;弹簧上下座应平整。柱塞下端凸缘的顶面与弹簧下端的下表面之间应有一定的间隙。若无间隙,应更换。

(3)其他检查。

①挺柱的检查。检查挺柱与泵体座孔和其他有关零件的配合间隙和磨损情况,间隙超过规定或磨损过度时,应修理或更换。

②凸轮轴及轴承的检查。检查凸轮轴弯曲度,如超过 0.05mm 时,应冷压校正。检查凸

轮轴安装油封处的轴颈,如磨损过度,且深度超过 0.10mm 时,须修复或更换。检查滚球轴承外径与轴承盖和调速器轴承座孔的过盈配合,如松动,可更换或修复。

2)电控喷油器故障诊断

电控柴油喷射系统使用的喷油器由孔式喷油嘴、液压伺服系统、电磁阀组件构成。

(1)电磁阀诊断方法。

①电磁线圈电阻检测。用万用表检查喷油器电磁阀电磁线圈的电阻值,一般应为 0.3~1.0Ω,如不满足规定则说明电磁线圈断路或短路。

②电磁阀衔铁动作检查。电控喷油器的喷油量及喷油正时均由电磁阀的通电时刻决定,因此,必须对电磁阀中的电磁线圈的技术状况进行检查。

当电磁阀正常工作时,即衔铁运动时,电磁阀的等效电感变小,电磁阀驱动电流升到一定值后上升速度明显加快,有一个明显的拐点,该点即为电磁阀衔铁动作的时刻。当电磁阀的衔铁不运动时,电磁阀的等效电感不变,驱动上升速度没有明显变化。因此,通过检测电磁阀驱动电流变化率,可以检测电磁阀衔铁是否正常吸合,如图 4-66 所示。

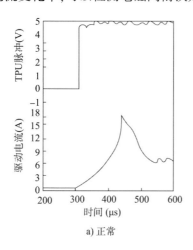
a) 正常

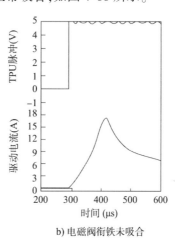
b) 电磁阀衔铁未吸合

图 4-66　不同情况下电磁阀驱动电流波形

线束连接不好或电磁阀线圈断裂等均会造成电磁阀驱动回路断路。当此故障发生时,即使电磁阀驱动电路正常工作,也会由于没有形成电流回路,电磁阀中的驱动电流为零,电磁阀不工作。

(2)喷油器诊断方法。

电控喷油器应在专用试验器上检查与调整。试验器由手压泵、储油罐及压力表构成。

①喷油压力测试。以 60 次/min 的速度按压试验器手柄,观察喷油器喷油过程中压力表上的读数。各缸喷油器的喷油压力应相同,并应符合制造厂的规定。

②密封性检查。按压手压泵手柄到压力上升至 16.0MPa,然后,以约 10 次/min 的速度均匀按压手柄直到压力上升至 17.2MPa,开始喷油。这段时间内喷孔允许有微量的潮湿,但不允许有滴油现象,否则表明锥面密封不佳。以低于标准喷油压力 2.0MPa 的油压保持 20s,喷油嘴端部不得有滴漏和湿润现象。也可以用油压降落(如从 20MPa~18MPa)的速度来反映油针与喷油嘴圆锥接合部的密封性。

③喷油器喷油质量检查。在标准压力范围内时,以 60~70 次/min 的速度摇动手柄,喷射出来柴油应是锥角适当的均匀雾状油束,没有油流或油滴。

3) 压力控制阀故障诊断

压力控制阀控制共轨系统的压力,其开启压力应在专用试验器上测试。当共轨系统压力变化时,压力控制阀的工作情况如图 4-67a)所示。开启压力通常在 140~230MPa 范围内变化,调压阀开启压力的测试结果如图 4-67b)所示。

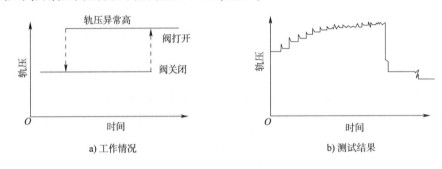

a) 工作情况   b) 测试结果

图 4-67　压力控制阀工作情况和测试结果

4) 共轨组件故障诊断

共轨组件包括共轨本身和安装在共轨上的高压燃油接头、共轨压力传感器、压力限制阀、连接共轨和喷油器的流量限制阀等。

(1) 故障诊断方法。

①压力传感器输出信号电压测试。发动机工作时,根据燃油压力不同,压力传感器输出的信号电压在 0.5~4.5V 之间变化。

②限压阀开启压力测试。限压阀控制共轨中的油压,压力过高时开启油孔卸压,其开启压力应符合规定,一般为 150MPa。

(2) 注意事项。

①禁止自行拆卸轨压传感器,有泄漏的危险。

②高压油轨是敏感的液压元件,禁止敲击、碰撞,对油轨上的部件传感器、限压阀、流量限制阀等部件严禁拆卸。

③高压油轨是高精度的部件,对清洁度有严格要求,所有油管接头的保护套在运输、搬运、库存过程必须完好无损,只能在装配前拆封。

④禁止用任何液体或气体清洗或冲刷高压油轨部件。

4. 电子控制系统故障诊断

电子控制系统包括传感器、ECU 和执行机构等。高压共轨喷油器的喷油量、喷油时间和喷油规律除了取决于柴油机的转速、负荷外,还与众多因素有关,如进气流量、进气温度、冷却液温度、燃油温度、增压压力、电源电压、凸轮轴位置、废气排放等,必须采用相应传感器,采集相关数据。有关传感器故障诊断方法与电控汽油喷射系统的传感器相似。

1) 转速传感器故障诊断

转速传感器是磁感应式传感器,安装在飞轮上部。其检测方法如下:

①拔下转速传感器插头,用万用表测量接头端子间电阻,测试结果应符合规定,一般为

1100～1600Ω,否则,应更换转速传感器。

②如转速传感器电阻符合规定,但转速控制不良,则应检查插头至 ECU 的线束是否短路或断路。如没有问题,更换燃油喷射系统 ECU。

2)凸轮轴位置传感器故障诊断

凸轮轴位置传感器位于凸轮轴皮带轮后端,其检测方法如下:

①检查接线和位置传感器是否对地短路。用万用表检查其两端电阻值,额定值为 1.2kΩ。

②发动机停止运转时,拔出位置传感器目测,如果传感器有机械损坏,则应更换。发动机停止时,压下速度(位置)传感器,直至限制位置停止,进行功能检查。

③连接传感器和发动机 ECU 接口,进行功能检查。

其他传感器和电控单元的故障诊断方法可参考本章第二节有关内容。

第八节 发动机润滑系统检测与诊断

发动机工作过程中,发动机润滑系统连续不断地把数量足够、温度适当的洁净机油输送到全部传动件的摩擦表面,并在摩擦表面间形成油膜,实现液体摩擦,从而减小摩擦阻力,降低功率消耗,减轻机件磨损。其技术状况对于保障发动机正常工作、延长使用寿命非常重要。发动机润滑系统主要由机油泵、机油滤清器、机油散热器和各种油阀构成,润滑系统检测的主要参数为:机油压力、机油消耗量和机油品质。这些参数既可表征润滑系的技术状况,又可反映曲柄连杆机构有关配合副的技术状况。

一、机油压力检测

润滑系统的机油压力值可在汽车仪表板上的机油压力表上显示出来,但该方法不能保证必要的测量精度,在定期检测时应采用专用检验油压表。测量方法如下。

(1)拔下机油压力传感器的线束插头,拆下机油压力传感器。

(2)将机油压力表的接头拧入安装机油压力传感器的螺孔中,并拧紧接头。

(3)起动发动机,检查机油压力表接头处有无漏油。如有漏油,需熄火后重新拧紧接头。

(4)起动发动机使其在规定转速下运转,此时油压表上的指示值即为润滑系统的机油压力。

在正常转速范围内,若发动机技术状况正常,汽油机机油压力应为 196～392kPa,柴油机机油压力应为 294～588kPa。如发动机机油压力在中等转速下低于 147kPa,在急速转速下低于 49kPa,则发动机应停止运转并检查润滑系统。

二、机油消耗量检测

汽车正常使用时,发动机机油消耗量并不大。磨损小、工作正常的发动机机油消耗量为 0.1～0.5L/100km,发动机磨损严重时可达 1L/100km 或更多。

测定机油消耗量时只需将汽车行驶一定里程(1000～1500km)后机油的实际消耗量(L)换算为汽车每百公里的平均机油消耗量(L/100km)即可。常用的检测方法为油标尺测定法和质量测定法。

1. 油标尺测定法

测试前,汽车置于水平地面上,预热发动机至正常温度后停机,将机油加至油底壳规定的液面高度,然后在油尺上清晰地划上刻线,以记住这一油面位置。其后汽车投入实际运行,当汽车行驶若干里程后,停止运行,仍置汽车于原地点,按原测试条件,向油底壳内加入已知量(质量或体积)的机油,使油面仍升至油标尺上的原刻线,所加油量即为机油消耗量,此时再根据汽车行驶的里程即可算出每100km所消耗的机油量。

2. 质量测定法

预热发动机至正常温度后停机,在水平路面上打开油底壳放油螺塞,放出油底壳内的机油,至机油由流变成滴时,拧上油底壳放油螺塞,并将已知质量的机油加入油底壳至规定的液面,使汽车投入实际运行。汽车行驶若干里程后,按同样的测试条件,放出油底壳内的在用机油,至机油由流变成滴时,拧上油底壳的放油螺塞,并称出其质量。加入和放出的机油质量之差即为机油消耗量,此时再根据汽车行驶的里程即可算出每100km所消耗的机油量。

三、机油品质检测与分析

机油品质检测与分析的方法有机油不透光度分析法、介电常数分析法和滤纸油斑试验法等。机油不透光度分析法、介电常数分析法仅能检测润滑油的污染程度,不能反映机油清净性分散剂的消耗程度及性能,也难以判断引起机油污染的杂质种类。滤纸油斑试验法可快速测定机油污染程度和清净性添加剂消耗程度及性能,在实际中应用最为广泛。

1. 滤纸油斑试验法测试原理

把使用中的机油按规定要求滴在专用滤纸上,油滴逐渐向四周浸润扩散,最终形成中央有深色核心的颜色深浅不同的多圈环形油斑,如图4-68所示。若机油所含杂质的浓度、粒及清净分散能力不同,所形成油斑的每一环形区域的颜色深浅亦有不同。如果机油中杂质粒度小,且清净分散剂性能良好,则杂质颗粒就会扩散到较远处,中心区与扩散区的杂质浓度及颜色深浅程度差别较小。若机油中杂质粒度大,且清净分散剂性能丧失,则机油中杂质就越来越集中于中心区,中心区与扩散区的杂质浓度和颜色深浅度的差别也就越大。因此,油斑上中心区杂质浓度反映机油的总污染程度,而中心区单位面积的杂质浓度与扩散区单位面积杂质浓度之差可反映机油中清净分散剂的清净分散能力。

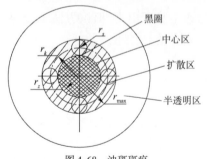

图4-68 油斑斑痕

为了比较中心区杂质浓度和扩散区杂质浓度,根据试验确定中心区中心圆半径 r_z,一般应略小于中心区平均尺寸。同时在扩散区上确定四个均匀分布的半径为 r_s 的小圆,其圆心都在 $r_z \sim r_{max}$ 间同心圆半径为 r_k 的圆周上,四个小圆的面积之和等于中心圆的面积。即:

$$\pi \times r_z^2 = 4 \times \pi \times r_s^2 \tag{4-13}$$

设中心区杂质平均浓度为 δ_1,扩散区杂质平均浓度为 δ_2。定义清净性系数 D_d 为:

$$D_d = \frac{\delta_1 - \delta_2}{\delta_1 + \delta_2} \tag{4-14}$$

定义清净性质量系数 Δ 为：

$$\Delta = 1 - D_d = \frac{2\delta_2}{\delta_1 + \delta_2} \tag{4-15}$$

当 $\delta_1 = \delta_2$ 时，$D_d = 0$，$\Delta = 1$，表示机油的分散清净性极好；$\delta_2 = 0$ 时，$D_d = 1$，$\Delta = 0$，表示机油的分散清净性极坏。因此，机油的分散清净性用 $0 \sim 1$ 间的数字表示。

2. 滤纸油斑测试方法

油斑中心区和扩散区的杂质浓度可用两区域的透光度评价。透光度越大，则杂质浓度小，机油污染程度低；反之则杂质浓度大，机油污染程度高。测试两区域透光度所采用的滤纸油斑检验光度计原理如图4-69所示。

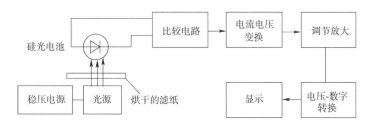

图 4-69 滤纸油斑检验光度计框图

测试时，从发动机正常热工况下取出油样放入试管，用规定尺寸的滴棒（直径2mm，长度150mm尖端光滑的金属棒）插入试管油面下一定深度，取出滴棒后，把机油滴在专用滤纸上，形成油斑并置于烘干箱中保温以加速油滴扩散。待油滴扩散终了滤纸烘干后，把滤纸放在光度计测试平台上压紧，光电池制成的传感器正对油斑。光源发出的光线通过油斑滤纸照在光电池上，光电池产生的电压经放大处理后，在显示器上显示检测结果。

仪器标定时，光线完全通过，不透光度为0，杂质浓度 δ 和污染系数 O 为0；光线被完全阻挡时，不透光度为100%，杂质浓度 δ 和污染系数 O 为100%。这样，测出的清净性质量系数 Δ 和污染系数 O 的值均在 $0 \sim 1$ 之间。当中心区和扩散区的不透光度无差别时，$\Delta = 1$，测出的 Δ 值越大，表示机油的分散清净性越好；而污染系数 O 越小，表示机油的污染程度越小。

关于清净性质量系数 Δ 和污染系数 O 的诊断标准，则应通过试验确定。即利用大量达到换油污染程度的机油油样实际测定 Δ 和 O 的值，然后经统计分析合理确定其许用值。或者把滴定好的滤纸斑点图谱与标准滤纸斑点图谱对比分析，即可对在用机油品质作出判断。

四、发动机润滑系统常见故障诊断

1. 机油压力过高

1) 故障现象

在正常温度和转速下工作时，压力表指示的机油压力值超过规定值。

2) 故障原因

机油黏度过大；限压阀技术状况不良或调整不当；汽缸体内通往各摩擦表面的分油道堵塞；发动机曲轴主轴承、连杆轴承、凸轮轴轴承间隙过小；机油压力表或机油压力传感器不良或失效。

3) 故障诊断方法

(1) 机油黏度检查。

抽出机油尺,凭经验判断机油黏度大小,若黏度正常则进行下步检查。

(2) 机油压力表及传感器检查。

换用新机油压力表及机油压力传感器,使发动机运转,并查看压力表显示的机油压力值是否正常。若机油压力正常,则说明原机油压力表或机油压力传感器失效;若机油压力值仍高,则进行下步检查。

(3) 机油限压阀检查。

如机油限压阀安装在发动机外表,则直接拆检限压阀,必要时更换限压阀元件,并重新调整限压阀后进行试车。若机油压力正常,则说明原限压阀技术状况不良或调整不当;若机油压力仍高,则故障原因可能是缸体内通往各摩擦表面的分油道堵塞。对于新车或刚大修竣工的发动机,故障原因可能是主轴承、连杆轴承和凸轮轴轴承的间隙过小。如机油限压阀在发动机内部,则限压阀的检查调整需要拆除发动机油底壳。

2. 机油压力过低

1) 故障现象

在正常温度和转速下工作时,压力表指示的机油压力值低于规定值,或油压报警蜂鸣器报警、油压报警指示灯点亮。

2) 故障原因

油底壳内机油不足;机油黏度低于规定值;限压阀技术状况不良或调整不当;机油泵磨损严重,使供油压力过低;机油集滤器堵塞;机油管接头松动或油管破裂;机油粗滤器堵塞;曲轴主轴承、连杆轴承、凸轮轴轴承间隙过大;机油压力表及其传感器失效,或油压报警指示装置失效。

3) 故障诊断方法

(1) 机油量检查。

用机油尺查看油面高度,检查机油量。若正常,则进行下步检查。

(2) 机油黏度检查。

用拇指和食指蘸少许机油,两指拉开,两指间应有 2~3mm 的油丝,否则,表明机油黏度过小,应更换机油。若黏度正常则进行下步检查。

(3) 油压传感器及其机油压力表检查。

拆下机油压力传感器并起动发动机(时间不宜长),若喷出机油的量多且有力,则故障原因是油压传感器及其机油压力表失效,或油压报警指示装置失效,可用新配件进行置换来确诊故障;若喷出机油的量少而无力,则进行下步检查。

(4) 机油滤清器检查。

检查机油粗滤器滤芯是否脏污或严重堵塞,及粗滤器旁通阀是否堵塞不能开启。如有故障,则更换滤芯或机油滤清器进行试车检查。此时,若机油压力正常,则说明原机油滤清器堵塞了油路;若机油压力仍低则进行下步检查。

(5) 机油限压阀检查。

如机油限压阀安接在发动机外表,则直接拆检限压阀,必要时更换限压阀元件,并重新调整限压阀后进行试车。若机油压力正常,则说明原限压阀技术状况不良或调整不当;若机油压力仍低,则故障原因可能是机油泵磨损严重,集滤器滤网堵塞,机油管路泄漏,曲轴主轴承、连杆轴承、凸轮轴轴承的间隙过大,应拆除油底壳后进行检查确定。如机油限压阀在发动机内部,则限压阀的检查调整也需拆除发动机油底壳。

3. 机油消耗过多

1) 故障现象

机油消耗率超过正常值,排气管冒蓝烟。

2) 故障原因

活塞与缸壁磨损严重,间隙过大;活塞环装配不当,如锥面环、扭曲环上下方向装反,活塞环安装时有对口现象;活塞环的端隙、背隙及边隙过大,活塞环弹力不足;气门导管磨损过甚,气门杆油封损坏;曲轴箱通风不良;油底壳、气门室盖漏油,润滑系统有关部件向外部渗漏;气压制动汽车空气压缩机的活塞与缸壁间的间隙过大。

3) 故障诊断方法

(1) 泄漏检查。

检查发动机外部是否漏油,应特别注意有无漏油痕迹,重点检查主要漏油部位,如曲轴前端和后端,凸轮轴前端和后端等。

(2) 曲轴箱通风装置检查。

若发动机汽缸盖罩、气门室盖、油底壳衬垫和发动机前后油封等多处有机油渗漏,应重点检查曲轴箱通风装置,因为曲轴箱通风系统技术状况不佳、曲轴箱通风不良时,会使曲轴箱内气体压力和机油温度升高,容易造成机油渗漏、蒸发,甚至进入汽缸燃烧,使机油消耗过多。

(3) 发动机排烟检查。

发动机工作时,若排气管明显地冒蓝烟,则说明机油进入燃烧室参与了燃烧。当发动机高速运转或急加速时,排气管大量冒蓝烟,同时机油加注口也向外冒蓝烟,则说明活塞、活塞环与汽缸壁磨损过甚;或者活塞环的端隙、边隙、背隙过大,弹力不足;或者活圈环卡死、开口转到一起有对口现象;或者锥面环、扭曲环方向装反,而产生泵油作用,使得机油窜入燃烧室。当发动机大负荷运转时,排气管冒蓝烟而机油加注口不冒烟,则表明气门导管磨损过甚,气门杆油封损坏,而使机油被吸入燃烧室。

(4) 空气压缩机检查。

对于采用气压制动的汽车,当松开湿储气筒放水排污开关后,若发现伴有大量油污排出,则表明空气压缩机的活塞、活塞环与汽缸壁磨损过甚,导致大量机油泵出到压缩空气中。

第九节　发动机冷却系统检测与诊断

发动机冷却系统由散热器、水泵、风扇、温控开关、管道等构成,其功能是使发动机在任何工况下均保持在适当的工作温度范围内。若冷却强度不够,发动机将会过热,工作过程恶化,零件强度降低,机油变质,零件磨损加剧;过度冷却则会使散热损失增大,零件磨损加剧。

一、发动机冷却系统检测

发动机冷却系统检测主要包括冷却系统外观检查和密封性检测。

1. 外观检查

外观检查主要查看散热器、水泵、水管、水套、放水开关等部位是否漏水,冷却液量是否足够,风扇和散热器的距离是否正确,皮带是否打滑且皮带两侧面有无磨损等。外观检查应在发动机静止状态下进行,对那些不容易接近的部位(汽缸体后部、放水阀以及水泵的密封圈等)可以通过留在地面上的水迹判断泄漏部位。检查风扇皮带松紧度时,可用拇指压在风扇和发动机皮带轮中间的皮带上施加 20~50N 的力,皮带压进距离应在 10~20mm 之间。对于轿车,还应对风扇硅油离合器和风扇转速控制电路进行检查。

2. 密封性能检测

冷却液渗漏分为外部渗漏和内部渗漏。外部渗漏是指冷却液在密封不严处直接渗漏到发动机外部,常见的渗漏部位有冷却系统各软管接头、散热器及其盖阀、水泵及其密封垫等。内部渗漏是指冷却液通过冷却水道的裂纹或密封不严处直接渗漏到发动机内部油底壳或燃烧室,常见的渗漏部位有缸体、缸盖裂纹处、汽缸垫密封等。当发动机冷却液过少而导致过热时,应检查冷却系统的密封性。

1)外部渗漏的直观检查

(1)发动机停机时,直观检查冷却系统各部件有无冷却液渗漏的痕迹,主要查找冷却系统各软管接头、散热器及其盖阀、水泵及其密封垫等。

(2)发动机以中等转速运转时,观察有无冷却液滴漏现象。此时,由于冷却液有一定的压力,更容易泄漏。大多数冷却液呈黄色或绿色,所以发动机运转时,容易观察其是否外漏。

应特别注意散热器盖及其密封垫的检查,若其密封性差,则发动机工作时易使冷却液蒸发溢出或洒出。

2)内部渗漏的直观检查

(1)发动机停机,拔出机油尺观察。若发动机机油呈白色或有水泡,则说明冷却液内部渗漏严重。

(2)发动机运转时,用手掌心迎向排气管,若手掌心有水雾,说明冷却液有内部渗漏。

(3)发动机运转时,拆下散热器盖查看加液口,若有高温气体涌出或有大量气泡,则说明冷却液内部渗漏。

3)冷却系统压力试验

发动机不工作时,将冷却系统压力试验仪装到散热器加液口上并保持密封,如图4-70所示。然后用试验仪的手动泵向散热器内加压至 50~100kPa(注意系统压力不要超过100kPa,以免损坏冷却系统部件),并观察试验仪压力表显示的压力变化情况:若压力表指针保持不动,表明冷却系统密封良好,无冷却液渗漏;若压力表指针缓慢回落,表明冷却系统密封不良,冷却液有轻微渗漏;若压力表指针迅速回落,表明冷却液严重渗漏。

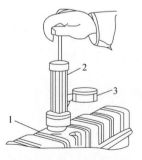

图4-70 冷却系统压力试验
1-散热器;2-冷却系统压力试验仪;3-压力表

当压力下降时,若没有任何外部渗漏,可以将发动机运转至正常工作温度后,再加压至48kPa,并使发动机怠速运转。若此时压力上升,则表明冷却系统有内部渗漏。

二、冷却系统主要部件检测与故障诊断

1. 水泵性能检查

发动机冷却系统水泵常见故障为:水泵工作状态不正常,水泵皮带轮打滑使泵水量与转速不成正比,水泵密封圈泄漏。

1)水泵工作状态检查

(1)打开散热器加水口盖,使发动机缓慢加速,查看加水口内冷却水的循环。若不断加快,则水泵工作正常,皮带轮也不打滑;反之,水泵有故障。

(2)使运转至正常工作温度的发动机熄火,并迅速拆下汽缸盖通往散热器上水室接头的胶管,再用布团将上水室接头塞住;然后,从加水口向散热器内加注冷却水,再起动发动机。如汽缸水套内和散热器中的水被水泵泵出胶管口外200mm左右,说明水泵工作正常,皮带轮也不打滑;反之,水泵有故障。

2)水泵流量试验

水泵流量试验须在专用试验台上进行,由试验台驱动装置带动水泵转动,观察排水量是否符合制造厂的标准,或者是否有漏水现象。

2. 电动风扇及温控开关检测与诊断

1)电动风扇高温不转的检查

(1)停机后用手转动风扇,若运转正常,说明无机械故障。

(2)若冷却液温度很高(100℃左右),但风扇不工作,应检查熔断器。若熔断器完好,则应停机检查温控开关和电动机的功能。

(3)直接连接温控开关插接器内的12V电源线和电动机接线,可判断温控开关及电动机故障。若连接后风扇开始运转,说明电动机功能正常;若高温时连接温控开关插接器后风扇仍不转,则说明温控开关损坏。

2)温控开关功能检测

温控开关的主要检测内容为电动风扇低、高速时的导通及断开温度是否符合要求。以大众汽车为例,其检测方法如下。

将电动风扇的温控(热敏)开关放入正在加热的水中,并用温度计测量水温变化,同时用万用表测量温控(热敏)开关导通及切断时的温度。第1挡,当水温达到93~98℃时应导通,而当水温达到88~93℃时应断开;第2挡,当水温达到105℃时导通,而当水温达到93~98℃时断开。否则,说明电动风扇的温控(热敏)开关有故障。

3. 节温器性能检测

节温器常见故障有:主阀门不能开启或开启和全开的温度过高,主阀门关闭不严。节温器性能的检测方法如下。

1)就车检测

(1)在冷却液温度升高过程中检查。

冷车时,使发动机运转并观察冷却液温度表的指示情况。若发动机工作时,冷却液温度

很快升高,当升至 80~90℃后,即达到主阀门开启时刻的温度后,升温明显减慢,则说明节温器性能正常。若发动机工作时,温度上升很慢,长时间达不到正常工作温度,则说明节温器主阀门卡滞不能关闭,无小循环。若发动机工作时,温度一直上升,则说明节温器主阀门不能开启,无大循环。

(2) 在发动机高温时检查。

若冷却系统冷却液的量满足要求,同时冷却液泵及散热器工作正常,但当发动机运转过热时,缸盖冷却液出口处与散热器冷却液进口处的温差很大,则表明冷却液不能进入大循环,节温器失效。

2) 拆下检测

拆下节温器,并浸入可调温的热水容器中测量节温器主阀门开启温度、全开温度及全开升程,以检验节温器的性能。不同型号的节温器所应满足的要求有所不同,若节温器的性能不符合要求,则必须更换。

三、发动机冷却系统常见故障诊断

1. 发动机工作温度过高

1) 故障现象

汽车行驶过程中冷却液温度表指示值过高,或冷却液温度报警灯闪烁,发动机过热,冷却液沸腾。

2) 故障原因

冷却液量不足,冷却效率降低;散热器风扇电动机或温控开关出现故障,或冷却液温度传感器故障,致使发动机 ECU 控制失调,使风扇不转或转速过低;节温器失效,冷却液不能大循环;冷却液泵堵塞、损坏,或吸水能力低、压力不足,冷却液不循环或循环量小;散热器内芯管水垢过多,或散热片倾倒过多,散热器散热效率下降;缸体内水套水垢过多,缸体传热差;汽缸垫烧穿,或缸盖出现裂缝,高温气体进入冷却系统。

3) 故障诊断方法

(1) 检查冷却液量。

发动机冷态时检查散热器的冷却液面,若液面高度低于标准值较多,说明冷却液量不足,导致冷却系统散热差。此时,冷却系统多数有渗漏故障,应在排除故障后,再添加冷却液。若液面高度正常,则进行下步检查。

(2) 检查冷却液流动状况。

发动机运转过程中,当温度表指示 90℃左右时,检查缸盖和散热器进液口处的温差。温差不大,同时发动机加速时散热器进液管处冷却液的流动随发动机转速的增加而加快,则说明冷却液循环良好,否则说明冷却液泵性能不佳或吸水能力低,压力不足。若二处温差很大,则说明冷却液循环不良,节温器可能有故障;若节温器正常,则说明冷却液泵有故障。当冷却液流动正常时,可进行下步检查。

(3) 检查散热器风扇的转动状况。

现代汽车多采用电动双速风扇,其转速变化率取决于冷却液温度。以别克君威轿车为例,在冷却液升温过程中温度高于 106℃时风扇以低速运转,当温度达到 110℃时,风扇以高速运转。实际检查时,先使发动机冷起动运转,在发动机由环境温度升高至过热温度的过程中,观察散热器风扇的转动情况。如风扇不转或转速太低,则应检查风扇电动机及其温控开关的好坏;若电动风扇是直接由发动机 ECU 控制的,而电动风扇出现高温低速运转或不运转,则可能是冷却液温度传感器故障,或 ECU 控制失调故障;若风扇转动正常,则应进行下步检查。

(4)检查散热器表面状况。

查看散热器散热片是否倾倒过多、是否脏污,表面状况不良时应进行维护或更换。若散热器表面正常则应进行下步检查。

(5)检查冷却系统内漏。

拆下散热器盖,使发动机运转,若加液口处有高温气体涌出或有大量气泡,则可能是汽缸垫烧坏或者汽缸体、汽缸盖有裂纹漏气。若冷却系统无内漏,则可能是使用了自来水等非专用发动机冷却液作为冷却液导致水套内、散热器积垢太多,从而使发动机过热,可采用化学溶剂法清洗水垢。

(6)检查非冷却系统故障。

若发动机冷却系统正常,但发动机仍然过热,则应检查发动机其他系统的技术状况。例如检查点火时刻是否过晚、混合气成分是否过稀、燃烧室内积炭是否过多、油底壳内机油是否充足等。此外汽车爬长坡、顺风行驶或在高温季节长时间低速行驶等,也会引起发动机过热。

2. 发动机工作温度过低

1)故障现象

汽车在低温条件下运行时,发动机冷却液达不到正常工作温度或暖车时间过长;发动机动力不足,油耗增加。

2)故障原因

节温器失效,主阀门卡在全开位置,使冷却系统无小循环;散热器风扇电动机的温控开关故障,使风扇在低温时就运转,或风扇总在高速运转;环境温度太低且逆风行驶。

3)故障诊断方法

(1)检查散热器风扇的转动状况。

起动发动机,在冷却液升温过程中观察风扇转动情况。若在温度表指示值很低时,风扇即开始运转,或低温时风扇以高速运转,则可能是散热器风扇温控开关失效,需要更换。若电动风扇是直接由发动机 ECU 控制的,而电动风扇出现低温运转,则可能是冷却液温度传感器故障,或 ECU 控制失调故障。若风扇转动正常,则应进行下步检查。

(2)检查节温器工作状况。

起动发动机,在冷却液温度低于节温器主阀门开启温度下,检查缸盖出液口处与散热器进液口处的温差。若两者无温差或温差很小,则可能节温器主阀门卡住保持常开状态,使冷却系统在低温时即进入大循环,可拆检节温器确认故障。

第十节　发动机异响诊断

发动机异响是指发动机工作时产生的不正常响声。异响主要是由零件磨损过甚或装配、调整不当引起,是发动机某一机构技术状况发生变化的标志,某些不正常的响声往往是发动机发生破坏故障的前兆。因此,若能将异响正确判别出来,就能反映相关部件的技术状况并确定故障部位。

一、发动机异响产生的原因

发动机异响主要包括机械噪声、燃烧噪声、空气动力噪声和电磁噪声。

机械异响主要是运动副配合间隙太大或配合面有损伤,运动中引起冲击和振动造成的,如曲轴主轴承响、连杆轴承响等。但有些异响也可能是配合面(如正时齿轮齿面)损伤(如轮齿断裂、硬度层脱落等)、加工精度太低、热处理变形或使用中变形(如连杆发生弯曲、扭转变形)等原因造成的。

燃烧异响主要是发动机发生爆燃或早燃等不正常燃烧造成的。此时,汽缸内产生的压力波相互撞击并撞击燃烧室壁和活塞顶,发出强烈的金属敲击声。进气管回火声、排气管"放炮"声也属于燃烧异响。

空气动力异响主要是气流振动造成的,一般发生在发动机进气口、排气口和运转中的风扇等处。

电磁异响主要是由于磁场的交替变化引起机械中某些部件或某一部分空间产生振动而造成的,多发生在发电机、电动机和某些电磁器件内。

二、影响发动机异响诊断的因素

发动机异响通常与发动机负荷、转速、温度、润滑条件及工作循环等多种因素有关。

1. 转速

发动机异响与转速有极大关系。有些异响在发动机怠速或低速运转期间出现,当转速提高后则消失,如活塞与缸壁间隙过大、活塞销装配过紧或连杆轴承装配过紧引起的异响。有些异响在发动机急加速时出现,如主轴承松旷发响、连杆轴承松旷发响等。有些异响则在发动机急减速时更明显,如凸轮轴正时齿轮破裂损坏发响、活塞销衬套松旷发响等。异响诊断应在异响最明显的转速下进行,并尽量在低转速下进行,以减轻不必要的噪声和损耗。

2. 温度

热膨胀系数较大的配合副所发出的异响与温度的关系很大。如活塞敲缸声在发动机冷起动时较为明显,而发动机工作温度升高后,敲缸声减弱或消失。所以,诊断活塞敲缸声时,应在冷车下进行。热膨胀系数小的配合副所发出的异响则与温度关系不大。发动机温度也是燃烧异响的影响因素之一。汽油发动机过热时往往产生点火敲击声(爆燃或表面点火);柴油发动机温度过低时,往往产生点火敲击声(工作粗暴)。

3. 负荷

许多异响与发动机的负荷有关,负荷变化时异响加重或减弱。如曲轴轴承响、连杆轴承响、活塞敲缸响等均随负荷增大而增强。但有的异响与负荷间的关系不明显,如气门响、凸轮轴轴承响和正时齿轮响。诊断在用汽车发动机异响时,常在变速器置空挡、发动机以规定转速运转的条件下进行。

4. 诊断部位

发动机发生异响的部位由发动机的结构确定,但异响的能量随离开声源的距离越远越弱,即声波的声强或声波在发动机外表面所引起的振动的振幅,随诊断点距声源的远近而变化。为了准确测得异响信号或获得足够强的异响信号,异响诊断点应距声源越近越好。此外,测量点变化后所测得振动信号的强弱变化,也有助于判断异响产生的部位。常见发动机异响的诊断点位置如图4-71所示。

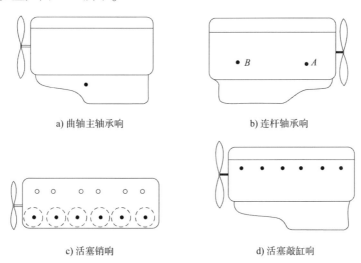

图4-71 发动机异响测点位置

a) 曲轴主轴承响　b) 连杆轴承响　c) 活塞销响　d) 活塞敲缸响

5. 润滑条件

由于润滑油膜具有吸声作用,异响部位的润滑条件对所发出异响的强弱有很大影响。不论何种机械异响,当润滑条件不良时,一般都表现得较为明显。

6. 工作循环

多数异响与发动机工作循环有明显的关系,这是由于发动机循环式工作,导致其内部有些机件的运动与受力情况呈周期性变化所致。而有些异响与发动机工作循环无关,如发动机运转时,金属的连续摩擦声以及诸如发电机、电动风扇、水泵等附件所引起的振动。

三、发动机异响故障诊断

异响诊断常用仪器有两种类型:便携式异响诊断仪和带相位选择的示波器显示异响诊断仪。许多发动机综合性能分析仪具有发动机异响诊断的功能。

1. 便携式异响诊断仪

1) 工作原理

便携式异响诊断仪由传感器、前置放大器、双T形选频网络、功率放大器和显示仪表组成,如图4-72所示。

便携式异响诊断仪的传感器通常采用压电式加速度计,如图4-73所示。传感器的敏感元件由两片压电材料(如石英晶体或锆钛酸铅压电陶瓷)组成。压电材料片上置一铜制质量块,并用片簧对质量块预加负荷。整个组件装于金属壳内,壳体和中心引出端为二输出端。

当加速度计受到振动时,质量块随之振动,同时会有一个因振动而产生的惯性力作用于压电材料片上。作用于压电材料片上的惯性力使其表面产生电荷,所积聚的电荷量与惯性力成正比。基于压电效应,压电式加速度计可以将被测对象的振动加速度信号转化为电信号,其变化频率取决于振动频率,信号电压大小取决于振动加速度幅值。压电式加速度计常制成两种类型:一是具有磁座,可将其吸附在发动机壳体上;二是制成手握式,通过与加速度计相连的探棒以一定压力接触检测部位并传递振动。

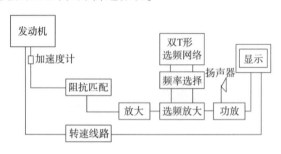

图 4-72 便携式异响诊断仪方案框图

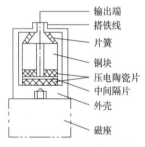

图 4-73 压电式加速度计结构示意图

为了诊断异响,必须把异响振动所产生的电压信号从各种不同噪声振动所产生的信号中分离出来。为此,压电式加速度计输出的信号经屏蔽导线连接到有高输入阻抗的前置放大器输入端,再经差动放大器放大后输入双 T 形选频网络。该网络实质上是一组具有不同中心频率的选频放大器,中心频率对应于经试验研究确定的发动机各主要异响的特征频率。选频放大器的功能是放大电压信号中与中心频率相一致的部分,削弱或滤去与中心频率不一致的成分。经过选频放大,异响特征频率电压信号强度加强,再经功率放大输给扬声器或耳机,同时由电压表指示电压信号峰值。

2)使用方法

(1)从发动机预热过程开始,即把压电式加速度计安装在发动机汽缸盖上部汽缸中心线位置,或用探棒顶在该位置,在怠速下用直放电路(不接通选频网络)诊断有无金属敲击异常声响。

(2)左右移动加速度计,观察仪表指示值有无明显增大的异常部位。

(3)在异常部位上,依次按下特征频率选择开关,观察在何种异响的特征频率下,仪表指示值显著增大。若诊断部位与中心频率对应的异响部位相对应,则可初步判断该异响由该特征频率所对应的部件引起。如果仪表读数较大,但诊断部位与中心频率所对应的异响部位不符,可上下移动加速度计,直至二者相符。

(4)在异响最为明显的转速、温度测试条件下,及在最有利的诊断位置上,仪表读数超过正常统计数据的位置即为异响振动声源。

2. 示波器显示异响诊断仪

1)工作原理

图 4-74 是带相位选择的示波器显示异响诊断仪诊断原理框图,其异响振动信号获取和

处理的基本原理与便携式异响诊断仪类似。示波器显示异响诊断仪特点是：可以在一定时刻通过相位选择允许信号通过诊断装置，该时刻对应于故障机件出现异响振动的时刻，即把异响振动与曲轴转角联系起来；同时，异响振动波形可在示波器上显示出来。

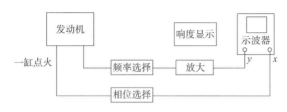

图 4-74　相位选择示波器异响诊断原理框图

某缸配合机件的敲击振动总在该缸点火后发生，在某一时刻结束。对于汽油机而言，可用转速传感器从一缸点火高压线上获得点火脉冲信号，用点火脉冲信号触发示波器的扫描装置。在开始点火的时刻使经选频后的异响振动电压信号导通，且导通的相位和导通的时刻可以均匀调节。这样，相位选择装置实现根据时间及相位上的差异分辨异响。通过选频的振动信号输送到示波器垂直偏转放大器的输入端，同时来自一缸高压线的点火脉冲信号触发相位选择器，以控制示波器的扫描装置，从而在示波器屏幕上显示出经过相、频选择的振动波形，可用于直接观察振动波形的振幅、相位和延续时间。

2）使用方法

（1）按仪器使用说明书的要求进行操作，安装转速传感器，使仪器进入异响诊断状态。

（2）根据所诊断异响的零部件，选择操作码，其实质是选取故障部件振动的中心频率。

（3）将振动传感器接触在所诊断零部件异响最明显的振动部位，如图 4-71 所示。如活塞敲缸响应接触汽缸上部的两侧，主轴承响应接触油底壳中上部位置，连杆轴承响应接触发动机侧面靠近连杆轴承处，活塞销响应接触缸盖正对活塞处，气门响应接触进、排气门附近等。

（4）使发动机在响声最为明显的转速下运转，微抖加速踏板，观察示波器，若有明显的瞬间波形或波形幅度明显增大，说明存在相应的异响故障。诊断时可视需要配合以听诊、单缸断火、双缸同时断火等方法，以便准确诊断异响故障。

（5）若发动机确实有异响，但在所选择的操作码下诊断时，示波器显示的异响波形不明显，说明异响不是由所选操作码相对应的零部件产生。此时应重新选择操作码，并相应改变振动传感器的诊断部位，重新诊断异响波形。

（6）依次选择各有关零部件异响诊断操作码，按上述步骤诊断曲轴主轴承响、连杆轴承响、活塞销响和活塞敲缸响等异响故障。

3）常见的发动机异响波形

因各种异响对应着不同的振动频率，同时振动中的振幅大小、变化过程存在差异，因此，显示在示波器上的振动波形对应的凸轮轴转角和形状就会有所不同。图 4-75 为活塞销响、活塞敲缸响、连杆轴承响和曲轴主轴承响的故障波形。一般而言，在点火提前角正常的情况下，活塞销响的异响故障波形出现在整个波形的前部（或中部），活塞敲缸响的异响故障波形出现在整个波形的中部（或前部），连杆轴承响的异响故障波形出现在中后部，曲轴轴承响的异响故障波形出现在波形最后部。因各种异响对应着不同振动频率，同时振动中的振幅大小变化过程存在差异,因此,显示在示波器上的振动波形所对应的凸轮轴转角和形状有所不同。

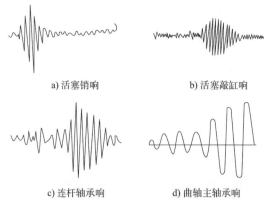

图 4-75 常见发动机异响故障波形

复习思考题

1. 简述发动机综合性能检测仪的组成和使用方法。
2. 发动机电控系统传感器有哪些种类?如何检测这些传感器?
3. 发动机电子控制单元检测应当注意什么事项?
4. 什么是故障自诊断?故障自诊断系统的功能是什么?如何检测故障自诊断信息?
5. 什么是稳态测功?什么是动态测功?两者有何特点?
6. 简述发动机无负荷测功的瞬时功率测量和平均功率测量的原理。
7. 简述发动机无负荷测功的方法。其检测标准是什么?
8. 如何测量汽缸压缩压力?如何分析其测量结果?
9. 如何测量汽缸漏气量(率)?如何诊断汽缸漏气故障?
10. 如何根据进气管真空度值和波形来诊断发动机故障?
11. 画出单缸次级点火电压标准波形,分析说明次级电压波形曲线的含义。
12. 在示波器屏幕上可显示出哪几种点火波形?各有什么特点?
13. 发动机点火波形上有哪些故障反映区?能够据此分析发动机点火系统的哪些故障?
14. 频闪法和缸压法诊断点火提前角的原理是什么?如何检测?
15. 电子控制点火系统的常见故障有哪些?如何诊断?
16. 汽油机燃油供给系统电控喷油信号如何检测?如何利用喷油信号诊断电控燃油喷射系统故障?
17. 汽油机电控燃油供给系统的燃油压力如何检测?如何利用其检测结果诊断故障?
18. 汽油机电控燃油供给系统电控装置常见故障有哪些?如何诊断?
19. 试分析柴油机高压油管压力波形变化规律,如何利用该规律诊断柴油机燃油供给系统故障?
20. 简述利用缸压法和频闪法检测柴油机供油提前角的方法。

21. 简述电控柴油喷射系统技术状况检测项目和检测方法。
22. 简述电控柴油喷射系统主要部件和子系统的故障诊断方法。
23. 发动机润滑系统机油压力和机油消耗量如何检测？
24. 简述利用滤纸油斑试验法快速测定机油品质的原理。
25. 如何诊断机油压力过高和机油压力过低故障？
26. 简述发动机冷却系统的检测项目和检测方式。
27. 简述发动机冷却系统主要部件故障和诊断方法。
28. 如何诊断发动机工作温度过高和工作温度过低故障？
29. 简述发动机异响诊断仪的基本原理和使用方法。
30. 常见的发动机异响故障有哪些？如何诊断？

第五章　汽车底盘检测与诊断

汽车底盘由车架和转向、传动、制动、行驶等系统组成,其技术状况直接影响汽车行驶的操纵稳定性、安全性和行驶阻力,还影响汽车动力的传动效率和燃油消耗。底盘技术状况变化主要表现为汽车运行故障增多、性能降低和损耗增加。

汽车底盘的技术状况既可以通过道路试验进行检测与诊断,又可以采用台架试验进行检测与诊断。本章主要介绍汽车底盘各系统技术状况的台架检测与诊断技术。

第一节　汽车转向系统检测与诊断

转向系统的功能是按驾驶员的意愿改变汽车行驶方向和保持汽车稳定直线行驶,其技术状况直接影响汽车的操纵稳定性和高速行驶的安全性,同时影响转向车轮的行驶阻力。

一、转向系统技术状况检测

转向系统技术状况常用转向盘自由转动量、转向盘转向力来评价。

1. 转向盘转向力检测

转向盘转向力是指在一定的行驶条件下,作用在转向盘外缘的最大切向力,可用于评价汽车的转向轻便性,其检测仪器为转向参数测量仪或转向测力仪等。

1) 检测仪器

转向参数测量仪由操纵盘、主机箱、连接叉和定位杆四部分组成,如图5-1所示。操纵盘是一个附加转向盘,用螺栓固定于三爪底板上,底部与连接叉间装有力矩传感器,以测出转向时的操纵力矩;连接叉通过装在其上的长度可伸缩的活动卡爪与被测转向盘连接;主机箱固定在底部中央,内装力矩传感器、接口板、微机板、转角编码器、打印机和电池等;定位杆从底板下伸出,通过磁座附在驾驶室内仪表板上,其内端连接主机箱下部的光电装置。

使用时,使转向测量仪对准被测转向盘中心,调整好三只伸缩爪的长度,使之与转向盘牢固连接后,转动操纵盘的转向力通过底板、力矩传感器、连接叉传递到被测转向盘上,使转向轮偏转实现汽车转向。力矩传感器将转向力矩转变成电信号,定位杆内的光电装置将转向角的变化转化为电信号。这两种传感信号由主机箱内的微机自动完成数据采集、转角编码、运算、分析、存储、显示并打印出所测结果。该仪器可进行转向盘转向力、转向盘转角以及转向盘自由转动量的检测。

2) 检测方法

检测转向力时,将转向参数检测仪安装在被测的转向盘上,按下"转力"键,并输入转向盘半径,然后按规定条件缓慢转动转向盘,即可测出转向盘的转向力。

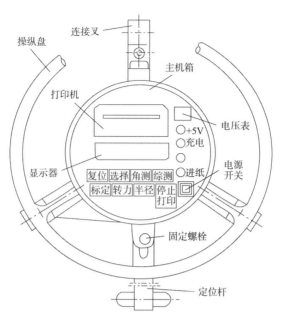

图 5-1 转向参数测量仪

道路试验时,将转向参数测量仪安装在被测的转向盘上,使汽车在规定路面上以一定速度沿规定路线转向行驶,测量施加于转向盘外缘的最大切向力,该力即为转向盘转向力。

台架试验时,汽车转向轮置于转角盘上,转动转向盘使转向轮达到原厂规定的最大转角,在全过程中用转向力测试仪测得的转动转向盘的最大操纵力,即转向盘转向力,其不得大于规定值。

3) 检测结果分析

根据《机动车运行安全技术条件》(GB 7258—2017)的规定,机动车在平坦、硬实、干燥和清洁的水泥或沥青道路上行驶,以 10km/h 的速度在 5s 之内沿螺旋线从直线行驶过渡到外圆直径为 25m 的车辆通道圆行驶,施加于转向盘外缘的最大切向力应小于等于 245N。

转向盘转向力受多种综合因素的影响。如果行驶系统技术状况良好,车轮定位、轮胎气压正常,而转向盘转向力过大,则说明转向系统存在故障。其故障可能是:转向系统部件装配过紧、配合间隙过小、调整不当、润滑不良及传动杆件变形等。

2. 转向盘自由转动量检测

转向盘自由转动量指汽车转向轮位于直线行驶状态时,转向盘可自由转动的转角。转向盘自由转动量过大,说明从转向盘至转向轮运动传递链中的若干配合副因磨损过度而松旷。

1) 检测方法

转向盘自由转动量可以采用转向参数测量仪进行检测,其方法如下:

(1) 将被检车辆置于平坦、干燥、清洁的硬质地(路)面,转向轮保持回正位置,发动机熄火。

(2) 将转向参数测量仪安装在被检车辆的转向盘上,并接好电源。

(3) 将转向盘转至自由转动的一侧,直至有阻力为止,按下"角测"按钮,再按相反方向缓慢转动转向盘,直至有阻力为止,此时仪器显示的角度即为转向盘自由转动量。

2）检测结果分析

《机动车运行安全技术条件》（GB 7258—2017）规定，机动车转向盘的最大自由转动量不允许大于这些角度：最高设计车速不小于100km/h的机动车为15°；三轮汽车为35°；其他机动车为25°。

转向盘自由转动量是转向系统内部各传动连接部件间隙的总反映。若自由转动量过大，则说明从转向盘至转向轮的传动链中一处或多处的配合松旷，存在故障。其故障可能是：转向传动配合件磨损严重、连接松脱、装配不良、调整不当等。

二、机械转向系统常见故障诊断

机械转向系统常见故障包括转向沉重和转向不灵敏，下面以齿轮齿条式机械转向系统为例说明其故障诊断方法。

1. 转向沉重故障诊断

1）故障现象

汽车转向时，转动转向盘感到沉重费力。

2）故障原因

转向器齿轮与齿条啮合间隙过小或齿轮、齿条损坏；齿条顶块调节过紧，或转向器齿条弯曲；转向器齿轮轴的轴承调整过紧或损坏；转向器壳体严重变形；转向器、转向轴、万向节、转向拉杆球头润滑不良或调节过紧及润滑油脏污；转向轴或转向柱管弯曲；转向节推力轴承润滑不良或损坏；主销内倾、主销后倾角变大，车轮前束不符合要求；车架、前梁或前悬架变形而导致前轮定位失准；前轮胎气压不足，转向阻力过大。

3）故障诊断方法

（1）顶起汽车前部，使两前轮悬空，转动转向盘，若感到转向轻便，则故障部位可能在前轮、前桥或前悬架。此时应检查前轮胎气压是否过低，前轴或前悬架杆件是否变形损坏，必要时还须检查主销后倾角、主销内倾角与前轮前束值。

（2）顶起汽车前部，若转向仍感沉重，则说明故障部位位于转向器和转向传动机构。此时，将转向横拉杆从转向节臂上拆下，再转动转向盘进行检查。若将转向盘从一个极限位置转到另一个极限位置时感觉轻便灵活，则故障在横拉杆至前轮的连接及支承部位，应检查各球头销是否装配过紧或推力轴承是否缺油损坏。

（3）拆下拉杆后，若转向仍然沉重，则故障位于转向器或转向器至转向盘的连接件。此时，转动转向盘倾听转向轴与柱管有无摩擦声，以确定转向柱管是否弯曲；检查万向节是否装配过紧，若其连接件正常，则故障在转向器。

（4）检查转向器。首先检查转向器是否缺油，若正常，则重新调整转向器。调整转向器齿条顶块，使转向齿条与转向齿轮的间隙适当，再转动转向盘，若轻便灵活，则说明转向器调整不当；若转向仍然沉重，则应拆下转向器进行检查。此时应重点查看转向器齿轮与齿条是否损坏，齿条是否严重弯曲，齿轮轴轴承是否过紧或损坏，转向器壳体是否严重变形等。

2. 转向不灵敏故障诊断

1）故障现象

汽车转向时，需用较大幅度转动转向盘才能控制汽车行驶方向；直线行驶时，汽车行驶不稳定。

2)故障原因

转向盘自由转动量过大导致汽车转向不灵敏。具体原因如下:转向轴与转向盘配合松动;万向节、传动轴花键磨损松旷;转向器内齿轮与齿条的啮合间隙过大;转向机构各连接部件间隙过大,或连接松动;万向节主销与衬套磨损松旷;前轮毂轴承间隙过大。

3)故障诊断方法

(1)检查转向盘自由转动量。

若转向盘自由转动的角度正常,则故障原因可能是前轮毂轴承间隙过大、主销与转向节衬套间隙过大。此时应进一步架起前桥,之后用手扳动前轮以检查前轮毂轴承间隙、转向节主销与衬套的配合间隙,以确定故障部位。若转向盘自由转动量过大,进行下一步检查。

(2)检查转向操纵机构。

左右晃动转向盘,查看转向盘、转向轴、万向节、传动轴的传动是否松旷。若传动松旷,则故障在此;若传动正常,则进行下一步检查。

(3)检查转向器。

固定转向横拉杆,转动转向盘,若自由转动量过大,故障在转向器,否则进行下一步检查。

(4)检查转向传动机构。

转动转向盘,观察各拉杆球头销的运动情况,以确定转向传动机构连接部件间隙过大或连接松动的具体故障。

三、液压助力转向系统检测与诊断

液压助力转向系统由动力转向泵、动力油缸、转向控制阀、转向储液罐和油管等组成。

1.液压助力转向系统技术状况检测

1)储油罐液面检查

(1)将汽车停放在平坦的地面上。

(2)发动机怠速运转,转动转向盘至左右极限位置数次,使转向油液温度达到80℃左右。

(3)检查转向液是否起泡或乳化,转向液起泡或乳化说明已渗入空气,应进行排气操作。

(4)检查转向液油质,若其已经变质或已到达使用期限,则应更换。

(5)检查储油罐液位高度是否在规定的液位上、下限之间。若油液没有变质且没有渗入空气,仅油面高度低于液位下限,则可能有泄漏。此时,应检查并修理泄漏部位,按需添加推荐使用的油液,使液位升至上限附近。

2)助力转向液压系统中气体检查

当助力转向液压系统中渗入空气后,易引起转向系统内的液压波动。

检查时,发动机怠速运转。首先,在转向盘位于居中位置时,查看转向储油罐液位;然后,在转向盘向左或向右转到极限位置时,查看转向储油罐液位有无变化。若系统内有空气,转向盘转动时,系统内油压升高,空气被压缩,则储油罐的液位将明显降低;若系统内无空气,由于液体不可压缩,则储油罐的液位变化很小。另外,如系统内有空气,当转向盘向左或向右转到极限位置时,泵内或转向器内有时会产生异常响声。当转向液压系统内有空气时,应将空气予以排出。

3)转向油泵传动带紧度检查

转向油泵传动带的松紧度应适当,传动带紧度检测方法如下。

(1)传动带张紧力规检测法。在转向油泵的传动带上安装传动带张紧力规,测量其张紧力。其张紧力应符合所测车型的规定,否则应予以调整。

(2)传动带静挠度检测法。在转向油泵传动带的中间部位施加100N的重力,测量传动带的静挠度。其挠度值应符合所测车型的规定,否则应予以调整。

(3)传送带运转检测法。油液升至正常温度后,左右转动转向盘。当转向盘转到极限位置时,动力转向泵输出油压最高,此时传动带的负荷最大,如果传动带出现打滑,则说明其紧度不够或油泵有故障。

4)动力转向泵输出压力检测

根据转向泵的输出油压大小,可判定转向泵或转向器是否有故障。检测前应确保储油罐液位正常,传动带的张紧力符合规定。检测步骤如下。

(1)准备工作。

将压力表连接在转向泵与转向控制阀的压力管道之间,完全开启压力表阀门。之后起动发动机使其怠速运转,将转向盘在左、右转动极限位置之间连续转动3~4次,以提高转向液温度并排出系统内的空气。检测中应确保转向液温度升至80℃以上。

(2)转向泵输出压力检测。

发动机怠速运转,关闭压力表阀门,观察压力表读数,如图5-2a)所示。其压力应不低于标准值,否则说明转向泵有故障,转向泵输出压力过小,不能有效助力转向。

(3)转速变化时转向泵输出压力差检测。

将压力表阀门全开,如图5-2b)所示,分别检测发动机在规定的低转速(如1000r/min)和某一高转速(如3000r/min)时转向泵的输出压力,两者之差不应超过规定值。

(4)极限位置时动力转向泵输出压力检测。

如图5-2b)所示,发动机怠速运转且压力表阀门全开,在转向盘转至左、右极限位置时,测试转向泵的输出压力,并与规定值比较。若压力太低,意味着转向器有内部泄漏故障。

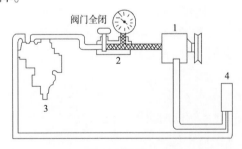
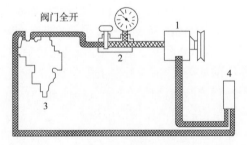

a) 输出压力检测　　　　　　　　　b) 压力差检测

图5-2　转向泵输出压力和压力差检测
1-转向泵;2-压力表;3-转向器;4-储油罐

5）助力转向操纵力检测

检测前确保转向储液罐液位正常及转向泵传动带张紧力符合要求。检测时,发动机怠速运转,在转向液温度正常后,用测力计原地检测两个方向的转向盘转向力,该力最大值即为转向操纵力。

转向操纵力应不大于各车型的规定值。若转向操纵力过大,说明动力转向工作不正常,应首先检查动力转向泵。若动力转向泵压力正常,则应检查转向控制阀、动力油缸及转向器。

2. 液压助力转向系统常见故障诊断

液压助力转向系统的常见故障包括转向沉重、行驶方向发飘和转向噪声等。诊断的重点为转向助力机构。

1）转向沉重故障诊断

（1）故障现象。

装有转向助力系统的车辆在行驶中感觉转向困难、转向沉重。

（2）故障原因。

故障多是由于转向助力功能失效、助力不足、机械传动机构损坏或调整不当所致,具体原因如下:储油罐油液高度低于规定要求;油管接头处密封不良,有泄漏;液压回路中渗入空气;油管变形、油路堵塞;动力转向泵传动带张紧力不足,传动带打滑;动力转向泵内部磨损、泄漏严重,输出压力降低;油泵内调压阀失效,使输出压力过低;转向控制阀、动力油缸内部泄漏;转向齿轮机构损坏或调整不当。

（3）故障诊断方法。

①检查轮胎气压是否正常,按规定气压充气。

②检查液压转向系统各油管接头是否泄漏,油管有无损坏、变形或裂纹。若油管有缺陷,应予以更换;若油管接头泄漏,应予以拧紧,必要时更换、重接油管。

③检查储油罐内的油液质量和液面高度。若油液变质,应重新按规定更换油液;液面低于规定高度时,应找出油液液面过低的原因并加以排除,之后重新加注使液面达到规定的液面高度。

④检查油路中是否渗入空气。若储油罐油液中有气泡,说明空气渗入油路,此时应检查油管接头是否松动、油管是否有裂纹、密封件是否损坏、储液罐液面是否过低等,并排除故障。然后对液压系统进行排气操作,最后加注转向油液至规定的液面高度。

⑤检查转向油泵传动带的张紧程度,若有打滑、损坏等问题,按规定调整皮带紧度或更换传动带。

⑥就车复检。起动发动机,将转向盘在左、右极限位置间往返转动。若转向轻便,说明故障已经排除;若转向仍然沉重,则故障可能在动力转向泵、动力油缸或转向传动机构中;若左、右转向助力不同,则故障可能在转向控制阀中。

⑦检测转向油泵输出油压,确诊故障部位。发动机怠速运转时,将安装在油路中的压力表阀门全开,如图5-2b)所示,转动转向盘至左或右极限位置,测量转向油泵的输出油压。若油压低于规定压力,且逐步关闭压力表阀门时,油压不能提高,则说明动力转向泵有故障;若油压虽低,但逐步关闭压力表阀门的过程中油压有所提高,且可达到规定值,则说明动力转

向泵良好,故障位于转向控制阀或动力油缸;若检测时油压正常,则故障部位在转向传动机构或转向器。

⑧检查转向传动机构和转向器。转动转向盘,检查与转向柱轴相连的元件转动是否灵活;转向万向节、各传动杆件球头连接部位是否过紧;转向节止推轴承是否损坏和润滑不良;检查齿轮齿条转向器,调整齿条顶块的压紧力,使齿条与齿轮的侧向间隙正常,保证齿条移动自如,对弯曲的齿条应予以更换。

2)行驶方向"发飘"故障诊断

(1)故障现象。

转向盘居中,汽车向前行驶时,行驶方向从一侧偏向另一侧。汽车直线行驶时容易跑偏。

(2)故障原因。

转向控制阀扭力杆弹簧损坏或太软,难以克服转向器逆传动阻力,使控制阀不能及时复位;油液脏污使阀芯对于阀套的运动受到阻滞;转向控制阀阀芯偏离中间位置,或与阀套槽肩两边的缝隙大小不一致;转向传动机构连接处间隙过大,或连接件松动;车轮定位不正确;轮胎压力或规格不正确。

(3)故障诊断方法。

①首先检查转向传动机构的连接件是否松动,间隙是否过大,排除转向传动机构的故障。

②检查轮胎规格,调节轮胎气压。

③检查油液是否脏污。对于新车或大修后的车辆,如果不认真执行走合维护的换油规定,容易导致油液脏污。对于脏污的油液应进行更换。

④检查转向控制阀。在不起动发动机的情况下转动转向盘,根据手感判断转向控制阀是否开启或运动自如。如有问题,进行拆卸检查。

⑤排除以上原因后,若车辆仍发生行驶"发飘"现象,则应检查悬架元件是否损坏,车轮定位是否正确,车轮转动是否阻滞。

3)转向噪声故障诊断

(1)故障现象。

汽车转向时出现过大噪声。

(2)故障原因。

转向传动机构松动;动力转向泵损坏或磨损严重;动力转向泵传动带轮松动或打滑;转向控制阀性能不良;油管接头松动或油管破裂,液压系统渗入空气;滤清器滤网堵塞,或液压回路中沉积物过多。

(3)故障诊断方法。

①检查转向柱轴接头、横拉杆或球形接头、转向器安装是否松动,应检查上述部位,发现故障时应进行紧固或更换损坏的部件。另外,检查转向泵带轮是否松动,必要时拧紧或更换带轮。

②转向时,若转向盘从一侧极限位置转到另一侧极限位置时噪声增大,通常是动力转向泵传动带打滑所致。此时,可检查传动带松紧程度及磨损情况,视需要张紧或更换传动带。

③若转向噪声有气动噪声。首先检查转向油液面高度,若液位过低,则应加注油液并检查、排除泄漏故障。之后检查软管是否破损或卡箍是否松动,致使空气渗入动力转向液压系统,若有此问题应进行排除。若转向时转向泵发出刺耳叫声,而转向液压系统无漏气现象,且传动带张紧度正常,则油路可能堵塞或转向泵严重磨损及损坏。

④转向盘处于极限位置或原地慢慢转动转向盘时,若转向器发出严重的异响声,则可能为转向控制阀性能不良。此时应更换控制阀进行对比检查,以确定故障部位或原因。

四、电控液压助力转向系统检测与诊断

1. 电控液压助力转向系统技术状况检测

电控液压助力动力转向系统由液压动力转向系统、电磁阀、车速传感器和电控单元组成。电控液压助力转向系统通过控制系统的油压来控制转向助力,因此可以用转向油压和转向盘转向力反映其电控组件的技术状况。以下以皇冠轿车电控助力转向系统为例说明其基本检测原理。

1)转向盘转至极限位置时的油压检测

(1)检测前的准备。

将压力表连接在转向泵与转向控制阀之间的压力管道中,如图5-3所示。开启压力表阀门,起动发动机怠速运转,将转向盘在左、右转动的极限位置连续转动3~4次,以提高转向油液温度并排出系统内的空气,使转向油液温度升至80℃以上,确保液面高度正常。

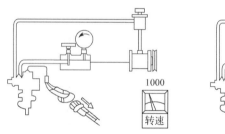
a) 拔下电磁阀插接器检测油压

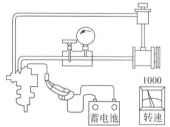
b) 电磁阀通电检测油压

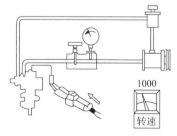
c) 装上电磁阀插接器检测油压

图5-3 电控助力转向系统的油压检测

(2)转向泵输出压力检测。

检测方法与液压助力转向系统转向泵输出压力检测方法相同。确定助力转向泵的输出

油压正常时,再进行以下步骤的检测。

(3)转向盘转至极限位置时的油压检测。

将转向盘转至极限位置,拔下电磁阀插接器,如图 5-3a)所示。然后,起动发动机,使其转速稳定在 1000r/min,测量助力转向泵的输出油压,其最低压力应为 7355kPa,否则说明转向器内部有泄漏或电磁阀有故障。

按图 5-3b)所示方法,把蓄电池电压加在电磁阀两接线端,再测量助力转向泵的输出油压,其最大油压应为 3924kPa。压力过高说明电磁阀有故障。

按图 5-3c)所示方法,插好电磁阀插接器,重新测量助力转向泵输出油压,其最低压力应为 7355kPa。若压力过低,说明电控助力转向系统有故障。

2)转向盘转向力检测

(1)使转向盘位于汽车直线行驶位置,使发动机怠速运转。

(2)在电磁阀线圈断电情况下,用测力计测量转向盘沿两个方向转动时的转向阻力。最大转向阻力不应大于 39N。

(3)给电磁阀线圈通电,之后用测力计重测两个方向的转向阻力。其最大转向阻力约为 118N,或满足规定。

正常情况下,电磁阀线圈通电后,节流面积增大,导致转向助力减少,转向盘转向力增大。通电后若转向阻力没有增大,说明电磁阀存在故障。

2. 电控液压助力转向系统故障诊断

1)电控液压助力转向系统的故障自诊断

电控液压助力转向系统一般具有故障自诊断功能,以监测系统的工作情况,诊断系统的故障。故障诊断时,可以通过专用解码器或人工方法读取故障码,确定故障类型和故障部位。

不同的车型,其故障码的含义也各不相同。表 5-1 为三菱轿车电控助力转向系统的故障码及含义。

三菱轿车电控助力转向系统故障码表   表 5-1

故障码	故障可能部位	故障码	故障可能部位
11	主计算机电源不良	13	电磁阀工作不良
12	车速信号不良	14	主计算机故障

2)电控液压助力转向系统常见故障诊断

机械及油路的故障诊断可参考普通助力转向系统的故障诊断方法。以下以皇冠轿车电控助力转向系统为例,对其电控部分的故障诊断方法进行说明。图 5-4 为该车电控部分控制电路和电控单元(ECU)插接器示意图,图 5-5 为故障诊断方法示意图。

(1)故障现象。

在怠速或低速行车时转向沉重,高速行驶时转向太灵敏。

(2)故障原因。

机械及油路故障;ECU-IG 熔断丝烧毁;ECU 插接器接触不良;车速传感器线束有断路或短路故障;助力转向电磁阀线圈有断路或短路故障;助力转向 ECU 故障。

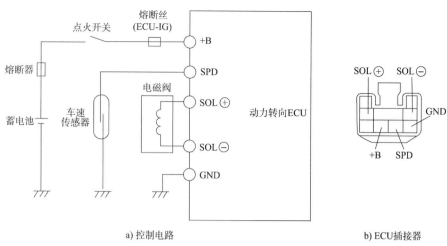

a) 控制电路　　　　　　　　　b) ECU 插接器

图 5-4　电控助力转向系统控制电路及 ECU 插接器

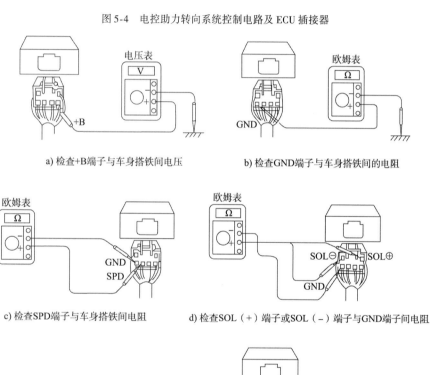

a) 检查+B端子与车身搭铁间电压　　　b) 检查GND端子与车身搭铁间的电阻

c) 检查SPD端子与车身搭铁间电阻　　　d) 检查SOL（+）端子或SOL（-）端子与GND端子间电阻

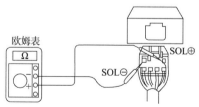

e) 检查SOL（+）端子与SOL（-）端子间电阻

图 5-5　电子控制助力转向系统故障诊断

(3) 故障诊断方法。

①首先检查转向系统的机械及油路故障,如轮胎气压、前轮定位、悬架与转向连接件之间的连接情况,以及助力转向泵的输出油压等,并排除故障。

②检查电路熔断丝。点火开关处于"ON"位置,检查 ECU-IG 熔断丝是否完好。若熔断丝烧毁,应更换后重新检查。若再次烧毁,则表明此熔断丝与助力转向 ECU 的 +B 端子有搭铁故障;若熔断丝完好,则进行下一步检查。

③检查助力转向 ECU 电源电压。拔下助力转向 ECU 插接器,按图5-5a)所示方法,检查助力转向 ECU 插接器的 +B 端子与车身搭铁处之间的电压是否为正常值(10~14V)。若无电压,则表明两者间有断路故障;若电压正常,则进行下一步检查。

④检查助力转向 ECU 搭铁。按图5-5b)所示方法,检查助力转向 ECU 插接器的 GND 端子与车身搭铁处之间的电阻是否为零。若电阻不为零,则表明两者间断路或接触不良;若电阻为零,则应进行下一步检查。

⑤检查车速传感器。顶起汽车一侧前轮并使之转动,按 5-5c)所示方法用欧姆表测量 ECU 插接器的 SPD 端子和 GND 端子之间的电阻。车轮转动时,其正常的电阻值应在 $0 \sim \infty$ 之间交替变化,否则说明端子间的线束断路或短路故障,或车速传感器有故障。若电阻值正常,则应进行下一步检查。

⑥检查电磁阀线路。按图5-5d)所示方法,检查助力转向 ECU 插接器的 SOL(+)端子或 SOL(-)端子与 GND 端子之间是否导通。若导通,则表明端子之间发生短路,或电磁阀有故障;若不导通,则进行下一步检查。

⑦检查电磁阀电阻。按图5-5e)所示方法,用欧姆表检查 SOL(+)端子与 SOL(-)端子之间的电阻,其正常值应为 $6 \sim 11\Omega$。若阻值不正常,则表明端子之间的线路有断路,或电磁阀有故障;若阻值正常,则可能是助力转向 ECU 故障,必要时可对 ECU 进行替换检查。

3)电子控制系统主要元件故障诊断

(1)电磁阀故障诊断。

电磁阀常见故障是电磁线圈短路或断路,及其针阀位置不当,其诊断方法如下。

①检测电磁阀电磁线圈电阻。拆下线束插接器,用欧姆表测量两端子之间的电阻,其阻值应为 $6 \sim 11\Omega$。否则说明电磁阀有故障,应予以更换。

②检测电磁阀的工作状况。从转向器上拆下电磁阀,其 SOL(+)端子接蓄电池正极,SOL(-)端子接蓄电池负极,电磁阀的针阀应缩回2mm,否则说明电磁阀存在故障,应予以更换。

(2)ECU 的故障诊断。

ECU 故障诊断的方法和步骤如下:

①顶起汽车并稳固地支撑,拆下 ECU,起动发动机。

②在不拔下 ECU 插接器且发动机怠速运转的情况下,用电压表测量 ECU 的 SOL(-)端子和 GND 端子间电压。然后,发动机驱动车轮以 60km/h 的速度转动,再次测量该两端子间电压,其电压值应比第一次测量值提高 $0.07 \sim 0.22V$。若所测电压为零,则应更换 ECU 重试。

第二节　汽车传动系统检测与诊断

传动系统的基本功能是把发动机的动力按需要传给驱动轮,其技术状况对汽车的动力性、燃油经济性有很大的影响，同时也影响汽车的行驶安全性和操纵性。

一、传动系统技术状况检测

汽车传动系统技术状况可以用传动效率和角间隙综合评价。

1. 功率损失和传动效率检测

传动效率是反映汽车传动系统总体技术状况的重要参数之一，传动效率越高，说明传动系统的功率损耗越小，传动系统的技术状况越好。其传动效率可在底盘测功机上检测。

1) 检测原理

发动机发出的功率 P_e 经传动系统传至驱动轮的过程中，若系统损失的功率为 P_T，则传动系统的传动效率 η_T 为：

$$\eta_T = \frac{P_e - P_T}{P_e} \tag{5-1}$$

因此，只要在具有反拖装置的底盘测功机上测得 P_e 和 P_T，即可求出传动效率 η_T。功率测试时，设底盘测功机传动系统消耗功率为 P_c，驱动轮滚动阻力消耗功率为 P_f，底盘测功机实测功率为 P，反拖传动系统的功率为 P_r。根据对测功试验时的动力传输过程进行的分析，显然有：$P_r = P_T + P_f + P_c$，$P_e = P + P_T + P_f + P_c = P + P_r$。可得传动效率为：

$$\eta_T = \frac{P + P_f + P_c}{P + P_r} \tag{5-2}$$

利用底盘测功机在相同转速工况下测取 P、P_r、P_f、P_c，即可求出传动系统传动效率 η_T。

2) 检测方法

在具有反拖装置的底盘测功机上，检测传动效率的方法如下。

(1) 底盘测功机实测功率。

将被测车辆驱动轮置于底盘测功机滚筒上，带动底盘测功机滚筒运转，在运转部件温度正常情况下，重复三次测出以规定挡位、在选定车速下的测功试验时，底盘测功机功率吸收装置所测出的功率值 P。

(2) 测取反拖传动系统的功率。

测出 P 后，发动机熄火，将变速器置于原挡位，踩下离合器，起动底盘测功机反拖装置，以与检测 P 时相同的速度带动滚筒、驱动轮以及汽车传动系统运转，测出所消耗的功率值。重复测三次，取其平均值作为反拖功率 P_r。

(3) 测取驱动轮滚动阻力和底盘测功机传动系统消耗的功率。

测取 P、P_r 后，使底盘测功机滚筒停转，拆下两侧驱动轮半轴，起动底盘测功机反拖装置，以与检测 P 时相同的速度带动滚筒和驱动轮转动，重复三次测出其反拖功率，该功率即为 $P_f + P_c$。

(4) 计算传动效率。

将 P、P_r 和 $P_f + P_c$ 三次测取的平均值代入式(5-2)，求出传动效率 η_T。

3) 检测标准

传动系统传动效率的正常值见表 5-2。被检汽车传动系统传动效率低于正常值，说明其传动系统消耗功率过大，传动系统技术状况较差。传动系统损耗功率主要包括各种运动件的摩擦损耗和搅油损失,传动效率低的主要原因是传动系统有关部件调整不当、润滑不良。

汽车传动系统传动效率　　　　　　　　　表5-2

汽车类型		传动效率(η_T)
轿车		0.90~0.92
载货汽车和客车	单级主减速器	0.90
	双级主减速器	0.84
4×4越野汽车		0.85
6×4越野汽车		0.80

2. 传动系统角间隙的检测

传动系统角间隙是离合器、变速器、万向传动装置和驱动桥的游动间隙之和,该指标可以反映整个传动系统的磨损和调整情况,进而判断汽车传动系统的技术状况。由于角间隙可分段检测,因而还可根据各总成部件的角间隙对传动系统有关部件的技术状况进行分析。

传动系统角间隙检测多采用数字式角间隙检测仪。

1) 检测原理

数字式角间隙检测仪由倾角传感器和测量仪构成,两者之间以电缆相连。数字式角间隙检测仪的检测范围为0°~30°,电源为直流12V。

倾角传感器作用是将传感器感受到的倾角变化转变为线圈电感量的变化,从而改变检测仪电路的振荡频率,可将其视为倾角—频率转换器。传感器外壳为长方形,上部带有V形缺口,并配有带卡扣尼龙带,可固定在传动轴上,并随传动轴摆动。传感器内部结构如图5-6所示,其核心部件包括弧形线圈、弧形磁棒和摆杆。弧形磁棒穿过弧形线圈,由摆杆和芯轴支承在外壳中夹板的两盘轴承上,在重力作用下摆杆始终偏离垂线某一固定角度。弧形线圈固定在外壳中的夹板上,当外壳随传动轴摆动时,线圈也随之摆动,因而线圈与磁棒的相互位置发生变化,从而改变了线圈电感值,电感的变化量则反映了传动轴的摆动量。

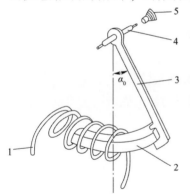

图5-6　倾角传感器结构示意图
1-弧形线圈;2-弧形磁棒;3-摆杆;4-芯轴;5-轴承

当线圈作为检测仪振荡电路中的一个元件时,传动轴的摆动引起线圈电感量的变化,因此改变了电路的振荡频率。可见该仪器的核心部分是一个倾角—频率转换器。

测量仪实际上是一台专用的数字式频率计,其作用是直接显示传感器测出的倾角。测量仪采用数字集成电路,传感器输出的振荡信号经计数门进入主计数器,在初始置数的基础上累计脉冲数。计数结束后,在锁存器接收脉冲作用下,将主计数器的结果送入寄存器,并由荧光数码管显示结果。使用时,把角间隙两个极端位置的倾角相减,其差值即为角间隙值。

2) 检测方法

将检测仪接好电源,用电缆连接好测量仪和倾角传感器,按照仪器说明书的要求对仪器进行自校,再将转换开关转至"测量"位置,进行角间隙的测量。汽车传动系统中最适于固定倾角传感器的部位是传动轴,因此在整个测量过程中,倾角传感器始终固定在传动轴上。

利用数字式角间隙检测仪检测传动系统角间隙时,必须逐段检测。

(1)万向传动装置角间隙检测。

拉紧驻车制动器操纵杆,传动轴转至驱动桥角间隙中间位置,把传感器固定于传动轴,左、右旋转传动轴至极端位置,测量仪显示出在该两个位置时传感器的倾斜角度,两个角度之差即为万向传动装置的角间隙。

(2)离合器和变速器各挡位的角间隙检测。

接合离合器,变速器挂入预选挡位,放松驻车制动器操纵杆,传动轴位于驱动桥角间隙中间位置,左、右转动传动轴至极限位置,求出两极端位置传感器倾斜角之差,再减去已测得的万向传动装置角间隙,即为从离合器至变速器输出轴的角间隙。

(3)驱动桥角间隙检测。

放松驻车制动器操纵杆,变速器挂入空挡,行车制动处于制动状态时,左、右旋转传动轴至极限位置,测量仪所显示两角度之差则为驱动桥角间隙与传动轴至驱动桥间万向节角间隙之和。

对于多桥驱动的车辆,当需要检测每一段的角间隙时,倾角传感器应分别固定在变速器与分动器之间的传动轴、前桥传动轴、中桥传动轴和后桥传动轴上。

在测量仪上读取数值时应注意,其显示的角度值在 0°～30°内有效。若出现大于 30°的情况,可将固定在传动轴上的传感器适当转过一定角度。若其中一极限位置为 0°,另一极限位置超过 30°,说明该段角间隙已大于 30°,超出了仪器的测量范围。

3)检测结果分析

传动系统角间隙实际上是传动系统各传动副间隙的总体反映,这些间隙主要是变速器、主减速器、差速器中的齿轮啮合间隙,变速器输入轴、传动轴、半轴的花键连接间隙,十字轴颈与滚针轴承的间隙以及滚针轴承与万向节间的间隙。这些间隙因长期的动力传递及传动副的相对滑移而逐渐增加。研究表明,传动系统各总成和机件的磨损与其角间隙有着密切关系,传动系统总的角间隙随汽车行驶里程的增加而呈线性增加。当传动系统角间隙过大时,传动系统的工作条件将会恶化,将加速零件的磨损并增大传动的噪声,使传动系统传动效率降低。因此,应控制传动系统的角间隙,使其在规定的范围之内。

二、离合器常见故障诊断

离合器技术状况随汽车行驶里程的增加而逐步变差,严重时会出现离合器打滑、分离不彻底、抖动等故障。

1. 离合器打滑

1)故障现象

接合传力时,离合器从动盘摩擦片在压盘与飞轮之间滑动,其表现为:汽车低速挡起步时,离合器接合后,汽车仍不起步或起步很不灵敏;汽车加速行驶时,行驶车速不能随发动机转速提高而提高,且伴有离合器发热、异味等现象。

2)故障原因

离合器打滑的根本原因是压盘不能牢固地压在从动盘摩擦片上,或摩擦片与压盘及飞轮之间的摩擦系数减小,离合器摩擦力矩不足。

其具体原因如下:离合器操纵系统调节不当,或从动盘摩擦片、压盘和飞轮严重磨损使分离轴承压在分离杠杆上,导致离合器踏板没有自由行程;从动盘的摩擦片油污、烧焦、表面硬化、表面不平或铆钉头露出,使离合器摩擦副的摩擦系数减小;离合器的压力弹簧退火、疲劳、弹力不足或断裂;离合器盖与飞轮之间加有调整垫片或二者的固定螺钉松动;压盘、飞轮、从动盘变形,所能传递的转矩下降;分离轴承运动受阻而无法回位。

3)故障诊断

汽车静止时,分离离合器,起动发动机,拉紧驻车制动器操纵杆,把变速器换入一挡,缓抬离合器踏板使离合器逐渐接合,同时踩下加速踏板。若发动机无负荷感,汽车不能起步,发动机又不熄火,说明离合器打滑;汽车在行驶中,急踩加速踏板,若发动机转速提高而车速不变,则表明离合器打滑。当离合器打滑时,可按下述方法进行具体诊断。

(1)检查离合器踏板自由行程。

若自由行程不符合测量标准,则应检查离合器操纵系统是否调整不当,踏板复位弹簧是否疲劳或折断,踏板操纵杆系是否卡滞,分离轴承是否不能复位,分离杠杆内端是否调整过高。若自由行程正常,则进行下步检查。

(2)检查从动盘摩擦片。

拆下离合器壳底板,挂空挡并踩下离合器踏板,转动从动盘摩擦片,查看是否有烧损、硬化、铆钉外露或油污等现象。若有,则应更换从动盘摩擦片。若从动盘摩擦片完好,则进行下步检查。

(3)拆下离合器检查。

检查压紧弹簧是否变形损坏或弹力不足,检查压盘、飞轮、从动盘是否变形,以确定故障部位。

2. 离合器起步发抖

1)故障现象

汽车起步出现振抖,并伴有轻微冲撞,不能平顺起步,严重时甚至全车抖动。

2)故障原因

根本原因是从动盘摩擦片表面与压盘表面、飞轮接触面不能同时进行接触,接触表面间压力分布不均。

具体原因如下:从动盘或压盘翘曲变形;飞轮工作端面的轴向圆跳动超标;从动盘上的缓冲片破裂、减振弹簧疲劳或折断;从动盘摩擦片油污、烧焦、表面硬化、表面不平、铆钉头漏出、铆钉松动或切断;各分离杠杆调整不当或变形,其内端的后端面不在同一平面;压紧弹簧弹力不均匀,个别压力弹簧折断或弹力减弱;发动机支架、飞轮、离合器壳或变速器固定螺钉松动;从动盘毂花键槽与变速器第一轴花键磨损过甚、间隙过大。

3)故障诊断

使发动机怠速运转,挂低速挡,缓慢放松离合器踏板并轻踏加速踏板,使汽车起步,若有振动感即为离合器发抖。当离合器发抖时,可按下述方法诊断故障的具体原因。

(1)检查分离杠杆内端的后端面是否在同一平面。如不在同一平面,则会使主、从动盘接触不平顺引起离合器振动,应按规定进行调整。

(2)检查发动机前后支架、变速器与飞轮壳、飞轮与离合器盖的紧固螺栓是否松动。如松动,则离合器接合时的冲击载荷会引起松动部件的振动,应按规定力矩拧紧。

(3)若上述情况良好,则应拆卸离合器,检查压盘及从动盘是否翘曲,摩擦片是否破裂、厚度不均、表面不平、铆钉松动,压紧弹簧或膜片弹簧是否断裂,减振弹簧是否失效,从动盘毂花键槽与变速器第一轴花键齿配合是否松旷等。

3. 离合器分离不彻底

1)故障现象

发动机怠速运转,踩下离合器踏板挂挡时,挂挡困难且有齿轮撞击声;情况严重时,原地挂挡后发动机熄火;在行驶过程中,汽车换挡困难且有齿轮撞击声。

2)故障原因

离合器分离不彻底的根本原因是离合器踏板踩到底时压盘离开从动盘的移动量过小,或离合器主、从动件变形导致压盘与从动盘摩擦片不能分离。

其具体原因如下:离合器踏板自由行程太大,使工作行程变小;分离杠杆内端高度太低或内端不在平行于飞轮的同一平面上;压盘受热变形,翘曲超限;从动盘翘曲变形、铆钉松动或摩擦片破裂;从动盘沿花键轴的轴向移动不灵活;液压传动离合器的液压传动系统漏油、油液不足或液压管道内有空气;双片离合器中间压盘调整不当,中间压盘个别支撑弹簧疲劳或折断,中间压板轴向移动不灵活。

3)故障诊断

(1)检查离合器操纵机构是否卡滞、传动是否失效、工作是否正常。

(2)检查离合器踏板自由行程。若自由行程过大,则调整离合器自由行程至正常值,然后起动发动机检验调整后的状况。若自由行程正常,则进行下步检查。

(3)检查分离杠杆内端的后端面是否在同一平面。用手扳动分离拨叉,使分离轴承前端轻轻靠在分离杠杆内端。转动离合器一周,查看其接触情况。若只有部分分离杠杆内端与分离轴承接触,需重新调整分离杠杆。若各分离杠杆内端的后端面在同一平面,则进行下步检查。

(4)检查分离杠杆内端高度是否过低。若过低,则为分离杠杆内端高度调整不当或磨损过甚,应重新调整分离杠杆。

(5)对于双片式离合器,还应检查中间压盘的分离情况。若在离合器分离过程中,中间压盘及其从动盘无轴向活动量,应重新调整。若调整后故障仍未排除,则可能是中间压盘支撑弹簧折断、过软或中间压盘轴向移动卡滞所造成。

(6)经上述检查和调整后,若离合器分离仍不彻底,则可能原因是:从动盘翘曲变形严重、从动盘铆钉松脱、摩擦片松动、从动盘摩擦片过厚、从动盘花键滑动卡滞。

(7)对于离合器液压操纵机构,应在排除空气和添足油液后,检查离合器分离和工作情况。

三、手动变速器故障诊断

手动变速器在工作负荷的作用下,随着汽车行驶里程的增加,内部各零件的磨损、变形随之加大,引起各零件间的配合关系变差,从而导致出现各种故障。常见故障有变速器脱挡、变速器乱挡、变速器换挡困难和异响等。

1. 变速器脱挡

1) 故障现象

汽车以某挡位行驶时,特别是重载加速或爬坡时,变速杆自动跳到空挡位置,换挡啮合副自动脱离啮合状态。

2) 故障原因

变速器脱挡的根本原因是换挡啮合副在传递动力时,产生的轴向力大于互锁装置的锁止力与齿面摩擦力之和,导致啮合副脱离啮合位置;或变速器挂挡时,啮合副未能全齿长啮合,当汽车振动或变负荷行驶时,导致脱挡。

3) 故障诊断方法

汽车在中、高速行驶时,采用突然加、减速的方法,使齿轮承受较大的交变负荷,检查是否脱挡;或利用汽车上坡或平路高速行驶时的点制动,使变速器传递较大的负荷,检查是否脱挡。逐挡进行路试,若变速杆在某挡自动跳回空挡,即诊断该挡脱挡。当出现自动脱挡故障时,可按图 5-7 所示流程进行故障诊断,确定故障原因。

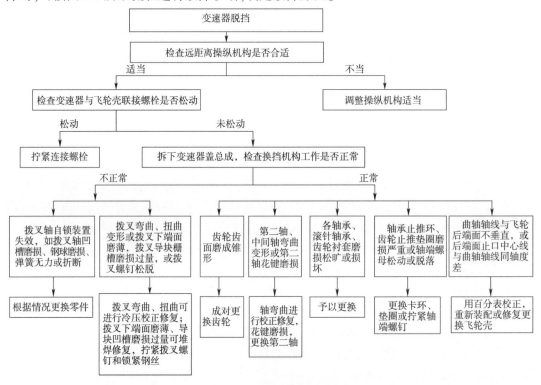

图 5-7　变速器脱挡故障诊断流程

2. 变速器乱挡

1) 故障现象

在离合器彻底分离的情况下,出现挂不上挡或摘不下挡,有时挂错挡位,或同时挂上两个挡位。

2) 故障原因

变速器乱挡的根本原因是操纵杆与选挡装置的挡位不对应。

3）故障诊断方法

出现变速器乱挡故障时,可根据图 5-8 所示流程进行故障诊断,确定故障原因。

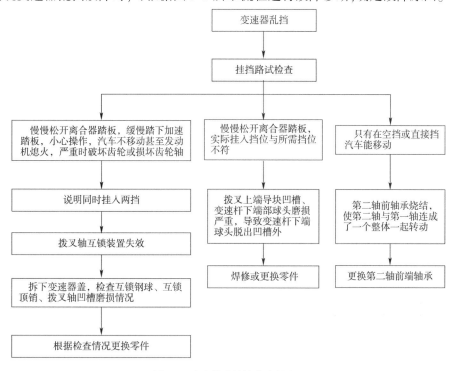

图 5-8　变速器乱挡故障诊断流程

3. 变速器换挡困难

1）故障现象

不能挂入所需变速器挡位,或换挡时产生齿轮撞击声,而挂入挡位后不易脱出。

2）故障原因

变速器换挡困难的根本原因是汽车换挡时待啮合齿轮的圆周速度不相等,或拨叉轴移动时的阻力过大。

3）故障诊断

首先判断离合器是否能分离或分离是否彻底,在确定离合器工作正常的情况下,起动发动机进行汽车起步和路试的换挡试验:由低速挡顺序换到高挡位,再由高速挡顺序换至低挡位。若某挡位不能挂入或勉强挂入后又难以脱出,或在挂挡过程中有齿轮撞击声,则说明该挡位换挡困难。当变速器换挡困难时,可按图 5-9 所示流程进行故障诊断,确定故障原因。

4. 变速器异响

1）故障现象

空挡异响,踏下离合器踏板后响声消失;直接挡无异响,其他挡均有响声;低速挡时有异响,高速挡时响声消失或减轻;汽车行驶中个别挡有异响;汽车任一挡行驶时,变速器均有异响,车速越高,响声越大。

2）故障原因

变速器异响的根本原因是由于轴承磨损松旷、齿轮啮合失常或润滑不良所致。

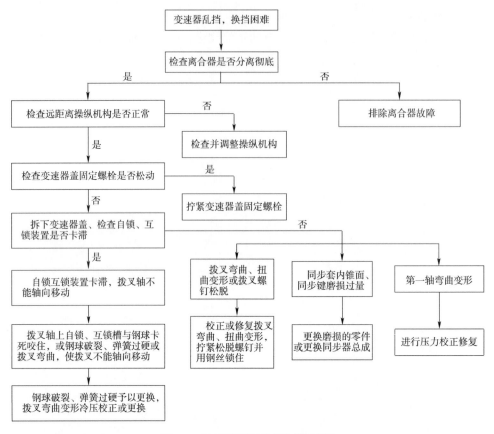

图 5-9 变速器换挡困难故障诊断流程

3）故障诊断

出现变速器换挡异响故障时，可参考图 5-10 所示流程进行故障诊断，确定故障原因。

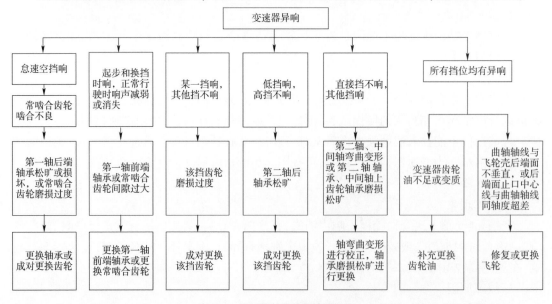

图 5-10 变速器异响故障诊断流程

四、自动变速器检测与诊断

电子控制自动变速器由电子控制单元(ECU)、液力变矩器、行星齿轮变速系统、换挡执行机构及液压自动操纵系统组成。电子控制自动变速器结构较为复杂,其ECU是故障多发部位。电子控制自动变速器检测与诊断采用自诊断与仪器设备检测诊断相结合的方法。

1. 自动变速器技术状况检测

1)基础检验

自动变速器的油位不当、油质不佳、操纵机构调节不当以及发动机怠速不正常,是引起其故障的最常见原因。通常把这些部位的检查与重新调整称为自动变速器的基础检验。自动变速器基础检验的目的是检验自动变速器是否具备正常工作的能力。基础检验应在发动机工作正常、底盘性能良好,特别是制动性能良好的条件下进行。其检验重点是自诊断检查和外观检查。

(1)自诊断检查。

自动变速器发生故障时,ECU会储存故障码。读取故障码信息,可以直接确定故障原因,或经进一步检查、判断确定故障原因和部位。

故障的出现有两种形式,一种是偶发的间歇性故障(也称软故障),其主要特征是时好时坏;另一种是持续性故障(也称硬故障)。

(2)变速器油液位及品质检查。

液位检查时,将车停在水平路面上,拉紧驻车制动器操纵杆。起动发动机,油温正常后(50℃~90℃)使之怠速运转。踩下制动踏板,将换挡操纵手柄拨至倒挡(R位)、前进挡(D位)、前进低挡(S、L或2、1位)等位置,并在各挡位停留片刻,使液力变矩器和所有挡位执行元件中都充满自动变速器油,然后将换挡操纵手柄置于P或N位中任一位。拔出油尺检查,检查油位。自动变速器油液面必须位于油尺所示的液面最大值和最小值之间。油位过高时,应将多余的油液放掉;油位过低时应检查变速器上是否有泄漏,确认正常后向加油管中补充变速器油,直至液位高度符合标准。

自动变速器油的状态和工作温度是自动变速器工作状态的集中反映,应经常观察自动变速器油的颜色和气味的变化,并据此判断自动变速器油品质及能否继续使用。在检查自动变速器油时,从油尺上闻一闻油液的气味,用手指捻试一下油液的黏度,查看是否有渣粒。油液品质变化与可能形成原因见表5-3。

油液品质变化与可能形成原因 表5-3

油液品质	可能形成原因
油液清洁且呈红色	品质正常
油液呈深红色或褐色	未及时更换油液、长期高负荷运转、某些部件打滑或损坏等原因造成油液温度过高
油液中有金属粒	离合器片、制动器片或单向离合器磨损严重
油尺上黏附有胶质油膏	油温过高
油液有焦糊味	油面过低、油温过高、油液冷却器或管路堵塞

油温不正常的主要原因有液力变矩器故障,离合器、制动器打滑或分离不彻底,单向离

合器打滑及油冷却器堵塞等。油温过高将使油液黏度下降、性能变坏,产生沉淀物和积炭,堵塞细小量孔,阻滞控制滑阀,降低润滑冷却效果,破坏密封件等,最终导致故障。

(3)发动机怠速检验。

发动机热机后,分别将选挡手柄置于 P 位或 N 位,关闭空调及其他所有用电设备,发动机的怠速转速应符合规定。通常,自动变速器汽车的发动机怠速转速为 750r/min。

(4)节气门阀拉线的检查。

①目视检查法。主要观察拉线有无破损、弯折、连接是否良好等。

②手感试验法。松开加速踏板处于怠速位置,然后按动拉线,拉线不能过紧或过松。

③记号检查法。有些自动变速器的节气门阀拉线在节气门端某处有一挡块或油漆记号,如图 5-11 所示,表示节气门处于怠速状态或全开状态时拉线的正确位置。一般橡胶防尘罩套末端与挡块标记间的距离应为 0~1mm,若超出此范围,可用调节螺母调整拉线的长度。

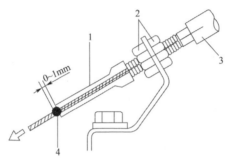

图 5-11 节气门阀拉线检查
1-防尘罩套;2-调节与锁紧螺母;3-外拉索;4-挡位标记

(5)选挡机构的检查。

①目视检查法。观察选挡机构连接传动系统杆件等是否变形或与别的零件发生干涉,拉线是否弯曲、破损及折叠,各连接处是否固定良好、有无脱落等。

②手柄试验法。将选挡手柄分别按正常操作方法挂入每一个挡位,在操作的同时根据手感来判断选挡机构工作是否正常。

③断开分段检查法。将选挡机构的某些连接部位断开,然后分段对各部分进行检查。不同车型的断开部位不同,一般可采用两点断开式,即将选挡机构的信号传递系统从两处断开,分为三段,逐段进行检查。一个断开点在变速器转轴上的摇柄与传动拉线(或拉杆)的连接处,将此处断开后用手扳动转轴上的摇柄,检查是否每个挡位都能进入,且进入后能否被内部锁止弹簧正确地锁住,在该位置能否轻易地被扳入其他位置。通过此检查可判断出故障发生在变速器内部还是在变速器外部。另一个断开点在选挡手柄杠杆末端与拉线(或拉杆)连接处,从此处断开后按正常操作,扳动手柄检查是否能正确完成选挡工作。

(6)空挡起动开关的检查。

空挡起动开关检查主要是确定其挡位识别信号是否正确,如挡位识别信号与实际挡位不符,要对其进行调整。首先应检查发动机是否仅在自动变速器选挡手柄处于 N 或 P 位时方可起动;然后检查倒车灯是否仅在选挡手柄置于 R 位时才接通。若发现在选挡手柄在除 N 和 P 位以外的其他位置(如 D、2、1 位等)时也能起动,则应进行调整。

(7)超速挡控制开关检查。

检查目的是确认自动变速器的超速挡电控系统工作是否正常。检查时,变速器油温度应处于正常状态(70℃~80℃),发动机熄火,打开点火开关,按动超速挡(O/D)控制开关,查听位于变速器内的相应电磁阀有无动作时发出的声响。如有"咔嗒"声,说明超速挡电控系统工作正常。

(8)强制降挡开关检查。

强制降挡开关一般安装在加速踏板下方的底板或加速踏板杠杆上端的支架上。首先检查强制降挡开关的安装是否牢固,导线的连接是否良好。在加速踏板放松和踩到底两种情况下,用万用表检查开关的通断情况。正常情况下,开关的电阻值只有小阻值(3~10Ω)和大阻值(30Ω以上)两种状态。电压值因车型不同而异,但开关接通与断开时电压值应有明显改变。

2)挡位试验

挡位试验即检查自动操纵式变速器各个挡位的工作情况是否良好。

(1)手动选挡试验与时滞试验。

手动选挡试验时,按正常驾驶时操纵选挡手柄的方法,移动选挡手柄到正确的挡位,应感到有明显的到位锁定感。

时滞试验是检测从选挡发出执行动作命令到变速器内部执行机构活塞动作这一过程所需的时间。时滞试验应在汽车的驻车制动和行车制动正常的情况下进行。试验时,将汽车停在平地上,在变速器油温正常后,拉好驻车制动器操纵杆;在N位时起动发动机,踩住制动踏板,将选挡手柄推入R或D位的瞬间按下秒表开始计时,直至感到有振动时按下秒表终止计时。然后将选挡手柄置于N位,放松制动踏板。反复进行几次取平均值作为测量结果,且每次检测时间至少间隔1min,以使离合器、制动器恢复至原始状态。

(2)手动换挡试验。

手动换挡试验的目的在于区分故障存在于电子控制系统还是机械系统或液压控制系统。其试验步骤如下:

①脱开电控变速器的所有换挡电磁线束插头,使之失去控制功用。

②起动发动机,将换挡操纵手柄拨至不同位置,然后做道路试验或台架试验。

③观察发动机转速和车速的对应关系,以判断自动变速器所处的挡位。不同挡位时发动机转速和车速的关系可参考表5-4。

不同挡位时发动机转速和车速的对应参考值　　　　表5-4

挡　　位	发动机转速(r/min)	车速(km/h)
1挡	2000	18~22
2挡	2000	34~38
3挡	2000	50~55
超速挡	2000	70~75

④换挡操纵手柄位于不同位置时,若自动变速器所处的挡位与规定挡位相同,说明电控自动变速器的阀板及换挡执行元件基本上工作正常;否则,说明阀板或换挡执行元件有

故障。

⑤试验结束后,接上所有换挡电磁阀的线束插头。

⑥清除 ECU 中的故障代码,防止因脱开换挡电磁阀线束插头而产生的故障代码储存在 ECU 中,影响故障自诊断系统的工作。

若变速器有故障,但每一挡动作都正常,则说明故障出现在电子控制系统;若某一挡动作异常,则说明故障是机械或液压系统引起的,应进一步进行试验。

(3)前进挡换挡试验。

主要检查变速器内自动换挡功能是否正常。

①空负荷试验。将汽车用举升机举起,使驱动轮离地(有防滑装置者断开其防滑装置作用),挂上前进挡位,若是后轮驱动则松开驻车制动。加速发动机使车速提高,并观察发动机转速与车速之间的变化关系。

②负荷试验。汽车在道路上行驶,观察发动机转速、负荷与车速之间的关系。

3)失速试验

失速试验测试发动机处于失速工况下所能达到的最高转速,即失速转速。其目的是通过测试选挡手柄置于 D 位或 R 位时的失速转速,诊断离合器、制动器的磨损情况和机械故障部位,检查自动变速器和发动机的整体性能。

(1)失速试验步骤。

①试验准备。应确保自动变速器油面高度正常,汽车驻车制动、制动踏板良好。

②汽车运行,使发动机及自动变速器热机至正常工作温度。

③平地停放汽车,用三角木抵紧车轮,同时采取可靠的驻车制动。

④起动发动机,使发动机正常运转。

⑤将选挡手柄置于 D 位,并将制动踏板和加速踏板同时踩到底,迅速记下发动机的最高转速,该转速即为失速转速。

⑥D 位失速转速测出后,立即松开加速踏板。

⑦将选挡手柄置于 P 位或 N 位,使发动机怠速运转 1~2min。

⑧将选挡手柄置于 R 位,重复上述测试,并记下其失速转速。

若有必要进行重复试验,则要等到自动变速器温度恢复到正常后才能开始。

(2)试验结果分析。

失速试验的测试值应符合规定,如大众 01M 自动变速器的失速转速为 2250~2550r/min,桑塔纳 01N 自动变速器的失速转速为 2650~2850r/min。

①失速转速过高的原因。

自动变速器油压过低;离合器或制动器打滑,单向离合器损坏;变矩器损坏(机械磨损所致的传动效率下降)。

由于失速试验时车速为零,因此自动变速器并不升挡。失速试验只能够检验与 1 挡或倒挡相关的执行元件是否打滑。

②失速转速过低的原因。

发动机动力不足;变矩器导轮上的单向离合器打滑;变矩器损坏使运动阻力增大。可以看出,失速转速过低主要有变矩器和发动机工作不良两方面的原因,可利用动力断开法检验区分。将选挡手柄置于 P、N 两挡中任一挡位,让变矩器涡轮不带负荷,对发动机进行急加速,如果发动机转速能在急加速时很顺畅地上升,则说明发动机是正常的。如果汽车在行驶中也出现加速不良,而高速时却很正常,则可判断为变矩器故障。

4)液压试验

液压试验通过测量液压控制系统各回路的压力,检查液压控制系统各管路及元件是否漏油及各元件(如液力变矩器、蓄压器等)工作是否正常。

(1)液压试验方法。

①使发动机熄火,将变速器挡位置于 P 位,拆下需要测试油压的接点堵头,再接上油压测试管接头,然后接上油压软管及油压表。

②仔细检查油管与导线,不应与汽车或发动机的旋转运动部件接触。

③起动发动机,使变速器处于油压被测状态,检查管接头及油管的连接是否可靠,有无漏油。

④待变速器的油温达到正常工作温度后,在各种工况下测试并记录油压标定数值,通过比较测量值与标准值的差异,判断系统的工作情况。

(2)液压试验项目。

①主油路压力。

主油路压力包括怠速或发动机转速为 1000r/min 空负荷油压、行驶挡位发动机怠速与零车速油压、主油路行驶挡失速油压、主油路全负荷油压。不同自动变速器的主油路压力值不同,见表 5-5。

几种自动变速器的主油路压力值　　　　　　　　　　　　　　　　　表 5-5

变速器类型		挡位或测试条件	怠速时主油路压力(kPa)	全负荷时主油路压力(kPa)
福特 4EAT		OD、D、L 位	434～455	876～1041
		R 位	600～931	1655～2000
通用 4T65-E		D 位 2、3、4 挡	512～592	1153～1400
		D 位 1 挡	1005～1289	1005～1289
		P、N、R 位	542～696	1540～1869
丰田	A140E	D 位	360～420	750～900
		R 位	620～715	1370～1600
	A341E	D 位	380～440	1260～1400
		R 位	640～715	1720～2080
	A540E	D 位	360～420	900～1050
		R 位	620～790	1600～1900

②发动机负荷信号液压测试。

一些自动变速器上设有发动机负荷信号油压测试点。测试时,接好油压测试表,起动发动机后先改变节气门开度,观察压力是否随之相应的变化,判断节流阀的调压作用是否正常。然后根据不同车型进行检测,读取数据,并将测量值与正常值进行比较,判断故障原因。

③车速信号液压测试。

接好油压测试表(推荐采用指针式小量程油压表,便于直观观察油压变化),通过道路行驶测试或在举升机上空负荷测试,观察油压是否随车速的变化而变化,判断调速阀是否在做相应的动作。然后,根据该车型油压为正常值时的相应状态操作汽车,读取液压值,并将测量值与正常值进行比较,判断故障原因。

④液力变矩器液压测试。

一些自动变速器上设有用来检测变矩器工作油压及锁止离合器控制油压的测试接点。测试时首先接好油压测试表,在 D 位时,使发动机驱动车轮转动,在怠速状态、自动变速器从 1 挡到最高挡的几种工作状态下,分别测取液压值,然后分别在 R、N、2、L 各挡位进行测试。在前进挡位时,分别测取液力变矩器锁止离合器锁止与分离状态时的油压值,将测量值与正常值进行比较,判断变矩器及其液压控制系统故障原因。

(3)液压试验结果分析。

液压过低说明油泵状况不佳或油路有泄漏,会导致离合器和制动器打滑;如果液压过高,一般是压力调节阀故障所致,会导致换挡冲击。

如果 D 位和 R 位测得的液压均较高,应检查主调压阀、主液压调节电磁阀和相关电路。

如果 D 位和 R 位测得的液压均较低,应检查油泵、主调压阀、主液压调节电磁阀。

若只有选挡手柄处于 D 位(或 R 位)时测得的液压低,应重点检查相关执行元件油路有无泄漏,如活塞及油路上的油封是否损坏等。

2. 自动变速器故障诊断

自动变速器电控系统是自动变速器故障较为频繁的系统,因此以下主要介绍该系统的故障自诊断和自动变速器常见典型故障的诊断。

1)自动变速器故障自诊断

ECU 设有专门的故障自诊断电路,监测自动变速器电子控制系统中所有传感器和执行元件的工作情况,并将检测到的故障以故障码的形式储存在储存器内,同时点亮仪表板上的自动变速器故障警告灯。

使用诊断仪器如 V.A.G1551 故障阅读仪进行自动变速器故障自诊断时,用诊断连线 V.A.G1551/3 连接好自诊断插口与 V.A.G1551 故障阅读器后,根据 V.A.G1551 故障阅读器的使用手册,按步骤操作,即可查阅并在屏幕上显示出故障存储器中的故障码。

读取故障码后,应对照故障码表查看故障码的含义,对自动变速器故障进行分析。根据故障码的提示迅速、准确地确定故障的性质和部位,结合该车电路和有关元件的检测方法,按相应步骤进行深入诊断,有针对性地检查有关部位、元件和线路,排除故障。

在读取故障码并排除故障后,应按使用说明书规定的相应步骤清除存储器内的故障码。

2)自动变速器电控系统元件故障诊断

电控系统线束及各插接件断路、短路、搭铁和接触不良,以及各电控元件损坏或失效等,都会造成自动变速器不能正常工作。

(1)电控系统 ECU 信号检测。

①ECU 的故障自诊断功能诊断。自动变速器 ECU 存在故障时,电控自动变速器的自诊断系统会将其故障信息以故障码的形式存入计算机存储器中。通过汽车专用诊断仪或人工

读取 ECU 的故障码,可以诊断 ECU 是否存在故障。

②ECU 端子标准参数诊断。利用 ECU 端子的标准参数进行诊断,就是通过测量 ECU 各端子的电路参数来诊断 ECU 工作是否正常的一种方法。其诊断方法如下:

接通点火开关,按照规定的测量条件操作自动变速器,用万用表测试笔测试 ECU 各端子的电路参数,将测试值与各自相应的标准值进行比较从而诊断故障。若在检测中发现某一端子的实际工作参数与标准值不符,则表明 ECU 或控制电路存在故障。通过检测,若输入传感器、开关部分、执行器及控制线路正常,则表明 ECU 存在故障。

③ECU 输出信号诊断。若 ECU 的输入信号正常而输出信号不正常,则 ECU 可能存在故障。ECU 输出信号可用万用表进行检测。

④利用代替法诊断。将性能良好的同型号的自动变速器 ECU 替换可疑的 ECU 进行检查。若控制电路的工作状态由异常变为正常,自动变速器工作正常,则表示原 ECU 有故障。

(2)车速传感器故障诊断。

车速传感器损坏或有故障时可能使自动变速器只能以 1 挡行驶,不能升挡;或有时能升挡有时却不能升挡,严重时出现频繁跳挡。

车速传感器损坏的形式及原因是:由于受外力碰撞及挤压、自然老化等,使感应线圈短路、断路或接触不良;维修时受损、异物撞击等,使传感器轮齿缺损;由于固定螺栓松动或轮齿摆动等,使传感器的磁极与轮齿齿顶间隙发生变化。

检查时,首先目测有无受损变形等,然后用万用表测量传感器的线圈电阻是否正常。其电阻值因车型不同有所不同,一般在几百欧姆至几千欧姆之间。

(3)换挡电磁阀故障诊断。

换挡电磁阀有故障时,会引起不能升挡或不能降挡,使换挡点不正确或缺挡,或引起频繁换挡等。

换挡电磁阀故障及其原因是:受外力碰撞及挤压、自然老化等,造成感应线圈短路、断路或接触不良;自动变速器油中杂质太多或线圈老化,使电磁阀阀芯卡滞;由于阀球磨损、复位弹簧损坏等使电磁阀漏气。

检查时,测量线圈两端的电阻值,测得值应符合规定;在阀的进油口吹入压缩空气,比较在电磁阀两端加 12V 电压前后出油口气流的变化,以此检查阀芯是否卡滞、漏气。电磁阀不通电(关闭)时应不漏气,电磁阀通电(接通)时气流应畅通。

(4)液压控制电磁阀故障诊断。

液压控制电磁阀用来控制油路中的液压。在脉冲信号的作用下,电磁阀反复开、关卸油孔,以控制油路压力。当其出现故障时,会引起油路的压力过高或过低。液压过高易引起换挡冲击,过低则易引起自动变速器打滑、频繁跳挡等故障。液压控制电磁阀损坏的原因有:电磁阀电路断路、短路或接触不良,电磁阀阀芯卡滞及密封不严等。

检查时,测量电磁阀线圈两端的电阻值,测得值应符合规定。在电磁阀线圈的两端接上可调电源,逐渐升高电压,电磁阀阀芯应向外移动;减小电压时,阀芯应向内移动,否则即表明电磁阀损坏。

(5)控制开关故障诊断。

自动变速器有超速挡开关、模式开关、挡位开关、制动灯开关、强制降挡开关等多个控制开关。

造成这些开关故障的原因：一是开关安装位置不当，引起开关信号不正确；二是长期使用后，内部触点接触不良。

检查控制开关时，用万用表测量两端子的通、断情况。挡位开关有多组触点，应分别测量。

(6) 油温传感器故障诊断。

油温传感器的损坏形式一般是断路或短路，以及传感器的电阻、温度值与标准不符。

故障诊断时，将温度传感器放入专用的容器内加热，测量不同温度下的电阻值，并与标准值对比。若电阻值异常，则需更换温度传感器。

3) 自动变速器常见故障诊断

汽车自动变速器常见故障有：汽车不能行驶、自动变速器打滑、换挡冲击、异响等。

(1) 汽车不能行驶。

①故障现象。

无论换挡操纵手柄位于倒挡、前进挡还是前进低挡，汽车都不能行驶；汽车冷车起动后，车辆不能行驶，待自动变速器油温上升后方可行驶；汽车冷车起动后，车辆能行驶一小段路程，但稍一热车就不能行驶。

②故障原因。

变矩器机械故障，如涡轮磨损、松旷，致使油液内泄严重等，自动变速器没有动力输入；换挡操纵手柄及手动滑阀摇臂之间的连杆或拉锁松脱，手动滑阀保持在空挡或停车位置；空挡起动开关损坏，ECU 不能正确识别挡位；主液压过低，具体原因包括油泵磨损、主液压调节回路故障、油泵损坏、油泵进油滤网堵塞等；控制系统故障，包括电控和液控系统故障；执行元件损坏；行星齿轮机构机械性故障。

③故障诊断方法。

检查自动变速器液面高度，判断有无漏油；检查手动阀联动机构；检查空挡起动开关；检查液压系统主油路液压，若液压过低，应检查油泵滤网有无堵塞，检查油泵磨损情况。故障诊断流程如图 5-12 所示。

(2) 自动变速器打滑。

①故障现象。

自动变速器打滑指离合器或制动器打滑。主要特征是加速时，发动机转速升高很快，但车速升高缓慢；当车辆上坡时，汽车行驶无力，但发动机转速很高。

②故障原因。

自动变速器油面太低；自动变速器油面太高，运转中被行星齿轮机构剧烈搅动后产生大量气泡；离合器或制动器摩擦片、制动带磨损过甚或烧焦；油泵磨损过度、滤清器不畅或主油路泄漏，造成供油压力过低；单向离合器打滑；换挡油路泄漏，如离合器或制动器活塞密封圈损坏，止回阀关闭不严等。

③故障诊断方法。

检查自动变速器油液位和品质，不足时适当添加，如发现油品变质应更换；检测主油路液压；解体检查执行元件、油泵及相关控制油路。

自动变速器打滑时，首先对其做基本检查，然后按图 5-13 所示流程进行故障诊断。

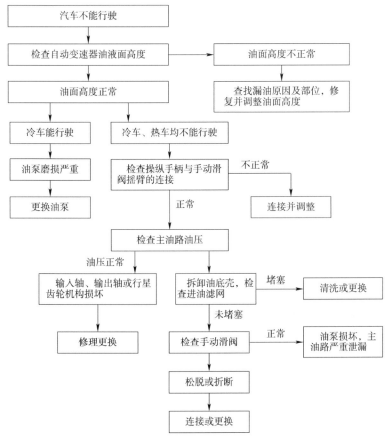

图 5-12　汽车不能行驶故障诊断流程

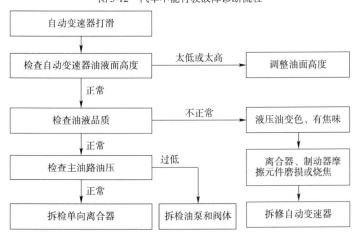

图 5-13　自动变速器打滑故障诊断流程

(3) 自动变速器换挡冲击。

① 故障现象。

汽车起步时,由停车挡(P 位)或空挡(N 位)挂入前进挡(D 位)或倒挡(R 位),汽车自动变速器的动作不良,汽车产生很大的冲击振动;汽车行驶过程中,自动变速器各挡的升挡、降挡过程出现较大的冲击。

②故障原因。

发动机怠速调整过高,主油路液压偏高。具体原因:液压调节电磁阀及线路故障、液压调节阀故障等;节气门位置传感器故障或节气门拉索调整不当;变速器与发动机的支承胶垫损坏、连接螺栓松动、传动系统的间隙过大或松旷;储能器故障,如活塞瞬间卡死、背压过高等;换挡执行元件故障,如有关制动器、离合器的摩擦元件的工作间隙不正确,有关的单向离合器打滑或锁止不良而出现运动干涉,换挡前的离合器或制动器的分离时间过长或分离不彻底;自动操纵式变速器的换挡点不正确;电控部分故障,ECU 故障及其他元件故障。

③故障诊断方法。

若故障是由调整不当引起,只需进行调整即可排除;若控制电磁阀或换挡执行元件有故障,须分解自动变速器予以排除;若电子控制系统有故障,则需对电控系统进行检修。故障诊断流程如图 5-14 所示。

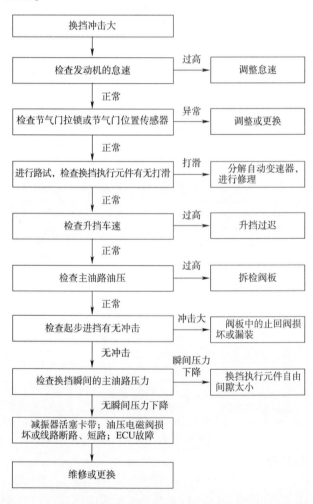

图 5-14 自动变速器换挡冲击大故障诊断流程

(4)自动变速器异响。

①故障现象。

汽车在行驶中,自动变速器内始终有异响;行驶中有异响,而停车挂空挡后异响消失。

②故障原因。

自动变速器油面过低、过高;油泵磨损过度、间隙过大;液力变矩器的锁止离合器、导轮单向离合器等损坏;行星齿轮机构故障,润滑不良;换挡执行元件故障。

③故障诊断方法。

检查油面高度、油液品质,必要时添加或更换变速器油;解体检查油泵、液力变矩器和行星齿轮机构。

自动变速器异响发生在机械和液压两个系统上。异响源有:齿轮机构、轴承、油泵、液流噪声,摩擦片及压板的振动声,液力变矩器、主减速差速器以及共振的轰鸣声。诊断时,首先应确定异响声源,然后进行相关零部件的故障排除。异响故障诊断流程如图 5-15 所示。

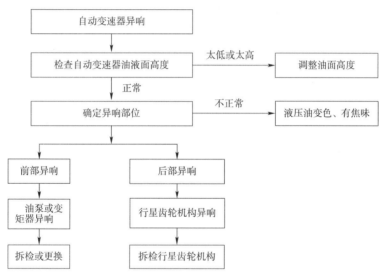

图 5-15 自动变速器异响故障诊断流程

五、万向传动装置常见故障诊断

汽车行驶时,传动轴在角度和长度变化的情况下传递转矩,常出现异响、振动等故障。

1. 传动轴发抖

1)故障现象

汽车在行驶过程中,感觉有明显的振动,严重时车身发抖,车门、转向盘等振感强烈。

2)故障原因

传动轴发抖的根本原因是传动轴不平衡。

具体原因包括:传动轴弯曲变形;传动轴上的平衡片脱落或轴管损伤;传动轴安装时,未按标记装配;传动轴端万向节叉未装在同一平面内;传动轴万向节滑动叉花键配合松旷;万向节配合处磨损松旷;中间支承轴承磨损松旷。

3）故障诊断方法

（1）若汽车在中高速行驶时呈周期性振动，且车速越高振动越强，则说明传动轴动不平衡。其故障可能是传动轴弯曲、装配标记未对正、平衡片脱落、传动轴管凹陷等。停车后，可逐项检查确定故障原因。

（2）若汽车在各种车速下行驶时呈连续性振动，则说明传动轴转动松旷或传动轴运转不匀速。其故障可能是万向节配合处、滑动叉花键配合处、中间支承轴承等磨损松旷；或滑动叉安装错位使传动轴两端的万向节叉不在同一平面。停车后，可逐项检查确定故障所在。

2. 万向传动装置异响

1）故障现象

汽车在行驶过程中，异常声响不断，且异响特征的变化与汽车行驶的工况相关。

2）故障原因

万向传动装置异响的根本原因是万向传动装置的连接处磨损松旷、装配不当、传动轴弯曲和动平衡被破坏，当传递大转矩和剧烈的冲击载荷时产生异响。

（1）万向节处异响。原因包括：万向节十字轴及其轴承磨损松旷；万向节叉孔与其轴承套筒磨损松旷；凸缘盘连接螺栓松动；万向节轴承润滑不良。

（2）传动轴处异响。原因包括：传动轴弯曲或装配不当；传动轴上的平衡片脱落或轴管损伤；传动轴两端的万向节叉未装在同一平面；传动轴万向节滑动叉花键配合处磨损松旷。

（3）中间支承处异响。原因包括：中间支承轴承磨损过甚或润滑不良；中间支承支架安装偏斜，使橡胶垫环损坏；中间支承支架固定螺栓松动。

3）故障诊断

根据汽车不同的运行工况及异响特征诊断万向传动装置的异响故障。

（1）汽车起步或车速突然变化时，如发出较强的金属敲击声，而当车速稳定时，其响声较轻微，多是个别凸缘盘连接螺栓松动，万向节滑动叉花键配合松旷，十字轴轴承磨损松旷所致。

（2）汽车行驶时，如传动轴发出刺耳的噪声，其频率随车速的增大而增大，一般是万向节轴承或中间轴承润滑不良或损坏所致。

（3）汽车中高速行驶时，如发出周期性异响，且车速越高响声越大，达到一定车速时车身振抖，此时脱挡滑行则振抖更强烈，多为传动轴弯曲、平衡片脱落、轴管损伤、装配不当，使传动轴动不平衡引起惯性力冲击所致。

（4）汽车在各种车速下行驶时，如发出连续性异响，且车速越高响声越大，多为中间轴承支架垫环径向间隙过大、中间轴承松旷、中间支架固定螺栓松动、传动轴两端的万向节叉未装在同一平面，引起振动冲击所致。

六、驱动桥常见故障诊断

驱动桥常见故障有异响、温度过高、漏油等。

1. 驱动桥异响

1）故障现象

汽车行驶时，驱动桥内出现较大噪声，尤其在车速急剧改变时响声明显，且车速越高，响声越大。

2)故障原因

驱动桥产生异响的根本原因是驱动桥的传动部件磨损松旷、调整不当或润滑不良。其具体原因包括:齿轮或轴承由于磨损使配合间隙过大,产生松旷;主、从动齿轮啮合不良;主、从动齿轮间隙或轴承间隙调整不当;差速器行星齿轮、半轴齿轮与垫片磨损严重,轮齿折断,半轴齿轮花键槽与半轴花键齿磨损松旷;差速器壳连接螺栓松动;主减速器润滑油量不足或油质不符合要求。

3)故障诊断方法

根据汽车路试的行驶工况、驱动桥声响的特征及其变化情况诊断故障部位。

(1)汽车行驶时,若在车速急剧变化的瞬间或车速不稳定时,驱动桥发出的金属撞击声较强烈,多为主减速器齿轮啮合间隙过大所致。

(2)汽车挂挡行驶时,如驱动桥发出连续的混合噪声,而脱挡滑行时,响声减弱或消失,多为主减速器锥齿轮正面磨损严重、齿面损伤、啮合印痕调整不当使齿轮啮合不良所致。

(3)汽车挂挡行驶时,如驱动桥发出一种杂乱的"哗啦、哗啦"噪声,且车速越高,响声越大,而汽车脱挡滑行时声音减小或消失,多为主减速器轴承磨损松旷所致。如汽车加速、滑行时都响,多为轴承预紧度调整不当或轴承缺油引起轴承烧蚀所致。

(4)如汽车转弯行驶时驱动桥发响,而直线行驶时响声减弱或消失,则是行星齿轮、半轴齿轮的齿面严重磨损、损伤、轮齿变形所致。

(5)汽车挂挡行驶时,如驱动桥突然发出连续、强烈的金属碰击声,多为其齿轮的轮齿折断。

2. 驱动桥过热

1)故障现象

汽车行驶一定里程后,驱动桥温度过高,用手触摸时有烫手感觉。

2)故障原因

驱动桥过热的根本原因是驱动桥工作时的摩擦阻力过大。其具体原因为:轴承装配过紧,或轴承预紧度过大;齿轮啮合间隙过小;驱动桥润滑油量太少,油质太差,润滑油黏度过大或过小;油封过紧。

3)故障诊断方法

汽车行驶一定里程后(一般为30~60km),检查驱动桥壳各个部位。若轴承或油封处局部过热,则故障为轴承装配过紧或油封过紧所致。若驱动桥壳整体过热,则先检查润滑油的数量、质量及润滑油的黏度。当不符合要求时,换油后再进行试验。若故障消失,则说明驱动桥润滑不良是故障产生的原因;若故障未消除,说明故障原因是齿轮啮合间隙过小。

3. 驱动桥漏油

1)故障现象

驱动桥加油口螺塞、放油口螺塞、油封处或各接合面处有明显的漏油痕迹。

2)故障原因

加油口或放油口螺塞松动;油封损坏或油封与轴颈不同轴;油封轴颈磨损而出现槽沟;各接合平面的平面度误差过大或密封垫片损坏;两接合平面的紧固螺钉拧紧方法不符合要

求或松动;通气孔堵塞;桥壳有铸造缺陷或裂纹。

3)故障诊断方法

清洁驱动桥与主减速器壳体外表,检查是否有裂纹;检查驱动桥桥壳通气孔是否堵塞,如堵塞则清洁疏通;检查放油螺塞是否松动或滑扣,并予以紧固或更换;检查驱动桥内润滑油液面高度,如液面过高则按规定降低液面;检查驱动桥主动轴伸出部位是否漏油,如漏油则应更换油封;如半轴油封处漏油,应检查油封是否按照歪斜或损坏,并进行调整或更换;若接合面漏油,则应检查连接螺栓或螺母是否松动,衬垫是否损坏,结合面是否平整,并进行调整、更换或修理。

第三节 汽车行驶系统检测与诊断

汽车行驶系统主要由车轮和悬架系统构成。车轮定位参数不符合技术要求、车轮不平衡、悬架系统技术状况变差等都会引起汽车行驶系统技术状况变差,进而对汽车的操纵稳定性和行驶平顺性以及行驶安全性产生不利影响。

一、车轮定位检测

车轮定位检测包括转向轮(通常为前轮)定位检测和非转向轮(通常为后轮)定位检测。转向轮和非转向轮定位检测统称为四轮定位检测。汽车前轮定位参数包括前轮外倾角、前轮前束、主销后倾角和主销内倾角,是评价汽车前轮保持直线行驶稳定性、前轴和转向系统技术状况的重要诊断参数。后轮定位参数主要有后轮外倾角和后轮前束,可用于评价后轮保持直线行驶稳定性和后轴的技术状况。

汽车车轮定位参数大小是根据汽车设计要求确定的,不同车型其值有所不同。因此,汽车车轮定位的检测标准应是该车技术条件规定的车轮定位参数值。

1. 转向轮定位参数检测

汽车转向轮定位参数的检测方法包括静态检测法和动态检测法。静态检测法是在汽车处于停车状态下,根据转向轮旋转平面与各定位角之间存在的几何关系,使用测量仪器对车轮定位参数进行测量的方法。动态检测法是在汽车以一定车速行驶的状态下,用专用检测设备测量与车轮定位相关的侧向力或由此引起的车轮侧滑量(见本书第三章)。

1)转向轮定位仪

静态检测时,常用转向轮定位仪有便携式光束水准车轮定位仪、便携式水准车轮定位仪等。光束水准车轮定位仪一般由一套水准仪、两套聚光器、两套支架、两套转盘、两套杆尺、两套标杆和一个制动踏板抵压器组成,适用于大、中、小型汽车转向轮定位参数的检测;水准车轮定位仪一般由水准仪和转盘组成,仅适用于小型汽车转向轮定位参数的检测。

(1)水准仪。

水准仪由壳体、水泡管、水泡调节机构和刻度盘组成。水准仪有插销式和永久磁铁式两种。插销式水准仪如图 5-16 所示,多用于光束水准车轮定位仪。永久磁铁式水准仪如图 5-17 所示,多用于水准车轮定位仪。

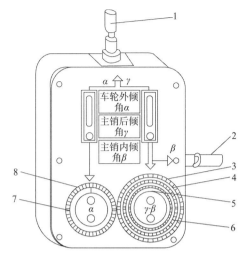

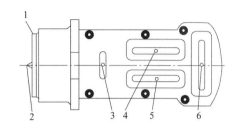

图 5-16 插销式水准仪

1-测 α、γ 插销；2-测 β 插销；3-测 γ 刻度盘；4-测左轮 β 刻度盘；5-测 γ、β 表盘指针；6-测右轮 β 刻度盘；7-测 α 刻度盘；8-测 α 表盘指针

图 5-17 永久磁铁式水准仪

1-永久磁铁；2-定位针；3-水平校正水泡管；4-后倾角测量水泡管；5-外倾角测量水泡管；6-内倾角测量水泡管

（2）支架。

支架为水准仪与轮辋间的连接装置，如图 5-18 所示。支架总成配有内张式和外收式两种固定脚，可按轮辋的形式不同而选用。安装时，先将固定支架的两个固定脚卡在轮辋适当部位，再移动活动支架使其固定脚也卡在轮辋上，之后用活动支架的偏心卡紧机构将三个固定脚卡紧在轮辋上，使三个固定脚的定位端面贴紧在轮辋边缘上。松开调整支座弹性固定板的固定螺栓，使调整支座沿导轨滑动，并通过特制芯棒调整支座孔中心与车轮轴线重合后，拧紧固定螺栓。测量时，插销式水准仪的插销插入调整支座中心孔，永久磁铁式水准仪带有永久磁铁和定位针，可以对准转向节枢轴的中心孔，直接吸附在轮辋端面，无须使用支架。

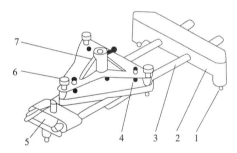

图 5-18 支架

1-支架固定脚；2-固定支架；3-导轨；4-定位螺栓、螺母；5-活动支架；6-调节螺栓；7-调整支架

（3）转盘。

转盘由固定盘、活动盘、扇形刻度尺、游标指示针、锁止销和位于两盘之间的滚珠构成，如图 5-19 所示。汽车转向轮可在转盘上灵活偏转，刻度尺可指示出其转向角大小。水准仪与转盘配合，可测量转向轮外倾角、主销内倾角和后倾角。

（4）其他构件。

聚光器上的定位销插入支架总成的支座孔中，可把聚光器固定于支架上，在标杆配合下检测转向车轮的前束值。在转向轮定位的检测过程中，有时需踩下制动踏板，使车轮处于制动状态。踏板抵压器可将制动踏板压下，而另一端顶靠在驾驶座椅或其他支承物上。

目前广泛使用的车轮定位仪是微机式车轮定位仪，且一般为四轮定位仪，可同时检测前轮、后轮的定位参数。

2）转向轮定位参数的检测原理和方法

对于转向轮外倾角、主销后倾角和主销内倾角而言,光束水准车轮定位仪和水准车轮定位仪的检测原理相同,只是水准仪安装在转向轮上的方式不同。光束水准车轮定位仪能以聚光器配合标杆精确测试前束值。

(1) 车轮外倾角检测。

①车轮外倾角检测原理。

车轮外倾角 α 是指车轮中心平面向外倾斜的角度,其检测原理如图 5-20 所示。当外倾角为 α 的转向轮处于直线行驶位置时,由于水准仪上的测外倾角气泡管通过支架垂直于转向轮旋转平面安装,因此亦与该旋转平面垂直。此时,气泡管与水平面的夹角与外倾角相等,气泡管中的水泡偏移向车轮一侧。把气泡管调回水平位置,气泡位移量或角度调节量即反映了转向轮外倾角 α 的大小。

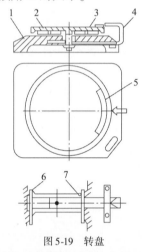

图 5-19 转盘

1-永久磁铁;2-上转盘;3-钢球;4-指针;5-刻度尺;
6-横向导轨;7-纵向导轨

图 5-20 转向轮外倾角检测原理

②车轮外倾角检测方法。

测量时,将水准仪上的测 α、γ 插销插入支架座孔,并使水准仪在垂直于该插销的方向上近似水平,然后拧紧锁紧螺钉把水准仪固定于支架上,如图 5-21 所示。此时水准仪气泡将偏离中间位置。调节"α"调节盘,直到水准仪气泡处于中间位置,其"α"调节盘上红线所示角度值即为该转向轮的外倾角。

(2) 主销后倾角检测。

①主销后倾角检测原理。

主销后倾角 γ 可以利用转向轮绕主销转动一定角度时的几何关系间接测量,检测时,其水准仪的安装位置如图 5-21 所示。通常先把转向轮向外转 20°,回正后再向内转 20°,由于主销后倾角的影响,转向节枢轴轴线与水平面的夹角发生变化,该变化值即可间接反映主销后倾角的大小。

如图 5-22 所示,在三维坐标系 $OXYZ$ 中,OA 为主销中心线,位于 OYZ 平面内,OA 与 OZ 构成的夹角 γ 为主销后倾角;OC 为转向节枢轴,转向轮处于直线行驶状态时,OC 与 OX 轴重合。假定转向轮外倾角 α 和主销内倾角 β 均为零,则 $OC \perp OA$。此时若转向轮偏离直线行驶位置,转过某一角度 φ 时,OC 移至 OC',OC 扫过的平面 OCC' 与水平面的夹角等于主销后倾角 γ。由于水准仪垂直于转向轮旋转平面安装,其上的水泡管始终与转向节枢轴轴线重合或平行。当 OC 移至 OC' 时,水泡管由 MN 移至 $M'N'$,OC 与水平面间形成的夹角为 ω,水泡管中的气泡偏离水平时的位置而向 M' 移动,位移量取决于 ω 角的大小。ω 角取决于前轮转向角 φ 和主销后倾角 γ,当 φ 取定值时(通常取 20°),ω 与 γ 一一对应,而水泡管中气泡位移量与角 ω 一一对应。因而,通过对气泡位移量的标定即可反映 γ 角的大小。

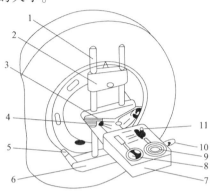

图 5-21 检测车轮外倾角和主销后倾角

1-导轨;2-活动支架;3-调整支座;4-调节螺钉;5-固定脚;6-固定支架;7-水准仪;8-测 γ、β 调节盘;9-测 α 调节盘;10-定位销;11-旋钮

实际转向轮具有主销内倾角 β 和转向轮外倾角 α。为消除 β 对主销后倾角 γ 测试结果的影响,测量时先将转向轮向外旋转 φ 角,把水泡管调至水平位置,然后向相反方向回转 2φ 的角度。由于当转向节枢轴 OC 从直线行驶时的位置分别向外和向内转动相同角度时,主销内倾角 β 对主销后倾角 γ 测量结果的影响相等,方向相反,因而互相抵消。同时,转动 2φ 角度时,气泡位移量也增大 1 倍,可使仪器的测试灵敏度和精度提高。车轮外倾角对主销后倾角测试结果的影响不大,可忽略不计。

②主销后倾角检测方法。

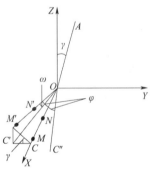

图 5-22 主销后倾角检测原理

把汽车转向轮置于转盘上,使车轮处于直线行驶方向,并使转向轮主销轴线的延长线通过转盘中心,拉紧驻车制动器操纵杆,取下转盘销。

把测"α、γ"插销插入支架座孔,使车轮外转 20°,松开锁紧螺钉,使水准仪在垂直于"α、γ"插销的方向上处于水平状态后拧紧。

转动"α、β"调节盘,使其指示红线与蓝、红、黄刻度盘零线重合。

调整气泡管调节旋钮,使其中的气泡处于中间位置。

使转向轮向内旋转 40°,调节"α、β"调节盘,使水准气泡回到中间位置,指示红线所指蓝盘上读数即为主销后倾角 γ 的测量结果。

(3)主销内倾角检测。

①主销内倾角检测原理。

主销内倾角 β 可以通过测量转向轮绕主销转动过程中转动平面的角位移而间接检测得

出。为此应首先使车轮处于制动状态而不能绕转向节枢轴自由转动。此时,若使转向轮在转盘上偏转一定角度 φ,转向节和转向轮旋转平面会绕转向节枢轴轴线偏转一定角度。该角度的大小除取决于转向轮偏转角度 φ 外,还与主销内倾角 β 的大小有关。因此,在限定 φ 角大小的前提下,测出转向轮旋转平面偏转角的大小,即可反映主销内倾角 β 的大小。检测时,其水准仪的安装位置如图 5-23 所示。

　　如图 5-24 所示,在 $OXYZ$ 坐标系中,主销 OA 在 OYZ 平面内,OA 与 OZ 的夹角 β 为主销内倾角。直线行驶位置时,转向节枢轴 OC 与主销 OA 的夹角为 $90°\pm\beta$。转向轮在制动状态向右(或向左)偏转 φ 角时,OC 移至 OC'(或 OC'')。由于主销内倾角 β 的影响,C 点的轨迹 CC'(或 CC'')为圆弧,OCC'(或 OCC'')为圆锥面。因此,若在 OC 前端放置一平行于水平线且垂直于转向节枢轴 OC 的气泡管 EF,则在转向轮偏转过程中,气泡管 EF 将绕转向节枢轴轴线转动。OC 移至 OC' 后,EF 移至 $E'F'$,EF 与 $E'F'$ 间形成的夹角为 θ,角 θ 取决于转向轮转角 φ 和主销内倾角 β。若使 φ 角为一定值,则 θ 角和 β 角成一一对应关系。由于 θ 角的影响而导致了气泡管 EF 中气泡的位移,因此通过对气泡位移量的标定即可反映 β 角的大小。

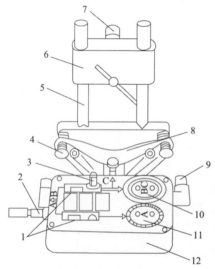
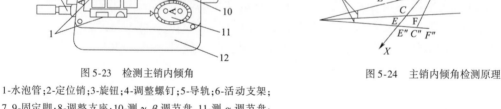

图 5-23　检测主销内倾角　　　　　　　图 5-24　主销内倾角检测原理

1—水泡管;2—定位销;3—旋钮;4—调整螺钉;5—导轨;6—活动支架;
7、9—固定脚;8—调整支座;10—测 γ、β 调节盘;11—测 α 调节盘;
12—水准仪

　　检测主销内倾角 β 时,一般先把转向轮左转 φ 角(通常为 20°),使转向节枢轴 OC 转至 OC'',调节气泡管与水平平面平行;再把转向轮右转 2φ 角,转向节枢轴转至 OC',气泡管 EF 则转过了 2θ 角,气泡位移量增大 1 倍。这样不但可使检测灵敏度和读数精度提高,还可消除主销后倾角 γ 对主销内倾角 β 检测值的影响。

　　② 主销内倾角检测方法。

　　　a. 把转向轮置于转盘上,取下转盘销。

　　　b. 用制动踏板抵压器压下制动踏板。

　　　c. 把水准仪的 β 销插入支架座孔中并紧固。

　　　d. 使转向轮向外旋转 20°,松开锁紧螺钉并使水准仪在垂直于 β 插销的方向上处于水平状态,拧紧锁紧螺钉;然后,调节"α、β"调节盘使指示红线与蓝、红、黄刻度盘上的零线重合。

e. 使转向轮向内旋转40°后,调节"γ、β"调节盘使气泡回到中间位置。"γ、β"盘上指示红线在红刻度盘的指示数值为右转向轮主销内倾角 β 的测量值,黄刻度盘为左转向轮主销内倾角 β 的测量值。

(4)前束的检测。

①前束的检测原理。

聚光器配合标杆检测转向轮前束的原理如图5-25所示。当中心为 O 的车轮 AB 与放置在地面上的标杆 MN 垂直时,聚光器光束指针投射到标杆的 M 点。当车轮具有前束时,AB 与 MN 不垂直,AB 的位置变为 A_1B_1,此时光束指针投射到标杆的 N 点,且聚光器由原来的位置 OCD 变为 OC_1D_1。由于 $CM >> OC$,而前束与 CM 比较起来也非常小,故可认为点 C 与 C_1 重合,则 $AA_1 = A_2A_3$(A_2、A_3 是光束指针在与 A 点同一截面上的投影点)。从图中可得:$A_2A_3 : MN = CA_2 : CM$,其中 $CA_2 = OA = D/2$,$CM = 7 \times D/2$。所以,$A_2A_3 : MN = D/2 : 7 \times D/2 = 1 : 7$。此时若 $AA_1 = A_2A_3 = 1mm$,则 $MN = 7mm$。

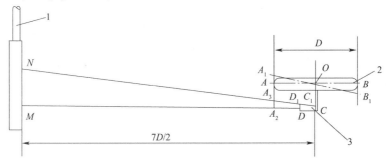

图5-25 前束检测原理图
1-标杆;2-前轮;3-聚光器

在标杆的标牌上,每隔7mm划一刻度。当车轮前束测点每偏转1mm时,光束指针的变化为1个刻度(7mm),通过这种方式将车轮前束实际值放大了7倍而显示在标杆的标牌上,从而提高了测量灵敏度和读数的精度。

②前束的检测方法。

a. 把汽车转向轮置于转盘上,取下转盘锁止销,拉紧驻车制动器操纵杆。

b. 在转向轮上安装支架,把聚光器固定于支架上,如图5-26所示。

c. 确定被测车辆处于直线行驶位置。将聚光器光束水平投向后轮轴线、与后轴垂直且相对于汽车纵轴线对称放置的三脚架标尺上。调节焦距,在标尺上显现出带缺口的圆形图像,如图5-27所示。若缺口两侧所指数值相等,则汽车处于直线行驶状态,否则应转动转向盘调整,如图5-28a)所示。

d. 平衡顶起转向桥,使两转向轮离开转盘而能自由转动。

e. 将两套标杆平行于转向轮轴线放置于两侧,每一标杆距转向轮轴中心的距离为转向轮上规定前束测量点处半径的7倍。

f. 将一侧聚光器光束投向前标杆,并移动标杆使之指向一个整数。转动转向轮使光束投向后标杆,亦使之指向同一个整数。然后,使另一侧聚光器光束分别投向前、后标杆,并记录所指数字,后标杆数字与前标杆数字之差即为该车前束值。

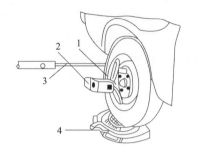
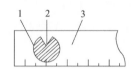

图 5-26 支架及聚光器在转向轮上的
安装示意图
1-支架;2-聚光器;3-标杆;4-转盘

图 5-27 光束在标尺上的投影
1-光束;2-指针;3-标尺

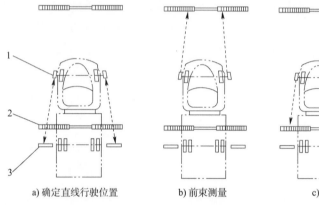

a) 确定直线行驶位置　　　b) 前束测量　　　c) 前束测量

图 5-28 前束测量
1-聚光器;2-标杆;3-标尺

3) 转向轮定位检测注意事项

(1) 对被检车辆的要求。

①车辆荷载和轮胎气压符合规定。

②转向轮轮胎为新胎或磨损均匀的半新胎。

③转向轮轮毂轴承、转向节与主销不应松旷,否则应先修理调整后再检测。

④制动器制动可靠。

(2) 对测量场地的要求。

①测量场地表面平整。

②为使车辆检测时处于水平位置,可将转盘放入预留坑中,左、右两转盘应调整到与被测汽车转向轮的轮距相同;转盘放在地面上时,可在后轮下垫60mm厚的木板,以保证前、后车轮在同一水平面上。

2. 汽车四轮定位参数检测

1) 汽车四轮定位及检测项目

现代汽车广泛采用四轮独立悬架,当汽车行驶中出现下列情况时,需进行四轮定位的检测和调整:直线行驶困难;前轮摇摆不定,行驶方向漂移;轮胎出现不正常磨损;汽车悬架系统、转向系统有关部件进行维修或更换,或汽车经碰撞事故维修后。

四轮定位的检测项目包括:转向轮前束值/角及前张角、转向轮外倾角、主销后倾角、主销内倾角、后轮前束值/角及前张角、后轮外倾角、轮距、轴距、转向20°时的前张角、推力角和左右轴距差等,如图5-29所示。其中,转向轮定位参数除可在转向轮定位仪上检测外,还可以在四轮定位仪上检测。

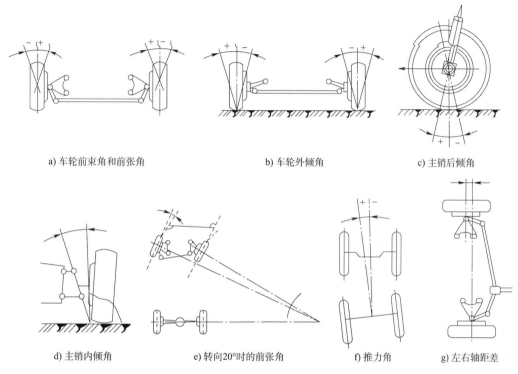

图 5-29 四轮定位检测项目

2)汽车四轮定位检测原理

下面以蓝牙CCD(电荷耦合元件)图像式四轮定位仪为例,介绍四轮定位仪的结构及四轮定位检测原理。

(1)四轮定位仪的结构。

四轮定位仪由主机、传感器机头、通信系统和机械部分等组成,如图5-30所示。

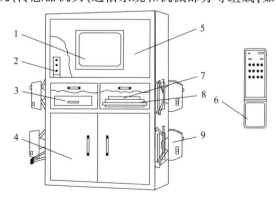

图 5-30 四轮定位仪外形图
1-彩色显示器;2-控制箱;3-微机主机;4-工具箱;5-主机柜;6-红外遥控器;7-打印机;8-键盘;9-传感器

①主机,也称上位机,由一台标准个人计算机及四轮定位专用软件构成,是使用者的操作控制平台。它具有指令下达、数据处理、结果显示及打印输出等功能。

②传感器机头,也称下位机,是四轮定位仪的核心部件。每个传感器机头内装有主控板、两个倾角传感器、两个CCD图像传感器、两个红外线发射管、蓝牙通信板及电源等。主控板由单片机及其外围电路组成,接受主机指令并完成相应操作,最后将结果传输至计算机;相互垂直安装的两个倾角传感器可以将车轮的倾角信号转换成电信号,分别用于测量车轮外倾角、主销内倾角及主销后倾角;CCD图像传感器与相应的红外线发射管用于测量车轮前束并确定四轮的相互位置关系;蓝牙通信板用于接收、完成上位机命令,并将测量数据回传给计算机。

③通信系统。采用无线通信技术,实现上位机与下位机之间信息的相互交换。

④机械部分。由轮夹、转角盘、转向盘固定架和制动踏板固定架组成。轮夹有四个,其作用是将传感器机头快速夹装在汽车轮辋上;转角盘两个,汽车两转向轮置于其上,其作用是适应检测时转向轮偏转的需要;转向盘固定架的作用是根据需要固定汽车转向盘,以保证测试过程中汽车方向不会发生改变;制动踏板固定架的作用是固定汽车制动踏板,以保证测试过程中汽车不会发生前后移动。

为便于检测和调整,被检汽车需停放在地沟上或举升平台上,四轮定位仪则安装在地沟两旁或举升平台上,如图5-31所示。

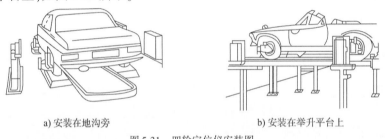

a) 安装在地沟旁　　　　　　b) 安装在举升平台上

图5-31　四轮定位仪安装图

(2) 四轮定位检测原理。

检测时,各传感器机头通过轮夹与汽车轮辋相连,四轮定位参数信息可通过四个传感器机头的各种传感器来反映,如图5-32所示。传感器机头中的CCD图像传感器分别感应与其相对应红外线发射管的图像,由于传感器的图像反映了其自身与其对应的红外线发射管的相互关系,通过八个CCD图像传感器的图像,可以计算出四个轮辋的相互关系,再加上各机头上两个倾角传感器测量的倾角,即可确定车轮的所有定位参数。

①前束和左右轮轴距差检测原理。

车轮前束测量之前,保证车身摆正且转向盘居中,车辆处于直线行驶状态。安装在四个车轮上的传感器均有接收光线和发射光线的功能,发射光线与接收光线形成如图5-32所示的矩形。将汽车置于此四边形中,通过安装在车轮上的传感器来检测前后轮前束和左右轮轴距差。当前束为零时,同一轴左、右两轮上的传感器发射出的光束应重合。当检测出上述两条光束互相平行但不重合,说明此时左右两车轮不同轴(即车轮发生了错位),可以根据光束偏离量的信息,测量出左右轮的轴距差。当车轮存在前束时,在左侧车轮传感器上接收到的光束位置相对于原零点的偏差值,表示右侧车轮的前束值/角;同理,在右侧传感器上接收到的光束位置相对于原来零点的偏差值,则表示左侧车轮的前束值/角。转向轮和后轮前束的检测原理相同,所不同的是转向轮前束的检测利用装在左右转向轮上的两个传感器,而后轮前束的检测则是利用装在左右后轮上的传感器。

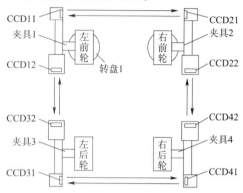

图 5-32　CCD 图像传感器测量示意图

② 推力角检测原理。

汽车后轴中心线与汽车纵向对称线的夹角即称为推力角。推力角检测如图 5-33 所示。如果被检车辆不存在推力角时,前后轴同侧车轮上的传感器发射或接收的光束应重合,而当两条光束不重合时,即说明推力角存在。因此,可以用安装在汽车前轮上的传感器接收到的后轮传感器所发射的光束,根据其相对于零点位置的偏差值检测汽车推力角的大小。

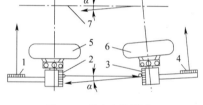

图 5-33　推力角检测原理
1、2、3、4-光线接收器;5-转向轮;6-后轮;7-汽车纵轴线;α-推力角

③ 车轮外倾检测原理。

四轮定位仪传感器机头内置倾角传感器,把传感器装在车轮上,在车辆处于直线行驶位置时可以直接测得。

④ 主销后倾角和主销内倾角检测原理。

主销后倾角和主销内倾角需要通过几何关系间接测量。若主销后倾角不为零时,则在车轮向外转 20° 和车轮向内转 20° 两个位置时,车轮平面会发生倾角变化。该倾角变化可由传感器内的角度测量仪测出。同理,若主销内倾角不为零,则在车轮向外转 20° 和车轮向内转 20° 两个位置时,垂直于车轮旋转平面的平面将发生倾角变化,该倾角变化也可由传感器内的角度测量仪测出。

⑤ 转向 20° 时前张角检测原理。

转向 20° 时前张角是否正确反映的是汽车转向梯形是否变形。

检测时,使被检车辆转向轮停在转盘中心,转动转向盘使右转向轮向右转 20° 后,读取左转向轮下转盘上的刻度值 φ_1,向右转向 20° 时的前张角即为:$(20° - \varphi_1)$。使左转向轮沿直线行驶方向向左转 20° 后,读取右转向轮下转盘上的刻度值 φ_2,向左转向时 20° 的前张角即为:$(20° - \varphi_2)$。

(3) 轮辋偏摆补偿。

由于汽车使用过程中产生轮辋钢圈变形,造成轮辋转动过程中,轮辋端面左右偏摆。另外,夹具精度的限制也不可能使三爪支承点组成的平面与车轮轴心线绝对垂直。此两项误差引起的"摆差",造成轮辋卡夹轴销与车轮旋转平面不垂直而形成一定的夹角,且该角随夹具安装在轮辋上的不同位置而随机变化。由于外倾角和前束角的值较小,当轮辋偏摆严重时,会影响车轮定位数据的准确性。所以在测量车轮定位参数前,应对轮辋偏摆进行补偿。轮辋偏摆补偿的测试步骤如下:

①用千斤顶将汽车车轴顶起,使车轮离开地面,可自由旋转。

②松开测量机头的锁紧螺栓,按下测量机头操作面板上的"补偿"键,进入"轮辋偏摆补偿"程序,并将车轮此刻的初始位置记为0°,然后操作人员缓慢转动车轮分别转至0°、90°、180°、270°位置,计算机通过车轮0°、90°、180°和270°这四个位置的倾角传感器输出信号,运算得到偏摆补偿量。

③放下车轮,注意保持车轮在0°位置。

3)汽车四轮定位检测方法

(1)对被检车辆的基本要求。

检测汽车的四轮定位时,被检汽车应满足以下要求:

①前后轮胎气压及胎面磨损基本一致。

②前后悬架系统的零部件完好、不松旷。

③转向系统调整适当,不松旷。

④前后减振器性能良好,不漏油。

⑤汽车前后高度与标准值的差不大于5mm。

⑥制动系统正常。

(2)汽车四轮定位检测前准备。

为便于检测和调整,被检汽车需可靠停放在地沟上或举升平台上,地沟或举升平台应处于水平状态。

①把汽车驶上举升平台,升高举升机,把汽车举升0.5m(第一次举升)。

②升高汽车车身部位,至车轮能够自由转动(第二次举升)。

③检查各轮胎磨损情况,根据需要拆下各车轮。

④检查轮胎气压,不符合标准时应充气或放气。

⑤做车轮的动平衡检测后,把车轮装好。

⑥检查车身高度。检查车身四个角的高度和减振器的技术状况,如车身不平应先调平;同时检查转向系统和悬架是否松旷,如松旷则应先紧固或更换零件。

(3)四轮定位检测步骤。

①将传感器支架安装在轮辋上,再按标识指示把传感器(定位校正头)安装到相应车轮的支架上,并按使用说明书的规定调整。

②开机进入测试程序,输入被检汽车的车型和生产年份等信息。

③轮辋偏摆补偿。转向盘位于直行位置,使每个车轮旋转一周,即可把轮辋偏摆误差输入计算机。

④降下第二次举升量,使车轮落到平台上,把汽车前部和后部向下压动4~5次,使其作压力弹跳。

⑤用制动锁压下制动踏板,使汽车处于制动状态。

⑥把转向盘左转至计算机发出"OK"声,输入左转角度;然后把转向盘右转至计算机发出"OK"声,输入右转角度。

⑦把转向盘回正,计算机屏幕上显示出后轮的前束及外倾角数值。

⑧调正转向盘,并用转向盘锁锁住转向盘使之不能转动。

⑨把安装在四个车轮上的定位校正头的水平仪调到水平线上,此时计算机屏幕上显示出转向轮的主销后倾角、主销内倾角、转向轮外倾角和前束的数值。

⑩调整主销后倾角、车轮外倾角及前束,调整方法可按计算机屏幕提示进行。若调整后仍不能解决问题,则应更换有关部件。

⑪进行第二次压力弹跳,将转向轮左右转动,把车身反复压下后,观察屏幕上的数值有无变化,若数值变化应再次调整。

⑫若第二次检查未发现问题,则应将调整时松开的部位紧固。

⑬拆下定位校正头和支架,进行路试,检查四轮定位检测的调整效果。

二、车轮平衡检测

高速行驶的汽车,若车轮不平衡,则会引起车轮的上下跳动和横向摆振,不仅影响汽车的行驶平顺性和操纵稳定性,使汽车难以控制,还会影响汽车的行驶安全性。因此,必须对车轮的不平衡进行检测,并进行必要的平衡作业。

1. 车轮不平衡及原因

车轮的不平衡分为静不平衡和动不平衡。

1) 静不平衡

若车轮的质心与旋转中心不重合,则该车轮为静不平衡。由于静不平衡质量的存在,车轮在旋转中产生离心力。假定不平衡质量 $m(kg)$ 集中于距车轮旋转中心距离为 $r(m)$ 的圆周上某点,则车轮转动时所产生的离心力 $F(N)$ 的大小为:

$$F = m\omega^2 r \tag{5-3}$$

式中:ω——车轮旋转角速度,$\omega = 2\pi n/60$,rad/s;

n——车轮转速,r/min。

转速 n 越高,不平衡质量 m 越大,且距旋转中心的距离 r 越远,由静不平衡所产生的离心力 F 也越大。离心力 F 可分解为垂直分力 F_Y 和水平分力 F_X,如图 5-34 所示。车轮转动一周中,垂直分力 F_Y 在通过车轮旋转中心垂直线的 a、b 两点时达到最大值且方向相反,易使车轮上下跳动,对于转向轮由于陀螺效应还可导致转向轮摆振;水平分力 F_X 在通过车轮旋转中心水平线的 c、d 两点时达到最大值且方向相反,易引起车轮前后窜动,对于转向轮,它将产生绕主销来回摆动的力矩,造成转向轮摆振。当左右转向轮的不平衡质量相互处在 180°位置时,转向轮摆振最为严重。

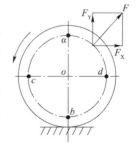

图 5-34 车轮静不平衡示意图

若要实现静平衡,需在不平衡质量 m 作用半径的相反位置上,配置相同质量 m'。

2）动不平衡

若车轮的质心偏离其旋转轴线或车轮的惯性主轴与其旋转轴线不重合,则该车轮为动不平衡。

静平衡的车轮,如果车轮的质量分布相对于车轮纵向中心平面不对称,则旋转时会产生方向不断变化的力偶 M,车轮处于动不平衡状态,如图5-35a)所示。车轮旋转过程中,该力偶的方向反复变化,使转向轮绕主销摆振。如图5-35b)所示,若要使车轮达到动平衡,则需在 m_1、m_2 同一作用半径的相反方向配置相同质量 m_1'、m_2'。

动平衡的车轮一定是静平衡的,但静平衡的车轮却不能保证是动平衡的,因此对车轮应主要进行动平衡检测。《机动车运行安全技术条件》(GB 7258—2017)对车轮总成的横向摆动量和径向跳动量的要求是:总质量不大于3500kg的汽车应小于等于5mm,摩托车应小于等于3mm,其他机动车应小于等于8mm。最高设计车速大于100km/h的机动车,其车轮的动平衡要求应与该车型的技术要求一致。

3）车轮不平衡原因

（1）轮毂、制动鼓(盘)加工时轴心定位不准、加工误差大、非加工面铸造误差大、热处理变形、使用中变形或磨损不均。

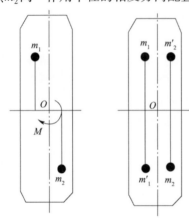

a) 车轮动不平衡（车轮静平衡）　b) 车轮动平衡

图5-35　车轮平衡示意图

（2）轮胎螺母质量不等、轮辋质量分布不均或径向圆跳动、端面圆跳动太大。

（3）轮胎质量分布不均、尺寸或形状误差太大、使用中变形或磨损不均、使用翻新胎或垫、补胎。

（4）并装双胎的充气嘴未相隔180°安装,单胎的充气嘴未与不平衡点标记相隔180°安装。

（5）轮毂、制动鼓(盘)、轮胎螺栓、轮辋、内胎、衬带、轮胎等拆卸后重新组装成车轮时,累计的不平衡质量或形位偏差太大,破坏了原来的平衡。

（6）车轮定位不当造成轮胎偏磨,引起车轮不平衡。

（7）车轮碰撞造成变形引起的车轮质心位移。

（8）高速行驶过程中,制动抱死产生轮胎纵向和横向滑移所引起的轮胎局部不均匀磨损。

2. 车轮平衡机

车轮平衡度应使用车轮平衡机检测,车轮平衡机也称为车轮平衡仪。

1）车轮平衡机的分类

车轮平衡机按功能不同分为车轮静平衡机和车轮动平衡机。

车轮平衡机按平衡机转轴的支撑方式不同分为软式车轮平衡机和硬式车轮平衡机。软式车轮平衡机的转轴由弹性元件支撑,通过测量车轮在转动过程中发生振动的强弱和相位检测车轮的不平衡量;硬式车轮平衡机的转轴则由刚性元件支撑,通过直接测量车轮旋转时不平衡点产生的离心力来检测车轮的不平衡量。

凡是可以测定车轮左右两侧不平衡量及其相位的,可以称为两面测定式车轮平衡机。

车轮平衡机按测量方式不同分为离车式车轮平衡机和就车式车轮平衡机。离车式车轮平衡机需要从车上拆下被测车轮,安装到平衡机转轴上进行测量;就车式车轮平衡机可在不拆卸车轮的状况下进行检测,既可进行静平衡试验,又可以进行动平衡试验。

因就车式车轮平衡机在实际中应用较少,以下主要介绍离车式车轮平衡机。

2)离车式车轮平衡机的结构

在离车式车轮平衡机中,目前应用最多的是硬式两面测定车轮动平衡机,如图5-36所示。该平衡机主要由驱动机构、主轴与支撑、制动装置、显示与控制装置、机箱、防护罩构成。驱动机构装在机箱内,由驱动电机、传动装置构成,驱动主轴旋转,使安装在其上的车轮达到所要求的平衡转速。车轮在平衡机主轴上的安装位置如图5-37所示。主轴由两盘滚动轴承支撑,并装有检测主轴动反力的水平传感器和垂直传感器,传感器产生的电信号输送至控制装置。转轴外端通过锥体和快速拆装螺母固定被测车轮。显示与控制装置用于计算分析并显示不平衡量及相位。车轮防护罩用于阻挡车轮旋转时车轮上的平衡块或花纹中的夹杂物飞出。制动装置(图中未画出)装在机箱内,可使车轮停转。

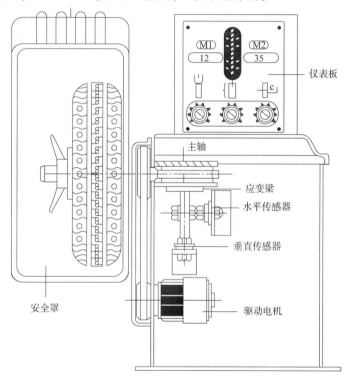

图5-36 离车式车轮平衡机

3. 车轮不平衡检测原理

1)静不平衡检测原理

被测车轮装在离车式车轮平衡机的转轴上时,若车轮存在静不平衡,则在自由转动状态下,车轮将停止于不平衡点处于最低的位置。在相反方向进行配重平衡,当车轮可在转动结束时停止于任一位置,则车轮处于静平衡状态。利用这一基本原理即可测得静不平衡的质量和相位。

2）离车式动不平衡检测原理

动不平衡的车轮安装在离车式硬支撑平衡机的转轴上高速旋转时,所产生的离心力在支撑装置上产生动反力,测出支撑装置所受的动反力即可测得不平衡量,其检测原理如图 5-38 所示。

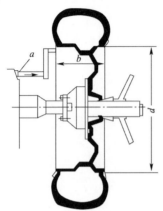

图 5-37 车轮在平衡机上的安装
a-轮辋边缘至平衡机机箱距离；
b-轮辋宽度；d-轮辋直径

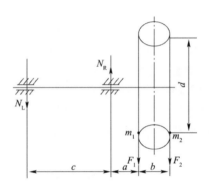

图 5-38 车轮平衡仪测量原理
m_1、m_2-车轮不平衡点质量；F_1、F_2-车轮旋转时所产生的离心力；a-轮辋边缘至右支撑的距离；b-轮辋宽度；c-左、右支撑间距离；d-轮辋直径

硬支撑平衡机的测试、校正原理是:根据支撑处的动反力 N_L、N_R,确定两校正面上离心力 F_1、F_2 的大小,根据 F_1、F_2 确定两校正面所需的平衡块质量和安装方位,其测量点在轴承处,而校正面选在轮辋两边缘。根据平衡条件,有:

$$N_R - N_L - F_1 - F_2 = 0$$
$$F_1(a+c) + F_2(a+b+c) - N_R c = 0$$

可解得:

$$\begin{cases} F_1 = N_L \dfrac{a+b+c}{b} - N_R \dfrac{a+b}{b} \\ F_2 = N_L \dfrac{a+c}{b} - N_R \dfrac{a}{b} \end{cases} \tag{5-4}$$

由式(5-4)可见,离心力 F_1、F_2 仅取决于动反力 N_L、N_R 及结构尺寸 a、b、c。对于某车轮平衡机和所测车轮而言,结构尺寸可视为常数,可事先输入控制装置,动反力 N_L、N_R 可用位移、速度或加速度传感器测出,根据此确定 F_1、F_2 并确定平衡块质量和安装方位。

4. 车轮不平衡检测方法

1）准备工作

(1) 拆除轮辋上的旧平衡块。

(2) 清除胎面泥土和嵌在花纹中的泥土、石子等。

(3) 轮胎气压达到规定值。

(4) 检查车轮平衡仪,并预热 5min 左右。

（5）提起车轮定位尺，以便使被测车轮定位。

（6）根据轮辋中心孔大小选择锥体，并把车轮装在转轴上，用快速螺母紧固。

2）检测步骤

（1）测量轮辋宽度 b、轮辋直径 d 和轮辋边缘至机箱距离 a，并输入指示与控制装置。b、d 值可通过动平衡机专用卡尺进行测量，a 值可通过平衡机上的标尺进行测量。为了适应不同计量制式，平衡机上的标尺一般同时标有英制和公制刻度。

（2）按下车轮定位尺并放下车轮防护罩。

（3）按起动按钮，转轴带动车轮旋转，开始测试。

（4）显示出测量结果后，按停止按钮或踩制动踏板使车轮停转，并从指示装置上读取车轮内、外侧不平衡量和不平衡位置。

（5）根据检测结果，分别在轮辋内、外两侧安装平衡块。

（6）重新进行平衡试验，直至车轮不平衡量 <5g，指示装置显示"00"或"OK"时，车轮处于平衡状态。

（7）测试结束，切断电源，从转轴上取下车轮总成。

三、悬架装置检测

悬架装置主要由弹性元件、导向装置和减振器三部分构成，其功能是传力、缓和并迅速衰减车身与车桥之间因路面不平引起的冲击和振动，保证汽车具有良好的行驶平顺性、操纵稳定性和行驶安全性。悬架装置的技术状况和工作性能对汽车正常行驶有重要影响。

1. 悬架装置性能检测指标

悬架装置性能检测指标是车轮接地性指数。车轮接地性指数是指汽车在行驶中，车轮与路面间最小法相作用力与其法相静载荷的比值，即车轮与路面间的最小相对动载，也称为吸收率，用 $A\%$ 表示，其数值在 0～100% 范围内变化。车轮接地性指数表明了悬架装置在汽车行驶中确保车轮与路面相接触的最小能力。性能良好的汽车悬架，应能够在各种行驶条件下，使车轮与路面之间保持有足够大的接地力，即具有足够大的车轮接地性指数。

2. 汽车悬架装置检测台

根据激振方式不同，悬架装置检测台可分为跌落式和共振式两种类型，其中共振式悬架装置检测台性能稳定、数据可靠，获得了应用广泛。

共振式悬架装置检测台的检测原理如图 5-39 所示。由电动机、偏心轮、储能飞轮和弹簧组成的激振器，迫使检测台台面及被检汽车的悬架装置产生振动。在开机数秒后断开电动机电源，由蓄能飞轮产生扫频激振。由于电动机频率高于车轮固有频率，因而蓄能飞轮逐渐降速的扫频激振过程总可以扫到车轮固有振动频率处，从而使汽车—台面系统产生共振。通过检测激振后振动衰减过程中力或位移的振动曲线，求出频率和衰减特性，便可判断悬架装置减振器的工作性能。根据测试对象不同，共振式悬架装置检测台可分为测力式和测位移式两类。测力式悬架装置检测台测试振动衰减过程中的力，测位移式悬架装置检测台测试振动衰减过程中的位移量。

共振式悬架装置检测试验台一般由机械部分和微机控制部分组成。

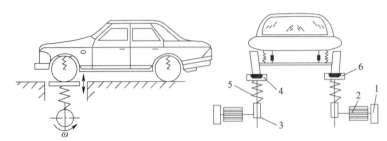

图 5-39 共振式悬架装置检测台

1-储能飞轮；2-电动机；3-凸轮；4-台面；5-激振弹簧；6-测量装置

1）机械部分

共振式悬架装置检测台的机械部分由左右两套相同的振动系统构成。其单轮振动系统如图 5-40 所示。每套振动系统由上摆臂、中摆臂、下摆臂、支承台面、激振弹簧、驱动电机、储能飞轮和传感器等构成。传感器一端固定在箱体上，另一端固定在台面上。上摆臂、中摆臂和下摆臂通过三个摆臂轴和六个轴承安装在箱体上。上摆臂和中摆臂与支承台面连接，并构成平行四边形的四连杆机构，以保证上下运动时能平行移动，使台面受载时始终保持水平。中摆臂和下摆臂端部之间装有弹簧。驱动电机的一端装有储能飞轮，另一端装有凸缘，凸缘上有偏心轴。连接杆一端通过轴承和偏心轮连接，另一端与下摆臂端部连接。

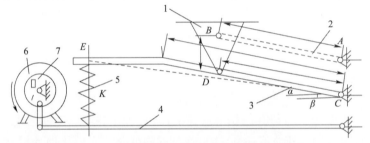

图 5-40 共振式悬架装置检测试验台单轮振动装置

1-支承台面；2-上摆臂；3-中摆臂；4-下摆臂；5-激振弹簧；6-驱动电机；7-偏心惯性结构；A、B-固定铰链；C、D-活动铰链；E-激振弹簧支承点；K-弹性系数

检测时，将汽车驶上支承台面，启动测试程序，驱动电机带动偏心机构使整个汽车—台面系统振动。激振数秒钟达到角频率为 ω_0 的稳定强迫振动后，断开驱动电机电源。然后，由储能飞轮以起始频率为 ω_0 的角频率进行扫频激振，同时启动采样测试装置。由于车轮的固有频率处于 ω_0 与 0 之间，因此储能飞轮的扫频激振总能使汽车—台面系统产生共振。采样测试装置记录数据和振动波形，然后进行分析、处理和评价。

2）控制部分

共振式悬架装置检测台的控制部分主要由微机、传感器、A/D 转换器、电磁继电器及控制软件等组成，如图 5-41 所示。控制软件是悬架装置检测台微机控制部分与机械部分联系的桥梁。软件实现对悬架装置检测台测试过程的控制，同时也对悬架装置检测台所采集的数据进行分析和处理，并显示和打印检测结果。

3．汽车悬架性能检测方法

对于最大设计车速大于或等于 100km/h、轴载质量小于或等于 1500kg 的载客汽车，使用共振式悬架装置检测台检测悬架性能的方法如下：

1）检验准备

（1）轮胎气压符合规定。

（2）检验悬架特性时，驾驶员应离车。

（3）悬架检验台电气系统应预热。

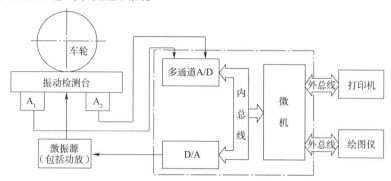

图 5-41　共振式悬架装置检测试验台控制系统

2）检验方法

（1）将被检车辆各轴车轮依次驶上悬架装置检验台，并使轮胎位于检验台面的中央位置，测量左、右轮的静态轮荷。

（2）分别启动悬架检测台的左、右电机，使汽车悬架产生振动，增强振动频率并超过振动的共振频率。

（3）当振动频率超过共振点后，将电机关断，振动频率衰减并通过共振点。

（4）记录衰减振动曲线，测量共振时的最小动态轮荷，计算并读取最小动态轮荷与静态轮荷的百分比以及同轴左、右轮百分比的差值。

注意衰减振动曲线的纵坐标为动态轮荷，横坐标为时间。

4. 汽车悬架性能检测标准

对于最大设计车速不小于 100km/h，轴载质量不大于 1500kg 的载客汽车，其轮胎在激励振动条件下测的悬架吸收率（车轮接地性指数）应不小 40%，同轴左、右轮悬架吸收率之差不得大于 15%。

欧洲减振器制造协会推荐的评价车轮接地性的参考标准见表 5-6。需要指出的是，表中的车轮接地性指数是在检测台面振幅为 6mm 时测得的，这也是大部分悬架装置检测台使用的激振振幅。

车轮接地性参考标准　　　　　　　　　　　　　　　　　　　　　　　　　　　表 5-6

车轮接地性指数（%）	60～100	45～60	30～45	20～30	1～20	0
车轮接地状态	优	良	一般	差	很差	车轮与地面脱离

5. 电子控制悬架系统检测与诊断

1）电子控制悬架系统的故障自诊断

电子控制悬架系统一般都设有故障自诊断系统，以监测系统的工作情况及诊断系统所出现的故障。当系统处于故障状态时，微机根据故障信息把故障以代码形式存入存储器，并通过仪表板上的"悬架系统故障指示灯"提示驾驶员。读出存储器中的故障码，可快速准确地诊断出故障类型、部位及故障原因。

读取故障码时,首先要进入故障自诊断状态,诊断并排除故障后应清除故障码。不同种类的汽车,其进入故障自诊断状态和清除故障码的方法也不相同,因此应按汽车使用说明书的要求进行操作。

对照故障码表可以对电子控制悬架系统故障的性质和范围进行分析。故障码表一般由汽车制造厂提供,列入维修手册中。

对于自诊断确定的故障,还应进行深入检测,以便查出故障的确切原因。检测时,应使用推荐的检测工具按汽车制造商维修手册提供的方法和步骤进行。对系统进行检查、故障排除并清除故障码后,应进行路试,再次观察指示灯状态判定故障是否排除。

2)车身高度控制功能的检测与诊断

(1)车身高度控制功能的检测。

先将汽车停在水平地面上,使轮胎气压正常,然后进行检测,其步骤如下:

①将汽车处于"NORM"高度调整的状态下。

②用专用工具检查汽车高度。

③起动发动机,将高度控制开关从"NORM"位置切换到"HIGH"位置,检测完成高度调整所需的时间和汽车高度变化量。其正常调整时间:从操作高度控制开关至压缩机起动约需2s,从压缩机起动至高度调整完毕需20~40s。汽车高度值调整的正常变化量为10~30mm。

④起动发动机,将高度控制开关从"HIGH"位置切换到"NORM"位置,并检测完成此次高度调整所需的时间和汽车高度变化量。其车身高度下降调整的正常时间及汽车高度调整的正常变化量与车身高度上升调整的情况大致相同。

如果操纵高度控制开关时,车身高度没有任何变化,说明悬架高度控制系统有故障。

(2)高度控制失常故障诊断。

引起悬架高度控制功能故障的可能原因包括:1号高度控制继电器电路故障,空气压缩机驱动电机电路故障,高度控制传感器、高度控制阀电路故障,排气阀电路故障,高度控制电源电路故障及发电机输入电路故障等。

①1号高度控制继电器电路的故障诊断。

1号高度控制继电器电路的故障原因包括:1号高度控制继电器与悬架ECU之间的线路断路或插接器松动,1号高度控制继电器损坏,悬架控制ECU损坏。

1号高度控制继电器电路故障诊断方法如下:

检查悬架ECU的RCMP与-RC端子间的电阻,正常电阻值为50~100Ω。如果电阻值正常,应更换悬架ECU。如果电阻值不正常,进行下一步检查。

检查1号高度控制继电器。拆下1号高度控制继电器,在继电器3、4端加上蓄电池电压,测端子1、2是否导通。若断路,应更换继电器;若导通,则应拆下悬架ECU连接器,检查RCMP、-RC端子与1号高度控制继电器插座3、4端子间的配线是否断路或搭铁。测量继电器3与4端子之间的电阻,正常电阻值为50~100Ω。如果电阻值不正常,需更换高度控制继电器。

②空气压缩机驱动电机电路的故障诊断。

拆下1号高度控制继电器,检测插座1端对搭铁的电压(应为蓄电池电压)。若无电压,则应检查 FL AIRSUS 熔断丝等;若有电压,则用导线连接 1 端子和 2 端子,观察空气压缩机是否运转。若不运转,可拆下空气压缩机驱动电机连接器,在空气压缩机 1、2 端子间加上蓄电池电压,若空气压缩机运转,则说明继电器与空气压缩机电机间配线有故障,否则说明空气压缩机有故障。若空气压缩机工作正常,但仍显示故障码 42,则应检查悬架 ECU 连接器 RM +、RM - 端子与空气压缩机电机 3、4 端子间的配线是否断路或搭铁。

③右前高度控制传感器电路的故障诊断。

将点火开关旋至"ON",拆下右前高度控制传感器连接器,测 1 端子对车身的电压(应为蓄电池电压)。若有电压,则拆下悬架 ECU 连接器,分别测 SHCLK、SHLORD、SHFR、SHG 端子与高度控制传感器连接器 2、3、4、6 端子间的配线是否断路或搭铁,若配线良好则更换高度控制传感器;若无电压则拆下 2 号高度控制继电器,测连接器 4 端子对车身电压(应为蓄电池电压)。若无电压,则检查 ECU-B 熔断器;若有电压,则用导线连接传感器连接器的 4、2 端子,测右前高度控制传感器连接器 1 端子对车身电压(应为蓄电池电压)。若无电压,则检查右前高度控制继电器连接器 1 端子与 2 号高度控制继电器连接器 2 端子间的导线是否断路或搭铁;若有电压,则拆下 2 号高度控制继电器,检查其是否工作良好,否则应更换。

④1 号高度控制阀电路的故障诊断。

拆下 1 号高度控制阀,分别测量高度控制阀 1、2 与 3 端子之间的电阻,其值应为 9 ~ 15Ω。若阻值不正常,应更换高度控制阀;若阻值正常,则拆下悬架 ECU 连接器,测 SLFR、SLFL 端子与 1 号高度控制阀连接器 1、2 端子的配线是否断路或搭铁。

⑤排气阀电路的故障诊断。

拆下排气阀连接器,测排气阀 1、2 端子间的电阻,其值应为 9 ~ 12Ω。若阻值不符合要求,应更换排气阀;否则应拆下悬架 ECU 连接器,测 SLEX、- RC 与排气阀连接器 1、2 端子的配线是否断路或搭铁。

⑥高度控制电源电路的故障诊断。

高度控制电源电路的作用是当点火开关置于"ON"时为悬架 ECU 供电。

a. 拆下悬架 ECU 连接器、点火开关置"ON",测 IG 端子对车身电压,应为蓄电池电压。若无电压,则检查 ECU-IG 熔断丝等。

b. 连接 IG 与 MRLY 端子,测量 IGB 端子对车身电压,应为蓄电池电压。若无电压,则检查 2 号高度控制继电器。

c. 测量继电器插座 4 端子对车身电压,应为蓄电池电压。若电压正常,则检测继电器插座 2、3 端子与悬架 ECU 连接器 IGB、MRLY 端子间的配线是否断路或搭铁。

四、汽车行驶系统常见故障诊断

汽车行驶系统常见故障有汽车行驶跑偏、乘坐舒适性不佳、前轮摆振和前轮胎磨损不正常等。

1. 汽车行驶跑偏

1) 故障现象

汽车行驶时,不能保持直线方向,而自动偏向一边。

2) 故障原因

两前轮轮胎气压或轮胎直径不等,前轮左右轮毂轴承松紧程度不一致,前后桥两侧的车轮单边制动或单边拖滞，两前轮外倾角、主销后倾角、主销内倾角、前束角不等，前桥、后桥轴管及车架变形，左右悬架弹簧挠度不等或弹力不等，左右轴距相差过大或推力角过大，转向节弯曲变形。

3）故障诊断方法

（1）检查两前轮状况。先检查磨损程度是否一致，再检查两侧轮胎气压是否相等。若左右轮的检查结果不同，则说明两前轮直径不等而导致汽车跑偏。若左右轮直径相等，则进行下步诊断。

（2）汽车行驶一段时间后停车，用手触摸跑偏一侧的制动鼓（或制动盘）和轮毂轴承处。若感觉温度过高，则说明故障由该轮制动拖滞或轮毂轴承过紧引起。若温度正常，则进行下步诊断。

（3）检测轴距差和推力角。若轴距不等，推力角过大，则故障原因可能是前后桥或车架在水平平面内有弯曲变形、悬架杆件及转向节变形或装配质量太差。若轴距相等，推力角正常，则进行下步诊断。

（4）测量车身两侧对称参考点的高度值，若高度值不同，则故障原因可能是两侧悬架弹簧的弹性不一致或某侧悬架杆件变形，或承载式车身变形。若高度值相同，则进行下步诊断。

（5）检查车轮定位。通常汽车向前轮外倾角较大、前束角较小的一侧跑偏，可通过检测转向轮定位参数进行确诊。

2. 乘坐舒适性不良

1）故障现象

在凹凸不平的路面行驶时，车身振动不能迅速衰减，或高速行车时振动严重。

2）故障原因

减振器不良或损坏，悬架系统弹性元件损坏，轮胎气压不正常，车轮动不平衡现象严重，轮胎磨损过甚或磨损不均，传动轴动不平衡。

3）故障诊断方法

（1）检查轮胎磨损及充气情况。若轮胎磨损不均，会因高速时失去动平衡而引起振动；若轮胎磨损严重且气压过高或过低，则轮胎缓冲和减振功能降低会导致汽车乘坐舒适性变差。

（2）检查车轮。用百分表对轮辋进行径向圆跳动和轴向圆跳动量检查，检查轮辋变形情况。若变形严重，则因车轮动不平衡影响汽车乘坐舒适性。

（3）检查减振器。若减振器存在弯曲或严重的凹陷或刺孔，说明减振器损坏。

减振器的工作效能检查可不拆下减振器而实行就车检查。检查方法为：对于小型汽车，用手把车辆压下后迅速地松手，若车辆反弹次数超过两次，则说明减振器工作效能差；对于大型车辆，使其运行一段时间停车后，检查减振器筒体温度，如果感到筒体发热、烫手，说明减振器工作正常，若感觉筒体不发热或温度变化不大，则说明减振器失效或缺油。

（4）检查悬架弹簧。目检弹簧是否有折断或损伤缺陷，对于弹簧的弹力可用仪器检查。

（5）检查悬架杆件连接处橡胶衬套是否老化或损坏，其连接部位间隙是否过大。

（6）检查传动轴是否弯曲变形、平衡块有无脱落，传动轴管是否凹陷，必要时进行动平衡检验。

3. 前轮摆振

1) 故障现象

汽车在某一车速范围内行驶时,汽车两前轮各自围绕主销轴线摆振(俗称前轮摆头),转向盘发抖,行驶不稳定。

2) 故障原因

车轮变形,前轮的径向圆跳动和端面圆跳动量过大;前轮动不平衡量严重超标;前轮外倾角、前束值不符合标准或不匹配;主销后倾角、主销内倾角超标;前轮轮毂轴承松旷;转向节球销及纵横拉杆球销等连接处松旷;转向器主、从动部分啮合间隙过大;前梁或车架有弯、扭变形;前悬架杆件及转向节变形。

3) 故障诊断方法

(1) 检查转向传动机构各连接部位是否松旷。检查时,先左右转动转向盘,检查转向盘的自由转动量是否过大。若过大,则应检查各球头销等连接部位是否松旷,以确诊故障部位并排除故障。

(2) 检查轮毂轴承、转向节球销间隙是否过大。检查时,先支起汽车前部,使前轮处于卸载状态,然后在车轮的侧面用手上下摇动车轮。若有松旷感,则说明间隙过大,故障可能由此引起。

(3) 检查前轮胎。目检前轮是否用翻新胎及花纹磨耗情况。磨耗不均的轮胎及翻新质量差的轮胎其动不平衡量会过大,易引起前轮摆头。

(4) 检查前轮辋是否变形。检查时,将汽车前部支起,转动车轮,用百分表测量轮辋的径向圆跳动量和轴向圆跳动量。变形量超标的车轮易发生摆头现象。

(5) 检查前轮是否平衡。检查方法:支起汽车前部,用就车式车轮平衡机进行就车检测。若前轮动不平衡量过大,则应对前轮进行配重平衡或予以更换。

(6) 检查前轮定位是否合格。导致前轮定位参数超标的原因可能是悬架杆件变形、转向节变形、车身或车架某些部件变形等。检测前轮定位,当定位参数超标时,应查找原因,予以修复或调整,使其正常。

4. 前轮胎磨损不正常

1) 故障现象

前轮胎磨损速度过快,胎面磨损异常,如图5-42所示。

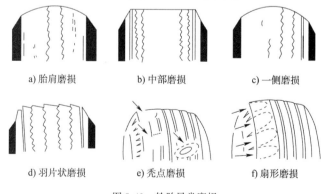

图5-42 轮胎异常磨损

2) 故障原因

前轮胎气压过高或过低；前轮定位不正确，尤其是车轮外倾和前束不正确；前轮径向圆跳动和轴向圆跳动量过大以及车轮动不平衡；前轮毂轴承松旷；转向节球销及纵横拉杆球销等连接处松旷；前轮胎长期未换位；前轴弯、扭变形或悬架杆件变形。

3) 故障诊断方法

(1) 若胎冠中部快速磨损，则为轮胎气压过高所致。轮胎气压过高将增大单位接地面积的负荷，加速胎冠中部的磨耗。此外由于帘布层帘线承受过大的拉伸压力，易导致轮胎的早期损坏。

(2) 若发现胎冠两肩磨损过快，则为轮胎气压不足所致。轮胎气压不足会导致胎冠两肩着地，引起两肩磨损加快，高速行驶时还会引起胎面开裂。

(3) 若轮胎外侧或内侧磨损过快，则说明该前轮的外倾角不正常。若胎冠外侧偏磨损，说明车轮外倾角过大；若胎冠内侧偏磨损，说明车轮外倾角过小。

(4) 若胎冠出现羽片状磨损，则说明前轮前束不正常。若左右前轮胎冠上羽片的尖部指向汽车纵向中心线，则说明前束过大；若羽片的尖部背离汽车纵向中心线，则说明前轮存在负前束。此时应重点检查前轮的前束值。

(5) 若轮胎胎面局部有磨光的斑点(即秃点)，则说明前轮不平衡。当前轮不平衡时，前轮的振动会引起轮胎的定向磨损，最终导致斑点产生。此时应使用车轮平衡机检测前轮的不平衡情况。

(6) 若轮胎胎冠上一侧产生扇形磨损，则由轮胎长期处于某一位置行驶未换位或悬架位置不当所致。

(7) 若一侧轮胎磨损较小且正常而另一侧轮胎磨损异常严重，则说明磨损异常车轮的悬架系统及转向节部件不正常，支承件变形，造成单个车轮定位失常及车轮负荷过大，导致车轮磨损异常。此时应重点检查磨损异常轮胎的悬架、车轮定位、轮毂轴承间隙、车轮的平衡及轮辋的变形情况，以找出单个车轮严重磨损的原因。若单个轮胎胎冠一侧的磨损过大，则说明该车轮外倾角不符合标准。若车轮外倾角过大，则轮胎胎冠外侧早期磨损；若车轮存在负外倾，则胎冠内侧磨损过大。

(8) 检查转向球销、轮毂轴承是否松旷。支起车桥，面对轮胎侧面，用手沿汽车横向反复推、拉轮胎顶部，并用撬杠上下撬动前轮。若这些部位松旷严重，则会改变车轮前束和外倾角的大小，从而使轮胎磨损异常。

(9) 检查车轮是否变形。支起车桥，转动车轮，用测量仪检查轮辋与轮胎的径向圆跳动和端面圆跳动量。若其跳动量超标，则会造成前轮严重摆振，从而导致前轮不正常磨损。

(10) 检查前轴、悬架杆件是否变形。这些部位的变形会引起前轮定位参数变化，导致前轮磨损异常。

第四节　汽车制动系统检测与诊断

制动系统是汽车底盘的重要组成之一，其技术状况的变化直接影响汽车行驶和驻车的安全性，是故障率较高的系统之一。科学诊断并及时排除制动系统故障，对于保障汽车安全运行具有重要意义。

本书第三章介绍了汽车制动性能的检测参数、检测设备和检测标准,本节重点介绍汽车制动系统常见故障诊断方法和主要元件的检测诊断方法。

一、气压制动系统检测与诊断

气压制动系统的制动能量源是压缩空气。气压制动系统通常由空气压缩机、储气筒、调压阀、制动控制阀、制动气室、车轮制动器以及其他辅助装置及管路等组成。

1. 气压制动系统的常见故障部位

1) 空气压缩机常见故障

空气压缩机常见故障原因有:汽缸盖变形;出气室积炭过多;出气管接头积炭堵塞;出气阀与阀座密封不良或阀片弹簧过软;空气滤清器滤网堵塞,或壳与盖接触且压紧过甚;皮带轮槽磨损过度使传动皮带打滑;活塞及活塞环与缸壁磨损过度等。

2) 制动阀常见故障

制动阀常见故障主要有:阀门有积存物黏附或关闭不严;各种弹簧的弹力不符合技术条件要求,或弹簧损坏;运动部件发卡,膜片损坏、变形;制动阀壳体上有裂纹或壳体变形等。

3) 制动气室及调整臂常见故障

制动气室及调整臂常见故障有:膜片破裂;推杆外露过长;制动软管老化发胀或破裂;弹簧严重变形、定位钢球及弹簧失效;制动气室的壳体和盖有裂纹,或顶杆孔磨损过度等。

4) 制动器常见故障

鼓式制动器常见故障有:制动蹄翘曲,制动蹄复位弹簧过软或过硬;制动蹄摩擦片与制动鼓接触的面积太小或趋于中间部位,或表面油污、硬化、铆钉外露、质量不佳,偏心调整不当;制动鼓磨损失圆或鼓壁过薄;制动蹄销轴调整螺钉调整不当等。

盘式制动器常见故障有:摩擦片与制动盘间隙不当;摩擦片质量不佳或摩擦片缺损、烧蚀、粘有油污;制动盘翘曲或有沟槽;摩擦片磨损过薄;活塞和缸筒间隙过大;制动钳摩擦片轴向运动不自如等。

此外,制动管路接头不严密或管道破裂、扭曲、凹瘪、堵塞或制动器软管老化通气不畅等也是气压制动系统主要故障原因。

2. 气压制动系统常见故障诊断

1) 制动效能不足

(1) 故障现象。

踩下制动踏板后,制动减速度小或反应迟缓;紧急制动时制动距离明显增长。

(2) 故障原因。

压缩空气压力不足;制动踏板自由行程过大;双管路制动系统的某一制动管路断裂而不产生制动作用;制动阀故障,如调整螺钉调整不当,排气阀复位弹簧过硬或调整垫片太厚,进、排气阀与摇杆接触端磨损过甚,摇杆弯曲,膜片破裂,平衡弹簧弹力不符合技术要求等;车轮制动器故障,如:鼓式制动器制动鼓与制动蹄片间隙不当,制动鼓与制动蹄片接触面积太小,制动蹄片质量不佳或有油污,制动蹄片铆钉松动,制动鼓变形、产生沟槽磨损或失圆,制动凸轮轴和轴套、制动蹄和偏心销轴等连接件锈死或磨损松旷,制动蹄衬片过薄,制动凸轮转角过大,制动管路破裂漏气,制动软管老化发胀通气不畅,制动气室皮碗破裂;盘式制动器摩擦片与制动盘间隙不合适,摩擦片质量不佳或摩擦片缺损、烧蚀、粘有油污,制动盘翘曲或有沟槽等。

(3)故障诊断方法。

气压制动效能不足大多与压缩空气压力有关,因此首先通过气压表检查压缩空气压力及气压表的工作状况。

①气压过低,应查明故障位置在空气压缩机还是管路。

发动机长时间运转后气压不上升,熄火后气压也不下降,则大多为空气压缩机故障,如传动带打滑、泵气不足、调压阀调节压力过低及储气罐安全阀放气压力过低等。

发动机长时间运转后气压上升缓慢,熄火后气压不断下降,则说明系统存在漏气处。如:储气罐安全阀漏气;空气压缩机与储气筒间管路漏气;制动踏板行程过小,导致进气阀不能关闭而漏气;进气阀密封不严等。

②若气压表指示值符合要求,将制动踏板踩到底后,观察气压表气压的下降情况。

若气压下降值过小(<50kPa),说明制动阀不良,如进气阀开度过小或平衡弹簧过软等。检查并调整制动阀的最大气压调整螺钉。若调整后情况有所好转,则故障在该调整螺钉调整不当;若气压下降值依然过小,则故障在平衡弹簧预紧度过小。

若气压不断下降,说明控制阀至各制动气室之间有漏气处,如排气阀关闭不严、制动气室漏气、制动管路及软管或接头漏气等。可踩下制动踏板,检查漏气部位。

③若踏下制动踏板后,气压下降值正常,但制动效能仍不足,应检查制动气室推杆伸张情况。

制动气室推杆外伸过短,说明制动管道堵塞或者凸轮轴锈蚀卡滞;制动气室推杆外伸过长,说明制动器间隙过大,应进行调整。若制动气室推杆外伸正常,故障原因可能在制动器,应顶起车轮检查制动器间隙并进行必要的调整。调整后制动效能仍不良,则拆检制动器。对于鼓式制动器,应检查该车轮的制动软管是否老化;摩擦片与制动鼓间的间隙是否不当;摩擦片是否有硬化、油污、铆钉外露现象;制动鼓内壁是否磨损成沟槽;摩擦片与制动鼓的接触面积是否过小,制动轮缸是否磨损过度或皮碗损坏等。对于盘式制动器,应检查摩擦片与制动盘间隙是否正常;摩擦片上是否损坏或粘有油污;摩擦片厚度是否合规;制动盘是否存在翘曲或有沟槽等。

2)制动失效

(1)故障现象。

行驶中踩下制动踏板,汽车不能减速或停车;一次或几次制动后,制动突然不起作用。

(2)故障原因。

故障原因包括:空气压缩机损坏,空气压缩机传动带断裂或传动带严重打滑,空气压缩机至储气罐或储气罐至制动控制阀间的管路或接头漏气;制动踏板至制动控制阀间的拉臂脱落,制动踏板自由行程过大;制动控制阀推杆卡死;制动器内进水且没有及时将水分排除干净,使制动失灵。

(3)故障诊断方法。

①检查气压表有无指示及储气罐内有无压缩空气。

若气压表指示为零且储气罐内无压缩空气,则应拆下空气压缩机的出气管,起动发动机,检查空气压缩机的压气情况。若空气压缩机不压气,则应检查传动带是否断裂、打滑;检查进气阀密封是否良好、弹簧是否折断、松压阀是否失效。若空气压缩机良好,应检查空气压缩机至储气罐、储气罐至制动控制阀间的管路是否漏气。

②若气压表指示正常,储气罐内有压缩空气,则应检查制动控制装置。

踩下制动踏板试验。若气压表读数不下降或下降很小,则应检查制动踏板与制动阀拉臂是否脱落、制动踏板自由行程是否过大、制动阀推杆是否卡死。

③若涉水后突然制动失效,则故障是由制动器进水而没有及时排除干净所导致。

3)制动跑偏

(1)故障现象。

制动时,汽车运动方向发生偏斜;紧急制动时,方向急转或车辆甩尾。

(2)故障原因。

根本原因是两侧车轮的制动力或制动时间不一致。具体原因为:盘式制动器间隙自动调整器工作不正常,导致左右轮摩擦片与制动盘间隙不均;鼓式制动器左右车轮摩擦片与制动鼓间隙不均;个别车轮的摩擦片上有油、硬化或铆钉头露出;左右车轮摩擦片材料不一致,或接触不良;某个车轮制动凸轮轴被卡住,或调整不当使凸轮转角相差太大,复位弹簧变软、损坏等;某个车轮制动气室膜片硬度不同,推杆外露不等,或伸张速度不等;某制动软管通气不畅;两前轮轮胎气压不一致,两前轮钢板弹簧弹力相差太多,或车架及前轴变形严重等;前轮负前束,前轮定位不当;感载比例阀故障。

(3)故障诊断方法。

①通过路试进行紧急制动试验。

若两侧车轮行驶距离基本一致,而在不踩制动踏板时也出现跑偏的现象,则应检查左右车轮的轮胎气压、花纹和磨损程度是否一致,检查前悬架弹簧是否有折断或弹力不等现象,检查前后桥的轴距是否一致,检查车架是否变形。

②若在汽车制动时,忽而向左跑偏,忽而向右跑偏,则应测量前束。

若前束不符合规定,应进行调整。同时检查转向横直拉杆球头销是否松旷,若松旷,则应进行调整或更换。

③若制动时各车轮行驶距离不一致,汽车向一侧跑偏,说明另一侧车轮制动力不足或制动过晚,应检查该车轮制动气室的工作状况。

若制动气室有漏气声,说明膜片破裂、气管或接头漏气;若推杆弯曲或发卡,应进行修理。

④若制动气室工作状况良好,应检查制动器。

若制动间隙过大,应进行调整;若制动摩擦片上有油污,应进行清洗。

⑤经上述检查正常,但仍存在制动跑偏,则应拆卸检修车轮制动器。

盘式制动器应检查间隙自动调整器是否工作正常,摩擦片是否存在烧蚀、磨光、有油污等情况。鼓式制动器应检查制动摩擦片状况,若摩擦片磨损过甚、硬化或铆钉外露,应进行更换。检查制动蹄复位弹簧的状况,若有折断或弹力减弱,应进行更换。测量制动鼓的圆度和圆柱度,若已超差,应镗削。检查制动臂和制动蹄转动是否灵活,若有发卡现象,应进行润滑。

⑥若在制动时,车辆出现甩尾现象,应检查感载比例阀是否有故障。

4)制动拖滞

(1)故障现象。

抬起制动踏板后,不能立即解除制动;汽车行驶中,制动鼓异常发热,滑行距离短。

(2)故障原因。

制动踏板自由行程过小或制动鼓与摩擦片的间隙过小;制动阀排气阀调整垫片过薄,或复位弹簧过软、折断和橡胶阀座老化发胀;制动踏板至制动阀拉臂之间的传动系统零件卡滞,或制动器凸轮轴、制动蹄支撑销锈滞;制动复位弹簧过软或折断;制动蹄摩擦片碎裂;制动蹄与支撑销锈蚀或复位弹簧过软、折断;制动间隙调整不当,放松制动踏板后,制动蹄摩擦片与制动鼓仍局部摩擦;其他方面原因,如轮毂轴承松动、半轴套管松动等。

(3)故障诊断方法。

首先确定是全部车轮制动拖滞还是个别车辆制动拖滞。

①若所有车轮制动拖滞,多是制动阀的故障,或制动踏板自由行程不足。

制动阀故障多是阀门黏滞、弹簧折断等。

②若某一车轮拖滞,多为该车轮制动器或制动气室故障。

首先检查制动气室推杆的复位情况。如复位不佳,则故障由制动凸轮轴转动不灵活造成,或由于制动气室膜片复位弹簧疲劳、折断或弹力太小造成。若复位良好,则故障是制动踏板或制动阀技术状况不佳造成,应检查制动踏板自由行程是否太小,制动间隙调整是否得当,或制动阀是否排气不畅。

二、液压制动系统检测与诊断

液压制动系统是利用制动液作为传力介质的制动系统。

真空增压液压制动系统主要由车轮制动器、制动主缸、制动轮缸、加力气室、真空筒等组成;真空助力式液压制动系统主要由车轮制动器、制动主缸、真空助力器等组成。

1.液压制动系统主要部件检测

1)制动踏板自由行程的调整

停车时,踩制动踏板2~3次,消除制动助力器内的残余真空度。然后,踩下制动踏板,直到有明显阻力(推动助力器气阀)为止,此时踏板行程即为自由行程。

制动踏板自由行程应在5~15mm范围内。自由行程过大,说明制动助力器推杆与制动主缸活塞间隙过大;反之则说明间隙过小或行车制动灯开关调整不当。

2)制动储液罐液面检查与调整

制动液液面过低时,储液罐中的液面传感器会及时报警。加注制动液需注意:旋开储液罐旋盖前,先要进行清理,以免尘土进入储液罐;向储液罐内加注同品牌同型号的制动液,且加注量不得超过最高加注液面;拧好旋盖。

3)真空助力器的检查

(1)真空助力器的一般检查。

①停机状态下,踩下制动踏板并保持位置不变。发动机起动后,如踏板高度无变化,则

真空助力器不起作用。如真空助力器良好,发动机起动后,踏板应进一步往下沉。

②发动机运转时,踩下制动踏板并保持位置不变。发动机停机后,30s 内踏板高度如有变化,则真空助力器可能漏气。

(2)真空助力器的深入检查。

把真空表通过真空软管与发动机真空接头连接。

未制动时检查密封性。起动发动机,真空表读数达到约 65kPa 时,发动机熄火,等待约 30s,观察真空表读数的下降情况。如果下降值超过 3kPa,则说明密封性不良。

制动时检查密封性。起动发动机,以 200N 的力踩下制动踏板,当真空表读数达到约 65kPa 时,发动机熄火,等待约 30s,观察真空表读数的下降情况。如下降值超过 3kPa,则说明密封性不良。

(3)真空助力器性能检测。

①无助力作用的情况。发动机停机,待真空表读数为零时,以 100N 的力踩下制动踏板,制动管路压力表读数应在 0.2MPa 以上;当踩制动踏板的力为 300N 时,压力表读数应在 2MPa 以上。

②有助力作用的情况。起动发动机,当真空表读数达到 65kPa 时,以 100N 和 300N 的力分别踩下制动踏板,压力表读数的标准值分别为 2.8~4.3MPa 和 9.83~11.33MPa。

4)真空增压器的检查

首先检查真空增压器的外部,调好制动间隙,排尽液压管路中的空气,并检查各部管道是否漏油、漏气和损坏,之后进行下列检查。

(1)起动发动机,直到进气管有足够的真空度后,踩下制动踏板,测出并记下踏板至驾驶室地板之间的距离。发动机熄火,将制动踏板踩下和松开数次,直到气压缸内的真空度为"0"时,再用同样方法踩下制动踏板,测出上述距离。若两次测得的距离没有差别,说明真空增压器工作不良。

(2)在发动机工作但不踩制动踏板时,若真空增压器空气滤清器侧的进气口有吸力,表明增压器控制阀的空气阀漏气;若不踩制动踏板时无吸力,踩制动踏板时有吸力,说明增压器控制阀的作用良好。

(3)起动发动机,踩下制动踏板,拔出真空增压器后面的橡皮塞,用手捂住加油口。如果感到有吸力,说明可能是控制阀的真空阀漏气、控制阀膜片破裂或加力气室膜片破裂。

5)制动主缸的检查

(1)主缸缸体与活塞检查。检查缸体与活塞有无磨损、刮伤、锈蚀等,存在上述缺陷应予以更换。缸体与活塞的配合间隙超过极限值时也应更换。泵的补偿孔和回油孔若有堵塞,可用压缩空气疏通。

(2)活塞复位弹簧检查。弹簧过软、变形、折断应更换。

(3)橡胶件及其他检查。活塞皮碗、皮圈、进出油阀等橡胶件的配合面磨损、开裂、膨胀等,应予以更换。其他零件若有损坏、变形时同时更换。

6)盘式制动器的检查

(1)将盘式制动器拆卸分解后,检查制动盘、摩擦块及制动钳。

(2)制动盘不应有裂纹或凹凸不平现象。

(3) 用游标卡尺或千分尺直接测量制动盘上 4 个点或更多点的厚度，厚度变化大于 0.01mm 的制动盘，制动时会导致制动踏板抖动和前端振动。

(4) 用百分表检查制动盘端面圆跳动，其轴向跳动量应不大于 0.06mm。

(5) 摩擦块的厚度小于规定极限值须更换新摩擦块。

(6) 检查活塞和缸筒间隙，若间隙大于规定值时，或缸筒壁有较深划痕，应更换制动钳总成。

7) 鼓式制动器的检查

(1) 制动鼓的检查。

测量制动鼓内径的磨损量和圆度差。若圆度误差超过规定值时，应在车床或制动鼓镗削机上进行镗削，更换新摩擦片时应检查制动鼓的内径，当磨损量超过规定值时应更换新件。

(2) 摩擦片检查。

检查制动蹄摩擦片有无伤痕、磨损开裂或过热导致的烧焦变质，有上述缺陷时应予修理或更换；检查磨损是否超限、有无制动液或油污污损，如有应更换新件；测量铆钉头沉入摩擦片表面的深度，若小于规定值则应更换。修理或更换摩擦片后应检查摩擦片与制动鼓的贴合面面积占比，此值应大于 70%，且应两端接触较重，中间较轻。

(3) 制动轮缸检查。

检查橡胶皮碗是否完好，轮缸有无泄漏。皮碗有工作刃口磨损、开裂等损伤时应予以更换；缸壁拉伤、锈蚀、磨损，放气螺钉密封锥面损伤，螺孔、螺纹滑丝时应更换；缸体内径磨损超过极限值应更换；活塞拉伤、锈蚀以及磨损过量，与缸体配合间隙超过极限值时应更换；活塞弹簧弹力不足或折断时应更换。

2. 液压制动系统常见故障诊断

1) 制动失效

(1) 故障原因。

制动踏板至制动主缸的连接松脱，制动储液室制动液量不足，制动管路破裂漏油，制动主缸或制动轮缸皮碗破裂。

(2) 故障诊断方法。

①踩下制动踏板，若无连接感，则制动踏板至制动主缸之间的连接脱开，在车下检视即可发现脱开部位。若连接正常，则进行下步检查。

②连续踩几下制动踏板，若踏板不升高，同时又感到无阻力，则多为前、后制动管路破裂所致。若有阻力，则进行下步检查。

③踩下制动踏板，若稍有阻力感，则多为制动主缸无制动液或制动液严重不足所致。若阻力感较强，但踏板位置保持不住，有明显的下沉现象，则多为主缸、轮缸皮碗破裂或制动管路有严重泄漏所致。

2) 制动不灵

(1) 故障现象。

制动时，要连续踩几次制动踏板才起制动作用。

(2) 故障原因。

踏板自由行程过大，摩擦片与制动鼓或制动盘间隙过大，制动主缸皮碗、出油阀损坏。

(3)故障诊断方法。

检查制动踏板自由行程是否符合要求;检查主缸皮碗是否损坏,若主缸的皮碗损坏,则踩制动踏板时每次出油较少,压力也低,会使制动不灵;检查主缸出油阀,出油阀损坏会使管路内的剩余压力过低,管路内制动液回流主缸过多,主缸动作一次排出的制动液不起作用,须多次制动才能起作用。

3)制动效能不足

(1)故障原因。

①制动踏板自由行程太大,制动管路进入空气或制动液性能衰退出现汽化产生气阻,制动液变质或管路内壁积垢太厚。

②制动主缸故障。储液室内制动液不足,皮碗老化、发胀或破损,活塞与缸壁磨损过甚而导致配合松旷等。

③真空增压器或助力器故障。主要包括:各真空管接头连接不紧密或管路破裂、凹瘪或扭曲不畅通,止回阀密封不严,控制阀活塞和皮碗密封不良或膜片破裂,控制阀中的空气阀或真空阀与其座表面损坏、不洁而使密封不良,加力气室膜片破裂,制动轮缸活塞、皮碗磨损过甚,单向球阀不密封。

④制动器故障。如:制动蹄摩擦片与制动鼓间隙过大,摩擦片油污、水湿、硬化或铆钉外露,制动鼓磨损过度、出现沟槽、失圆等;制动轮缸皮碗老化发胀、活塞与缸壁配合松旷、活塞复位弹簧过软或折断等。

(2)故障诊断方法。

制动器低温时工作正常,高温工作不良,说明制动液质量不符合要求,引起制动液高温汽化现象,应更换制动液。

踩下制动踏板做制动试验,根据踩制动踏板时的感觉,检查相应的部位。

①踩下制动踏板时,无反力或感觉阻力很小,则应检查储液室中制动液液面高度。

②连续几次踩制动踏板时,踏板高度仍过低,且有制动主缸与活塞碰击响声,则应检查活塞复位弹簧是否过软,皮碗是否破裂。如连续踩几次制动踏板时踏板高度低且阻力很小,则应检查制动主缸的进油孔或储液室的通气孔是否堵塞。踩下制动踏板时,踏板高度过低,连续几次踩下制动踏板时,踏板高度稍有增高,并有弹性感,则应检查系统内是否存有气体,制动液性能是否出现衰退。

③踩下制动踏板时踏板高度较低,连续几次踩下制动踏板时,踏板高度随之增高且制动效能好转,则应检查制动踏板的自由行程及制动器的间隙。

④维持制动踏板高度时,若踏板缓慢或迅速下降,则应检查制动管路是否破裂、管接头是否密封不良;检查制动主缸、制动轮缸皮碗或皮圈密封是否良好。

⑤安装真空增压器或助力器的车辆,踩下制动踏板时,若阻力太大而且制动不灵,则应检查真空增压器或助力器的工作情况;检查制动系统油管是否有老化、凹瘪,制动液黏度是否太大。当踩制动踏板感到有弹力,但制动力不足,则应检查真空增压器的制动轮缸活塞磨损是否过度,制动轮缸活塞、皮碗是否密封不良,制动轮缸单向球阀是否密封不良。

⑥路试车辆时,观察各车轮的制动情况。若个别车轮制动不良,对该车轮的制动器进行检查。

4)制动跑偏

(1)故障原因。

左右车轮制动轮缸的技术状况不同,单边制动管路凹瘪、阻塞或漏油,单边制动管路或制动轮缸内有气阻。此外,轮胎、车轮轴承、前轮定位悬架系统、车架、车桥、车轮制动器等部件发生故障,也会导致制动跑偏。

(2)故障诊断与排除。

除进行与气压制动系统汽车制动跑偏的相同故障原因检查外,还应进行如下检查:

①首先对该车轮制动器进行放气,若无制动液喷出,则说明该轮制动管路堵塞,应进行更换。若放出的制动液中有空气,则说明该轮制动管路中混入空气,应进行排放。

②检查制动轮缸或制动钳活塞,若有漏油或发卡现象,应进行更换。

5)制动拖滞

(1)故障原因。

除了与气压制动系统汽车制动拖滞故障的共同原因外,还可能有以下原因:制动主缸复位弹簧折断或失效;制动主缸回油孔被污物堵塞,密封圈发胀或发黏与泵体卡死;通往制动轮缸的油管凹瘪或堵塞;盘式制动器的制动盘摆差过大;鼓式制动器的制动鼓严重失圆。

(2)故障诊断方法。

①个别车轮制动器拖滞。首先旋松该车轮制动轮缸的放气螺钉,若制动液急速喷出,随即车轮能旋转自如,说明该车轮制动管路堵塞,制动轮缸未能回油,应更换制动管路。若旋松放气螺钉后车轮仍转不动,则应拆下车轮,解体检查制动器。

②所有车轮制动器拖滞。首先检查制动踏板自由行程是否符合要求,若自由行程过小,应进行调整。检查制动踏板复位情况,将制动踏板踩到底并迅速抬起,若踏板复位缓慢,说明制动踏板复位弹簧失效或踏板轴发卡,应进行更换或修复。

③检查制动主缸工作情况。打开制动液储液室盖,踩制动踏板并观察制动主缸的回油情况。若不回油,说明制动主缸回油孔堵塞;若回油缓慢,说明制动液过脏或变质,应进行更换。

三、防抱死制动系统故障诊断

防抱死制动系统(Anti-Lock Brake System,ABS),在传统制动系统的基础上增设轮速传感器、电子控制单元(ECU)、执行机构(制动压力调节器)构成,是提高汽车制动性能、保障汽车安全行驶的重要装置。

本小节以乘用车广泛采用的 BOSCH ABS 8.1 为例,介绍 ABS 检测诊断的基本方法。

1. ABS 检测诊断的基本方法

当 ABS 故障指示灯持续亮时,说明 ABS 存在故障,应对 ABS 进行故障诊断。一般情况下,应首先进行初步检查,然后进行故障自诊断。

1)初步检查

检查内容包括:制动液面是否在规定范围内;继电器、熔断丝是否完好,插接是否牢固;电子控制装置的插头、插座的连接情况,搭铁是否良好;蓄电池容量和电压是否符合规定,连接是否牢靠;ECU、车轮轮速传感器、电磁阀体、制动液面指示灯开关导线插头、插座和导线的连接是否良好;车轮轮速传感器的传感头与齿圈顶间的间隙是否符合规定,传感器接头有无脏污;驻车制动是否完全释放;轮胎规格、花纹高度、气压是否符合要求,轴承及其间隙是否正常;常规制动系统工作是否正常。

2)故障自诊断

当ABS出现故障时,可以利用其自诊断功能,通过专用诊断测试仪读取故障码。有些汽车仪表板上设有专用的信息显示屏,检测人员可以按照规定的操作步骤和程序,对面板上的控制键进行操作后,信息显示屏上可以显示出ABS的故障码或其他有关文字信息。

故障自诊断步骤如下:

(1)利用故障诊断仪读取ABS自诊断故障信息。BOSCH ABS 8.1部分故障代码见表5-7。

(2)根据读取的故障信息初步确定故障部位,使用万用表对故障部位进行检查,确定故障的具体部位,找出故障原因。

(3)根据故障具体部位,按照汽车维修手册规定的程序和方法,排除故障。

(4)故障排除后,使用故障诊断仪按规定步骤删除ABS ECU里的故障信息。

(5)检查ABS故障指示灯是否仍然持续点亮。如果故障指示灯仍然点亮,则说明系统中仍有故障存在,或故障已经排除但故障信息未清除,应继续排除故障或用故障诊断仪重新清除故障信息。

(6)当ABS故障指示灯不再点亮后,进行路试,确认ABS是否恢复正常。

BOSCH ABS 8.1部分故障代码 表5-7

故障码	故 障 原 因	故障码	故 障 原 因
C1201	左前轮速传感器电路开路或短路	C1208	左后轮速传感器输入信号为0
C1202	左前轮速传感器输入信号为0	C1209	右后轮速传感器电路开路或短路
C1203	右前轮速传感器电路开路或短路	C1210	右后轮速传感器变化过大
C1204	右前轮速传感器变化过大	C1211	右后轮速传感器输入信号为0
C1205	右前轮速传感器输入信号为0	C1213	轮速传感器频率故障
C1206	左后轮速传感器电路开路或短路	C1604	ABS ECU故障
C1207	左后轮速传感器变化过大	C2402	回流泵电机故障;不能运转或不能停止运转

2. ABS系统常见故障诊断

1)ABS泵电动机故障诊断

(1)故障原因。

泵电动机内部线路断路或断路,泵插接器松脱或接触不良,传递电路发生故障。

(2)故障诊断。

①使用故障检测仪对泵电动机进行激活检测。在激活检测时如果能听到泵的运动声,说明泵电动机正常,此时应更换ECU进行路试。

②如果激活测试时泵电动机不运转,则用万用表在信号转换器1和32插孔内或直接测量ABS模块接口p1和p32脚检测泵电动机的输入电压,其电压值为蓄电池电压(12V)。如果电压值正常,则进行下一步骤诊断,如果电压值异常,则进行步骤④。

③如果激活测试时泵电动机不运转,则用万用表在信号转换器 13 和 38 插孔内或直接测量 ABS 模块接口 p13 和 p38 脚,检测泵电动机的搭铁是否正常。如果搭铁正常,则进行下一步骤诊断,如果搭铁异常,则检查线束的搭铁线和检查搭铁的牢靠性。

④拔掉泵电动机的 ABS 模块的插接器,检测接口的 p1 和 p13 脚之间的电阻,其标准值为 2Ω。若测量结果为 0,说明泵电动机内部导线短路;若测量结果为 ∞,说明泵电动机内部导线断路。应更换泵电动机。

2)车轮转速传感器故障诊断

(1)故障原因。

车轮转速传感器线圈断路或短路;插接器连接处接触不良;车轮转速传感器与 ABS ECU 不匹配;车轮转速传感器及其传感器转子安装不当,间隙不符合要求。

(2)故障诊断。

①检查车轮转速传感器及其齿圈的状况和固定情况,确保车轮转速传感器安装的正确性[齿圈、齿数符合要求,传感器与齿圈齿顶的间隙应在标准值(0.2~1.1mm)范围内]。

②关闭点火开关,断开 ABS ECU 插接器插头。

③用万用表测量车轮转速传感器线圈电阻,电阻检测值应为 1600 ± 320Ω。如果电阻值过小,说明车轮转速传感器有短路故障;如果电阻值过大,则需要检查插接器及线路的连接情况,排除接触不良的现象;如果电阻值为 ∞,则说明车轮转速传感器有断路故障。

④经上述检查,如果车轮转速传感器正常,则通过故障诊断仪清除故障信息后进行路试。如果 ABS 故障灯点亮且显示同样的故障信息,则更换 ABS ECU 重试。

3)ABS 电磁阀故障诊断

(1)故障原因。

电磁阀电磁线圈短路或断路,电磁阀正极与搭铁短路,ECU 的信息与电磁阀实际控制不符。

(2)故障诊断。

①用万用表检查各电磁阀电磁线圈的断路、短路及正极与搭铁线路短路情况。

②利用故障诊断仪清除故障信息,检查故障是否再现,如果故障再现,则试用新的 ECU,以便检查故障的准确位置。

4)ECU 故障

ECU 出现故障的可能性较小。一旦 ABS 自诊断显示 ECU 故障,则可先删除故障信息,再进行路试检查,观察故障是否再现。如故障再现,则更换新的 ECU 重试,以便确诊。

第五节　汽车缓速器检测与诊断

对于经常在山区或丘陵地带行驶的汽车,为了在下长坡时可以长时间持续地降低或保持稳定车速并减轻或解除行车制动器的负荷,需要加装缓速器等辅助制动装置。

典型的缓速器有液力缓速器和电涡流缓速器。液力缓速器是目前应用在货车上辅助制动效果最好的一种辅助制动装置,安装在车辆传动轴上;电涡流缓速器是应用最广泛的辅助制动产品,其安装价格比液力缓速器低,技术成熟可靠,一般安装在变速器后端或传动轴中间。

一、液力缓速器检测与诊断

1. 液力缓速器工作原理

液力缓速器是以机油为工作介质，通过转子带动工作介质作用到定子上，由于油液的冲击和阻尼作用产生制动力矩，汽车的动能也因油液的阻尼作用转换为热能，并由整车散热系统将热能散发。

2. 液力缓速器常见故障与检测诊断方法

1）常见机械故障与检测诊断方法

液力缓速器常见的机械故障有：缓速器无制动力或制动力不正常、漏油、漏水和缓速器噪声大等。以法士特 FHB400 液力缓速器为例，其常见的机械故障及检测诊断方法见表 5-8。

法士特 FHB400 液力缓速器常见的机械故障及检测诊断方法 表 5-8

故障现象	原因分析	检测诊断方法
漏油	缓速器与变速器接口处漏油	更换接口处 O 形密封圈，接合面涂密封胶处理
	缓速器壳体与缓速器盖接合面漏油	重新检查缓速器壳体与缓速器盖连接螺栓的拧紧力矩，保证拧紧力矩范围在 27~32N·m
	热交换器与缓速器盖接合面漏油	①检查缓速器盖上的 O 形圈有无划痕，是否存在压缩量不足的情况，是否错装漏装，若有以上情况，更换 O 形圈；②检查热交换器与后盖的接合面是否平整，若是，更换热交换器
	热交换器漏油	热交换器本体漏油，更换热交换器总成。避免磕碰
	消声器喷油	缓速器盖上（朝车尾方向）消声器漏油：①加油过多，引起消声器漏油，按规定加油；②缓速器热交换器损坏，内部油水混合，更换热交换器；③控制器气压超调量过大，排气带出油液，测试控制气压，调低充气过程中超调量
缓速器无制动力	电气问题	停车发动机怠速时，拉缓速器制动挡，指示灯不亮或常闪烁，或指示灯正常但比例阀无动作，则为电气问题
	气路连接问题	停车发动机怠速时，拉缓速器制动挡，指示灯正常，比例阀有动作，但无进气，关闭缓速器时无排气，则为气路连接问题。查看缓速器气路连接，查看整车气源到比例阀的气路是否有严重漏气或气路上的截止阀开关未打开，或气管是否有严重弯折现象，比例阀或干燥滤清器是否堵塞严重。重新理清气路，使气路顺畅
	加油不符合要求	停车发动机怠速时，拉缓速器制动挡，指示灯正常，比例阀进气正常，关闭缓速器时排气正常，则看缓速器是否加油，加油量是否合适，询问所加缓速器油的标号是否符合规定，按规定加油

续上表

故障现象	原因分析	检测诊断方法
缓速器制动力矩小	加油量不足及牌号问题	查看是否按规定加油,包括油的牌号和加油量,按规定加油
	气路连接问题	查看整车是否有漏气,查看整车气源至比例阀的气路是否漏气、有较大的弯折、进气不顺畅,整改以上情况让气路进气顺畅。查看比例阀是否漏气,若漏气,更换比例阀。查看缓速器进气管接口处是否漏气,若漏气缠生胶带或更换
		查看比例阀和进气气路中的空气滤清干燥器是否堵塞,若堵塞更换相应部件
	油水混合引起	放油查看缓速器油液是否混有水,查看整车水路或膨胀水箱里的水,看水里是否混有缓速器油。油水混合为热交换器芯子内部损坏导致互通引起。将旧油放干净后,更换热交换器总成,重新加油,并更换防冻液
	进气与排气串气	停车发动机怠速时,拉缓速器制动挡,检查缓速器缓速器盖上(朝车头方向)消声器是否存在长排气现象。若有,为以下故障: ①控制阀是否损坏,若损坏,更换控制阀; ②缓速器壳体与缓速器盖连接螺栓未拧紧,检查并保证缓速器壳体与盖连接螺栓的拧紧力矩范围在 27~32N·m; ③控制阀衬垫密封问题,更换控制阀衬垫; ④控制阀减振板与壳体连接螺栓未拧紧,检查检查并保证控制阀减振板与壳体连接螺栓的拧紧力矩范围在 27~32N·m; ⑤控制气压过大,导致控制阀安全阀打开,调低控制气压
	消声器堵塞	查看缓速器浮子阀上盖上(朝车头方向)消声器是否堵塞,更换消声器
缓速器无法解除或解除慢	消声器堵塞	查看缓速器消声器是否堵塞,更换消声器
	比例阀发卡	查看比例阀是否发卡,解除时排气不畅,无法排气解除制动,更换比例阀
缓速器时有时无	电气连接有无接触不良或部件故障	排查 ABS/供电/手柄/比例阀/线路/控制器。重新接线
	油温、水温传感器	缓速器指示灯规则闪烁,闪烁时转矩不足,见温度闪码。查看油温、水温传感器和接头是否有损坏,更换油温、水温传感器或更换连接接头
	电磁干扰	查看是否有较大的电磁干扰(对讲机等大功率接收发射器距离控制器非常近),排除大功率电磁干扰
缓速器无恒速挡	车速传感器损坏	查看车速信号是否正常: ①查看物理车速信号,检测车速传感器是否损坏; ②查看 CAN 车速信号,检查整车 CAN 总线车速报文是否正确发出
	车速过低	车速过低,缓速器恒速时制动力不足,重新调整车速
	ABS 与缓速器信号干涉	查看 ABS 信号与恒速挡信号是否干涉,并排除

续上表

故障现象	原因分析	检测诊断方法
缓速器不正常制动或解除制动	比例阀问题	更换比例阀
	气压传感器损坏,控制器检测不到气压,控制器会给控制阀很大的电流使缓速器转矩过大	更换气压传感器
	操纵手柄线路或本身故障	维修线路或更换控制手柄
	脚控开关阀线路或本身故障	检查脚控开关有无进水,检查线路防水措施是否到位,更换相应零件
缓速器使用时间短,易退出	整车散热不足及驾驶员操作原因	缓速器由于散热原因易退出时,应降低车速(减少单位时间缓速器产生的热量),提高发动机转速不低于1600r/min,通常用降变速器挡位实现,使整车散热系统更好地进行散热(提高发动机转速,即提高发动机水泵转速,使水流量加快,同时风扇转速提高,提高散热)
	油温、水温传感器接反	油温、水温传感器接反会导致频繁退出,正确连接油温、水温传感器
	节温器损坏	节温器损坏,大循环打不开或打开慢易导致退出,更换节温器总成
	风扇、水泵等传动皮带轮松弛	风扇、水泵等传动皮带轮松弛,也易导致散热不足,缓速器退出,重新张紧传动皮带
	可控风扇与缓速器联动失效	缓速器工作时可控风扇不工作,联动失效,检查线路,重新连接
	冷却水箱积垢过多	冷却水箱积垢过多,不及时清理引起散热能力下降易导致退出,清理积垢
	冷却液不清洁	冷却液不清洁引起热交换器堵塞,水流缓慢易导致退出,更换冷却液
缓速器噪声大	消声器脱落	查看两处消声器是否脱落,重新装上
漏水	热交换器漏水	热交换器总成为易损件,若热交换器总成漏水,需更换
	连接水管接口处漏水	连接水管接口处漏水,采用质量好的较软硅橡胶软管,使接触更紧密,采用螺栓拉紧的卡箍,拉紧力矩大,贴合紧密。采用表面光滑的水管,贴合紧密不渗水,若渗漏水,也可在管口缠生胶带再拉紧
	水管焊接位置漏水	水管焊接位置漏水,查看焊接位置,重新焊接,避免虚焊
	水管脱管、爆管	水管接口处做防脱措施,通常在管口扩管,或在管口堆焊成串珠状,防止脱管,采用优质的硅橡胶软管

2) 常见电气故障及其检测诊断方法

液力缓速器常见的电气故障有缓速器无制动力、缓速器制动力不明显或减弱、缓速器无恒速挡、缓速器指示灯闪烁、缓速器自动关闭或打开等。以法士特FHB400液力缓速器为例,其常见的电气故障及检测诊断方法见表5-9。

法士特 FHB400 液力缓速器常见的电气故障及检测诊断方法　　表 5-9

故障现象	原因分析	检测诊断方法
缓速器无制动力	供电原因	检查电源线是否松动或者电源熔断器是否烧坏,用万用表测量整车连接器 16 针插头相应引脚之间的电压是否为 24V
	比例阀故障或者没有电信号	检查插头是否松动;用万用表测量控制器插座相应引脚之间的电阻,是否在规定范围内(19~25Ω)
	整车 ABS 影响	屏蔽整车 ABS 信号,查看缓速器是否能完全工作
	手柄故障	用万用表通断挡测量 56 针插头相应引脚之间的通断,手柄之间为串联,低挡线断路则高挡线依次不通
缓速器无恒速挡	车速信号标定错误或者车速信号线断路或者虚接	检查 16 针插头相应的引脚是否正常或者用计算机标定软件查看
制动力不明显或者减弱	温度传感器故障	用万用表测量 56 针插头相应引脚之间的电阻是否在规定范围内(800~1700Ω)
	手柄线序错乱	用万用表检查判断
	供电电路故障	用万用表测量相应引脚之间的电压,静止为 24V,动态为 27V
缓速器指示灯闪烁	油温或水温过高	检查防冻液是否缺少,发动机散热器或者缓速器热交换器堵塞,节温器芯子故障
	温度传感器故障	检查传感器插头是否进水或者被踩踏、磕碰。检查指示灯接线柱是否松动
缓速器自动打开或关闭	手柄故障	用万用表检测 56 针插头对应的引脚
	控制器故障	更换即可

二、电涡流缓速器检测与诊断

电涡流缓速器是通过定子和转子之间的磁场作用达到使车辆减速的目的。其中定子和车辆底盘固定在一起(变速器、后桥、车架),转子通过凸缘和传动轴连接在一起高速旋转。转子和定子之间有很小的间隙。定子中的多组线圈通电后产生巨大的力矩作用在旋转的转盘上,从而使车辆减速。

电涡流缓速器的常见故障可分为机械故障和电气故障两部分。

1. 常见机械故障与检测诊断方法

电涡流缓速器为无接触制动系统,工作时各部分无接触摩擦,若日常维护(保养)完好则缓速器的机械故障率较低,但也常有一些与电涡流缓速器相关的车辆传动部件故障引起的缓速器故障,现分析如下:

1)车辆抖动剧烈

(1)故障现象。

车辆高速行驶时车辆抖动厉害,振动现象较严重。用撬棍或螺丝刀撬转子时发现转子窜动量较大。

(2)故障原因。

变速器(后桥)轴承故障。

(3)故障排除。

此类故障常会引起缓速器定子和转子摩擦导致缓速器损坏的严重故障,一旦发现,应立刻解决后再行驶车辆。解决方法为更换轴承,拧紧凸缘锁紧螺母。

2)车辆行驶有撞击声

(1)故障现象。

车辆行驶时振动较大或有撞击声,检查间隙未见异常。

(2)故障原因。

缓速器辅助托架松动或减振垫损坏。

(3)故障排除。

检修辅助托架,更换减振垫。更换减振垫时应注意保证减振垫应有3~5mm的压缩量。

2. 常见电气故障与检测诊断方法

1)电源指示灯不亮

(1)故障现象。

车辆起动后电源指示灯不亮,车速达到较高值(3~10km/h)时准备灯仍不亮,拨动手拨开关或踩制动踏板缓速器不工作。

(2)故障原因。

此类故障多为车速里程传感器损坏或通往ECU的车速信号线断路,致使ECU检测不到车速信号。

(3)故障排除。

检查里程传感器是否损坏、信号线是否断路,若损坏或断路则更换传感器或修复线路。

2)缓速器工作指示灯不亮

(1)故障现象。

车辆静止时缓速器工作指示灯不亮。

(2)故障原因。

控制电源开关的功率管击穿,控制电源开关损坏。

(3)故障排除。

更换控制电源开关。

3)车辆"拖刹"

(1)故障现象。

当用制动踏板操作缓速器时,松开制动踏板后缓速器不能立刻断开,车辆有"拖刹"现象。

(2)故障原因。

缓速器气压开关损坏,制动系统气路漏气或排气不畅。

(3)故障排除。

更换缓速器气压开关,检修制动系统气路故障。

4)缓速器制动力小

(1)故障现象。

缓速器工作指示灯指示正常,使用缓速器时感觉制动力较小。

(2)故障原因。

缓速器驱动线路部分断路,缓速器部分励磁线圈断路。

(3)故障排除。

检修驱动线束,更换缓速器定子。

应注意的是:缓速器发生电气故障时,若车辆正在行驶中,不便维修,可关断电源总开关,临时关闭缓速器。

复习思考题

1. 什么是转向盘转向力?如何检测转向盘转向力?其检测标准是什么?
2. 什么是转向盘自由转动量?如何检测转向盘自由转动量?其检测标准是什么?
3. 机械转向系统的常见故障有哪些?如何诊断?
4. 如何检测液压助力转向系统的技术状况?液压助力转向系统的常见故障有哪些?如何诊断?
5. 如何检测电控液压助力转向系统的技术状况?电控液压助力转向系统的常见故障有哪些?如何诊断?
6. 如何检测传动系统的传动效率和传动系统角间隙?如何分析检测结果?
7. 离合器常见故障有哪些?如何诊断?
8. 手动变速器的常见故障有哪些?如何诊断?
9. 什么是自动变速器的基础检查?其检查目的是什么?包括哪些检查项目?
10. 什么是自动变速器的挡位试验、失速试验、液压试验?怎么利用这些试验来诊断故障?
11. 怎样对自动变速器的电控系统元件进行故障诊断?
12. 自动变速器的常见故障有哪些?如何诊断?
13. 万向传动装置的常见故障有哪些?简述其故障原因及诊断方法。
14. 驱动桥常见故障有哪些?简述其故障原因及诊断方法。
15. 简述转向轮定位仪的构成和作用。
16. 转向轮定位参数有哪些?如何检测转向轮定位参数?
17. 简述四轮定位仪构成和检测原理。
18. 汽车四轮定位参数有哪些?如何检测汽车四轮定位参数?
19. 简述汽车四轮定位的检测方法。
20. 什么是车轮静不平衡和动不平衡?如何检测和平衡?
21. 简述车轮不平衡的检测方法。
22. 简述汽车悬架装置检测台的构成和工作原理。
23. 如何检测汽车悬架性能?其检测标准是什么?
24. 汽车行驶系统常见故障有哪些?如何诊断?
25. 气压制动系统常见故障部位有哪些?气压制动系统的常见故障有哪些?如何诊断?
26. 怎样检测液压制动系统主要部件?液压制动系统的常见故障有哪些?如何诊断?
27. 简述 ABS 检测诊断的基本方法。
28. 液力缓速器常见的机械故障和电气故障有哪些?怎样检测排除?
29. 电涡流缓速器常见的机械故障和电气故障有哪些?怎样检测排除?

第六章　车身及附件检测与诊断

车身是汽车的主体结构部分,在碰撞、剐蹭和倾覆等意外或交通事故中,车身通常是受损最严重的部分。车架或整体式车身、车身覆盖件及其他构件发生变形后,不仅影响美观,还会影响到车身与其他总成的安装关系,使车辆不能正常行驶。对车身进行检测诊断是汽车车身校正、修复的前提。安装在车身上的附件,如安全气囊、空调、前照灯、各类仪表等,对于保障汽车的正常行驶、提高汽车的舒适性和安全性具有重要作用,因而也是汽车检测诊断的重要内容。

第一节　车身检测与诊断

一、车身损伤形式

根据车身损伤的原因和性质,车身的损伤形式包括直接损伤、波及损伤、诱发性损伤和惯性损伤。

1. 直接损伤

直接损伤是车辆与其他物体直接接触而导致的损伤。直接损伤的特征是,在车身的着力点处形成擦伤、撞痕、撕裂状伤痕。

2. 波及损伤

波及损伤是指碰撞冲击力作用于车身上并分解后,其分力在通过车身构件过程中所形成的损伤。根据力的可传性,碰撞形成的冲击力在分解、传播、转移的过程中,可以很容易地通过强度、刚度高的构件,但当传到强度、刚度相对较弱的构件时,就会造成车身构件不同程度的损伤。波及损伤的特征是:在相对薄弱的构件上形成弯曲、扭曲、剪切、折叠等形态的损坏。

3. 诱发性损伤

诱发性损伤是指部分车身构件发生了损坏或变形后,同时引起相邻或与其有装配关系的构件的变形及损坏。与波及损伤不同,受诱发性损伤的构件并不承受冲击载荷或承受冲击载荷很少,主要是受到关联件的挤压和拉伸而导致损坏。诱发性损坏的特征为弯曲、折断、扭曲。

4. 惯性损伤

惯性损伤是指车辆发生碰撞后,在强大的惯性力作用下而导致的损伤。惯性损伤的特征是撞伤、拉断或撕裂、局部弯曲变形等。惯性损伤的形态有:车辆总成与车身的接合部或刚度的薄弱环节,易发生局部弯曲变形、拉断或撕裂等损伤。

二、车身损伤检测诊断方法

为了准确诊断车身故障,应有合理的检测基准和正确的诊断方法。

1. 车身损伤的检测基准

检测基准就是车身的尺寸参照基准,一般包括基准面、中心线和参照点。

1)基准面

基准面是一个假想的与汽车底面平行且与底面有一定距离的平面,用作车身垂直轮廓测量的参照基准,车身参照点的高度尺寸都是以它为基准获得。

2)中心线

中心线是车身横向尺寸的参照基准,指将汽车分成左右相等两半的中心平面在俯视图上的投影。中心线位置通常写在整车俯视图的尺寸表中,在有些汽车上能看到中心标记,即车顶和车底板上做的一系列标记点。

3)参照点

参照点是车身的标准位置参数,指车身维修时用来测量、检验车身是否恢复至原来尺寸的一些特殊点,用作车身维修的检测基准。参照点通常是车身上便于测量的特殊点,如孔、特殊螺栓、螺母、板件边缘或车身上的其他部位。为便于车身的检测和维修,现代轿车车身尺寸图中都注明了参照点及其标准位置参数。

某轿车车身检测参照点及标准尺寸参数如图6-1所示,图中第一行数字 1～12 为检测参照点序号;第二行字母 H～F 为检测触头的型号;第三行符号为检测触头的形状;第四行数字为检测参照点的相对高度尺寸,即专用检测触头在规定条件下所显示的标准高度尺寸。

2. 车身检测和诊断的基本方法

1)根据检测工具分类

根据检测主体或工具的不同,车身检测的主要手段可分为直观检查和仪器测量。

直观检查也称目检。任何车身损伤故障检测首先进行的都是目检,车身的局部变形或损伤,一般通过直观检查即目检可以进行诊断。目检是检测诊断任何车身损伤故障的首要方法。

仪器测量即利用车身测量系统或仪器检测车身尺寸或变形。对于现代轿车车身的检测,必须依赖车身测量系统对车身进行测量,获得车身相关部件位置关系的实际数据,作为车身检测诊断和修复的可靠依据。若不采用仪器测量车身位置偏差的,车身本身的定位作用就会出现偏差,而装配在车身上的总成(如转向机构、悬架系统等)将会改变其理想位置,就不能保证汽车的操纵稳定性。

2)根据检测基准分类

根据检测基准的不同,车身故障诊断的基本方法可分为参数法和对比法。

(1)参数法。

参数法是把实际测得的变形车身参照点的数据与同参照点的标准参数比较,从而诊断车身变形故障的一种方法。这种方法以车身图样或技术文件中的规定来体现基准目标,通过对车身的定位尺寸进行测量,可以准确地诊断车身的变形范围及其损伤程度,是一种较为可靠的方法。

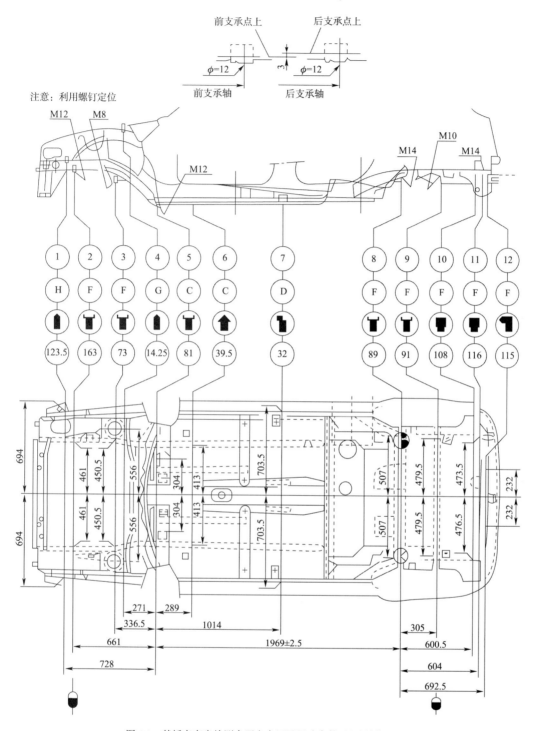

图 6-1 某轿车车身检测参照点布置及尺寸参数(尺寸单位:mm)

(2) 对比法。

对比法是指把实际测得的变形车身参数,与同类车型车身的定位参数对比,从而诊断车身变形故障的一种方法。该方法以同类车型车身同部位的实测参数值作为检测标准值,其诊断的精确程度取决于目标车身以及测量点的选取。

为提高诊断的精确程度,所选择的目标车身应完全符合技术文件规定的状况,车身应无损伤,且要求与被测车辆同一厂家、同一车型、同一年份。有条件时,还可通过增选车辆数量来提高目标基准的精确性。

若没有可供选择的车身作为对比条件,可利用车身构件的对称性原则进行诊断,如当车身只有一侧损坏时,可测量另一侧的尺寸作为标准值,与受损一侧对比,确定损伤情况。对于测量点的选取,应以基础零件和主要总成在车身上的正确装配位置为依据,尽量利用车身壳体已有的无损伤参照点。

三、车身测量系统

车身测量系统安装有多种测量器具,能够用先进测量技术和测量方法同时测量多个检测点的三维坐标值,可用于对车身变形进行检测。常用车身测量系统主要有机械式测量系统、激光测量系统和计算机辅助测量系统三类。

1. 机械式测量系统

机械式测量系统主要包括桥式测量架和台式测量系统两种。

1)桥式测量架

桥式测量架用于对车身壳体表面的变形进行检测,主要由水平导轨、垂直导轨、移动式测量柱和测量针、测量杆和测量针等组成,其结构如图 6-2 所示。测量过程中,可根据需要随时调整测量架与车身的相对位置,使得测量针接触车身表面,从导轨、测量柱及测量针上读出所测数据。该测量系统可以对车身的各参照点进行快速检测。

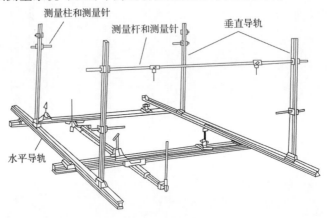

图 6-2　桥式测量架

2)台式测量系统

台式测量系统由测量纵桥、滑动横臂、垂直套管、检测触头和测量架等组成,用于检测车身壳体表面的变形,如图 6-3 所示。测量纵桥放置在矫正机的工作台上,从车头通到车尾,能体现车身检测的基准面和中心线。滑动横臂安装在测量纵桥上,可在前、后、左、右四个方向上移动,前后移动时可测量纵向尺寸,左右移动时可测量横向尺寸。垂直套管安装在滑动横臂上,检测触头安装在垂直套管的上部,上下移动时可测量被测点的高度尺寸,如图 6-4 所示。测量架安装在纵桥上,用于对车身上部参照点进行检测。

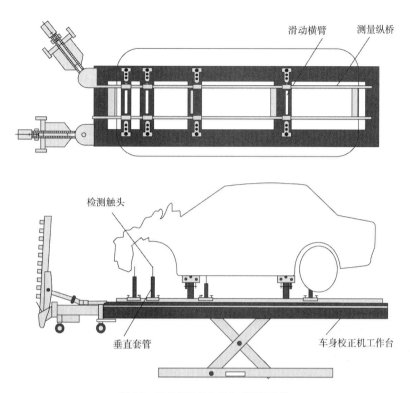

图 6-3 车身校正机上的台式测量系统

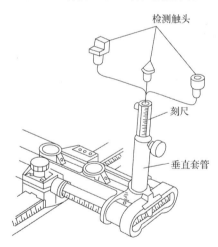

图 6-4 垂直套管及检测触头的安装示意图

2. 激光测量系统

激光测量系统是指利用激光对车身参照点进行测量的系统,如图 6-5 所示。该系统包含光学机构和机械构件两大部分,主要由激光发生器、光束分解器、透明标尺组成。其中:激光发生器用于提供安全、低强度的激光束;光束分解器能使光束按某个角度精确投射;激光导向器能使光束 90°角反射;标板或标尺是参照点位置的体现,是激光束照射的目标。

检测时,激光发生器发出一束激光,通过光束分解器使光束照射到标板或标尺上。如果光束正好照射到标板或标尺的规定位置,则说明参照点的位置正确,否则说明车身变形。激光测量系统既可用于车身下部测量,还可用于车身上部(如支柱、车窗等)的测量。

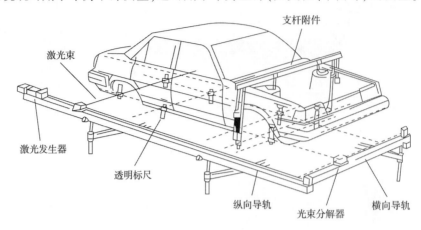

图 6-5　车身激光测量系统

与机械式测量系统相比,激光测量系统不是以机械连接形式来实现测量的。因此,在整个车身校正过程中,激光测量系统能连续工作,能不断给出直观、准确的读数,使得修理者能随时了解各参照点的位置偏差。

3. 计算机辅助测量系统

车身校正机上采用的计算机辅助测量系统主要由传感器、主机及显示器组成。传感器就是检测触头,用来反映检测点的空间位置;主机用来接收并处理传感器送入的信号;显示器则用来显示测量结果。

计算机辅助测量系统可利用测量得到的数据迅速算出各种尺寸偏差,实现测量过程电子化和结果显示数字化。该系统采用了自动跟踪车身检查点校正移动的测量系统。因此,能在车身校正过程中,边矫正边测量,同时在显示器上显示测量检查的瞬时位置,以便于工作人员矫正。此外,计算机辅助测量系统效率高、自动化程度也高。

四、车身损伤检测与诊断

1. 车身损伤的检测诊断步骤

车身损坏绝大部分由碰撞引起,其主要表现形式是车身变形,检测诊断的基本步骤如下:

(1)通过直观检测的方法初步确定车身损伤部位、大小。

(2)进行碰撞力分析,确定碰撞力的大小、方向和接触面积。

(3)进行变形倾向性分析,初步检查车身部件可能发生的损伤以及与之有关部件的损伤(如悬架、发动机等),包括无任何损伤痕迹的隐形损伤。必要时通过间接方法进行检查,例如,支柱损伤可以通过检查车门的配合状况来确定。

(4)测量车身各参照点的位置尺寸,并与各参照点位置的标准尺寸进行比较,以诊断车身变形情况。

(5)用适当的工具或检测装置检查整个车身的损伤情况,对车身的所有故障作出诊断。

(6)对车身变形故障作出诊断。

2. 车身损伤的直观检测

车身损伤的直观检测指通过眼看、手感等手段来确定车身的损伤。大多数情况下，碰撞部位能够显示出结构变形或断裂的迹象。直观检查时，一般先要对汽车进行总体估测，通过直观检查确定车身损伤部位，找出损伤构件。然后，从碰撞的位置估计汽车损伤尺寸的大小及方向，判断碰撞如何扩散及其造成的损伤。最后，查看车身各个部位，设法确定出损伤位置以及所有损伤与碰撞的因果关系。其方法可以沿着碰撞力扩散传递的路径，按顺序逐步检查，直至找到车身薄弱部位，确认变形损伤情况。直观检查车身损伤时，主要查看以下部位：

（1）检查损伤时，先从整体上查看车身是否有扭曲、弯曲及歪曲等变形。

（2）查看车身构件油漆层、内涂层及保护层的裂纹和剥落情况，因为这些外在表现是碰撞力传递和构件变形的象征，应认真检查。

（3）重点检查固定件、周围部件、钢板及钢板间的连接点。当汽车受到碰撞时，这些部件的惯性会转化成巨大的作用力，使其向冲击力的相反方向移动而发生猛烈的冲击，从而使相关部件发生损伤。各钢板间的连接点错位，能说明其相连钢板变形或连接处损坏。

（4）查看车身构件截面突变处、构件的棱角和边缘处。因为这些位置易产生应力集中现象，当传递冲击力时，其构件容易断裂或产生裂缝，变形损伤较明显。

（5）检查车身侧边构件的损伤程度。通过检查车身侧边构件的损伤程度，很容易判别构件凹面上的损伤，因为它是以严重的凹痕形式出现的。

（6）检查车身各部的配合及间隙，从而找出变形件。当目测值与标准值相差较大时，则说明相关构件变形严重。如果车身一侧未受损伤，则可通过比较汽车左右侧对称的相应部件间隙是否相同，来找出变形构件。通常，通过车身可拆卸部位的装配间隙、与车身基体的高低差及平行度的检查，能发现车身构件是否变形。

3. 车身变形和损伤的仪器诊断

通过车身测量系统或仪器检测车身变形和损伤，可以诊断车身的位置偏差，并确定偏移方向，为车身的校正和修复提供方便。采用车身测量系统检测诊断车身损伤的步骤如下：

（1）将损伤车身通过夹具固定在车身校正仪上。

（2）在车身校正仪上安装测量系统，并选择合适的检测点。

（3）用测量系统精确测量各检测点的参数。

（4）将各检测点的检测结果对照各自的标准参数，诊断车身是否变形。

（5）当变形超标时，对车身进行校正。对于激光、计算机测量系统，通过检测可以控制拉伸过程，做到边检测边校正，直至符合要求。

第二节　安全气囊系统检测与诊断

安全气囊也称辅助乘员保护系统（Supplemental Restraint System，SRS），是一种被动安全装置。当汽车遭到碰撞而急剧减速时，缓冲气囊能很快膨胀，约束车内乘员不致撞到车厢内部。因此，在汽车运行时，应时刻保证安全气囊处于无故障的正常状态，使其工作可靠、有效。

一、安全气囊系统的组成

安全气囊系统由碰撞传感器、电子控制单元(ECU)、充气组件、SRS 指示灯等组成。丰田雷克萨斯(LEXUS)LS400 轿车电子控制安全气囊系统的构成及电路如图 6-6 所示。

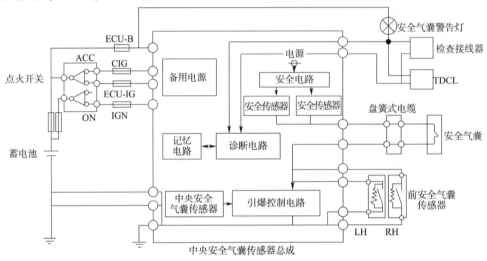

图 6-6　丰田雷克萨斯(LEXUS)LS400 轿车安全气囊电路图

1. 碰撞传感器

汽车发生碰撞时,碰撞传感器检测汽车碰撞的强度信号,并将信号输入电子控制单元。碰撞传感器包括电子控制单元内的加速度传感器、右前(汽车前部右侧翼子板内侧)碰撞传感器、左前(汽车前部左侧翼子板内侧)碰撞传感器、右侧 B 柱碰撞传感器、左侧 B 柱碰撞传感器、右前车门内碰撞传感器(侧面碰撞传感器)、左前车门内碰撞传感器(侧面碰撞传感器)。加速度传感器采用电子式碰撞传感器,其他传感器采用机电式碰撞传感器。

2. 电子控制单元

电子控制单元接收碰撞传感器的输入信号,并判断是否应引爆元件使气囊充气。该单元主要由 SRS 逻辑模块、信号处理电路、备用电源电路、保护电路和稳压电路等组成。

3. 充气组件

充气组件主要由气体发生器、点火器、气囊、饰盖和底板等组成,驾驶员一侧的充气组件位于驾驶员座位的转向盘中和驾驶员座位的外侧,副驾驶一侧的充气组件位于副驾驶座位前面的仪表上和副驾驶座位的外侧。

4. SRS 指示灯

SRS 指示灯位于仪表板上,用于初步诊断安全气囊系统工作是否正常。

二、安全气囊故障诊断

1. 注意事项

在安全气囊系统的检测诊断或实际维修中,如果没有执行正确的操作程序,可能会导致安全气囊意外展开造成严重后果。因此,需留意下列注意事项:

(1)检测、安装和维修工作必须由专业人员来进行。

(2)检测时不可使用检测灯、普通电压表和欧姆表。

(3)排除安全气囊系统故障时,在拆下蓄电池搭铁线前,一定要首先读取故障闪码。

(4)在进行具体的检测与维修作业之前,应先将点火开关转至"LOCK"位置,并拆下蓄电池负极搭铁线,然后再等待60s以上,方可进行维修操作。

(5)安全气囊系统的部件上和车内相关位置贴有警示标签。操作时,应注意遵守标签说明。

(6)安全气囊系统检测或维修完成后,应检查SRS警告灯是否正常。

不同类型的汽车,检测注意事项可能会有差异,具体检测诊断时应严格按照该车型的使用手册、维修手册等规定依程序进行。

安全气囊系统的故障诊断方法因车型不同而有所不同。下面以比亚迪F3轿车电子控制安全气囊系统为例,说明其故障诊断方法。气囊系统故障诊断和修复步骤一般包括气囊的初步诊断、气囊系统的故障自诊断、故障检测及排除和故障码清除。

2. 安全气囊系统的初步诊断

安全气囊系统是否能正常工作,可利用SRS指示灯进行初步诊断。其诊断方法如下:

(1)将点火开关转至ACC或ON位,检查SRS警告灯是否点亮。

(2)如果警告灯高亮5s左右,然后熄灭并持续5s以上,则系统正常。

(3)如果警告灯保持高亮而不熄灭,表明安全气囊ECU已经探测到一种或多种故障,应读取故障代码并排除故障。

(4)如果在点火开关接通5s后,SRS警告灯有时点亮,甚至在点火置于LOCK位后,SRS警告灯又点亮,表明SRS警告灯电路可能存在短路,应进行SRS警告灯电路故障的检查。

3. 安全气囊系统的故障码诊断

安全气囊本身具有故障自诊断功能。当发生故障时,自诊断电路能诊断出故障原因,将故障编成代码存入SRS ECU中,并控制仪表板上的SRS指示灯闪亮,提示驾驶员SRS出现故障。故障码自诊断是通过一定的方法读取故障码,根据其故障码表的内容诊断SRS故障,以便尽快找到故障部位,保证修复工作高效、顺利进行。故障码自诊断过程如下。

1)进入故障码自诊断状态

检查SRS指示灯,若据此初步诊断安全气囊系统正常,则可以读取故障码;若SRS指示灯一直不亮,说明SRS指示灯线路有故障,则必须检修后才能读取故障码或利用诊断仪读取出故障代码。

2)读取故障码

故障码的读取有专用诊断仪法和人工读取法两种方法。推荐使用专用诊断仪读取故障码,当无诊断仪器时,可选择人工读取故障码。

(1)用手持式专用诊断仪读取故障代码。

①将诊断仪连接到汽车故障诊断接口。

②按照诊断仪上的提示读出故障代码。

(2)直接在SRS警告灯上读出故障闪码。

①将点火开关转至ON位。

②按照SRS警告灯的闪烁情况读取故障闪码。

③安全气囊系统故障闪码、含义及故障区域见表6-1。

3）故障诊断

读取故障码后，可以根据表6-1中的故障码诊断安全气囊系统的故障。

比亚迪F3轿车SRS故障码表　　　　　表6-1

故障代号	故障闪码	含　义	故　障　区　域
0	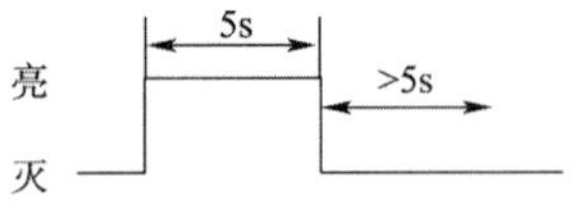 (亮/灭波形，5s亮，>5s灭)	正常	N/A
2	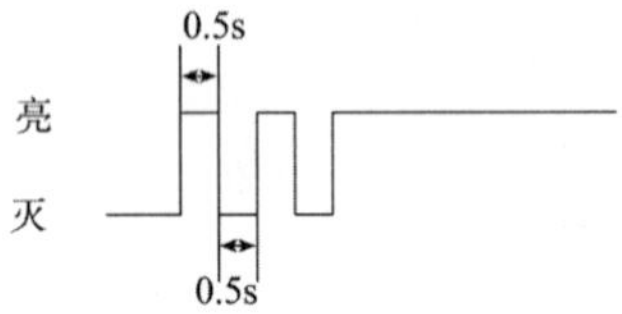 (亮/灭波形，0.5s)	由于颠簸或碰撞，安全气囊ECU线束与车身的搭铁线松动或断开，这样不能保证ECU良好的电性搭铁	1.搭铁线； 2.线束
3	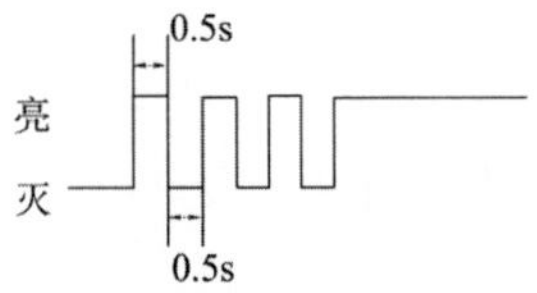 (亮/灭波形，0.5s)	供电电源电压过低，不能保证ECU正常工作	蓄电池
4	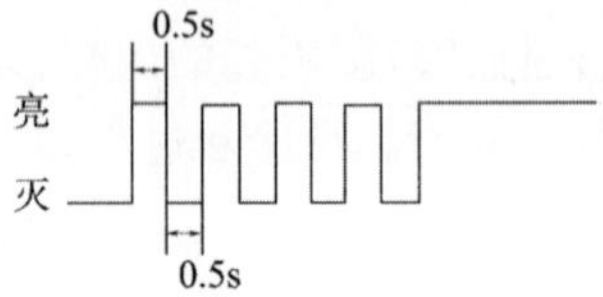 (亮/灭波形，0.5s)	供电电源电压过高，不能保证ECU正常工作	蓄电池
6	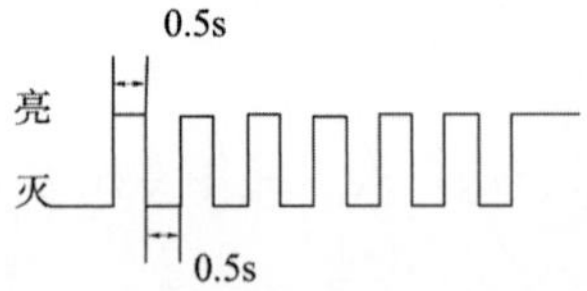 (亮/灭波形，0.5s)	驾驶员安全气囊故障	1.驾驶员安全气囊模块； 2.时钟弹簧； 3.线束； 4.安全气囊ECU
7	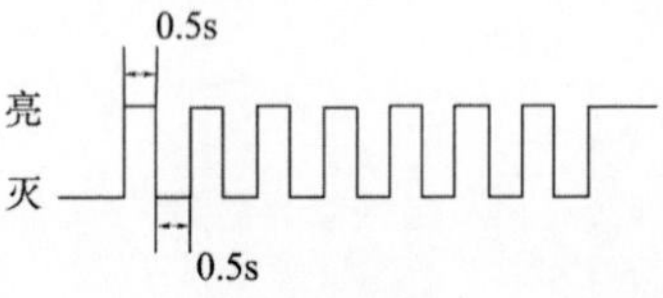 (亮/灭波形，0.5s)	前排乘员安全气囊故障	1.前排乘员安全气囊模块； 2.线束； 3.安全气囊ECU

续上表

故障代号	故障闪码	含义	故障区域
8	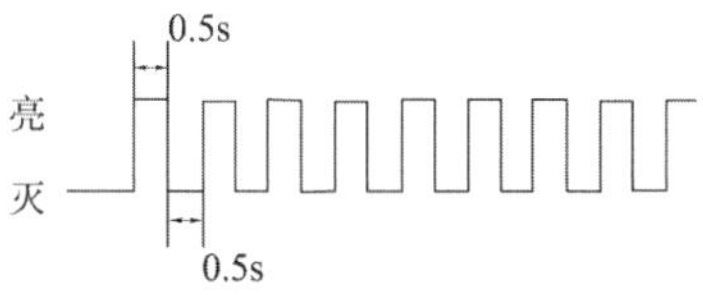 亮灭 0.5s/0.5s（脉冲波形）	驾驶员安全带预紧器故障	1. 驾驶员安全带预紧器； 2. 线束； 3. 安全气囊ECU
9	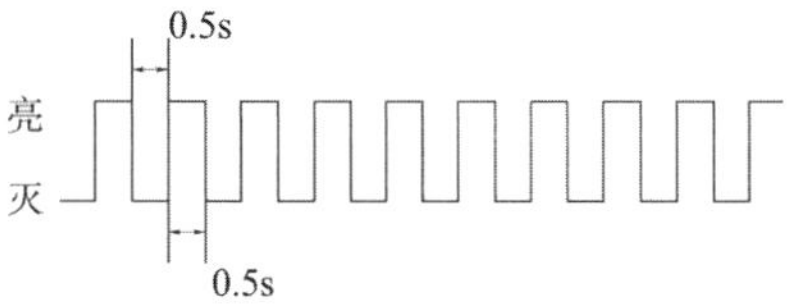 亮灭 0.5s/0.5s（脉冲波形）	乘员安全带预紧器故障	1. 前排乘员安全带预紧器； 2. 线束； 3. 安全气囊ECU
*	同时有两种以上故障闪码	存在多种故障	相关的多个部件

4. 故障检测及排除

对于利用SRS故障码通过自诊断确定的故障，仍需进行深入检测，以便查出故障的确切原因并排除故障。检测时，应使用推荐的检测工具，按汽车维修手册提供的方法进行。

只有SRS ECU存储器中的故障码全部清除之后，SRS指示灯才能恢复到正常的显示状态。因此，在排除SRS故障后，应清除故障码。

维修完后，将点火开关转至LOCK位置，故障闪码即被消除。

5. SRS警告灯电路故障的检查

在正常情况下，当点火开关从LOCK位转至ACC或ON位时，SRS警告灯应高亮5s，然后自动熄灭；如果安全气囊系统存在故障，SRS警告灯会保持高亮而不熄灭。按照正常的程序可读出故障闪码。

如果点火开关在LOCK位置时总亮，或者点火开关在ACC或ON位时不亮，说明SRS警告灯电路存在故障，应按照维修手册对其进行检查。

检查时，应参考安全气囊系统电路图，如图6-6所示。

应说明的是，检测、维修安全气囊时，一定要由专业人员或在专业人员指导下严格按照操作程序进行，否则可能会导致安全气囊意外展开或其他严重后果。

第三节 汽车空调系统检测与诊断

一、汽车空调系统组成及工作原理

汽车空调系统包括制冷系统、取暖系统、通风系统、空气净化装置和控制系统等。

1. 制冷系统

制冷系统由压缩机、冷凝器、膨胀阀、储液干燥器、蒸发器等组成,如图 6-7 所示。压缩机吸入蒸发器中的低压、中温制冷剂气体,并将其压缩成高压、高温的气体后送入冷凝器;高压、高温的气态制冷剂在冷凝器中与车外空气进行热交换,转变成高压液态制冷剂;从冷凝器流出的高压液态制冷剂经储液干燥器除湿、过滤后输入膨胀阀,经膨胀阀节流减压后,其压力和温度降低,并送入蒸发器;低压、低温的液态制冷剂在蒸发器中与车内空气进行热交换,变成低压、中温气态制冷剂;在蒸发器中经吸热蒸发后的制冷剂又被压缩机吸收。如此循环,将车内空气中的热量经制冷剂传递散发到车外空气中,从而降低车内的温度和湿度。

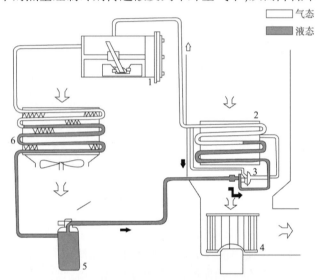

图 6-7 汽车空调制冷系统的组成
1-压缩机;2-蒸发器;3-膨胀阀;4-风机;5-储液干燥器;6-冷凝器

2. 取暖系统

取暖系统用于对车内空气或车外进入车内的新鲜空气进行加热、除湿及风窗除霜,如图 6-8 所示。

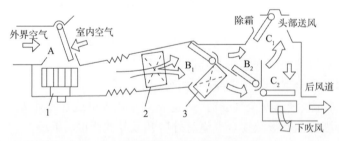

图 6-8 汽车空调取暖和通风系统的基本组成
1-风扇;2-蒸发器;3-加热器;A-进风口风门;B-冷暖空气混合风门;C-出风口风门

汽车的取暖装置有多种类型,按热源不同可分为水暖式、气暖式、燃烧式和混合式等。

(1) 水暖式采暖利用发动机冷却液采暖,其热容量小,适用于中小型汽车,通常由加热器、鼓风机、热水阀、通风道等组成。

(2) 燃烧式采暖指通过燃烧装置燃烧煤油或柴油加热空气进行采暖,主要由燃油泵、燃油雾化器、燃烧室、电热塞、风扇、鼓风机、电动机等组成。

(3) 混合采暖是指装备了水暖和燃烧混合采暖装置。在发动机未工作或发动机刚起动，其冷却液还未达到正常工作温度时，启动燃烧预热器独立采暖，当发动机温度正常时，则可利用发动机冷却液独立采暖，或用混合方式采暖。

3. 通风系统

通风系统用于将车外的新鲜空气引进车内，提高车内空气的含氧量，降低 CO_2、灰尘、烟气等有害气体浓度，达到通风、换气目的。车型不同时，其空调通风系统的结构形式也不相同，但其基本组成相同，主要由鼓风机风扇、进出口风门、空气混合门及通风管路等组成，如图 6-8 所示。空调通风通道中鼓风机风扇的转速控制通风的风量，各个风门用于控制进气方式、温度和逆风方式。鼓风机风扇及各风门的操控有手动控制和自动控制两类。

4. 空气净化装置

空气净化装置用于除去车内空气中的尘埃、异味。现代汽车常采用的是静电式和过滤式空气净化装置。静电式为静电除尘，可广泛应用于各种车型；而过滤式的空气净化装置体积较大，适用于豪华大型客车。

5. 控制系统

控制系统用于将制冷、采暖、通风和空气净化有机地组合，形成冷暖适宜的气流，并自动对车内环境进行全季节、全方位、多功能的最佳控制。以微处理器为核心的全自动空调系统主要由传感器、电子控制器(ECU)和执行器构成，如图 6-9 所示。

图 6-9　汽车空调电子控制系统

电子控制器将各温度传感器输入的电信号与操作控制板设定的信号进行比较，经过计算机处理后作出判断，然后输出相应的调节和控制信号。通过相应的执行机构，对压缩机的开停、送风温度、送风模式及风量、热水阀开度等进行调整，以实现对车内空气环境进行全季节、全方位、多功能的最佳调节和控制。

二、汽车空调系统检测和故障自诊断

汽车空调系统的检测方法包括直观检测和自诊断检测。直观检测指通过眼看、手摸、耳听等手段，简便地诊断故障所在。自诊断检测指利用全自动空调系统的自诊断功能来检测故障。

1. 汽车空调系统的直观检测

直观检测就是通过查看外在症状，初步确定汽车空调系统的故障。

直观检测的一个重要环节是目视检测，检测对象通常包括机械部分和电器部分。机械部分通常包括:风扇聚风罩、压缩机、空调高/低压管、冷凝器、蒸发器、风道等;电器部分通常包括:线路、制冷剂压力开关、冷凝器风扇、鼓风机及调速模块、风门电机、电动空调控制器、温度传感器、中控面板、ECU 线路和 ECU 等。

直观检测的一般步骤为:

(1)检查制冷系统部件是否有渗漏。

(2)查看冷凝器、蒸发器等器件表面是否有刮伤变形。

(3)检查干燥罐的温度和制冷剂的情况。一般通过观察干燥罐的两个检视窗进行检查。

(4)检查空调系统高压端管路及部件,根据温度判断相关部件的故障。检查顺序为:压缩机出口→冷凝器→干燥罐→膨胀阀进口处。温度变化应该是从热到暖。如果中间某处很热,则说明其散热不良;如果某些部件发凉,说明空调制冷系统可能有故障。

(5)检查空调系统低压端管路及部件。检查顺序为:干燥罐出口→蒸发器→压缩机进口处,温度变化应该是冷到凉。如果不凉或某处出现了霜冻,都说明制冷系统有异常。

(6)检查压缩机进、出口端温度差。接通空调开关,使制冷压缩机工作 10～20min 后,检查压缩机进、出口端,正常情况下,压缩机的两端应有明显的温度差,否则可能完全无制冷剂或制冷剂严重不足。

(7)查看导线插接器连接是否良好,空调系统线路各插接器应无松动和发热。

(8)检查空调压缩机有无异响,以判断空调系统制冷不良的故障是出自压缩机故障还是压缩机的控制系统电路故障。

2.汽车空调系统的自诊断检测

汽车空调电子控制系统通常有故障自诊断功能,系统出现故障时,会及时采取相应的保护措施,并储存相应的故障码。利用系统的自诊断功能,可以快速检测出故障。

下面介绍大众帕萨特 B5 轿车空调系统的故障检修方法。对于全自动空调装置,除了使用常规方法诊断故障外,通常还需要使用专门的仪器和设备进行自诊断检测。

大众车系使用的 V.A.G1551(V.A.G1552)故障诊断仪如图 6-10 所示。

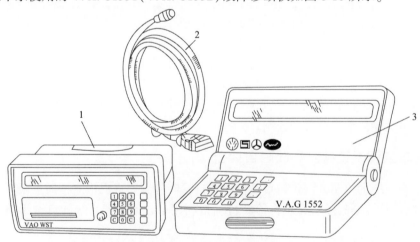

图 6-10　大众故障诊断仪
1-V.A.G1551;2-V.A.G1551/3;3-V.A.G1552

自诊断测试时要保证所有的熔断丝全部正常,蓄电池的电压至少达到 9V,蓄电池的正负极连接可靠。帕萨特 B5 轿车自动空调系统自诊断的操作步骤如下。

1)故障码的读取和清除

(1)接上诊断仪,打开点火开关,输入地址码"08 空调暖风电子"。

(2)输入功能号"02 查询故障代码"。

(3)按"Q"键确认输入,屏幕将显示所存储的故障数或显示"未发现任何故障"。

(4)按"→"键,一个接一个显示所存储的故障,并进行打印。在显示并打印出最后的故障之后,需按故障表将故障排除。若未发现任何故障,那么在按"→"键后,程序回到初始位置,屏幕显示"功能选择"。

(5)如果发现一个故障,则按排除故障→清除故障代码(功能 05)→查询故障代码(功能 02)的步骤处理。

2)自动空调故障代码表

由控制单元识别的所有可能故障,都可以在 V.A.G1551 上打印出来,故障代码以 5 位的识别数字列表并附加故障类型显示,详细说明见表 6-2。

帕萨特 B5 空调系统的故障代码　　　　　　　　　　　　　　　　　表 6-2

故障代码	可 能 原 因	故 障 排 除
00000	未发现任何故障	
65535	通往控制单元 J255 的电线和插接件损坏 控制单元损坏	根据电路图检查电线和插接件 检测控制器 J255 更换控制器 J255
01297	正极短路或断路(电线断路)或出风温度传感器 G192 的插接件有故障 通往脚部空间出风口 G192 的电线或插接件短路 G192 损坏	根据电路图检查电线和插接件 检查 G192 调换 G192
00532	三相发电机损坏 通往控制单元 J255 的电线或插接件损坏	根据电路图检查控制单元的电线和插接件 检查三相发电机
00538	电线或插接件短路或断路 控制单元 J255 上 T16b8 通往伺服电动机的电线短路或断路 电位器 G92、电位器 G112、电器 G113、电位器 G114 损坏 控制单元损坏	根据电路图检查控制单元的插接件及导线 更换相应的伺服电动机 更换电位器等部件 更换控制单元
01296	正极短路或者通往中间出风口温度传感器 G191 的导线或插接件断路 搭铁短路,或通往中间出风口温度传感器 G191 的导线或者插接件断路 G191 损坏	根据电路图检查导线和插接件 检查 G191 调换 G191

续上表

故障代码	可能原因	故障排除
00792	通往空调装置压力开关 F129 的导线或插接件断路或短路 电动机冷却不足 F129 损坏	根据电路图检查导线的插接件 制冷剂加注不足时加注制冷剂 检查 F129 更换 F129
00779	通往外界温度传感器 G17 的导线或插接件正极后端短路或断路 通往外界温度传感器 G17 的导线或插接件搭铁后端短路	根据电路图检查导线和插接件 检查 G17 调换 G17
00787	通往新鲜空气吸气道温度传感器 G89 的导线或插接件断路或正极后端短路 通往新鲜空气吸气道温度传感器 G89 的导线或插接件断路或接地后端短路 G89 损坏	根据电路图检查导线和插接件 检查 G89 调换 G89
00603	通往脚部空间/除霜器伺服电动机的导线或插接件短路或断路 V85 损坏	根据电路图检查导线和插接件 进行伺服部件自诊断 检查 V85 调换 V85
01206	组合仪表损坏 导线或插接件短路或断路 控制单元 J255 损坏	调换组合仪表 根据电路图检查导线和插接件 检查 J255 调换控制单元 J255
00281	速度测量仪 G22 传感器损坏 速度信号分配器 TV13 通往控制仪的导线或插接件短路或断路	根据电路图检查导线和插接件 检查 G22 的信号 调换 G22
00797	光电传感器 G107 的导线或插件断路或正极后端短路 光电传感器 G107 的导线或插接件在搭铁后端短路 G107 损坏	根据电路图检查导线和插接件 检查 G107 调换 G107
01271	通往温度调节阀门的伺服电动机 V68 的导线或插接件断路或短路 V68 损坏	根据电路图检查导线和插接件 检查伺服电动机 V68 进行最终控制自诊断 03 调换 V68
01272	通往总阀门的伺服电动机 V70 的导线或插接件断路或者短路 V70 损坏	根据电路图检查导线和插接件 检查 V70 调换 V70

续上表

故障代码	可能原因	故障排除
01273	通往新鲜空气鼓风机 V2 的导线或插接件断路或短路 鼓风机控制单元 J126 和新鲜空气鼓风机 V2 损坏	根据电路图检查导线和插接件 检查 J126 调换 J126 和 V2
01274	通往风滞压力阀门伺服电动机 V71 的导线或插接件断路或者短路 V71 损坏	根据电路图检查导线和插接件 检查 V71 调换 V71

如果在输入功能号"02 查询故障代码"之后没有显示故障,而显示器在"点火开关打开"之后发出闪光,就须进行"07 控制单元编码"功能,并接着进行"04 初始设置"操作,这两项操作的具体办法可参见帕萨特的维修手册。

3) 最终控制诊断

最终控制诊断必须在发动机静止、点火开关打开、空调关闭的情形下进行。通过鼓风机的按键慢慢地操作空调。为了能获得明确的结果,在进行最终控制的诊断时,操作和显示单元的显示屏上所显示的外界温度要求至少为 12℃。在最终控制进行诊断时,自动空调不可进行任何调节。如果有必要,最终控制的诊断可重复进行多次。

最终控制诊断的方法如下:

(1) 接上诊断仪,打开点火开关,输入地址码"08"。

(2) 输入功能号"03",开始最终控制诊断,系统将进行下列操作:

① 显示屏所有字段全部显示。

② 4 个伺服电动机的功能测试。

③ 鼓风机的工作。

④ 测试压缩机电磁离合器开关过程。

⑤ 检验所有传感器。

(3) 约 30s 后,测试过程结束。

(4) 如果屏幕显示"功能不详或目前不能进行",表明最终控制诊断结束。在最终控制诊断结束后查询故障代码。

4) 读取测量数据块

(1) 接上诊断仪,打开点火开关,输入地址码"08"。

(2) 输入功能号"08"。

(3) 查阅维修手册,输入三位组号,读取测量数据块。

5) 结束测试

测试结束后,输入功能号"06"退出,返回地址码,关闭点火开关,拔下诊断仪。

第四节　汽车前照灯检测

前照灯发光强度不足,则夜间行车时,驾驶员对汽车前方情况的辨认不清晰;前照灯光束照射方向不当,将可能引起对面来车驾驶员炫目。因此,汽车前照灯的技术状况对于保障汽车夜间安全行驶意义重大。前照灯的技术状况必须符合《机动车运行安全技术条件》(GB 7258—2017)的规定。

一、汽车前照灯检测指标与标准

汽车前照灯检测过程中,应检测其发光强度和光束照射方向,检测值必须满足规定。

1. 基本要求

(1) 在正常使用条件下,机动车前照灯光束照射位置应保持稳定。

(2) 装有前照灯的机动车应有远、近光变换装置,并且当远光变为近光时,所有远光应能同时熄灭。同一辆机动车上的前照灯不允许左、右的远、近光灯交叉开亮。

(3) 所有前照灯的近光都不允许炫目。

(4) 汽车应具有前照灯光束高度调整装置,以方便地根据光束照射位置进行调整。

(5) 汽车装用的前照灯应符合《汽车用灯丝灯泡前照灯》(GB 4599—2007)等有关标准的规定。

2. 远光光束发光强度要求

机动车每只前照灯的远光光束发光强度应满足表 6-3 的要求;并且,同时打开所有前照灯(远光)时,其总的远光光束发光强度应符合《汽车及挂车外部照明和光信号装置的安装规定》(GB 4785—2019)的规定,即同时打开各前照灯,其总的最大远光发光强度应不超过 225000cd。测试时,电源系统应处于充电状态。

表 6-3 前照灯远光光束发光强度最小值要求(单位:cd)

机动车类型	检查项目			
	新注册车		在用车	
	两灯制	四灯制	两灯制	四灯制
最高设计车速小于 70km/h 的汽车	10000	8000	8000	6000
其他汽车	18000	15000	15000	12000

注:四灯制是指前照灯具有四个远光光束,采用四灯制的机动车其中两只对称的灯达到两灯制的要求时视为合格。

3. 前照灯光束照射位置要求

1) 近光光束照射位置要求

在空载车状态下,汽车、摩托车前照灯近光光束照射在距离 10m 的屏幕上,近光光束明暗截止线转角或中点的垂直方向位置,对近光光束透光面中心高度小于等于 1000mm 的机动车,应不高于近光光束透光面中心所在水平面以下 50mm 的直线且不低于近光光束透光面中心所在水平面以下 300mm 的直线;对近光光束透光面中心高度大于 1000mm 的机动车,应不高于近光光束透光面中心所在水平面以下 100mm 的直线且不低于近光光束透光面中心所在水平面以下 350mm 的直线。除装用一只前照灯的三轮汽车和摩托车外,前照灯近光光束明暗截止线转角或中点的水平方向位置,与近光光束透光面中心所在垂直面相比,向左偏移量应小于等于 170mm,向右偏移量应小于等于 350mm。

2）远光光束照射位置要求

在空载车状态下，对于能单独调整远光光束的汽车、摩托车前照灯，前照灯远光光束照射在距离 10m 的屏幕上，其发光强度最大点的垂直方向位置，应不高于远光光束透光面中心所在水平面（高度值为 H）以上 100mm 的直线且不低于远光光束透光面中心所在水平面以下 $0.2H$ 的直线。除装用一只前照灯的三轮汽车和摩托车外，前照灯远光发光强度最大点的水平位置，与远光光束透光面中心所在垂直面相比，左灯向左偏移量应小于等于 170mm 且向右偏移量应小于等于 350mm，右灯向左和向右偏移量均应小于等于 350mm。

二、前照灯检测的基本原理

前照灯检测仪采用可以把所吸收的光能转变为电流的光电池作为传感器，按照前照灯主光束照在其上时所产生电流的大小和比例，来检测前照灯的发光强度和光束偏斜量。

1. 发光强度检测原理

发光强度是光源在给定方向上发光强弱的度量，其单位为坎德拉，用符号 cd 表示。

前照灯（光源）所发出的光线，照到被照射物体上时，其受光面的明亮度发生变化。衡量受光面明亮度的物理量为照度，单位为勒克斯，用符号 Lx 表示。若发光强度用 $I(\text{cd})$ 表示，照度用 $E(\text{Lx})$ 表示，前照灯（光源）距被照物体距离为 $S(\text{m})$，则三者间的关系为：

$$E = I/S^2 \tag{6-1}$$

式(6-1)说明：照度与光源的发光强度成正比，与被照物体至光源距离的平方成反比（称倒数二次方法则）。因此，只要测得受光物体被照面上照度的大小，即可得到光源的发光强度。在用前照灯检测仪对前照灯进行检测时，通常采用的测量距离为 3m、1m、0.5m。按上式把在此距离下测出的照度折算为前照灯前方 10m 处的照度，并换算成发光强度进行指示。

发光强度检测电路由光度计、光电池和可变电阻构成，如图 6-11 所示。当前照灯在规定距离处照射光电池时，光电池产生与受光强弱成正比的电流，使光度计的指针偏转。经标定后，其指针偏转量便可反映前照灯的发光强度。电路中的可变电阻用于调整光度计指针零位。常用光电池的主要类型是硒光电池，当受到光线照射时，金属薄膜和非结晶硒的受光面与背光面之间产生电位差。因此若在金属膜和铁底板上装上引出线，将其用导线与电流表连接起来，电路中就会产生电流，电流表指针会产生摆动，如图 6-12 所示。

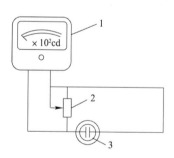

图 6-11　发光强度检测原理图
1-光度计；2-可变电阻；3-光电池

2. 光束中心偏斜量检测原理

光束中心偏斜量检测电路由两对性能完全相同的光电池组成，如图 6-13 所示。左、右一对光电池 $S_\text{左}$、$S_\text{右}$ 上接有左右偏斜指示计，用于检测光束中心的左、右偏斜量；上、下一对光电池 $S_\text{上}$、$S_\text{下}$ 接有上下偏斜指示计，用于检测光束中心的上、下偏斜量。

当光电池受到前照灯照射时，各光电池分别产生电流，若前照灯的光束中心有偏斜，则四个光电池受到的光照度不等，从而产生的电流也不相等。光电池 $S_\text{左}$、$S_\text{右}$ 所产生电流的差值,使左右偏转指示计的指针偏摆;$S_上$、$S_下$光电池所产生电流的差值,使上下偏转指示计的指针偏摆。从而可测出前照灯光束中心的偏斜量。若通过适当的调节机构,调整光线照射光电池的位置,使$S_左$、$S_右$和$S_上$、$S_下$每对光电池受到的光照度相同,此时每对光电池输出的电流相等,两偏斜指示计的指针指向零位,其调节量反映了光束中心的偏斜量。根据检测距离,经标定可以把所测光束中心偏斜量折算为前照灯前方10m处的偏斜量。

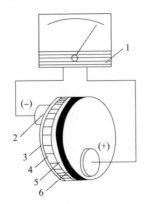
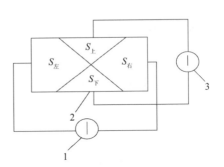

图6-12 硒光电池结构及工作原理
1-电流表;2-引线;3-金属薄膜;4-非结晶硒;5-结晶硒;6-铁底板

图6-13 光束中心偏斜量检测原理
1-左右偏斜指示计;2-光电池;3-上下偏斜指示计

三、常用前照灯检测仪

前照灯检测时,采用具有发光强度及远、近光束照射位置检测功能的前照灯检验仪检验。按结构特征与测量方法,常用前照灯检测仪有投影式和自动追踪光轴式等类型。

1. 投影式前照灯检测仪

投影式前照灯检测仪采用把前照灯光束映射到投影屏上,以此来检测其发光强度和光轴偏斜量。

投影式前照灯检测仪如图6-14所示,其光接收箱内部结构如图6-15所示。检测时,先用对准瞄准器找准车辆与仪器的相对位置,被检前照灯的光束经透镜汇聚后进入光接收箱,由反射镜将光束反射到投影屏上。投影屏上对称布置着五个光电池。Ⅲ、Ⅳ号光电池检测水平方向光分布情况,其平衡输出连接到左、右光轴平衡表;Ⅰ、Ⅱ号光电池检测垂直方向光分布情况,其平衡输出分别连接到上、下光轴平衡表;Ⅴ号光电池检测发光强度,其输出连接到发光强度指示表。旋转左、右或上、下光轴刻度盘,可改变反射镜的角度,从而使每个光轴平衡指示表的指示为零。此时,光轴刻度盘所指示数值就是前照灯的光轴偏斜量,发光强度表所指示数值就是前照灯的发光强度。

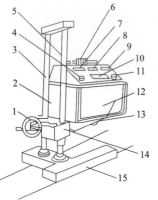

图6-14 投影式前照灯检测仪
1-上下移动手轮;2-光接收箱;3-后立柱;4-光度刻度盘(左右);5-前立柱(带齿条);6-对准瞄准器;7-光轴左右偏移指示表;8-光度计;9-光轴上下偏移指示表;10-投影屏幕;11-光轴刻度盘(上下);12-光接收箱聚光镜;13-测距卷尺;14-传动箱;15-底座

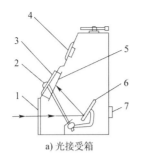
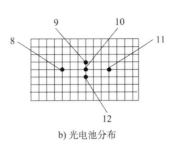

a) 光接受箱　　　　　　　b) 光电池分布

图 6-15　光接收箱内部结构

1-聚光透镜；2-光轴刻度盘；3-投影屏盖；4-指示表；5-投影屏；6-反射镜；7-影像瞄准器；8-Ⅲ号光电池；9-Ⅰ号光电池；10-Ⅴ号光电池；11-Ⅳ号光电池；12-Ⅱ号光电池

2．自动追踪光轴式前照灯检测仪

自动追踪光轴式前照灯检测仪采用受光器自动追踪光轴的方法，检测汽车前照灯的发光强度和光轴偏斜量。

自动追踪光轴式前照灯检测仪如图 6-16 所示，其受光器的构造如图 6-17 所示。在受光器聚光透镜的上、下与左、右装有四个光电池，受光器内部也装有四个光电池，分别构成主、副受光器，透镜后中央部位装有中央光电池。其测试原理与图 6-13 所描述的光束中心偏斜量的检测原理相同，所不同的是检测仪台架和受光器位移由电动机驱动。每对光电池由于受光不均所产生的电流差值，不仅用于使光轴偏移量指示计的指针偏摆，还用于控制驱动电动机运转，使检测仪台架沿导轨移动并使受光器上下移动。检测时，主受光器用于追踪光轴，若主受光器上的上、下光电池和左、右光电池受光不均。所产生的电流差值便会控制驱动电动机运转，使检测仪台架沿导轨横向移动并使受光器上、下移动，直至每对光电池受光强度一致，输出电流相等。同时，前照灯光束通过聚光透镜照在副受光器光电池和中央光电池上。若前照灯光束偏斜时，副受光器上、下光电池和左、右光电池的受光强度也产生差别，从而产生相应的电流，控制副受光器或

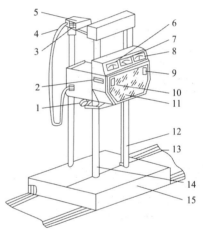

图 6-16　自动追踪光轴式前照灯性测试仪
1-调整手轮；2-车辆找准器；3-输出信号插座；4-控制盒插座；5-接线盒；6-光轴上下偏移量指示表；7-光度计；8-光轴左右偏移量指示表；9-测定指示灯；10-电源指示灯；11-光接收箱；12-右立柱；13-轨道；14-左立柱；15-底座

聚光透镜的位置发生移动，直到副受光器上每对光电池的受光强度一致，输出电流为零。该位置移动量反映了前照灯的光束偏斜量，由光轴偏斜指示器指示。此时，中央光电池上受光强度最强，其输出电流大小反映了前照灯的发光强度并由光度计指示。

四、汽车前照灯检测方法

利用前照灯检测仪检测汽车前照灯的发光强度和光轴偏斜量的一般方法如下。

1）被检测汽车的准备

（1）消除汽车前照灯上的污垢，前照灯镜面应清洁。

(2)所有轮胎的气压符合规定。

(3)蓄电池处于充足电状态。

(4)被测汽车空载,允许乘坐一名驾驶员。

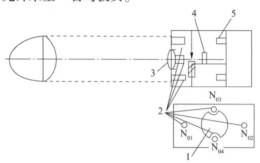

图 6-17 自动追踪光轴式前照灯检测仪光接收箱(受光器)的构造

1、3-聚光透镜;2-主受光器光电池;4-中央光电池;5-副受光器光电池

2)检测仪的准备

(1)检测仪在不受光的条件下,检查发光强度和光轴偏斜角指示表的显示是否为零。否则,应首先调零。

(2)前照灯检测仪受光面应清洁。

(3)检查导轨是否粘有泥土等杂物。若有,应清扫干净。

(4)前照灯检测仪应预热。

3)汽车前照灯的检测步骤

(1)被检车辆沿引导线居中行驶,并在规定的检测位置停止,车辆的纵向轴线应与引导线平行。如不平行,车辆应重新停放或采用车辆摆正装置进行拨正。

(2)车辆电源处于充电状态,变速器置于空挡,开启前照灯远光灯。

(3)前照灯检测仪自动搜寻被检前照灯,并测量其远光发光强度,对于远光光束可单独调整的前照灯还应测量远光光束照射位置偏移值。

(4)被检前照灯转换为近光光束,自动式前照灯检测仪自动测量其近光光束明暗截止线拐点的照射位置偏移值。

(5)按以上(3)(4)完成所有前照灯的检测。

第五节 车速表检测

车速表的作用是指示汽车行驶车速。若指示误差太大,则难以据此正确控制车速,极易判断失误导致交通事故。为确保车速表的指示精度,必须适时对车速表进行检测、校正。

一、车速表检测标准

根据《机动车运行安全技术条件》(GB 7258—2017),车速表指示车速 V_1(km/h)与实际车速 V_2(km/h)之间应符合下列关系式:

$$0 \leq V_1 - V_2 \leq \frac{V_2}{10} + 4 \qquad (6\text{-}2)$$

即:当车速表指示车速 V_1 为 40km/h 时,实际车速 V_2 在 32.8~40km/h 范围内为合格;或当实际车速 V_2 为 40km/h 时,车速表指示车速 V_1 的读数在 40~48km/h 范围内为合格。

二、车速表检测设备

车速表可以在滚筒式车速表试验台上检测。检测时,被测汽车车轮置于试验台滚筒之上,驱动滚筒旋转或由滚筒驱动汽车车轮旋转,试验台的测量装置测出汽车的实际行驶速度(试验台滚筒线速度),然后与车速表指示值对比,便可测出车速表指示误差值。

按有无驱动装置,车速表试验台分为标准型、电动机驱动型和综合型三类。

1. 标准型车速表试验台

标准型车速表试验台由速度测量装置、速度指示装置和速度报警装置等组成,本身没有动力驱动装置,试验台滚筒的旋转由被测汽车的驱动车轮驱动,如图 6-18 所示。

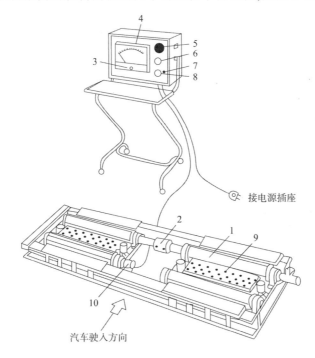

图 6-18 标准型车速表试验台

1-滚筒;2-联轴器;3-零点校正螺钉;4-速度指示仪表;5-蜂鸣器;6-报警灯;7-电源灯;8-电源开关;9-举升器;10-速度传感器(测速发电机式)

1)滚筒装置

滚筒装置由滚筒和举升器构成。滚筒装置由左右对称布置的 4 个滚筒构成,滚筒直径为 185~370mm,通过滚动轴承安装在框架上,且两个前滚筒用联轴器连接在一起,以防试验时汽车驱动轴差速器齿轮滑转。举升器设置在前、后滚筒之间,以方便车轮进、出试验台。举升器和滚筒制动装置联动,当举升器升起时,滚筒便被制动从而不能转动。

2)速度测量装置

速度测量装置由滚筒转速传感器等组成。常用转速传感器的类型有测速发电机式、磁电式、光电式霍尔式等,速度传感器设在滚筒一端,其作用是把滚筒的转速信号转变为电信号输送至速度指示装置。

3)速度指示装置

速度指示装置接收滚筒转速传感器的电信号,根据滚筒圆周长和滚筒转速算出汽车的实际速度,并在指示仪表上显示,单位是 km/h。

4)速度报警装置

速度报警装置用于提示汽车实际车速已达到检测车速(40km/h)。使检测员及时读取驾驶室内车速表的指示值,以便与实际车速对照,判断车速表指示值是否在规定范围内。

标准型车速表试验台结构简单、应用广泛,但只适合检测车速表车速信号取自变速器输出轴的车辆。对于车速信号取自从动轮的车辆,必须采用电动机驱动型车速表试验台检测。

2. 电动机驱动型车速表试验台

电动机驱动型车速表试验台的电动机通过离合器与滚筒相连,驱动滚筒旋转。离合器的接合和分离,可起到传递和中断动力的作用。除此之外,其他组成结构基本与标准型车速表试验台相同,如图 6-19 所示。检测时,离合器接合,电动机驱动滚筒转动,滚筒带动从动车轮旋转,试验台车速测量装置测出实际车速(试验台滚筒线速度),比较车速表指示值和实际车速值,便可测出车速表指示误差。离合器分离时,电动机驱动力被中断,此时电动机驱动型车速表试验台与标准型车速表试验台的功能相当。

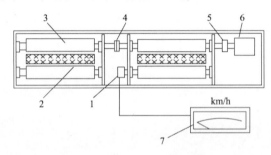

图 6-19 电动机驱动型车速表试验台

1-测速发电机;2-举升器;3-滚筒;4-联轴器;5-离合器;6-电动机;7-速度指示仪表

3. 综合型车速表试验台

综合性车速表试验台通常是具有测速功能的多功能试验台(如汽车底盘测功机、汽车惯性滚筒式制动试验台等),可以对车速表进行检测。

三、车速表的检测方法

车速表的检测步骤如下。

(1)检查被测车辆轮胎。轮胎气压应符合规定,并装轮胎间无异物嵌入,轮胎表面清洁。

(2)车速表试验台仪表显示零位,必要时人工操作清零;车速表试验台电气系统应预热。

(3)升起举升器。被检车辆驶入车速表试验台,并使车轮停于两滚筒之间,然后降下举升器,至车轮和举升器托板完全脱离。

(4)用挡块抵住试验台滚筒之外的一对车轮的前方,以防检测时汽车驶出。

(5)使用标准型车速表试验台检测时:起动汽车,汽车变速器挂最高挡,踩下加速踏板,使驱动轮平稳运转;使用电动机驱动型车速表试验台检测时:接合试验台离合器,汽车变速器挂空挡,松开汽车驻车制动器操纵杆,然后起动电动机,使滚筒带动车轮一起旋转。

(6)当试验台速度表的指示值(实际车速)达到检测车速40km/h时,读取汽车车速表的指示值;或当汽车车速表的指示值达到检测车速时,读取试验台车速表的指示值(实际车速)。

(7)使用标准型车速表试验台检测时:轻踩汽车制动踏板,使滚筒停止转动;使用电动机驱动型车速表试验台检测时:关闭电动机电源,轻踩汽车制动踏板,使滚筒停止转动。

(8)升起举升器,去掉挡块,汽车驶离车速表试验台,切断试验台电源。

四、检测结果分析

1)车速信号传递误差

汽车车速表主要有电磁式和电子式两大类。电磁式车速表通常通过蜗轮蜗杆和软轴将变速器输出轴的转速传递给车速表的主动轴,之后转换为车速信号。电子式车速表一般通过安装在变速器处的各种车速传感器(如光电式、霍尔效应式、磁阻式等)获得反映汽车车速的脉冲信号,再由电子电路驱动车速表。若传感器性能变差、老化、损坏,或驱动电路性能不良、存在故障,则会使车速信号在传递中产生误差,从而使车速表出现指示误差。

2)车速表本身故障或损坏

电磁式车速表利用磁电互感作用通过指针摆动来显示汽车行驶速度。车速表内有可转动的活动盘、转轴、轴承、齿轮、游丝等零件和磁性元件。这些零件的自然磨损以及磁性元件的磁性变化,都会造成车速表的指示误差。而电子式车速表是电磁式电流表,用于接收驱动电路送来的电流信号,并驱动车速表指针偏摆,指示相应的车速。当电磁式电流表性能变差时,也会产生指示误差。

3)车轮滚动半径的变化

汽车实际行驶速度与车轮滚动半径成正比。即:汽车实际行驶速度会因为轮胎滚动半径的变小而变小,反之则变大。轮胎磨损、气压不足或气压过大都会引起轮胎滚动半径的变化,从而导致车速表指示值误差。

第六节 汽车电子组合仪表检测与诊断

一、汽车电子组合仪表概述

汽车电子组合仪表是将各单个电子仪表有机组合在一起集中显示有关汽车行驶信息的仪表总成,通常由电子式车速表、里程表、百公里油耗表、发动机转速表、冷却液温度表、燃油表、油压表、气压表、时钟、警告及指示信号装置等组成。电子组合仪表不仅能精确显示机油压力、冷却液温度、车速、燃油储量、瞬时油耗量、平均油耗、平均车速、续驶里程、行驶时间等定量信息,还能显示定性信息,如警告与指示信号。此外,电子组合仪表与无线电传输设备结合,可与车外进行信息交流,使仪表系统具有通信和导航等功能。

汽车电子组合仪表主要由各传感器、微处理机、电子仪表板显示装置等组成,如图6-20所示。汽车运行中,各传感器采集有关的信息,并将采集到的信息传输给微处理器,微处理器对这些信号进行逐个处理,信号源的选择依靠多路信号转换开关,经过处理后的信息及时传送给相应的显示装置。微处理机是汽车电子组合仪表系统的核心,它负责分析并处理传感器采集的数字信号。目前,电子仪表的显示装置主要有发光二极管显示装置(LED)、荧光屏显示器(VFD)及液晶显示器(LCD)等。

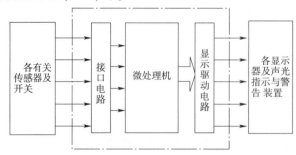

图 6-20　汽车电子组合仪表系统示意图

二、电子组合仪表电路和主要元器件故障诊断

对电子组合仪表进行检测和诊断时,首先将传感器电路断开或拆下,用检测设备逐个进行检查。电子组合仪表的故障较多出现在传感器、针状连接器和导线、个别仪表及显示器上。

1. 传感器的检测

对各种电阻式传感器的检查,通常是通过测量其电阻值来判断它的好坏。即:把所测得的电阻值与规定的标准电阻值进行比较,以判断传感器是否有故障。

(1)如果所测的电阻值小于规定值时,说明传感器内部短路。

(2)如果电阻值很大,说明传感器内部断路或接触不良。

传感器出现故障后一般应更换。

2. 连接器的检测

汽车电子组合仪表需要用很多连接器把电线束连接到仪表板上去,这些连接器一般都采用不同颜色,以便辨别其属于那一部分的连接。为保证其连接牢靠,连接器上设有闭锁装置。连接器装置要齐全、完好,插头、插座应接触可靠、无锈蚀。对连接器的检测可采用眼看或手摸的方法进行。

(1)进行检测时,要注意防止连接器的闭锁装置、针状插头以及插座等受到损伤或破坏。特别将测试设备与其导线连接时,最好使用备用的连接器插头,以防连接器针状插头磨损、松动等而造成接触不良。

(2)如果仪表电路工作时温度过高,则说明该连接器接触不良,应查明原因并予以排除。

3. 仪表的故障检查

仪表发生故障时,首先应检查各导线的连接情况,包括各连接器的接触情况,线束是否破损、搭铁、短路或断路等;然后,再用检测设备分别对该仪表及其传感器进行测试,以判明故障并修复故障,故障无法修复时应更换新件。

4. 显示屏的故障检测

若电子仪表板上的显示屏部分笔画、线段出现故障,应将仪表板上的显示器调整到静态显示状态,仔细观察是否还有别的故障,并使用检测设备对此故障有关的电路或装置进行检查。如果仅有一两个笔画或线段不亮或不显示,说明逻辑电路板通过多路传输的脉冲信号正确,故障可能是显示装置的部分线段工作不正常。此时应进一步检查,属于接触不良故障应加以紧固,确保其电路畅通;若是电子器件本身有问题,应更换显示器件或显示电路板。

三、电子组合仪表故障自诊断

检测电子组合仪表所采用的仪器是V.A.G1551故障诊断仪,其主要功能是与轿车上的自诊断系统联用,调出存储的故障码。用V.A.G1551故障诊断仪诊断帕萨特B5轿车电子组合仪表的常见故障和排除方法见表6-4。

帕萨特B5轿车电子组合仪表常见故障及排除 表6-4

故障代码	故 障 含 义	故 障 原 因	故 障 影 响	排 除 方 法
01039	冷却液温度传感器G2搭铁后短路	冷却液温度传感器G2和组合仪表之间的线路断路或短路;冷却液温度传感器G2有故障;冷却液温度在0℃以下	指示最小的冷却液温度	对照电路图检查;更换冷却液温度传感器G2;使车辆运行15min,并重新读取故障码
01086	车速表传感器G22信号过大	车速表传感器G22有故障	车速指示不正确	更换车速表传感器G22
00771	燃油表传感器G断路或短路,搭铁后短路	燃油表传感器G与组合仪表之间线路断路或短路;燃油表传感器G有故障	汽油存量指示0,用于汽油存量的报警灯发光	对照电路图检查;更换传感器G
00779	车外环境温度传感器G17断路或搭铁,搭铁后短路	电路断路或短路;传感器G17有故障	车外温度指示器无指示值	对照电路图检查;更换传感器G17
65535	控制单元故障	—	组合仪表发生故障	更换(修理)组合仪表

电子组合仪表与一般的仪表板不同,其特点是由微机控制,本身及专配的逻辑印刷电路板都是易损件,对维修技术要求较高。维修检查时,应遵照汽车使用维修手册的有关规定,严格按照操作规程进行。

复习思考题

1. 什么是车身损伤的检测基准?检测基准通常包括哪些方面?
2. 车身检测和诊断的基本方法有哪些?车身测量系统有哪些类型?
3. 采用车身测量系统检测诊断车身损伤的步骤有哪些?
4. 简述安全气囊故障诊断的注意事项。
5. 简述安全气囊系统的诊断方法。

6. 汽车空调系统直观检测的步骤有哪些？
7. 自动空调系统自诊断的操作步骤有哪些？
8. 简述前照灯发光强度和光束照射位置检测的基本原理。
9. 简述投影式前照灯检测仪的工作原理。
10. 自动追踪光轴式前照灯检测仪是怎样实现自动追踪光轴的？
11. 滚筒式车速表试验台由哪几部分构成？各有什么作用？
12. 简述车速表示值误差的检测原理。
13. 怎样对汽车电子仪表进行故障诊断？

第七章 电动汽车检测与诊断

电动汽车指全部或部分采用电能驱动电机作为动力系统的汽车。根据驱动原理,电动汽车一般可分为纯电动汽车(BEV,包括太阳能汽车)、混合动力电动汽车(HEV)、燃料电池电动汽车(FCEV)等类型。本章主要探讨纯电动汽车的检测与诊断技术。

第一节 电动汽车基本结构及检测诊断安全防护

了解汽车结构是进行检测与诊断的基础,而人员防护则是开展检测诊断相关工作的前提。因此,本节分两部分内容,第一部分内容是电动汽车的基本结构,第二部分内容是检测诊断时人员安全防护要求。

一、电动汽车基本结构

纯电动汽车是指驱动能量完全由电能提供,由电机驱动的汽车。电机的驱动电能来源于车载可充电储能系统或其他能量储存装置。纯电动汽车系统主要由电力驱动子系统、电源子系统和辅助子系统组成。典型纯电动汽车系统组成如图7-1所示,系统中的"电机""电池"及"电控"(简称"三电")是电动汽车的关键技术,"三电"技术也是电动车区别于传统汽车的新技术。

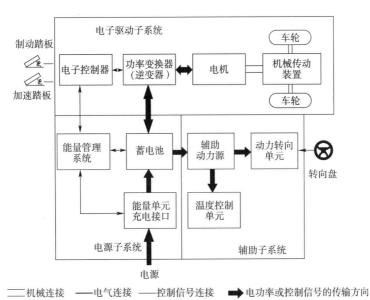

图7-1 纯电动汽车系统简图

来自加速踏板的信号输入电子控制器,并通过控制功率变换器(逆变器)来调节电机输出的转矩或转速,电机输出的转矩通过汽车传动系统驱动车轮转动。在汽车行驶时,蓄电池经功率变换器向电机供电。当电动汽车采用电制动时,驱动电机运行在发电状态,将汽车的部分动能转化为电能并回馈给蓄电池以对其充电,延长电动汽车的续驶里程。

  电力驱动子系统(简称驱动系统)是电动汽车的核心,也是区别于内燃机汽车的最大不同点。一般地,驱动系统由电子控制器、功率变换器、驱动电机、机械传动装置及车轮等部分构成。驱动系统的功能是将存储在蓄电池中的电能高效地转化为驱动汽车行驶的动能,并能够在汽车减速制动或者下坡时,实现再生制动。电子控制器即电机调速控制装置,其作用是控制电机的电压或电流,完成电机的驱动转矩和旋转方向的控制;机械传动装置的作用是将电机的驱动转矩传递给汽车的驱动轴。

二、电动汽车检测诊断时人员防护要求

  1. 安全防护要求

  (1)电动汽车检修人员必须佩戴必要的安全防护用品,如:绝缘手套、绝缘鞋等,绝缘防护用品耐压等级必须高于1000V;高压电器检修时必须使用专用的绝缘工具。

  (2)使用安全防护用品前,必须检查绝缘手套、绝缘鞋等防护用品是否有破损或裂纹等,应保证其完好无损;同时,必须保证安全防护用品内外表面洁净、干燥,不能带水进行操作。

  (3)使用检测仪表及操作工具前,必须检查检测仪表的功能及附件是否工作正常,应检查确认绝缘操作工具的绝缘层无破损。

  (4)车辆进行高压检修时,必须进行检修前确认,具体如下:

  ①车辆停放、使用工具、防护用品佩戴、高压检修警示牌等是否符合要求。

  ②检查车辆高压维修开关是否断开。

  (5)车辆检修人员必须具备国家认可的电工证,同时必须经过纯电动车型检修培训,并培训合格。严禁无证人员进行车辆检修。特别严禁未经培训的人员进行高压部分检修,禁止一切带有侥幸心理的危险操作,避免发生安全事故。

  2. 安全检修操作规范

  (1)高压部件识别。

  ①整车橙色线束均为高压线束。

  ②高压零部件:动力电池包、高压箱、车载充电机、电机控制器、电机总成、AC/DC等。

  (2)检修高压系统时,点火开关必须处于OFF挡,并拔下车辆紧急维修开关。紧急维修开关拔下后,放置在专门的存放柜中,确保在维修过程中不会再将其插回到高压系统上。

  (3)在拔下紧急维修开关5min后,检修高压系统前,应使用万用表测量整车高压回路,确保无电。

  ①确定方法:拔下紧急维修开关后,测量动力蓄电池包正极和车身之间的电压来初步判断是否漏电,若检测到电压大于等于50V,应立即停止操作并检查漏电原因。

  ②使用万用表测量高压时,需注意选择正确的量程,检测用的万用表精度不低于0.5级,要求具备直流电压测量挡位,量程范围大于等于1000V。在测量过程中,严禁触摸表笔金属部分。

（4）在检修或更换高压线束时，若线束需经过车身钣金等尖锐部位，需注意检查与尖锐部分是否干涉，避免线束磨损。

3. 安全检修注意事项

（1）在检修作业前请将车辆停稳，四轮位置放置三角挡块，并竖立高压检修警示牌，以警示相关人员注意，避免安全事故的发生。

（2）在车辆上电前，注意确认是否还有人员在进行高压检修作业，避免发生危险。

（3）检修高压线束时，应对拆下的任何高压线束接头使用绝缘胶带进行包扎绝缘。

注意：高压线束装配时，必须按照车身固定位置要求将线束固定好。

（4）严禁使用手指触摸高压线束插接件里的带电部分，以免触电，另外还应防止有细小的金属工具或铁条接触到插接件中的带电部分。

（5）严禁擅自拆装蓄电池系统总成内部中任何组成部件；严禁将动力蓄电池箱作为承重台使用或支撑，严禁动力蓄电池箱与火源接触。

（6）若发生异常事故和火灾时，操作人员应立即切断高压回路，其他人员立即使用灭火器扑救，使用干粉灭火器，严禁用水灭火。

第二节　动力蓄电池系统检测与诊断

动力蓄电池系统是电动汽车的动力源泉。如果动力蓄电池系统出现故障，将导致电动汽车无法行驶，各种用电设备无法工作。因此，及时排除动力蓄电池系统故障是保证车辆正常行驶的基本条件。

一、动力蓄电池系统故障分级

根据故障对整车的影响，动力蓄电池系统的故障划分为三个等级。

1. 一级故障（非常严重）

一级故障表明动力蓄电池在此状态下功能已经丧失，请求其他控制器立即（1s内）停止充电或放电。如果其他控制器在指定时间内未作出响应，电池管理系统（BMS）将在2s后主动停止充电或放电，即断开高压继电器。该故障出现一段时间后会造成整车出现安全事故，如起火、爆炸、触电等。动力蓄电池在正常工作下不会上报该故障，BMS一旦上报该故障，就表明动力蓄电池处于严重滥用状态。

2. 二级故障（严重）

二级故障表明动力蓄电池在此状态下功能已经丧失，请求其他控制器停止充电或者放电，其他控制器应在一定的延迟时间内响应动力蓄电池停止充电或放电请求。该故障会造成整车进入"跛行"状态、暂时停止能量回馈、停止充电。动力蓄电池正常工作下不会上报该故障，BMS一旦上报该故障，表明动力蓄电池某些硬件出现故障或动力蓄电池处于非正常工作的条件下。

3. 三级故障（轻微）

三级故障表明动力蓄电池性能下降，BMS会降低最大允许充/放电电流。该故障对整车无影响，或使整车进入不同程度的限制功率行驶状态。动力蓄电池正常工作时一般不会出现该故障，BMS一旦上报该故障，表明动力蓄电池处于极限环境温度下或单体蓄电池的一致性出现一定程度劣化等。

二、动力蓄电池系统故障类型

动力蓄电池系统支持在线诊断，当动力蓄电池系统发生故障时，BMS将存储故障，同时支持离线诊断，可以通过诊断仪与BMS通信，读取故障码。在动力蓄电池系统中，按照故障发生的部位，动力蓄电池的故障可以分为三类，即单体蓄电池故障、BMS故障、线路或插接器故障。

1. 单体蓄电池故障

(1) 在动力蓄电池组中有个别单体蓄电池SOC(荷电状态)偏低或偏高。

如果单体蓄电池荷电状态[即可用电容量与额定电容量的比值(SOC)]偏低，则该蓄电池在汽车行驶过程中，电压最先达到放电截止电压，使得动力蓄电池组实际容量降低，应对该单体蓄电池进行补充充电。如果单体蓄电池SOC偏高，则该单体蓄电池在充电末期最先达到充电截止电压，影响充电容量，需对该单体蓄电池进行单独补充放电。

(2) 单体蓄电池容量不足和单体蓄电池内阻偏大。

在动力蓄电池组中，最小的单体蓄电池容量限制了整个动力蓄电池组的容量，因此发生单体蓄电池容量不足故障会影响车辆续驶里程。锂离子蓄电池内阻如果过大，会严重影响蓄电池的电化学性能，如充放电过程中的极化严重、活性物质利用率低、循环性能差等。这类故障会导致蓄电池性能衰退严重，应立即更换。

(3) 单体蓄电池内部短路、外部短路、极性装反等。

在强振动下锂离子蓄电池的极耳、极片上的活性物质、接线柱、外部连线和焊点可能会折断或脱落，造成单体蓄电池内部短路或者外部短路故障，此类蓄电池故障将影响行车安全。

通常情况下，造成单体蓄电池前两种故障的原因可能包括两个：一是动力蓄电池成组时单体蓄电池一致性问题，单体蓄电池的SOC、容量、内阻本身存在差异；二是单体蓄电池在成组应用过程中，因为应用环境差异(如温度、充放电电流)造成的一致性差异增大，加剧单体蓄电池的不一致性。

2. BMS故障

BMS对于保障动力蓄电池组的安全及使用寿命、最大限度发挥动力蓄电池系统效能具有重要作用。若BMS发生故障，就失去了对蓄电池的监控，不能估计蓄电池的SOC，容易造成蓄电池的过充电、过放电、过载、过热以及不一致性问题的增加，影响蓄电池的性能、使用寿命和行车安全。

BMS故障包括：控制器局域网(CAN)通信故障、总电压测量故障、单体蓄电池电压测量故障、温度测量故障、电流测量故障、继电器故障、加热器故障和冷却系统故障等。

3. 线路或插接器故障

线路或插接器故障的诊断对于确保行车安全和整车的可靠性同样重要。例如，因为车辆的振动，蓄电池间的连接螺栓可能会出现松动，蓄电池间接触电阻增大，发生电池间虚接故障，以致动力蓄电池组内部能量损耗增加，造成车辆动力不足和续驶里程短，在极端情况下还能引起高温,产生电弧,熔化电池电极和连接片,甚至造成电池着火等安全事故。

在电动汽车运行过程中,单体蓄电池之间可能发生相对跳动,造成两蓄电池间的连接片折断。蓄电池箱和电动汽车的电气连接也是故障的高发点,电插接器在经历长时间振动后容易产生虚接,出现烧蚀、接触不良等故障。

三、动力蓄电池系统故障诊断

1. 诊断仪器

在电动汽车的检测与故障诊断中,故障诊断仪具有十分重要的作用。下面以北汽BDS诊断仪为例,介绍电动汽车故障诊断仪的构成及操作方法。

1)故障诊断仪的构成和作用

北汽BDS诊断仪由VC诊断盒、内装程序的笔记本电脑(上位机)、诊断插头和连接导线组成,如图7-2所示。该诊断仪可以检测北汽各型号的纯电动汽车,也可以检测具有车载自动诊断系统(OBD)的电控发动机汽车,具有读取故障码和数据流、系统测试和软件升级等功能。

图7-2 北汽BDS诊断仪的连接

北汽BDS诊断仪可以检测北汽纯电动汽车多个系统:整车控制系统(VCU或VBN,根据是否涵盖电动真空制动助力系统来区分)、驱动电机系统(MCU)、动力蓄电池管理系统(BMS)、组合仪表(ICM)、车载充电机(CHG)、远程监控系统(RMS)、电动助力转向系统(EPS)、中控信息娱乐系统(EHU)、车身电控模块(BCM)、安全气囊(SDM)等。

2)故障诊断仪的操作方法

(1)VC诊断盒上插着两根导线,一根导线上带有可与车上诊断插座相连的诊断插头,另一根带有与电脑相连的USB插头。

(2)将汽车起动开关置于OFF位置,将VC诊断盒上的诊断插头插在汽车的诊断座上,另一根导线的USB插头插到装有北汽诊断程序的笔记本电脑USB接口上。

(3)将汽车电源开关显于ON位置,诊断仪进入诊断工作状态。

2. 动力蓄电池系统故障诊断流程

以北汽EV160/EV200为例,介绍动力蓄电池系统故障诊断流程。

(1)故障灯显示。

如果动力蓄电池系统出现故障,仪表板通常会点亮故障指示灯,根据故障指示灯的形状和颜色可以判断故障。常见动力蓄电池系统故障指示灯含义见表7-1。

动力蓄电池系统故障指示灯及含义　　　　表7-1

指示灯	颜色	定义	检测条件
⛽	黄色	动力蓄电池充电提醒 (电量不足报警)	点火,当电量低于30%动力蓄电池充电提醒灯点亮,电量高于35%动力蓄电池充电提醒灯熄灭

续上表

指示灯	颜色	定　义	检测条件
	红色	动力蓄电池故障	点火状态下,动力蓄电池故障
	红色	动力蓄电池切断	点火状态下,动力蓄电池切断
	红色	充电线连接	充电线连接(充电口盖开启)
	红色	动力蓄电池绝缘电阻低	点火状态下,动力蓄电池绝缘电阻低

(2)连接诊断仪,读取故障信息。

将诊断仪连接到汽车的 OBD 诊断座,启动诊断软件,点击汽车诊断图标,选择需要检测的车型,点击软件版本,进入对应车型诊断程序,读取车辆故障码及相关数据流。

(3)故障码分析。

上述检测步骤中如果检测到故障代码,则说明车辆有故障,要按照表中的可能故障原因进行相应的诊断步骤;如果没有检测到故障代码,则说明之前读取的故障为偶发性故障。北汽 EV160/EV200 纯电动汽车动力蓄电池系统的部分故障码和故障原因见表 7-2。

北汽 EV160/EV200 纯电动汽车动力蓄电池系统部分故障码和故障原因　　表 7-2

故障码	定　义	可能导致故障的原因
P118822	单体蓄电池过压	充电机失控、电机系统失控
P118522	单体蓄电池电压不均衡	单体蓄电池一致性不好,或者均衡效果不好
P118111	单体蓄电池外部短路	高压回路异常,高压负载异常
P118312	单体蓄电池内部短路	单体蓄电池内部焊接、装配等问题
P0A7E22	单体蓄电池温度过高	单体蓄电池热管理系统有问题,单体蓄电池本身有问题,单体蓄电池装配节点松弛
P118722	温度不均衡	单体蓄电池热管理系统故障
P118427	单体蓄电池温升过快	单体蓄电池内部短路,电池焊接、装配的问题引起火花
P0AA61A	绝缘电阻低	高压部件内部有短路,高压回路对车身绝缘电阻值下降
P118674	充电电流异常	充电机故障或充电回路故障
U025482	动力蓄电池系统内部通信故障	CAN 总线线路故障,BMU 或 BMS 掉线
P118964	内部总电压检测故障	系统电压检测回路故障
P118A64	外部总电压检测故障	系统电压检测回路故障
P0A0A94	高低压互锁故障	高压插接器问题,零部件质量问题

(4)针对故障类型和原因进行调整,维修或更换。

3.动力蓄电池系统典型故障诊断

下面以北汽纯电动汽车为例,介绍动力蓄电池系统典型故障诊断方法。

1)动力蓄电池断电故障

(1)故障现象。

起动车辆时仪表显示动力蓄电池故障,动力蓄电池高压断开故障。

(2)故障检测方法。

①首先使用专用诊断仪读取故障码,再进行下一步检查。

②如果车辆有维修开关(MSD),则检查 MSD 是否松动。

③插拔检测动力蓄电池的高压线束,查看是否存在接触不良问题。

④检查前机舱电器盒内动力蓄电池低压供电熔断器是否熔断。若熔断器良好,则用万用表检查动力蓄电池的 BMS 电源电路,检测电源线是否有短路、断路现象。

⑤如果上述电源线束正常,但 BMS 电源电路无 12V 电压,则更换前机舱电器盒总成,如果线束有短路或断路现象,更换动力蓄电池低压控制线束。

⑥检查动力蓄电池的 BMS 信号电路和 CAN 总线,检查各信号线的通断及搭铁线是否与车身导通,如线束断路或接触不良则需更换动力蓄电池低压控制线束。

⑦如上述线路均无故障,则更换整车控制器(VCU),试车查看故障是否排除。

⑧如更换线束及 VCU 后故障依然存在,则需要将动力蓄电池拆下开箱检查。

2)动力电池绝缘故障

(1)故障现象。

蓄电池自身或是蓄电池外电路高压回路上发生绝缘故障时,将导致高压断开,仪表显示动力蓄电池绝缘故障的信息。

(2)故障检测。

①首先断开动力蓄电池与其他部件的连接,然后用绝缘电阻表检测动力蓄电池绝缘电阻。

动力蓄电池绝缘检测方法如图 7-3 所示,检测蓄电池总正、总负插头搭铁绝缘电阻值,以及蓄电池输出高压线缆的电阻值,均应大于 500MΩ,表明蓄电池绝缘正常。

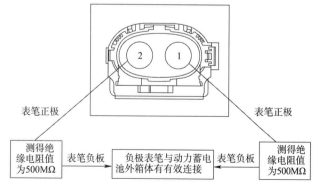

图 7-3 动力蓄电池绝缘检测

②如果动力蓄电池绝缘电阻值达不到规定值(500MΩ),则开箱维修动力蓄电池。

③因为整车所有高压部分绝缘都由动力蓄电池管理系统(BMS)检测,因此,如果动力蓄电池绝缘满足要求,则依次测量其他高压用电部件的绝缘电阻值。如:电机控制器电缆与高压控制盒绝缘检测,驱动电机高压电缆绝缘检测,空调、快充、慢充等其他高压部件及线束的绝缘情况。

3)蓄电池温度异常故障

(1)故障现象。

蓄电池故障报警信号灯点亮,车辆行驶过程中出现限速,用上位机或监控平台可查到温升过快、温度过高、温度过低及温度不均衡等故障。

(2)故障检测。

首先,分析温度数据是否客观反映蓄电池的真实温度。如果蓄电池整体温度偏高或偏低,则可能是真实温度情况;否则,可能是温度感应探头损坏。

①依据上位机或远程监控平台查看蓄电池数据,如果温度显示113℃或85℃,则判定温度感应探头或从板损坏。

②如果局部温度过高或温度不均衡,需要拆箱检查温度过高原因。检查确认是否有螺栓松动或单体内阻大等异常情况。

③如果检查整体温度偏高或偏低,则可能是环境温度影响或蓄电池热管理系统效果不佳。

蓄电池温度异常故障诊断流程如图7-4所示。

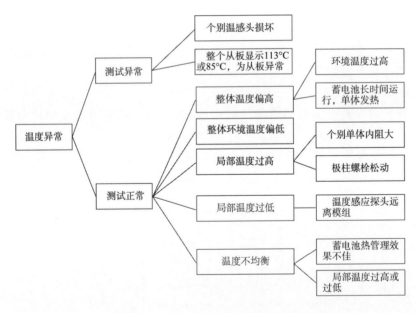

图7-4 蓄电池温度异常故障诊断流程

4)蓄电池电压不均衡故障

(1)故障现象。

车辆低电量行驶时,出现电池报警;出现电压跳变情况,甚至出现限速或仪表电量突然变为10%左右的现象;充电时可能出现无法充电的现象;用上位机或远程监控平台可查到电压不均衡故障。

(2)故障检测。

动力蓄电池系统经过一段时间的运行,因环境变化及单体蓄电池本身的差异性,放电末端压差会有增大的趋势,压差一般大于500mV时,会点亮电池故障报警指示灯。

①首先应判断单体蓄电池本身实际电压与监控数据显示电压是否一致。

②如果一致,此现象应该是单体蓄电池本身的压差大导致的,需要拆箱做单体蓄电池的均衡维护。

③如果不一致,则需要拆箱检查电压采集情况是否正常。

蓄电池电压不均衡故障诊断流程如图7-5所示。

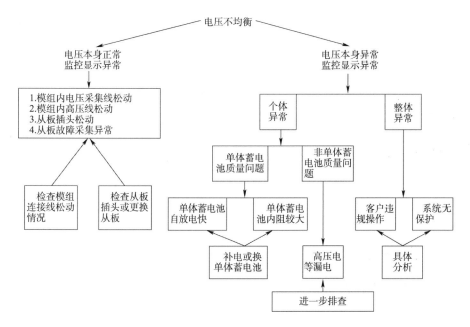

图7-5 蓄电池电压不均衡故障诊断流程

5)动力蓄电池续驶里程降低

(1)故障现象。

动力蓄电池的续驶里程降低。

(2)故障检测。

根据动力蓄电池单体蓄电池温度、总容量降低百分比、压差计算车辆的续驶里程。

①检测动力蓄电池单体蓄电池温度范围是否在5~55℃之间,若单体蓄电池温度在此范围之外,将大大缩短动力蓄电池的续驶里程。

②动力蓄电池总容量根据充电末端的单体蓄电池充电截止电压计算。当单体蓄电池充电截止电压降低时,动力蓄电池总容量变小,整车的续驶里程将会降低,这种情况下需要对动力蓄电池进行维护。

③打开北汽新能源监控平台登录账号,选择数据分析,输入需要监测车辆的VIN码,选择数据下载,下载车辆数据后,可以查看车辆充电末端时的单体蓄电池电压。

第三节　驱动电机系统检测与诊断

纯电动汽车驱动电机系统由驱动电机和电机控制器构成。其中:驱动电机是电动汽车的核心部件,电机控制器是控制动力电源与电机之间能量传输的装置。驱动电机系统的技术状况直接影响电动汽车的性能。

一、驱动电机故障症状及其原因

驱动电机发生故障时,通常仪表盘会点亮动力系统的故障警告灯,应先利用故障诊断仪读取故障码(DTC),根据 DTC 提示的内容进行检修。

驱动电机常见的故障症状、原因与排除方法见表 7-3。

驱动电机常见故障、原因与排除方法　　　　表 7-3

常见故障	原因	排除方法
电机启动困难或不能启动	电源电压过低	调整电压到所需值
	电机过载	减轻负载后再启动
	机械卡滞	检查后先停车解除机械锁止然后再启动电机
蓄电机运行温度过高	负载过大	减轻负载
	电机定子与转子相互摩擦(扫膛)	检查气隙及转轴、轴承是否正常
	电机绕组故障	检查绕组是否有搭铁、短路、断路等故障,进行排除
	电机冷却不良	检查冷却系统故障,进行排除

二、驱动电机控制器故障诊断

驱动电机控制器是驱动系统的核心执行模块。驱动电机控制器接收电池管理器和整车控制单元的信息,控制三相驱动电机运转,实现电机转速、方向和转矩的改变。电机控制器通过接收电机角度传感器(电机解角器传感器)信号作为控制命令的输出反馈,实现系统的闭环控制。下面以比亚迪 E6 为例,介绍纯电动汽车驱动电机控制器故障诊断的基本思路。

1. 驱动电机控制器故障症状及其原因

1)故障症状

驱动电机控制器存在故障时,会导致电机不能正常运转,使车辆失去动力。同时位于车辆仪表内动力系统故障指示灯将点亮。

2)可能原因

驱动电机控制器的主要故障原因如下:

(1)控制器模块故障。

(2)角度传感器故障。

(3)电源和搭铁不良。

2. 驱动电机控制器故障诊断方法

以比亚迪 E6 为例,驱动电机控制器故障诊断与排除步骤如下:

1）读取故障代码

使用诊断仪读取故障代码（DTC），MG2 电机与驱动系统的故障代码及其含义见表 7-4。

电机与驱动系统相关的故障代码表　　　　　表 7-4

故障诊断码（DTC）	故　障　描　述	可能发生部位
P1B00-00	智能功率模块（IPM）故障	电机控制器
P1B01-00	旋变故障	MG2 电机线束、接插件
P1B02-00	欠压保护故障	电机控制器
P1B03-00	主接触器异常故障	电机控制器、电池管理器、电压配电箱
P1B04-00	过压保护故障	电机控制器
P1B05-00	IPM 散热器过温故障	电机控制器
P1B06-00	挡位故障	挡位管理器电机控制器/线束
P1B07-00	加速异常故障	加速踏板深度传感器回路
P1B08-00	电机过温故障	制动踏板深度传感器回路
P1B09-00	驱动电机过流故障	MG2 电机
P1B0A-00	缺相故障	电机控制器、线束
P1B0B-00	带电可擦可编程只读存储器（EEPROM）故障	

2）故障诊断方法

（1）控制器电源与搭铁的诊断。

根据 DTC 提示完成故障检测，包括电源和搭铁的线路检测。电源与搭铁诊断参考电路如图 7-6 所示。

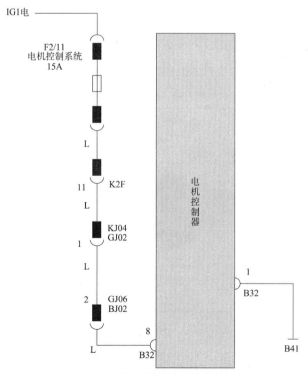

图 7-6　电机控制器电源与搭铁参考电路

诊断方法:拔下电机控制器 B32(外围 24PIN 棕色接插件)连接器,测量线束端连接器各端子间电阻或电压。连接器端子如图 7-7 所示,其电阻或电压标准参考值见表 7-5。

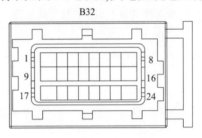

图 7-7　电机控制器连接器 B32 端子

连接器端子与正常值　　　　　　　　　　　　　　　　　表 7-5

端　子	线　色	条　件	正　常　值
B32-8→车身搭铁	兰(L)	电源打到 ON 挡	11~14V
B32-1→车身搭铁	黑(B)	电源打到 ON 挡	小于 1Ω

(2)电机控制器与电机低压端子线束电阻检查。

用诊断仪检查电机控制器和电机低压端子(图 7-8)线束电阻,并把测量结果与表 7-6 所示正常值对比,如果不满足要求则更换相应的组件。

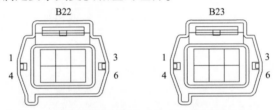

图 7-8　电机控制器连接器 B22、B23 端子

连接器 B22、B23 端子与正常值　　　　　　　　　　　　表 7-6

端　子	线　色	正　常　值
B33-7→B23-1	橙(O)	小于 1Ω
B33-15→B23-4	浅绿(Lg)	小于 1Ω
B33-4→B22-1	黄/蓝(Y/L)	小于 1Ω
B33-5→B22-2	黄/橙(Y/O)	小于 1Ω
B33-6→B22-3	黄/绿(Y/G)	小于 1Ω
B33-12→B22-4	蓝/白(L/W)	小于 1Ω
B33-13→B22-5	蓝/橙(L/O)	小于 1Ω
B33-14→B22-6	绿(Gr)	小于 1Ω

(3)角度传感器的诊断。

诊断方法:

①使用诊断仪诊断会产生 DTC:P1B01-00,旋变故障。

②检查低压接插件。退电置 OFF 挡,拔掉电机控制器低压接插件 B33。

③测量 B33-4 和 B33-12 电阻是否为 8～10Ω；测量 B33-5 和 B33-13 电阻是否为 14～18Ω；测量 B33-6 和 B33-14 电阻是否为 14～18Ω。如果所测电阻正常，则检查 B22 接插件是否松动，如果没有，则为动力总成故障，更换驱动电机控制器与 DC 总成。

电机控制器连接器 B33 端子如图 7-9 所示，其主要端子定义及正常值见表 7-7。

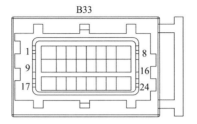

图 7-9　电机控制器连接器 B33 端子规格

电机控制器连接器 B33 端子　　　　　　　　　　表 7-7

端子号	线色	端子描述	条　件	正　常　值
3	绿	MG2 旋变屏蔽地	始终	小于 1V
4	黄	MG2 励磁 +	线束端（断线插件）	与励磁 -8.1（-2,2）Ω
5	蓝	MG2 正弦 +	线束端（断线插件）	与正弦 -14±4Ω
6	橙	MG2 余弦 +	线束端（断线插件）	与余弦 -14±4Ω
7	粉	MG2 电机过温	线束端（断线插件）	与 15 脚有电阻值（小于 100Ω）
8	灰	运行模式切换信号输入	ON 挡	小于 1V 或 11～14V
11	紫	CAN（控制器局域网络）屏蔽地	始终	小于 1V
12	绿黑	MG2 励磁 -	线束端（断线插件）	与励磁 +8.1±2Ω
13	黄黑	MG2 正弦 -	线束端（断线插件）	与正弦 +14±4Ω
14	蓝黑	MG2 余弦 -	线束端（断线插件）	与余弦 +14±4Ω
15	绿黄	MG2 电机过温地	线束端（断线插件）	与 7 脚有电阻值（小于 100Ω）
16	黄红	运行模式切换信号输出	ON 挡	小于 1V 或 11～14V
19	棕	CAN 信号高	始终	2.5～3.5V
20	白	CAN 信号低	始终	1.5～2.5V
21	白黑	驻车制动信号	驻车	小于 1V
22	白红	行车制动信号	踩制动踏板	11～14V

（4）欠压保护故障（或过压保护故障）的诊断。

使用诊断仪诊断会产生 DTC：P1B03，欠压保护故障（或 P1B04，过压保护故障）。

首先检查动力蓄电池电量，动力蓄电池电量是否大于 10%。如果电量正常，检测高压母线，步骤如下：

①断开维修开关，等待 5min。
②拔掉电机控制器高压接插件端子。

③插上维修开关,整车上 OK 电。

④测量母端电压值。

如果母端电压值不在正常范围(正常值为标准动力蓄电池电压),那么检查高压配电盒及高压线路。否则,更换驱动电机控制器。

3. 驱动电机控制器更换流程

经检测,如果确认驱动电机控制器损坏,应进行更换。更换流程如下。

(1)拆卸前要求。

①整车置 OFF 挡。

②拔掉紧急维修开关,等待 5min 以上。

③断开起动电池。

④拆掉配电盒。

(2)拆卸步骤。

①拆掉电机三相线接插件的 4 个螺栓。

②拔掉高压母线接插件。

③拆掉附在箱体的配电盒上端螺栓。

④拆掉底座 4 个紧固螺栓。

⑤将控制器往左移,拔掉低压接插件,拆掉搭铁螺栓,拔掉 DC 低压输出线,拔掉 4 个低压线束卡扣。

⑥将控制器往右移,拆掉进水管,拆掉出水管。

(3)安装步骤。

①将控制器放进安装位置。

②将控制器往右边移动,安装进水管、出水管。

③安装 4 个底座螺栓。

④卡上 DC12V 输出线卡扣,插上 DC12V 接插件;卡上 ACM 线束卡扣;安装搭铁螺栓;插接插件。

⑤安装贴在箱体侧面的配电盒螺栓。

⑥插上高压母线接插件。

⑦安装电机三相线接插件。

三、驱动电机系统绝缘检测

因为整车所有高压部分绝缘都由动力蓄电池管理系统(BMS)检测,因此当仪表显示动力蓄电池绝缘故障的信息,而经检测动力蓄电池绝缘满足要求时,还应对驱动电机系统绝缘情况进行检测。

(1)电机控制器电缆与高压控制盒绝缘检测。

电机控制器电缆与高压控制盒连接 4 芯电缆绝缘检测方法如图 7-10 所示。

(2)驱动电机高压电缆绝缘检测。

驱动电机 U、V、W 高压电缆绝缘阻值测量方法如图 7-11 所示。如果确定驱动电机绝缘阻值过低,应进行电机维修。

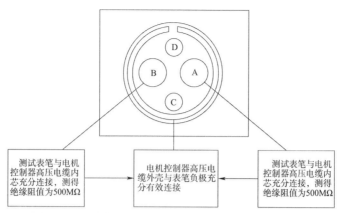

图 7-10　电机控制器电缆与高压控制盒连接 4 芯电缆绝缘检测

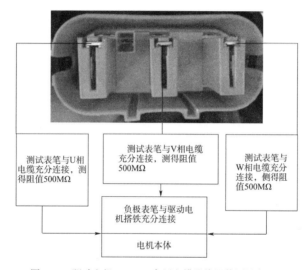

图 7-11　驱动电机 U、V、W 高压电缆绝缘阻值测量方法

四、驱动电机与控制器冷却系统故障诊断方法

1. 驱动电机与控制器过热常见故障

驱动电机与控制器过热常见故障、故障原因及解决方案见表 7-8。

驱动电机与控制器过热常见故障表　　　　　　　　　　　　　　表 7-8

故障现象	故障部位	故障原因	解决方案
电机或控制器过热	冷却液缺少	冷却液缺少,未按维护手册添加冷却液	溢水罐处添加冷却液
		环箍破坏,水管接口处冷却液泄漏	更换全新环箍,留存故障件
	冷却液泄漏	水管破损,水管本身冷却液泄漏	更换全新水管,留存故障件
		散热器芯体破坏,芯体处渗漏冷却液	更换散热器芯体,留存故障件
		散热器水室开裂,水室外侧泄漏冷却液	更换散热器芯体,留存故障件
		散热器水室与散热器芯体压装不良,接缝处渗漏冷却液	更换散热器芯体,留存故障件
		散热器防水堵塞丢失,放水孔渗漏冷却液	更换散热器放水堵塞

续上表

故障现象	故障部位	故障原因	解决方案
电机或控制器过热	电动水泵	冷却液杂质,导致电动水泵堵转	更换系统冷却液
		电动水泵破损,泵盖/密封圈/泵轮破坏	更换电动水泵,留存故障件
		整车线束故障,虚接/短路/断路等故障	查找线束故障,依据线束维修手册处理
		水泵控制器熔断丝/继电器熔断/插接件针脚退针	更换电动水泵,留存故障件
	散热器风扇	风扇控制器/继电器/插接件针脚退针	更换散热器风扇,留存故障件
		整车线束故障,虚接/短路/断路等故障	查找线束故障,依据线束维修手册处理
		扇叶破损/断裂,扇叶不工作	更换扇叶,留存故障件
		电机/控制器温度传感器故障,风扇不工作	查找电机/控制器故障,依据相应维修手册处理
	散热器	芯体老化,芯管堵塞	更换散热器
		散热带倒伏,影响进风量	更换散热器
		水室堵塞,影响冷却液循环	更换散热器
	前保险杠中网或下格栅	进风口堵塞	查找进风口故障,依据相应维修手册处理

2. 驱动电机系统过热故障诊断

以下以北汽 EV 系列纯电动汽车为例,分析典型的电机与控制器过热故障的故障现象、故障原因、故障诊断与排除方法。

1)故障 1:电机过热被限速 9km/h

(1)故障现象。

车辆行驶几千米以后,出现限速 9km/h 现象,仪表显示电机控制器过热。

(2)可能原因。

水泵故障、散热风扇故障、冷却液缺少或冷却系统内部堵塞。

(3)故障诊断与排除。

用诊断仪读数据流显示电机控制器温度为 75℃,散热器风扇高速旋转,检查水泵工作正常、膨胀水壶冷却液也不缺少;水泵在工作过程中观察膨胀水壶发现冷却液循环不畅现象,进一步对冷却系统进行水道堵塞排查。采用压缩空气对散热器和管路和电机控制器进行疏通检查时发现电机控制器内部有阻塞。找到堵塞点用高压空气将电机控制器内部异物吹出,恢复冷却系统管路加注冷却液后进行试车,不再出现电机系统高温,故障排除。

(4)故障分析。

驱动电机系统冷却方式采用水冷式,电机控制器和电机是串联式循环,电机控制器的温度在 75~85℃时电机功率降低,当电机控制器温度高于 85℃时电机将立即停止工作,所以此车电机控制器温度达到 75℃时电机功率降低。

2) 故障2:间歇性断高压

(1) 故障现象。

车辆在行驶几千米偶尔出现"掉高压"现象,仪表显示动力蓄电池故障指示灯亮,系统故障灯亮,车辆无法行驶。

(2) 可能原因。

动力蓄电池故障、电机控制器故障温度过高。

(3) 故障诊断与排除。

①使用故障检测仪读出故障码为:P0518,其定义是:电机控制器欠电压故障。

②起动空调系统能正常工作。

③检测高压绝缘性能未发现异常。

④检查电机控制器低压电路电源正常,插接件也未发现退针现象。通过以上检查空调系统正常,基本排除了动力蓄电池故障;结合故障现象和故障码显示可以断定为电机控制器故障,更换电机控制器故障现象消失。

(4) 故障分析。

故障码为:P0518(电机控制器欠电压故障),因为电机控制器是比较昂贵的部件,所以需要确定故障后才进行更换,以免出现更换后故障未能解决的情况。因此,需要把相关部件和外围电路进行排查,最终确定电机控制器出现故障后才进行处理,避免多次维修不能解决问题。

3) 故障3:驱动电机系统过温故障

(1) 故障现象。

故障码为:P117F98。驱动电机系统(MCU)最大可用转矩降低;整车动力性能降低,甚至不能正常行驶。

(2) 故障处理方式。

①驱动电机系统(MCU):当电机温度大于MCU温度限制值(75℃),MCU进入零转矩控制模式,同时向VCU发送零转矩模式状态标志位。

②整车控制系统(VCU):VCU在MCU温度限制值的基础上提前10℃,根据温度线性限制转矩输出,同时闪烁电机温度灯。仪表点亮电机系统专用报警灯(闪烁),仪表点亮故障指示灯(MIL),报警音短鸣。

(3) 导致故障的原因。

①MCU长期大负载运行。

②冷却系统故障。

(4) 故障诊断与排除。

①如果间隔一段时间重新上电,车辆恢复正常,则不需要维修。同时将信息反馈技术中心电机工程师。

②如果间隔一段时间重新上电,车辆运行中故障重复出现,则按以下方法处理:

a. 首先优先排查风扇、水泵及其驱动电路故障,若异常,则进行维修排除故障。

b. 然后优先排查是否缺冷却液,若缺冷却液,则及时补冷却液。

c. 若不缺冷却液,然后排查冷却管路是否存在堵塞和漏水,若冷却管路存在堵塞和漏水,则进行排查解决。

③维修措施:首先检查运行工况。然后,检查并维修冷却水泵、冷却液和冷却管路。

第四节　整车控制系统检测与诊断

整车控制系统是电动汽车正常行驶的控制中枢,是电动汽车正常行驶、故障诊断处理和车辆状态监控等功能的主要控制部件。整车控制系统的检测诊断对于保证电动汽车的正常行驶具有重要作用。

一、驱动系统输入/输出信号部件故障诊断与排除方法

驱动电机的运转主要由驾驶员通过加速踏板、制动踏板和挡位进行控制。其中:加速踏板用于为驱动系统提供电机负荷的输入信号,并控制制动能量回收功能;制动踏板用于取消电机输入负荷,并实现车辆的制动功能;挡位控制器用于控制电机的运转方向和电机的启动与停止。

当以上输入信号产生故障后,主控 ECU(整车控制 ECU)将停止车辆的动力输入,并输出诊断 DTC。以下以比亚迪 E6 车型为例,分析其故障症状和诊断方法。

1. 故障症状

(1)制动信号丢失情况下,车辆无法起动;非制动信号故障时,车辆能够起动,但起动后动力停止输出。

(2)位于车辆仪表内动力系统故障指示灯将点亮。

2. 诊断步骤与分析

1)读取 DTC

使用诊断仪读取 DTC。通常情况下,主要针对加速踏板、制动踏板以及挡位控制器系统,读取这些系统的 DTC 能够直接指向对应部件的故障。

2)诊断参考信息

(1)挡位控制器的检查与诊断。

诊断挡位控制器故障时,首先检查挡位控制器电源电路,如图 7-12 所示。步骤如下:

①检查电源线束。

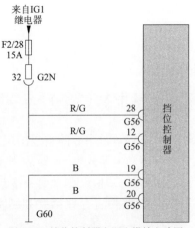

图 7-12　挡位控制器电源和搭铁电路图

拔下挡位控制器 G56 连接器。

测量线束端连接器各端子间电压或电阻。连接器端子如图 7-13 所示,电压或电阻正常值见表 7-9。

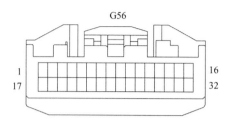

图 7-13 挡位控制器端子

挡位控制器端子电压或电阻正常值 表 7-9

端　子	线　色	条　件	正　常　值
G56-28—车身搭铁	红/绿(R/G)	电源挡位打到 ON 挡	11~14V
G56-12—车身搭铁	红/绿(R/G)	电源挡位打到 ON 挡	11~14V
G56-19—车身搭铁	黑(B)	始终	<1Ω
G56-20—车身搭铁	黑(B)	始终	<1Ω

如果检测到相应故障,则更换线束总成。

②检查挡位传感器。

电源挡位打到 ON 挡。

从挡位传感器 AG54 连接器后端引线或从挡位传感器 BG55 连接器后端引线。

测量线束端连接器各端子间电压或电阻,连接器端子如图 7-14 和图 7-15 所示,电压或电阻正常值见表 7-10。

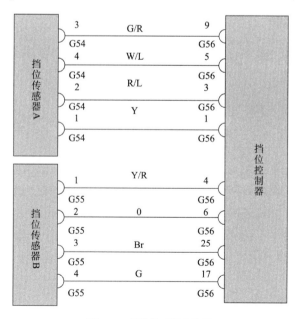

图 7-14 挡位传感器电路图

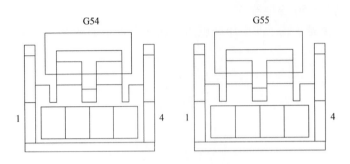

图 7-15 挡位传感器端子

挡位传感器端子电压或电阻正常值　　　　　　　　　　　　　　表 7-10

端子	线色	条　件	正常值	端子	线色	条　件	正常值
G54-3—车身搭铁	绿（Gr）	始终	<1Ω	G55-1—车身搭铁	黄或红（Y/R）	换挡手柄打到 R 挡	<1Ω
G54-4—车身搭铁	白或蓝（W/L）	换挡手柄打到 N 挡	约 5V	G55-2—车身搭铁	橙(O)	换挡手柄打到 D 挡	约 5V
G54-2—车身搭铁	红或蓝（R/L）	换挡手柄打到 N 挡	约 5V	G55-3—车身搭铁	褐(Br)	始终	约 5V
G54-1—车身搭铁	黄(Y)	电源打到 ON 挡	约 5V	G55-4—车身搭铁	绿(G)	电源打到 ON 挡	约 5V

③检查挡位传感器线束。

拔下挡位传感器 AG54 连接器。

拔下挡位传感器 BG55 连接器。

拔下挡位控制器 G56 连接器。

测量线束端连接器各端子间电阻，连接器端子如图 7-16 所示，电阻正常值见表 7-11。

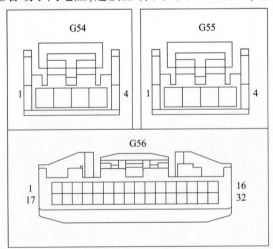

图 7-16 挡位传感器线束端连接器端子

挡位传感器线束端连接器端子电阻正常值　　　　　　　表7-11

端　　子	线　　色	正　常　值
G54-3—G56-9	绿(Gr)	<1Ω
G54-4—G56-5	白/蓝(W/L)	<1Ω
G54-2—G56-3	红/蓝(R/L)	<1Ω
G54-1—G56-1	黄(Y)	<1Ω
G55-1—G56-4	黄/红(Y/R)	<1Ω
G55-2—G56-6	橙(O)	<1Ω
G55-3—G56-25	褐(Br)	<1Ω
G55-4—G56-17	绿(G)	<1Ω

（2）加速踏板位置传感器的检测与诊断。

①加速踏板位置传感器的检测。

加速踏板位置传感器电路如图7-17所示，加速踏板位置传感器的检测步骤如下：

a. 电源挡位打到ON挡；

b. 从传感器B31连接器后端引线；

c. 测量线束端连接器各端子间电压或电阻，连接器端子如图7-18所示，电压或电阻正常值见表7-12。

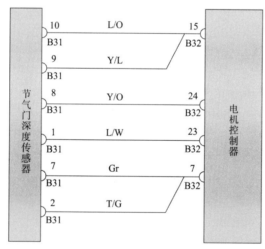

图7-17　加速踏板位置传感器电路图

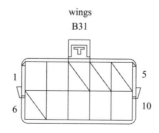

图7-18　加速踏板位置传感器端子

加速踏板位置传感器端子电压正常值　　　　　　表 7-12

端　子	条　件	正　常　值
B31-1—车身搭铁	不踩加速踏板	约 0.66V
B31-1—车身搭铁	加速踏板踩到底	约 4.45V
B31-8—车身搭铁	不踩加速踏板	约 4.34V
B31-8—车身搭铁	加速踏板踩到底	约 0.55V
B31-2—车身搭铁	电源打到 ON 挡	约 5V
B31-7—车身搭铁	电源打到 ON 挡	约 5V
B31-9—车身搭铁	电源打到 ON 挡	<1V
B31-10—车身搭铁	电源打到 ON 挡	<1V

②加速踏板位置传感器与电机控制器线束电阻的检测。

拔下传感器 B31 连接器。

拔下控制器 B32 连接器。

测量线束端连接器各端子间电阻,连接器端子如图 7-19 所示,电阻正常值见表 7-13。

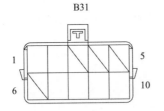
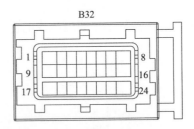

图 7-19　加速踏板位置传感器线束端连接器端子

加速踏板位置传感器端子电阻正常值　　　　　　表 7-13

端　子	正　常　值	端　子	正　常　值
B31-2—B32-7	<1Ω	B31-2—车身搭铁	>10kΩ
B31-7—B32-7	<1Ω	B31-7—车身搭铁	>10kΩ
B31-1—B32-23	<1Ω	B31-1—车身搭铁	>10kΩ
B31-8—B32-24	<1Ω	B31-8—车身搭铁	>10kΩ
B31-9—B32-15	<1Ω	B31-9—车身搭铁	>10kΩ
B31-10—B32-15	<1Ω	B31-10—车身搭铁	>10kΩ

(3)制动踏板位置传感器(制动深度传感器)的检测与诊断。

①制动踏板位置传感器的电路如图 7-20 所示,制动踏板位置传感器的检测方法如下:

a.电源挡位置于 ON 挡;

b.从传感器 B05 连接器后端引线;

c.测量线束端连接器各端子间电压或电阻,连接器端子如图 7-21 所示,电压或电阻正常值见表 7-14。

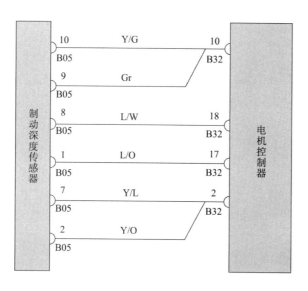

图 7-20　制动踏板位置传感器电路图

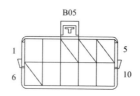

图 7-21　制动踏板位置传感器端子

制动踏板位置传感器端子电压正常值　　　　表 7-14

端　子	条　件	正　常　值
B05-1—车身搭铁	不踩制动踏板	约 0.66V
	制动踏板踩到底	约 4.45V
B05-8—车身搭铁	不踩制动踏板	约 4.34V
	制动踏板到底	约 0.55V
B05-2—车身搭铁	电源打到 ON 挡	约 5V
B05-7—车身搭铁	电源打到 ON 挡	约 5V
B05-9—车身搭铁	电源打到 ON 挡	<1V
B05-10—车身搭铁	电源打到 ON 挡	<1V

②制动踏板位置传感器与电机控制器线束电阻的检测。

拔下传感器 B05 连接器。

拔下控制器 B32 连接器。

测量线束端连接器各端子间电阻,连接器端子如图 7-22 所示,电阻正常值见表 7-15。

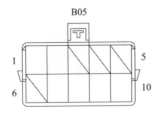
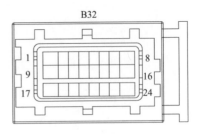

图 7-22 制动踏板位置传感器线束标准值图

制动踏板位置传感器端子电阻正常值 表 7-15

端子	正常值	端子	正常值
B05-2—B32-2	<1Ω	B05-2—车身搭铁	>10kΩ
B05-7—B32-2	<1Ω	B05-7—车身搭铁	>10kΩ
B05-1—B32-17	<1Ω	B05-1—车身搭铁	>10kΩ
B05-8—B32-18	<1Ω	B05-8—车身搭铁	>10kΩ
B05-9—B32-10	<1Ω	B05-9—车身搭铁	>10kΩ
B05-10—B32-10	<1Ω	B05-10—车身搭铁	>10kΩ

二、高电压系统漏电故障的诊断与排除方法

1. 故障类型和故障症状

高电压系统漏电故障通常有两种类型:

(1) 高电压电路与车身存在漏电。

(2) 漏电传感器系统本身故障。

高电压系统漏电类故障会导致车辆仪表内动力系统故障指示灯点亮,且车辆将切断动力输出。

2. 诊断步骤

1) 读取 DTC

使用诊断仪读取相关 DTC。

如有明确 DTC,按照 DTC 诊断步骤进行诊断,详细步骤可参考维修手册。

2) 高电压电路漏电诊断

高电压电路导线漏电主要是绝缘效果降低导致的,因此漏电故障的诊断主要是检查线路对车身以及两线之间的绝缘电阻值。

(1) 断开被测量的高压导线连接器,如果不确定漏电位置,可采用分段测量法进行排除。

(2) 使用高压绝缘测试仪分别测量导线与车身间的电阻。

①测量正极导线对车身电阻(测量电压 1000V),标准电阻应在 50MΩ 以上。

②测量负极导线对车身电阻(测量电压 1000V),标准电阻应在 50MΩ 以上。

③测量两线之间电阻(测量电压 1000V),标准电阻应在 50MΩ 以上。

(3) 对于不符合要求的导线,需要更换新的高压导线。

3) 漏电传感器的诊断

(1) 检查 12V 蓄电池电压及整车低压线束供电是否正常。

标准电压值:11~14V。

如果电压值低于11V,需要更换12V蓄电池或检查整车低压线束。

(2)在关闭点火开关的状态下,断开漏电传感器连接器。

①测量漏电传感器供电电压,标准值在9~16V。

②测量漏电传感器搭铁电阻,标准值在0.2Ω以下。

③所测值不在以上范围的,需要继续检查传感器本身或连接电路。

(3)使用诊断仪在电源管理器模块内读取漏电传感器数值,如不能正常读取,需要更换新的漏电传感器。

第五节　充电系统故障诊断

充电系统是电动汽车不可缺少的系统之一,其功能是将电网的电能转化为电动汽车车载蓄电池的电能。

下面以比亚迪E5纯电动汽车为例,介绍充电系统常见故障诊断方法。

比亚迪E5纯电动汽车充电系统常见故障包括直流无法充电、交流无法充电,其故障症状及可能发生部位见表7-16。

比亚迪E5充电系统故障症状及可能发生部位　　　　表7-16

故障症状	可能发生部位	故障症状	可能发生部位
直流无法充电	直流充电口、高压电控总成、电池管理器、线束	交流无法充电	交流充电口、高压电控总成、电池管理器、线束

一、直流无法充电故障诊断

直流无法充电的故障诊断步骤如下。

1. 检查直流充电口总成高、低压线束

(1)分别拔出直流充电口总成的高压接插件和低压接插件,分别测试正负极电缆和低压线束是否导通。

(2)用万用表检查低压接插件与充电口端子间电阻值是否正常,检测标准见表7-17。直流充电接口端子如图7-23所示,低压接插件检测端子如图7-24所示。

低压接插件与充电口端子间正常值　　　　表7-17

低压插接件端子	直流充电口端子	正常值
1	A -	<1Ω
2	A +	<1Ω
3	CC2	<1Ω
4	CC1	<1Ω
5	S -	<1Ω
6	S +	(1000±30)Ω

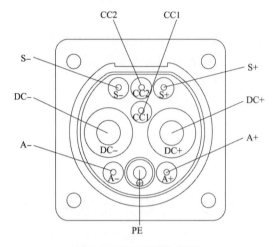

图 7-23 直流充电接口端子

DC − -直流电源负；DC + -直流电源正；PE-车身地（搭铁）；A − -低压辅助电源负极；A + -低压辅助电源正极；CC1- 充电连接确认；B-CC2- 充电连接确认；S + -充电通信 CAN_H；S − -充电通信 CAN_L

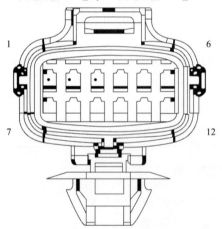

图 7-24 低压插接件检测端子
1～6、7～12-检测端子序号

（3）拔出电池管理器低压接插件 BMC 02。用万用表检查电池管理器接插件 BMC 02 与充电口端子间电阻值。电池管理器接插件 BMC 02 的检测端子如图 7-25 所示，BMC 02 与充电口端子间电阻标准值见表 7-18。

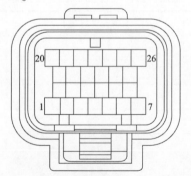

图 7-25 电池管理器接插件 BMC 02 的检测端子

BMC 02 与充电口端子电阻标准值　　　　　　　　　表 7-18

BMC02 端子	直流充电口端子	正 常 值
04	CC2	<1Ω
14	S+	<1Ω
20	S-	<1Ω
1	A-	<1Ω
2	A+	<1Ω

如果检测值不正常,则更换线束。如果正常,则检查高压电控总成。

2.检查高压电控总成

电源置于 OFF 挡。连接充电枪,准备充电。用万用表检查电池管理器接插件 BMC02 与车身搭铁电压或电阻值,所测电压或电阻正常值见表 7-19。

BMC02 与车身地值正常值　　　　　　　　　　表 7-19

端　　　子	正　常　值
直流充电正负极接触器电源脚—车身搭铁	11~14V
直流充电接触器控制脚—车身搭铁	<1Ω

拔下电池管理器接插件,将直流充电正负极接触器控制脚与车身搭铁短接,将吸合充电正负极接触器。用万用表测量充电口 DC+ 与 DC- 之间的电压,正常值约为 650V。如果不正常,则检修高压电控总成。如果正常,则更换电池管理器。

二、交流无法充电故障诊断

交流充电接口端子如图 7-26 所示。交流无法充电的故障诊断步骤如下。

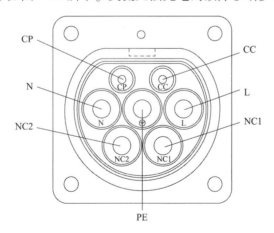

图 7-26　慢充接口端子

CP-控制确认线;CC-充电连接确认;N-交流电源负极;L-交流电源正极;PE-车身地(搭铁)

1.检查交流充电口总成

检查充电电缆是否断路。如果不正常,则更换交流充电口总成。如果正常,则检查高压电控总成。

2. 检查高压电控总成

将交流充电口接入充电桩或家用电源。用万用表测量高压电控总成接插件交流充电感应信号脚端子电压,正常值小于1V。如果不正常,则检修或更换高压电控总成。如果正常,则检查低压线束(交流充电口—电池管理器)。

3. 检查低压线束(交流充电口—电池管理器)

如果不正常,则更换线束。如果正常,则检查电池管理系统。

复习思考题

1. 电动汽车的关键技术有哪些?电动汽车驱动系统由哪些部分构成?
2. 电动汽车检测诊断人员防护要求有哪些?
3. 动力蓄电池系统的故障类型有哪些?简述动力蓄电池系统故障诊断流程。
4. 动力蓄电池系统的典型故障有哪些?简述动力蓄电池系统的典型故障诊断方法。
5. 驱动电机及控制器常见故障有哪些?
6. 驱动电机控制器有什么功能?简述驱动电机控制器故障诊断方法。
7. 驱动电机与控制器过热常见故障有哪些?
8. 驱动系统输入/输出信号部件有哪些?简述驱动系统输入/输出信号部件故障诊断步骤。
9. 简述高电压系统漏电故障的诊断方法。
10. 电动汽车充电系统的常见故障和故障部位有哪些?
11. 简述电动汽车充电系统故障诊断方法。

第八章 汽车检测系统联网技术简介

随着计算机网络化和微机分级分布式应用系统的发展,设备联网通信的功能越来越重要,它可以很大程度上提高检测系统的自动化程度和检测效率。本章主要介绍汽车检测设备与工位机联网技术、汽车检测线联网技术和行业监管联网技术。

第一节 检测设备与工位机联网技术

汽车检测设备与工位机之间联网主要采用串行通信技术。串行通信是指计算机主机与外部设备(外设)之间数据的串行传送。使用一条数据线,将数据一位一位地依次传输,每一位数据占据一个固定的时间长度,只需要少数几条线就可以在系统间交换信息,特别适用于计算机与计算机、计算机与外设之间的远距离通信。最被人们熟悉的串行通信技术标准是 EIA-232,它是由美国电子工业协会(Electronic Industries Association,EIA)联合贝尔系统、调制解调器厂家及计算机终端生产厂家共同制定的用于串行通信的标准,全名是《数据终端设备与数据通信设备之间串行二进制数据交换接口》;此后,进一步发展出《平衡电压数字接口电路的电气特性》(EIA-422)和《平衡数字多点系统中收发器的电气特性》(EIA-485)。由于 EIA 提出的建议标准都是以"(Recommended Standard,RS)"作为前缀,所以在工业通信领域习惯将上述标准称作 RS-232、RS-422 和 RS-485。

一、串口通信标准

1. RS-232

《数据终端设备与数据通信设备之间串行二进制数据交换接口》(RS-232)也称标准串口,是最常用的一种串行通信接口。传统的 RS-232 接口标准有 22 根线,采用标准 25 芯 D 型插头座(DB25)。目前,主要使用简化为 9 芯的 D 型插座(DB9),如图 8-1 所示,而 25 芯插头座已很少采用。

a) DB25 D型接口　　　　b) DB9 D型接口

图 8-1 RS-232 插头座图

RS-232 使用 3 根线即可完成串口通信,分别是地线、发送、接收。RS-232 采取不平衡传输方式,即所谓单端通信。由于其发送电平与接收电平的差仅为 2~3V,所以其共模抑制能力差,再加上双绞线上的分布电容,其传送距离最大约 15m,最高速率为 20kb/s。RS-232 是为点对点(即只用一对收、发设备)通信而设计的,其驱动器负载为 3~7kΩ。所以 RS-232 适合本地设备之间的通信。

2. RS-422

《平衡电压数字接口电路的电气特性》(RS-422)标准定义了接口电路的特性。典型的 RS-422 是四线接口,实际上还有一根信号地线,共 5 根线。由于接收器采用高输入阻抗,并且发送驱动器有比 RS-232 更强的驱动能力,故允许在相同传输线上连接多个接收节点,最多可接 10 个节点。即一个主设备(Master),其余为从设备(Slave)。从设备之间不能通信,所以 RS-422 支持点对多的双向通信。接收器输入阻抗为 4k,故发送端最大负载能力是 10×4k+100Ω(终接电阻)。RS-422 四线接口由于采用单独的发送和接收通道,因此不必控制数据方向,各装置之间任何必需的信号交换均可以按软件方式(XON/XOFF 握手)或硬件方式(一对单独的双绞线)实现。

RS-422 的最大传输距离为 1219m,最大传输速率为 10Mb/s。其平衡双绞线的长度与传输速率成反比,在 100kb/s 速率以下,才可能达到最大传输距离。只有在很短的距离下才能获得最高传输速率。一般 100m 长的双绞线上所能获得的最大传输速率仅为 1Mb/s。

3. RS-485

《平衡数字多点系统中收发器的电气特性》(RS-485)是在 RS-422 基础上发展而来的,所以 RS-485 许多电气规定与 RS-422 相仿,如都采用平衡传输方式、都需要在传输线上接终端电阻等。RS-485 可以采用二线与四线方式。二线方式可实现真正的多点双向通信;而采用四线连接时,与 RS-422 一样只能实现点对多的通信,即只能有一个主设备(Master),其余为从设备。但 RS-485 比 RS-422 有改进,无论四线还是二线连接方式,其总线上最多可接 32 个设备。

RS-485 与 RS-422 的不同还在于其共模输出电压是不同的。RS-485 在 -7V 至 +12V 之间,而 RS-422 在 -7V 至 +7V 之间;RS-485 接收器最小输入阻抗为 12kΩ,RS-422 是 4kΩ。由于 RS-485 满足所有 RS-422 的规范,所以 RS-485 的驱动器可以用在 RS-422 网络中应用。

RS-485 与 RS-422 一样,其最大传输距离约为 1219m,最大传输速率为 10Mb/s。平衡双绞线的长度与传输速率成反比,在 100kb/s 速率以下,才可能使用规定最长的电缆长度。只有在很短的距离下才能获得最高速率传输。一般 100m 长双绞线最大传输速率仅为 1Mb/s。

二、检测设备与工位机联网原理

1. 物理连接

首先使用通信数据线连接检测设备的"通信接口"与工位机的 RS-232 串行通信接口,若检测设备使用其他串口通信协议,则需要在工位机上外接对应协议的串口卡。工位机与检测设备串口连接方式如图 8-2 所示。

工位机端串口的数据接收管脚 RXD 与检测设备端串口的数据发送管脚 TXD 相连,工位机端串口的数据发送管脚 TXD 与检测设备端串口的数据接收管脚 RXD 相连,两端的搭铁管脚 GND 对应相连。这样

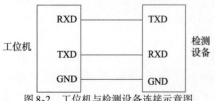

图 8-2 工位机与检测设备连接示意图

工位机可以通过数据发送管脚 TXD 发送控制命令给检测设备,以控制检测设备的动作,也可以通过数据接收管脚 RXD 接收检测设备发送来的检测数据。

2. 设置串口通信参数

串口通信两端需要设置匹配的通信参数,否则会导致通信失败。串口通信最常见的设置参数是波特率、数据位、停止位和奇偶校验。

1) 波特率

波特率是一个衡量通信速度的参数,表示每秒钟传送的 bit 个数,例如 300 波特表示每秒钟发送 300 个 bit。当我们提到时钟周期时,就是指波特率。例如:如果协议需要 4800 波特率,那么时钟是 4800Hz。这意味着串口通信在数据线上的采样率为 4800Hz。通常电话线的波特率为 14400、28800 和 36600。波特率可以远远大于这些值,但是波特率和距离成反比。高波特率常用于放置很近的仪器间的通信。

2) 数据位

数据位是衡量通信中实际数据位的参数。当计算机发送一个信息包时,实际的数据不会是 8 位的,标准的值是 5、7 和 8 位。如何设置取决于要传送的信息。例如,标准的 ASCⅡ 码是 0~127(7 位)。扩展的 ASCⅡ 码是 0~255(8 位)。每个包是指一个字节,包括开始/停止位、数据位和奇偶校验位。

3) 停止位

停止位用于表示单个包的最后一位。典型的值为 1、1.5 和 2 位。由于数据是在传输线上定时的,并且每一个设备有其自己的时钟,很可能在通信中两台设备间出现不同步的情况。因此停止位不仅仅是表示传输的结束,并且提供计算机校正时钟同步的机会。适用于停止位的位数越多,不同时钟同步的容忍程度就越大,但是数据传输率同时也越慢。

4) 奇偶校验位

奇偶校验位用来验证数据的正确性。奇偶校验一般不使用,如果使用,那么既可以做奇校验(Odd Parity),也可以做偶校验(Even Parity)。奇偶校验是通过修改每一发送字节(也可以限制发送的字节)来工作的。如果不作奇偶校验,那么数据是不会被改变的。在偶校验中,因为奇偶校验位会被相应的置 1 或 0(一般是最高位或最低位),所以数据会被改变以使得所有传送的数位(含字符的各数位和校验位)中"1"的个数为偶数;在奇校验中,所有传送的数位(含字符的各数位和校验位)中"1"的个数为奇数。奇偶校验可以用于接收方检查传输是否发送生错误;如果某一字节中"1"的个数发生了错误,那么这个字节在传输中一定有错误发生;如果奇偶校验是正确的,则要么没有发生错误要么发生了偶数个的错误。

3. 工位机与检测设备通信

检测设备通常都预置了丰富的通信指令,工位机只要按照检测设备使用说明书中的通信协议给检测设备发送通信指令,即可控制检测设备完成对应的动作。

三、检测设备与工位机联网实例

1. 不透光烟度计与工位机联网实例

以佛山市南华仪器股份有限公司生产的 NHT-6 型不透光烟度计为例,介绍检测设备与工位机联网通信。该设备提供了丰富的通信指令,可以实现与外部计算机通信,满足各种联网检测的需求。进行联网通信检测有三种方式,对应仪器的实时测试、新生产车自由加速试验和在用车自由加速试验三个界面。外部计算机可通过这三种方式进行实时测试和自由加速试验,并获取试验的结果。

1)连接方式

仪器控制单元上的"通信接口"是与外部计算机连接的 RS-232 串行通信接口,用于传输仪器的测量数据。接口的连接方式如图 8-3 所示。

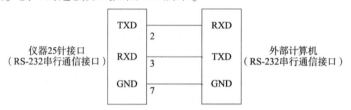

图 8-3 NHT-6 与计算机连接示意图

2)通信参数

RS-232 串行通信参数设置如下:

波特率:9600b/s。

字符长度:1 位起始位,8 位数据位,1 位停止位。

校验方式:无奇偶校验。

3)指令格式

计算机利用串口通信发送十六进制指令给不透光烟度计,以控制其完成尾气检测任务,部分指令如下。

(1)选择测量方式。

外部计算机发送:A0H + 方式码(1 字节) + 校验码(1 字节)。

仪器响应:A0H + 校验码(1 字节)。

(2)强行退出预热界面。

外部计算机发送:A2H + 校验码(1 字节)。

仪器响应:A2H + 校验码(1 字节)。

(3)校准(实时测试方式)。

外部计算机发送:A4H + 校验码(1 字节)。

仪器响应:A4H + 校验码(1 字节)。

(4)取实时数据(实时测试方式)。

外部计算机发送:A5H + 校验码(1 字节)。

仪器响应:A5H + 不透光度值(2 字节,高位在前) + 光吸收系数值(2 字节,高位在前) + 转速值(2 字节,高位在前) + 油温值(2 字节,高位在前) + 校验码(1 字节)。

(5)开始自由加速试验(在用车自由加速试验方式)。

外部计算机发送:ADH + 校验码(1 字节)。

仪器响应:ADH + 校验码(1 字节)。

4)外部计算机与仪器通信流程

以实时测试方式为例,说明外部计算机与仪器的通信流程,流程图如图 8-4 所示。首先外部计算机确认仪器是否需要校准,如果需要校准则提示取出取样探头,然后发送 A4H 命令给仪器,延时 3s 后提示插入取样探头。如果不需要校准,则直接提示插入取样探头,然后发送 A5H 命令给仪器,外部计算机接收仪器返回的实时测量数据,并对数据进行分析处理。如需继续测试,则延时 200ms 后继续发送 A5H 命令给仪器,否则退出实时测试方式。

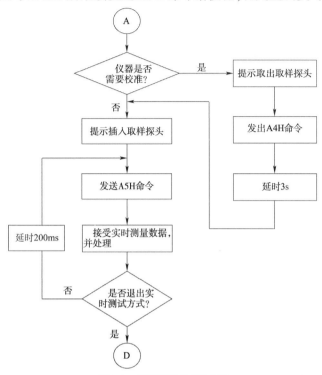

图 8-4　实时测试方式流程图

2. 前照灯检测仪与工位机联网实例

以佛山市南华仪器股份有限公司生产的 NHD-6109 型前照灯检测仪为例,介绍检测设备与工位机联网通信。工位机通过 RS-232 接口可以控制仪器进行自动检测。

1)连接方式

用通信电缆连接仪器上的"RS-232"插座与工位机 RS-232 接口,接口的连接方式如图 8-5 所示。

2)通信参数

RS-232 串行通信参数设置如下。

波特率(默认):2400b/s(波特率可通过参数设置菜单改变)。

字符长度:1 位起始位,8 位数据位,1 位停止位。

校验方式:无校验。

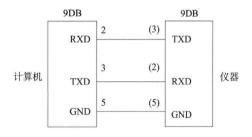

图 8-5　NHD-6109 与计算机连接示意图

3)数据格式

通信数据及命令均以 ASCⅡ码表示。仪器以数据包方式向计算机发送数据,数据包组成格式如下:

| SOH | NO | YLR | YUD | YI | JH | JLR | JUD | JP | NULL |

具体含义分述如下。

SOH：01H 数据包报头标记，长度 1 字节。

NO：数据包描述字节，长度 1 字节。

YLR：远光左右偏移量数据，长度 5 字节。

YUD：远光上下偏移量数据，长度 5 字节。

YI：远光光强数据，长度 4 字节。

JH：近光灯高数据，长度 3 字节。

JLR：近光左右偏移量数据，长度 5 字节。

JUD：近光上下偏移量数据，长度 5 字节。

JP：近光明暗截止线拐点在 10m 屏幕处的高度相对于灯高的比值，长度 4 字节。

NULL：FFH 数据包结束标记，长度 1 字节。

4）外部计算机与仪器通信流程

以两灯制通信流程为例，说明工位机与仪器的通信流程，流程图如图 8-6 所示。首先外部计算机向仪器发送 44H 命令，切换到两灯制模式。计算机收到仪器回应 06H 后，向仪器发送 41H 命令，启动自动检测。若正常启动，仪器回应 06H，然后计算机再发送读取数据命令读取检测数据。检测完成后，仪器向计算机发送 47H 响应，并完成检测复位。

图 8-6 两灯制通信流程图

第二节　汽车检测线联网技术

汽车检测线联网是指将检测线中各个工位通过网络与主控计算机连接起来，以实现主控计算机对整个检测线的统一控制和调度。汽车检测线联网模式可分为两种：分级分布式控制模式和集中式控制模式。

分级分布式控制模式以分布式计算机网络测控技术为基础，检测线设置一台主控计算机用于检测任务调度，各个工位有独立的工位计算机用于本工位各个检测项目的检测和控制，各计算机之间通过计算机网络连接在一起，以保证它们之间的通信和数据共享。

集中式控制模式是所有检测设备连接到主控计算机，由主控计算机负责整个检测系统中所有设备的控制、数据采集、数据处理和检测结果评价等功能。

一、分级分布式控制模式

1. 分布式控制系统结构

分布式控制系统由主控计算机、登录计算机、工位计算机、检测设备及外围设备构成。分布式控制系统可以分为可分为三级，如图 8-7 所示。

第一级为现场控制级，由分布在各工位的各个单机仪表（二次仪表）完成本工位对应项目的检验任务，可以完成数据采集、设备控制、处理显示和与工位机进行通信的功能。

第二级为工位控制级，主要由工位机负责对本工位各个二次仪表进行管理、通信。这两级之间多采用串行通信（RS-232/485）进行数据交换。

第三级属于中央管理级，负责报检上线、检验调度、报表打印等功能。第二级和第三级之间采用以太网通信（TCP/IP）进行数据交换。

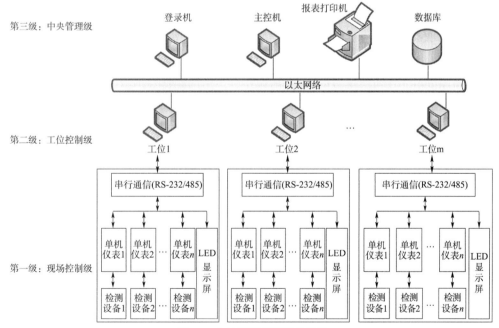

图 8-7　分布式控制系统结构框图

这种分布式控制系统,采用了分布控制、多级管理的措施,降低了工位之间的耦合度,具有以下特点:

(1)结构清晰、模块化强、信号处理简单、可靠性高。

(2)在主控机故障时可用工位机手动分工位或项目检测,并显示/打印检测结果。

(3)某工位故障时可单独屏蔽该工位,不影响其他工位正常检测。

(4)每台工位机靠近检测设备,抗干扰能力较强。

(5)各工位机到主控机之间的信号传输大多采用网络通信。

(6)由于各个工位机任务单一,降低了软、硬件开发的难度。

(7)多个工位可以并行工作,提高了作业的检测效率。

登录机登录信息传送到主控机后,由主控机统一调度全线各工位机的检测任务,各工位检测项目的模拟量信号、开关量的输入输出信号、与外部设备的数字通信以及对检测过程的指挥调度由工位机独立完成。

分布式控制系统的设计思想核心是:用工位机通过硬件上的设置进行工位物理划分,达到多工位功能独立、同步检测调度的目的,从而使各工位具备独立完成检测操作的功能。采用分级分布式控制,使多个工位可以同时工作,提高了整个检测系统的检测效率,而且即使某个工位出现故障,也不会影响其他工位的正常检测。

2. 硬件控制系统

分布式控制模式中电气控制系统主要包括的设备有:检测控制系统计算机(主控机)、注册登录系统计算机(登录机)、工位机、LED显示屏及其他相关的辅助设备。

1) 主控机

主控机的主要任务是根据登录机申报的待检测信息指挥各工位作业、监控被检测车辆的检测状况,接收来自各工位机的数据以及人工干预的各种指令,是整个检测线的控制指挥中心。同时还可以查询、显示、保存、打印检测结果。

2) 登录机

登录机主要用来输入被检测车辆的车辆信息和申报将要检测的类别及要检测的项目,还可作为当地车辆的技术档案数据库使用,只要输入车辆牌照号码,就能调出该车辆的有关信息。注册信息一般通过网络传输到主控机,主控机将根据注册参数来设置主控程序和判断标准。

3) 工位机

工位机通过串行通信或网络通信的方式与本工位检测仪表连接,通过 A/D 采集卡采集模拟量信号,通过 I/O 卡实现对外部设备的控制和开关量信号的采集,通过数字通信口实现与外部通信设备的信号传递,通过网络适配器与其他计算机连接。

4) 附属设备

为了完成检测系统的数据传输和自动控制功能,检测线还有一些附属设备,主要包括以下设备。

(1) LED 显示屏:由主控机将信号传送至 LED 显示屏显示,显示屏常由管径 $\phi 5$ 高亮度点阵块组成 16×16 点阵或 24×24 点阵的汉字,每屏由若干字(如 8 字,单排或双排)构成。

(2) 红外光电开关:由红外发光体和接收体及继电开关或电子开关组成,当汽车通过时,红外光电开关信号发生变化,把开关量信号传至主控机,通知主控机车辆到位情况。

(3)摄像机和监视器、视频服务器:通过电视监视器或计算机可以观察全场或车辆各部位的情况,便于操作人员工作,也为监管部门提供检测现场工作记录。

(4)其他附属设备:交流净化稳压电源、不间断电源(UPS)、地沟底盘检测发送键盘、采样遥控器等。

(5)交换机、各种信号采集板卡、数据通信板卡等。

3.工位测控系统信号处理

各工位机独立负责本工位检测信号的采集与处理,主要包括模拟量信号采集、数字量信号采集、开关量信号采集及设备控制,工位测控系统信号处理流程如图 8-8 所示。

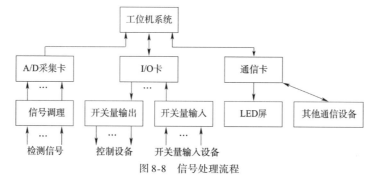

图 8-8 信号处理流程

1) A/D 采集卡

由信号调理板引入的多路模拟信号,经过 A/D 采集卡转换成计算机能识别及处理的相应数字量。如:制动力信号即为模拟信号,需通过 A/D 采集卡转换为数字信号。

2) I/O 卡

I/O 卡即输入/输出卡,是与计算机配套使用的标准卡。I/O 卡有多路开关量输入、输出通道和脉冲记数通道,其功能是读入各路开关量输入信号以及驱动各路开关量输出信号。如车辆到位信号即为开关量信号,通过 I/O 卡采集。

3) 检测信号

检测信号是来自传感器或检测仪表提供的模拟量信号,如轮重信号、制动力信号、侧滑量信号等。

4) 开关量输入信号

来自红外光电开关、检测线遥控器以及前照灯检测仪的运行状态等,这些输入信号用以判断检测线的车辆检测状态,便于及时控制与采集数据。

5) 控制设备

控制设备主要指一些机构操作信号,如车速试验台和制动试验台举升器的上升和下降,制动试验台制动电机的启动和停转,以及前照灯检测仪的控制。

6) 调理板

由于检测设备或传感器输出的信号是电压变化范围大小不一样的直流电压信号,这些信号带有一定的共模和串模干扰,调理板的作用是抑制影响信号的干扰电压。

7) 通信卡

通信卡提供 RS-232、RS-422 或 RS-485 等接口,能与外部有数字通信接口的设备进行通信。

8）网络通信卡

网络通信卡可进行计算机之间的数据传递、通信。

4. 分布式控制系统结构实例

如图8-9所示为某汽车制造厂汽车出厂检测线网络结构。整个网络由检测设备、二次仪表、工业控制计算机、LED显示屏、检测服务器、主控计算机、登录计算机、网络打印机、网络设备、工厂服务器组成，属于分布式控制系统结构。检测车间与工厂主管部门通过光纤互联。工位机与各二次仪表采用串口/以太网口交换信息。LED显示屏与工位机连接，作为引车员操作的程序指示器。四个工位机与检测车间的检测服务器、主控计算机和登录计算机通过网络设备互联。检测服务器用于检测数据的集中存储，主控计算机负责联网模式下各个任务的调控，网络打印机与主控计算机连接，车间内任意计算机均可通过网络访问打印机。

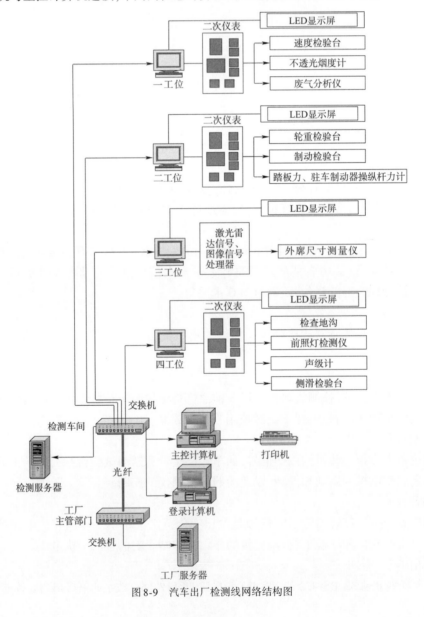

图8-9 汽车出厂检测线网络结构图

二、集中式控制模式

集中式控制系统由主控计算机、登录计算机、检测设备及外围设备构成,其结构如图 8-10 所示。集中式控制模式的主控计算机直接负责整个检测系统中所有的设备控制、检测任务调度、数据采集和处理、检测结果评价、数据查询统计、检测报表打印等功能。该方式具有硬件结构简单、电气线路中间环节少、成本低、系统易于安装维护的优点。但其缺点是对主控计算机的依赖过于严重,一旦主控计算机故障,整个检测系统就会瘫痪;微弱信号的传输距离较远,传输质量较难保证;主控软件任务复杂,开发、调试、维护困难。

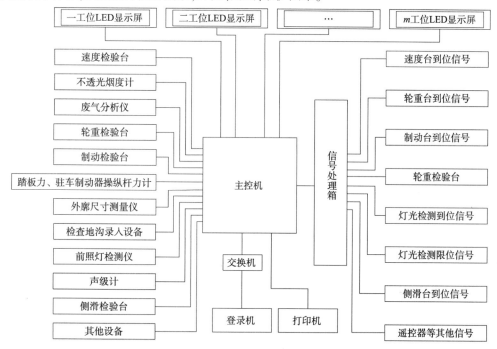

图 8-10 集中式控制系统结构框图

集中式控制模式的设计思想核心是:用主控机通过软件逻辑进行工位划分和分时处理,达到多工位检测调度的目的,从而减少硬件环节、降低成本、减少故障点。

第三节 汽车检测行业监管联网技术

为了进一步加强对机动车检验检测机构的管理,各个省(自治区、直辖市)及国家汽车检测行业主管部门通过构建行业监管联网系统,对检验检测机构进行监管。利用行业监管联网系统,可以建立健全机动车检验检测机构信用管理体系,推进联合监督检查制度和违规信息通报机制建设,加强对机动车检验检测机构的监督检查。

一、汽车检测行业监管联网分类

1. 机动车安全技术检验信息系统联网

机动车安全技术检验信息系统联网技术要求规定了检验业务办理、检验过程控制、检验过程监控、系统管理等模块功能要求和联网技术要求,适用于机动车安全技术检验机构的机动车安全技术检验业务信息系统的开发、建设和应用。

2. 道路运输车辆综合性能检测系统联网

道路运输车辆综合性能检测系统联网技术要求规定了检测联网的总体架构、业务流程、接口要求、功能要求、性能要求及安全要求,适用于机动车检验检测机构与交通运输管理部门实现数据联网,以及各级道路运输车辆综合性能检测联网系统的建设和应用。

3. 机动车排放检验信息系统联网

机动车排放检验信息系统联网技术要求规定了联网的总体框架、数据采集和交换、接口要求、安全要求和联网方式,以及机动车定期检验、注册登记检验、转移登记检验、监督抽测的数据采集、保存、交换方式和内容,适用于机动车排放检验信息系统的设计、建设、联网和数据共享。

二、汽车检测行业监管联网系统架构

1. 机动车安全技术检验信息系统联网架构

机动车安全技术检验业务信息系统是对机动车安全技术检验业务全过程进行管理的信息系统,由检验业务办理、检验过程控制、检验过程监控和系统管理四个模块组成。机动车安全技术检验业务信息系统总体架构如图8-11所示,其通过规定的接口,与行政管理部门信息系统实现数据交换。其中,检验过程监控模块用于传输机动车安全技术检验过程监控视频信息到行政管理部门信息系统;检验过程控制模块用于控制检验设备完成项目检验,并获取并存储检验结果数据。

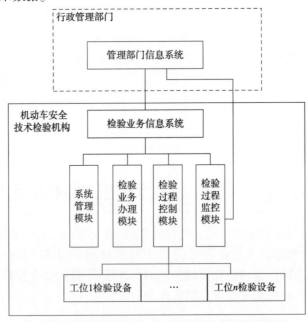

图8-11 机动车安全技术检验业务信息系统总体架构图

机动车安全技术检验机构与行政管理部门联网的网络结构如图8-12所示。机动车安全技术检验机构内部各计算机之间可通过局域网连接,各个检验机构与行政管理部门之间通过互联网互联。行政管理部门向检验机构开放特定的网络接口,检验机构可通过特定的网络接口与行政管理部门交换数据。

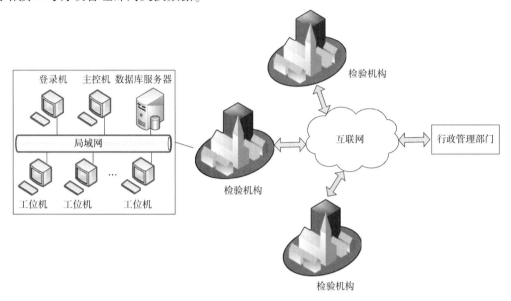

图 8-12　机动车安全技术检验信息系统联网架构

2. 道路运输车辆综合性能检测系统联网架构

道路运输车辆综合性能检测系统联网中的部、省(自治区、直辖市)、检验检测机构采用多级网络架构,实现道路运输车辆综检数据、检测结果及评定结论信息交换和共享。检验检测机构与其上一级的省级或地市级平台通过互联网或虚拟专用网络(VPN)的方式实现信息交换和共享。省级平台通过政务外网(部省专网)与部级平台实现信息交换和共享。总体技术架构如图 8-13 所示。

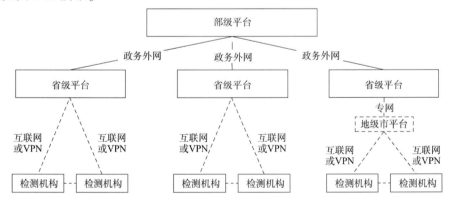

图 8-13　道路运输车辆综合性能检测系统联网架构

3. 机动车排放检验信息系统联网架构

机动车排放检验信息系统联网架构如图 8-14 所示,检验机构检测系统及监控设施通过专线与监管系统交换数据,监管系统与上级监管平台通过环保专网进行数据交换。

机动车排放检验信息系统具备机动车排放检验、检验监督、视频监控、检验机构、市(地、州)、省与国家数据共享功能。检验机构检测系统可采集机动车排放检验所涉及的外观检验、车辆信息、OBD 检查、排放检验、检验过程、检验设备检查标定及标准物质信息,并建立相应的数据库。

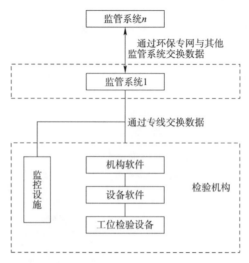

图 8-14 机动车排放检验信息系统联网架构

三、汽车检测行业监管联网系统的功能及工作流程

汽车检测行业监管联网系统除了要实现特定业务的检验功能外,还应具联网查询功能、检验数据上传、视频监控、图片监控、查询统计等功能。本小节以机动车安全技术检验信息系统为例,介绍汽车检测行业监管联网系统功能及工作流程。

1. 机动车安全技术检验信息系统功能

机动车安全技术检验信息系统应具有如下功能:

①信息登录、联网查询、检验结果处理、机动车外观远程查验信息采集等业务功能。

②机动车安全技术项目检验和系统校准等查验过程控制功能。

③视频监控和图片监控等检验过程监控功能。

④用户管理、参数管理、日志记录、内部查询、统计分析等系统管理功能。

具体功能模块如图 8-15 所示。

1) 系统管理模块

该模块主要用于对系统中各个用户及角色进行管理,其中包括用户管理、角色管理、用户角色、角色功能、上传地址维护、保险公司维护及手工同步等功能。

2) 检验机构信息查询模块

该模块主要用于检验机构信息的查询,包括对检验机构、检测线、检测人员查询等功能。

3) 检测查询模块

该模块主要用于检测查询管理,可对多个检测结果进行查询,包括检验结果查询、检测审核查询、检测情况查询、检测项目查询、签字审核查询、系统日志查询等功能。

4) 预检管理模块

该模块主要用于机动车预检情况管理,包括机动车进站登记、人工检验单打印、登录项目查询、补打凭证和检验报告打印功能。其中机动车进站登记包含联网查询功能,即对已注册登记的检验机动车,能够通过机动车注册信息关联接口,从行政管理部门获取机动车登记信息;能够通过机动车道路交通违法信息查询接口,从行政管理部门确认机动车有无尚未处理完毕的道路交通违法行为;能够通过缺陷机动车信息查询接口,从行政管理部门确认机动车是否属于缺陷召回机动车,对属于缺陷召回机动车的,获取缺陷召回原因。

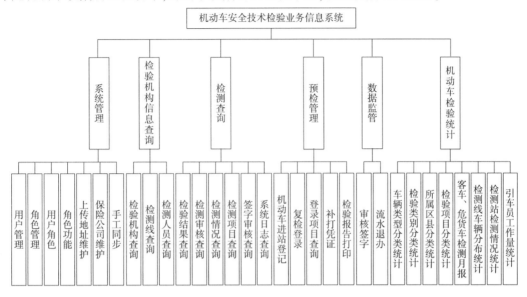

图 8-15 机动车安全技术检验信息系统功能模块图

5) 数据监管模块

在车辆检验过程中实时将检验数据、检验过程图片、检验结果判定信息等通过对应上传接口,实时上传到行政管理部门。如检验数据有误,该模块可完成机动车流水退办。

6) 机动车检验统计模块

该模块主要用于查看各类机动车检验统计信息,包括初检机动车总数、初检合格率、上线检验总次数、分项初检次数、分项合格率、分项检验总次数、人员工作量和检验合格率等信息的统计功能,可按车辆类型分类统计、检验类别分类统计、所属区县分类统计、检验项目分类统计、客车/危货车检测月报、检测线车辆分布统计、检测站检测情况统计等功能。对上传的检测数据、检测结果及评定结论根据不同的条件进行统计分析,包括峰值检测量,不同区域、不同时域、不同车型的检测分布情况,检测数据合理性分析等。

2. 机动车安全技术检验信息系统工作流程

机动车安全技术检验信息系统工作流程如图 8-16 所示。主要工作流程分为六个步骤。

1) 检验登录

机动车开始检验时,检验业务系统通过时间同步接口与检验监管系统软件实现时间同步,并通过检验登录信息接口上传检验流水、检验项目等检验业务信息,机动车号牌号码、车辆识别代号等车辆信息,登录员、安检机构等检验备案信息。检验监管系统软件验证上传信息的有效性,对验证有效的,记录检验登录信息,对检验设备等已过有效期的(验证无效的),检验监管系统进行预警;对未备案或已停用、撤销的,不再接收后续检验过程、检验结果信息,检验业务系统根据反馈信息结束本次检验。

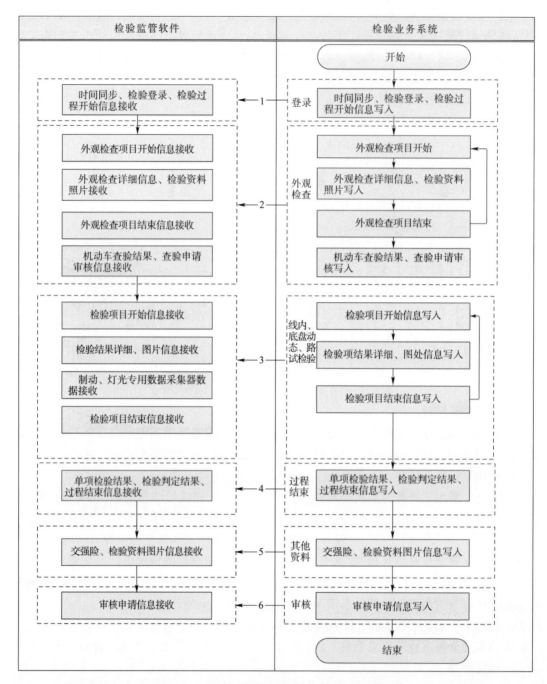

图 8-16 机动车安全技术检验信息系统工作流程图

2）机动车外观检查

在外观检查项目开始时，通过检验项目开始信息接口上传外观检查项目开始信息。外观检查结束时，根据车型分别通过检验监管系统软件人工检验接口上传检验结果的详细信息，通过外观检查照片信息接口写入拍摄的重点外观检查项目、安全设施照片，通过检验项目结束信息接口记录外观检查项目结束信息，通过外观检查结果信息接口，上传外观检查结果信息。其中,对需要外观、安全设施照片审核的,通过机动车外观检验结果资料申请审核信息接口写入外观检查申请审核信息。

3)机动车线内、底盘动态、路试检验

在机动车线内、底盘动态、路试检验的每个检验项目开始时,通过检验项目开始接口上传检验项目开始信息。检验项目结束时,对于线内检验的,通过线内检验过程项目详细结果信息接口,写入空载制动率、空载制动不平衡率、加载轴制动率、加载轴制动不平衡率、驻车制动、左远光、右远光、左近光、右近光等检验项目结果信息,通过检验照片信息接口,写入线内检验随机拍摄的照片,通过检验项目结束信息接口记录线内检查项目结束信息。对于底盘动态检验的,通过机动车人工检验项目检验结果详细信息接口,写入底盘动态检验结果信息,通过检验项目结束信息接口,记录底盘动态检查项目结束信息。对于路试检验的,通过路试检验信息接口,写入行车制动初速度、行车空载制动距离、行车制动稳定性、驻车坡度以及路试结果等检验结果详细信息,通过检验照片信息接口,写入路试过程中的照片,通过检验项目结束信息接口,记录路试检查项目结束信息。

4)过程结束

检验过程结束后,通过单项检验结果信息接口上传制动、灯光、车速表等单项判定结果信息,通过检验判定结果信息接口上传整车检验结果、检验日期、安检机构编号等信息,通过检验过程结束信息接口上传检验过程结束信息。

5)其他资料提交

检验过程结束后,通过交强险信息接口上传机动车交强险生效日期、终止日期等信息,通过检验资料照片信息上传机动车行驶证、机动车牌证申请表、交强险凭证、加盖检验机构印章的检验报告单等资料照片信息。

6)检验结果审核申请

检验过程全部结束后,通过检验资料申请审核信息接口提交车管所对检验结果信息进行审核。其中,对于检验判定结果为不合格的,检验监管系统接收到审核信息后,系统自动审核不通过。

四、汽车检测行业监管联网接口

行政管理部门根据不同的功能需求,对机动车安全技术检验信息系统联网系统、道路运输车辆综合性能检测系统联网系统和机动车排放检验信息系统联网系统规定了不同的接口协议,具体接口协议可参考相关联网规范。本小节以机动车安全技术检验信息系统联网系统和机动车排放检验信息系统联网系统部分接口为例,对 XML 和 json 两种常用的联网接口数据封装格式、接口定义及参数进行说明。联网系统开发人员只要按照行政管理部门规定的接口数据格式进行数据交换即可。

检验监管系统对外接口包括两类:查询类接口和写入类接口。查询类接口对外提供查询服务,写入类接口对外提供将业务数据写入检验监管系统业务库。

机动车安全技术检验机构的检验业务信息系统通过调用行政管理部门提供的接口,实时将机动车每个检验项目的检验结果判定信息、检验结果总体判定信息、每个检验项目的检验结果详细信息、制动力检验曲线信息、机动车交通事故责任强制保险信息、机动车外观远程查验图片等信息上传到行政管理部门。

1. 机动车安全技术检验单项检验结果上传接口示例

1) 接口数据格式

系统应将机动车安全检验各项具体检验结果信息实时上传到行政管理部门，信息存储格式见表8-1。

机动车安全技术检验记录表　　　　表8-1

序号	名称	类型	长度	是否可空	说明
1	检验流水号	字符	17	可空	6位行政区划+YYMMDD+5位顺序号
2	检测线代号	字符	11	不可空	9位安检机构许可证号+2位代号
3	机动车序号	字符	14	可空	
4	号牌号码	字符	15	不可空	
5	号牌种类	字符	2	不可空	
6	车辆识别代号	字符	25	可空	即VIN号或车架号
7	检验日期	日期	8	不可空	按"YYYYMMDD"格式填写
8	检验有效期止	日期	8	不可空	按"YYYYMMDD"格式填写
9	承检单位	字符	64	不可空	
10	经办人	字符	30	不可空	
11	检验综合结果	字符	1	不可空	以下为分项判定结果
12	外检判定	字符	1	可空	0-未检,1-合格,2-不合格,3-建议维护
13	底盘动态判定	字符	1	可空	0-未检,1-合格,2-不合格,3-建议维护
14	车速表判定	字符	1	可空	0-未检,1-合格,2-不合格,3-建议维护
15	汽油车尾气判定	字符	1	可空	0-未检,1-合格,2-不合格,3-建议维护
16	柴油车烟度判定	字符	1	可空	0-未检,1-合格,2-不合格,3-建议维护
17	制动判定	字符	1	可空	0-未检,1-合格,2-不合格,3-建议维护
18	灯光发光强度判定	字符	1	可空	0-未检,1-合格,2-不合格,3-建议维护
19	灯光偏移判定	字符	1	可空	0-未检,1-合格,2-不合格,3-建议维护
20	功率判定	字符	1	可空	0-未检,1-合格,2-不合格,3-建议维护
21	侧滑判定	字符	1	可空	0-未检,1-合格,2-不合格,3-建议维护
22	底盘判定	字符	1	可空	0-未检,1-合格,2-不合格,3-建议维护
23	路试判定	字符	1	可空	0-未检,1-合格,2-不合格,3-建议维护
24	整车整备质量判定	字符	1	可空	0-未检,1-合格,2-不合格,3-建议维护

2) 接口定义及参数说明

（1）接口定义。

Public String writeObjectOut(String xtlb , String jkxlh , String jkid , String WriteXmlDoc）

（2）接口参数说明。

xtlb：系统类别，"01"。

jkxlh：接口序列号，由行政管理部门信息系统授权生成下发。

jkid：接口标识，为"01C71"。

WriteXmlDoc：封装写入数据的 XML 格式文档。

WriteXmlDoc 的文档格式要求如下：

<？xml version = "1.0" encoding = "GBK"？>

<root>

<vehInspection>

　　……

　　<jclsh>-</jclsh>

　　……

　　<！-表8-1 的 1 到 24 项内容->

</vehInspection>

</root>

结果返回类 XML 文档定义：

<？xml version = "1.0" encoding = "GBK"？>

<root>

<head>

　　<code>1</code><！-0：写入失败,1：写入成功->

　　<message>数据保存成功</message><！-如果失败,表示失败描述->

</head>

</root>

2. 机动车排放检验日报送数据统计查询接口示例

1）接口说明

接口定义：queryAppNum。

接口 URL：/w/appearLog/queryAppNum。

接口地址：https://xcxx.vecc.org.cn/w/appearLog/queryAppNum。

接口描述：查询指定日期当日报送数据量（48h 前）。

请求协议：HTTPS。

请求方式：post。

请求格式：application/json。

响应格式：application/json。

2）接口参数

机动车排放检验日报送数据统计查询接口参数见表 8-2。

机动车排放检验日报送数据统计查询接口参数　　　　表 8-2

序号	参数名称	参数描述	数据类型	说明
1	appearDate	待查询日期	C	YYYY-MM-DD 格式的日期
2	userName	报送账号	C	报送数据的账号
3	token	token	C	访问 VECC 企业服务平台的认证信息

3）请求参数范例

查询报送数据量时，需要参数 userName 提供的报送账号与获取 token 的报送账号一致，日期格式 YYYY-MM-DD 正确，只提供 48h 前报送数据量查询。

{

//待查询日期

"appearDate"："2019-02-12"，

//报送账号

"userName"："llj"，

//token

"token"："90b1c704-1ebb-4109-8ba0-1d19c5b13dcb"

}

4）返回结果范例

返回一串标准 json 格式的字符串，返回结果字段说明如下。

status：处理状态，其中 success 表示成功，failure 表示失败。

data：返回的信息。

num：返回报送数据量。

errors：错误信息。

field：错误信息详情。

errmsg：错误码。

（1）正确结果范例。

{

    "status"："success"，

    "data"：{

        "num"："5"

    }

}

（2）错误结果范例。

{

"status"："failure"，

"errors"：[

    {

        "field"："token 错误"，

        "errmsg"："000"

    }

]

}

复习思考题

1. 串口通信标准有哪些？各有什么特点？
2. 检测设备如何与工位机联网？
3. 什么是分级分布式控制模式？分级分布式控制模式具有什么特点？
4. 什么是集中式控制模式？集中式控制模式具有什么特点？
5. 汽车检测行业监管联网有哪几类？各有什么功能？
6. 简述机动车安全技术检验信息系统联网架构。
7. 简述机动车安全技术检验信息系统工作流程。

参考文献

[1] 陈焕江,崔淑华. 汽车检测与诊断技术[M]. 2版. 北京:人民交通出版社股份有限公司,2015.

[2] 李婕. 汽车检测技术[M]. 2版. 北京:机械工业出版社,2013.

[3] 赵英勋. 汽车检测与诊断技术[M]. 3版. 北京:机械工业出版社,2017.

[4] 司传胜. 现代汽车检测与故障诊断技术[M]. 北京:机械工业出版社,2013.

[5] 张建俊. 汽车诊断与检测技术[M]. 4版. 北京:高等教育出版社,2015.

[6] 张克明. 汽车检测与故障诊断技术[M]. 北京:国防工业出版社,2015.

[7] 仝晓平,刘元鹏. 道路运输车辆综合性能检验与技术等级评定[M]. 北京:人民交通出版社股份有限公司,2016.

[8] 王盛良. 汽车发动机电控技术与检修[M]. 2版. 北京:机械工业出版社,2013.

[9] 张雪莉. 机动车排气污染物检测技术[M]. 北京:清华大学出版社,2010.

[10] 王盛良. 汽车发动机电控技术与检修[M]. 2版. 北京:机械工业出版社,2013.

[11] 麻友良. 汽车电气系统结构与故障诊断精解[M]. 北京:机械工业出版社,2012.

[12] 陈帮陆,等. 汽车发动机电控系统检修[M]. 北京:国防工业出版社,2012.

[13] 肖云魁. 汽车故障诊断学[M]. 北京:北京理工大学出版社,2001.

[14] 王征,李永吉. 电动汽车维护与故障诊断[M]. 北京:人民交通出版社股份有限公司,2018.

[15] 杨光明,陈忠民. 电动汽车动力电池及管理系统原理与检修[M]. 北京:化学工业出版社,2019.

[16] 许云,赵良红. 新能源汽车动力电池及充电系统检修[M]. 北京:机械工业出版社,2018.

[17] 顾惠烽. 新能源纯电动汽车常用维修资料速查[M]. 北京:化学工业出版社,2019.

[18] 李伟,等. 新款电动汽车构造原理与故障检修[M]. 北京:化学工业出版社,2018.

[19] 姜丽娟,张思扬. 新能源汽车故障诊断[M]. 北京:机械工业出版社,2018.

[20] 宋强,等. 电动汽车电机系统原理与测试技术[M]. 北京:机械工业出版社,2016.

[21] 吴志新,等. 电动汽车及关键部件测评与开发技术[M]. 北京:科学出版社,2019.

[22] 赵祥模,等. 汽车综合性能分布式计算机网络自动测控系统[J]. 长安大学学报(自然科学版),2003(05):94-98.

[23] 刘元鹏. 基于转矩达标法的汽油车辆动力性台架检测方法[J]. 中国测试,2017,43(10):14-17.

[24] 刘元鹏,仝晓平. 基于达标法的柴油车辆动力性台架检测方法[J]. 公路交通科技,2018,35(06):131-136.

[25] 千承辉,等. 现场总线技术在汽车检测线上的应用[J]. 公路交通科技,2006(02):

151-153.

[26] 夏均忠,等.汽车制动试验台测试性能分析与应用[J].农业机械学报,2005(12):13-16.

[27] 张冀,等.基于计算机视觉的汽车仪表指针检测方法[J].计算机工程与科学,2013,35(03):134-139.

[28] 尤明福,等.汽车四轮定位分析及检测[J].汽车技术,2002(03):38-40.

[29] 张白一,崔尚森.基于Web的汽车故障检测专家系统的设计[J].长安大学学报(自然科学版),2006(02):99-102.

[30] 王奉涛,马孝江.汽车变速箱性能检测与故障诊断系统设计[J].仪器仪表学报,2006(S1):382-384+400.

[31] 江宇红,陈桂珠.汽车排放检测新技术研究[J].中国环境监测,2004(01):24-27+16.

[32] 张津津,等.差压检测法在汽车制动主缸气密性检测中的应用[J].机械设计与制造,2007(05):116-118.

[33] ABULKHAIR M,SINDI H,BARSHEED B,et al. Car Inspection System [J]. Procedia Manufacturing,2015,3:3128-3135.

[34] MUÑOZ A,MAHIQUES X,SOLANES J E,et al. Mixed reality-based user interface for quality control inspection of car body surfaces[J]. Journal of Manufacturing Systems,2019,53:75-92.

[35] ZHANG J,LI F,ZHANG H,et al. Intrusion detection system using deep learning for in-vehicle security [J]. Ad Hoc Networks,2019,95:101974.

[36] YANG Z,PUN-CHENG L S C. Vehicle detection in intelligent transportation systems and its applications under varying environments:A review [J]. Image and Vision Computing,2018,69:143-154.

[37] HU X,XU X,XIAO Y,et al. SINet:A Scale-Insensitive Convolutional Neural Network for Fast Vehicle Detection [J]. Ieee Transactions on Intelligent Transportation Systems,2019,20(3):1010-1019.

[38] CHEN X,XIANG S,LIU C,et al. Vehicle Detection in Satellite Images by Hybrid Deep Convolutional Neural Networks [J]. Ieee Geoscience and Remote Sensing Letters,2014,11(10):1797-1801.

[39] SRAVAN M S,NATARAJAN S,KRISHNA E S,et al. Fast and accurate on-road vehicle detection based on color intensity segregation[J]. Procedia Computer Science,2018,133:594-603.

[40] CAO L,JIANG Q,CHENG M,et al. Robust vehicle detection by combining deep features with exemplar classification [J]. Neurocomputing,2016,215:225-231.

[41] BAUMGÄRTEL H,KNEIFEL A,GONTSCHAROV S,et al. Investigations and Comparison of Noise Signals to Useful Signals for the Detection of Dents in Vehicle Bodies by Sound Emission Analysis[J]. Procedia Technology,2014,15:716-725.

[42] LOUKAS G,YOON Y,SAKELLARI G,et al. Computation offloading of a vehicle's continu-

ous intrusion detection workload for energy efficiency and performance[J]. Simulation Modelling Practice and Theory,2017,73:83-94.

[43] LIU W,LIAO S,HU W. Towards accurate tiny vehicle detection in complex scenes[J]. Neurocomputing,2019,347:24-33.

[44] ORGAN B,HUANG Y,ZHOU J L,et al. Simulation of engine faults and their impact on emissions and vehicle performance for a liquefied petroleum gas taxi[J]. Science of The Total Environment,2020,716:137066.

[45] DO M,KOENIG D,THEILLIOL D. Robust H∞ Proportional-Integral Observer for Fault Diagnosis:Application to Vehicle Suspension [J]. IFAC-Papers On Line,2018,51(24):536-543.